ERREURS FATALES

DU MÊME AUTEUR

Les Tueurs de la République. Assassinats et opérations spéciales des services secrets, Fayard, 2015.

La République du copinage, Fayard/Les Liens qui libèrent, 2011.

Dans le secret des présidents. CIA, Maison-Blanche, Élysée : les dossiers confidentiels, 1981-2010, Fayard/Les Liens qui libèrent, 2010.

Des secrets si bien gardés. Les dossiers de la Maison-Blanche et de la CIA sur la France et ses présidents, 1958-1981, Fayard, 2009.

L'Espionne. Virginia Hall, une Américaine dans la guerre, Fayard, 2007.

Députés sous influence. Le vrai pouvoir des lobbies à l'Assemblée nationale, avec Hélène Constanty, Fayard, 2006.

Les Empoisonneurs. Enquête sur ces polluants et produits qui nous tuent à petit feu, Fayard, 2005.

Les Parrains corses. Leur histoire, leurs réseaux, leurs protections, avec Jacques Follorou, Fayard, 2004.

La Traque fiscale, Albin Michel, 2000.

L'Acrobate. Jean-Luc Lagardère ou les armes du pouvoir, avec Alexandra Schwartzbrod, Seuil, 1998.

L'Anti-Drogue, avec Bernard de La Villardière, Seuil, 1994.

Citizen Bouygues, avec Élisabeth Campagnac, Belfond, 1988.

En savoir plus : www.vincentnouzille.fr

Vincent Nouzille

Erreurs fatales

Comment nos présidents ont failli face au terrorisme

Fayard/Les Liens qui libèrent

ISBN : 978-2-213-69398-9
Couverture : © Antoine du Payrat
Dépôt légal : janvier 2017

Prologue

Y a-t-il un pilote dans l'avion ?

« Pour avoir conduit pendant plus de quatre ans le combat de la République contre un fanatisme meurtrier, je n'ai aucun doute. Malgré les épreuves – elles ont été douloureuses –, les drames, les larmes, malgré la peur qui parfois peut envahir les esprits, malgré l'angoisse, malgré la souffrance, nous vaincrons. La démocratie sera toujours plus forte que la barbarie qui lui a déclaré la guerre. »

En ce jeudi 8 septembre 2016, François Hollande fait face, dans la Salle Wagram, à une assistance acquise à sa cause, puisque réunie par plusieurs fondations proches des socialistes. Le thème choisi pour son intervention – « La démocratie face au terrorisme » – lui permet de montrer sa détermination dans la guerre contre le djihadisme, en défendant l'état de droit plutôt que l'état d'exception prôné par ses opposants. Le président de la République égrène avec fierté les mesures prises durant son mandat : augmentation des budgets de la défense et du renseignement, recrutement de policiers, engagement des soldats sur des théâtres extérieurs, recours à l'état d'urgence, vote de lois antiterroristes et d'une loi sur le renseignement, durcissement des peines, poursuites judiciaires tous azimuts… Sans promettre la fin des attentats, il garantit que « toute la puissance de l'État sera engagée pour venir à bout de l'ennemi[1] ».

---

1. « La démocratie face au terrorisme », discours du président François Hollande lors du colloque organisé par la Fondation Jean-Jaurès, Terra Nova et la Fondation européenne d'études progressistes, Paris, 8 septembre 2016.

Le discours est de bonne tenue, les propos résolus. Mais ces satisfecit paraissent décalés face au bilan terrible des attentats endurés par les Français depuis janvier 2015 : près de deux cent quarante personnes ont été tuées et huit cents ont été blessées. Le dévouement des forces de sécurité et la vaillance des soldats ont sans aucun doute permis d'éviter d'autres drames. Pourtant, la politique d'ensemble soulève bien des questions. Car, contrairement à la thèse officielle, tout n'a pas été fait pour prévenir les attentats de 2015 et 2016. Des ratés se sont accumulés, des faux pas diplomatiques ont été commis, des dysfonctionnements connus ont perduré, des réformes ont tardé, des lézardes béantes sont apparues dans le dispositif français. Ils sont révélateurs d'un manque de coordination, de lucidité et d'anticipation. En clair : d'un problème de pilotage. La responsabilité en incombe aux services de renseignement, aux différents ministères en charge de la lutte antiterroriste et, *in fine*, au président de la République lui-même en tant que chef de la diplomatie, chef des armées et premier responsable de l'exécutif.

« Nous aurions pu empêcher l'attentat »

Les auteurs des attentats de janvier 2015, les frères Chérif et Saïd Kouachi et Amedy Coulibaly, ont bénéficié d'énormes failles de surveillance. Ils étaient clairement identifiés par les services de police et de renseignement bien avant leurs crimes.

En 2008, Chérif Kouachi est condamné à trente-six mois d'emprisonnement pour sa participation à la filière parisienne dite « des Buttes-Chaumont », qui organisait des départs de djihadistes vers l'Irak au milieu des années 2000. Durant sa détention provisoire à Fleury-Mérogis, entre 2005 et 2006, il fait notamment la connaissance de Djamel Beghal, un Franco-Algérien impliqué dans un projet d'attentat à Paris en 2001. Après sa libération, Chérif Kouachi rend régulièrement visite à son ami Beghal dans une ferme de Murat, au cœur du Cantal, où ce dernier est assigné à résidence et fait l'objet d'écoutes de la Direction centrale du renseignement intérieur (DCRI) et de la Direction centrale de la police judiciaire (DCPJ). Ces interceptions révèlent la présence fréquente à Murat d'un certain Amedy Coulibaly, un petit délinquant de la région parisienne visiblement recruté par cette bande à Fleury-Mérogis. Les écoutes permettent aussi de découvrir que le groupe envisage d'organiser l'évasion de Smaïn Aït Ali Belkacem, l'un des responsables de la campagne d'attentats de 1995 à Paris, incarcéré à Clairvaux.

Le 18 mai 2010, les policiers de la DCPJ arrêtent onze personnes, dont Chérif Kouachi, Amedy Coulibaly et sa compagne Hayat Boumeddiene. Le premier bénéficie d'un non-lieu, le deuxième est condamné pour sa participation au projet, tandis que Hayat Boumeddiene est mise hors de cause. Autrement dit, plusieurs générations de djihadistes, des anciens de 1995 aux jeunes fraîchement convertis, se côtoient et s'organisent. Les services les gardent à l'œil. Jusque-là, tout va bien.

Les dérapages ont lieu quelque temps plus tard. En 2011, les interceptions se poursuivent sur Chérif Kouachi. Tout comme son frère aîné, Saïd – placé ponctuellement sur écoute par la DCRI –, celui-ci ne cache pas son attrait pour le djihad et pour le Yémen, devenu l'un des sanctuaires d'Al-Qaïda. Les deux frères correspondent d'ailleurs de manière intensive avec un djihadiste français, Peter Chérif, un autre vétéran de la filière des Buttes-Chaumont, qui a rejoint là-bas l'organisation Al-Qaïda dans la péninsule Arabique (AQPA). Pour éviter que leurs communications ne soient repérées, les Kouachi prennent soin d'utiliser plusieurs cartes SIM et téléphones différents. Ils sont également en relation avec d'anciens membres d'une autre filière djihadiste qui avait préparé un attentat contre la cathédrale de Strasbourg en 2000.

Les frères Kouachi sont donc jugés dangereux. Présenté en avril 2012 par la DCRI comme un « islamiste radical qui évolue toujours actuellement dans la mouvance terroriste » et soupçonné d'organiser une « filière d'acheminement de djihadistes depuis le Yémen », Chérif reste l'un des « objectifs prioritaires » de ce service[1]. Quant à Saïd, la DGSE, alertée par les Américains, pense qu'il s'est rendu au Yémen durant l'été 2011. Le jeune homme s'est effectivement envolé en direction de ce pays en passant par le sultanat d'Oman, ce qui lui a permis de déjouer la surveillance. Il y est allé accompagné d'un gros calibre du djihad français, Salim Benghalem, un ancien dealer de Cachan qui rejoindra ensuite Daech en Syrie.

Au regard des liens connus des frères Kouachi avec Peter Chérif et AQPA, ce voyage au Yémen aurait dû mobiliser les services de renseignement, au premier rang desquels la DGSE. Mais celle-ci a loupé le coche. Ce raté fait écho à celui qui a permis au Toulousain Mohammed Merah de partir au Pakistan en 2011, quelques mois seulement avant de perpétrer ses tueries à Montauban et à Toulouse en mars 2012, sans déclencher d'enquête sérieuse des services français. Peu fier que son service ait manqué le voyage de Saïd Kouachi au Yémen, Bernard Bajolet, le patron de la DGSE, reconnaîtra devant des parlementaires en mars 2015 : « *A posteriori*, on peut se dire que, l'un des frères Kouachi ayant séjourné au Yémen, nous aurions pu continuer de le suivre et ainsi empêcher l'attentat[2]. » Un aveu passé inaperçu, qui confirme les carences dans le suivi des djihadistes et dans les échanges d'informations entre services.

Les bévues se poursuivent : bien que leurs liens avec plusieurs réseaux terroristes soient établis, la surveillance téléphonique des frères Kouachi est curieusement levée. La DCRI cesse d'écouter Chérif en décembre 2013. Raison officielle : le service n'a pu « détecter d'éléments relatifs à la préparation d'une action violente », ni « matérialiser des éléments permettant l'ouverture d'une enquête judiciaire ». En d'autres termes, puisqu'il n'a pas évoqué de projet terroriste au téléphone, Chérif

1. Note de la DCRI du 11 avril 2012, citée dans Soren Seelow, « Surveillance des frères Kouachi : autopsie d'un échec », *Le Monde*, 27 février 2016.

2. Audition de Bernard Bajolet, directeur général de la sécurité extérieure (DGSE), sur le projet de loi relatif au renseignement devant la Commission de la défense nationale et des forces armées, 24 mars 2015, Assemblée nationale.

Kouachi ne mérite plus d'attention. De son côté, la Préfecture de police de Paris procède à des écoutes sur Saïd Kouachi au début de 2014, avant de les interrompre en juin suivant : Saïd est sorti de son champ de compétence géographique, puisqu'il vient de s'installer à Reims. La DCRI – devenue DGSI dans l'intervalle – est censée reprendre le flambeau. Elle ne le fait pas. En réalité, elle craint que ses demandes d'écoutes ne soient désormais refusées par la Commission nationale de contrôle des interceptions de sécurité (CNCIS), qui donne un avis juridique sur chaque requête motivée. Elle préfère abandonner la partie. Faute d'autres moyens de surveillance ou d'autres critères de détection, les services de renseignement se rendent eux-mêmes sourds et aveugles. Les frères Kouachi, qui savent être prudents, peuvent continuer leurs préparatifs en passant à travers les mailles du filet.

De son côté, Amedy Coulibaly disparaît totalement de la circulation à sa sortie de prison en 2013. Né en 1982 dans l'Essonne, ce fils d'une famille d'origine malienne a grandi à Grigny avant de tomber dans la délinquance : braquages, vols à main armée, trafic de stupéfiants. Condamné six fois entre 1999 et 2009, il n'a fait l'objet d'aucun suivi pénitentiaire ni post-pénitentiaire. Le ministre de la Justice, Jean-Jacques Urvoas, reconnaîtra devant la commission d'enquête parlementaire sur les attentats de 2015 les « carences » de ses services sur son cas[1]. Ces faiblesses sont révélatrices de l'absence de contrôle des terroristes en milieu carcéral, en dépit des alertes répétées sur le sujet depuis des années. De plus, alors qu'il a noué des contacts avec des figures du djihadisme français et a été condamné en 2013 pour avoir tenté d'organiser l'évasion d'un ancien terroriste, Amedy Coulibaly est toujours considéré par les policiers comme un simple délinquant. Les services de

1. Audition de Jean-Jacques Urvoas, garde des Sceaux, devant la Commission d'enquête parlementaire relative aux moyens mis en œuvre par l'État pour lutter contre le terrorisme depuis le 7 janvier 2015, 1er juin 2016, citée dans le rapport de Georges Fenech (président) et Sébastien Pietrasanta (rapporteur), Assemblée nationale, 5 juillet 2016, t. 1, p. 148.

renseignement ne le suivent plus, car il n'a, selon eux, aucun projet terroriste. « Ils ont cessé de le surveiller alors que son pedigree était celui d'un vrai islamiste. La DGSI a fait une erreur majeure d'appréciation à son sujet[1] », résume un expert proche des services. Enfin, Amedy Coulibaly échange régulièrement au téléphone avec son copain Chérif Kouachi : ils se servent des portables de leurs compagnes respectives. Personne ne se rend compte du subterfuge.

Lorsqu'ils attaquent la rédaction de *Charlie Hebdo* le 7 janvier 2015, les frères Kouachi revendiquent leur action au nom d'AQPA, dont leur ami Peter Chérif est l'une des chevilles ouvrières. Et quand, deux jours plus tard, Amedy Coulibaly tue quatre personnes dans l'Hyper Cacher de la Porte de Vincennes, il le fait au nom de l'organisation État islamique. Détail méconnu : une heure après la tuerie de *Charlie Hebdo*, avant même que la police judiciaire n'identifie formellement ses auteurs, la DGSE et la DGSI ont transmis à l'Élysée une note commune parlant des frères Kouachi et de la volonté d'Al-Qaïda de revenir en force. Aucun responsable des services de renseignement n'est donc surpris de découvrir le nom de ces terroristes. Ils ne veulent surtout pas que l'on pose des questions gênantes sur les ratés de leur surveillance.

Alors que les failles sont devenues criantes, François Hollande ne prend aucune décision visant à mieux coordonner les services de renseignement. Une équipe commune DGSE-DGSI, constituée en mars 2014, assure théoriquement des échanges en temps réel entre les deux grandes maisons sur le terrorisme. La création, en juin 2015, à la DGSI, d'une autre cellule mêlant huit services, baptisée Allat – du nom d'une déesse préislamique – et chargée de traquer les filières djihadistes, commence à apporter un peu de fluidité dans ces relations. Néanmoins, ces équipes conjointes ne suffisent pas à pallier les carences d'une coopération qui demeure embryonnaire. Il existe pourtant officiellement à l'Élysée un « Monsieur Renseignement », le coordonnateur national du renseignement – un poste occupé par quatre titulaires

1. Entretien avec l'auteur, mars 2016.

successifs en cinq ans. Mais il n'a aucun pouvoir hiérarchique sur les différents services. Il se contente de conseiller le président. Les réunions épisodiques de plusieurs ministres et hauts responsables au sein d'un Conseil national du renseignement ne permettent pas non plus de gérer les opérations. Résultat : il n'y a pas de pilotage du renseignement en France.

Cacophonie générale

Les lacunes du renseignement accentuent les faiblesses du dispositif antiterroriste français, qui n'est pas mieux orchestré. À première vue, son volet judiciaro-policier, sous la houlette du parquet de Paris, paraît efficace, notamment pour mener des enquêtes et démanteler quelques filières. Cependant, le procureur de la République de Paris, François Molins, qui apparaît dans les médias après chaque attentat, reste un magistrat généraliste, sans spécialisation antiterroriste, si bien que certains experts prônent la création d'un parquet national dédié, à l'image du parquet national financier[1]. De plus, les affaires s'accumulent chez les juges parisiens chargés du terrorisme, au point de menacer d'engorgement la machine judiciaire, qui manque toujours cruellement de moyens. Cantonnés à la gestion de dossiers de plus en plus épais, les magistrats ont perdu une partie de leur pouvoir d'initiative vis-à-vis des services de renseignement et de prévention des risques terroristes. De manière générale, le poids des juges a été affaibli depuis le vote de divers textes de loi et l'instauration de l'état d'urgence, qui facilite le recours par l'exécutif à la police administrative au détriment des procédures judiciaires. Quant aux autres dimensions de la lutte antiterroriste, qu'il s'agisse de la prévention, de la déradicalisation, de la politique pénitentiaire, des opérations militaires ou de l'action diplomatique, elles demeurent éparpillées entre différents ministères. Le ministère de l'Intérieur, qui a la tutelle de la

1. Voir Jacques Follorou, « L'efficacité de la réponse judiciaire mise en doute », *Le Monde*, 29 juillet 2016.

police et de la gendarmerie, dirige les opérations concernant la sécurité du territoire, avec l'appui prioritaire de la DGSI, mais sa responsabilité ne va pas au-delà. Ni Manuel Valls ni François Hollande n'ont mis en place d'instance susceptible de conduire l'ensemble de manière continue et efficace.

Certains ministres rajoutent parfois à la cacophonie générale, comme ce fut le cas place Beauvau. Le 26 juin 2015, lorsque Hervé Cornara, directeur commercial d'une usine de Saint-Quentin-Fallavier, dans l'Isère, est décapité par un de ses employés, Yassin Salhi, personne ne semble avoir rien vu venir. En réalité, la DGSI ne s'est pas alarmée après l'alerte donnée sur ce djihadiste par un service de renseignement départemental. Ce dysfonctionnement provoque, cette fois-ci, une colère noire du ministre de l'Intérieur, Bernard Cazeneuve. Pour empêcher ce qu'il appelle alors les « angles morts » de la lutte antiterroriste, il décide d'installer à ses côtés un nouvel État-major opérationnel de prévention du terrorisme (EMOPT). Cette mini-structure, rattachée à son cabinet, doit contrôler l'action des différents services de police et de renseignement, en suivant au plus près toutes les personnes radicalisées ou les profils à risque susceptibles de basculer dans le terrorisme. Une douzaine d'experts la composent, venus de tous les services, et son pilotage est confié au préfet Olivier de Mazières.

Rapidement, l'EMOPT provoque des tensions au ministère de l'Intérieur. Car il existe déjà un organisme chargé de ces sujets au sein de la Direction générale de la police nationale : l'Unité de coordination de la lutte antiterroriste (UCLAT). Née en 1984, cette instance policière réunit régulièrement tous les responsables des services de renseignement et assure, en théorie, la diffusion d'informations et d'analyses synthétiques sur les menaces terroristes. Longtemps considérée comme une coquille vide, l'UCLAT est montée en puissance depuis 2009, sous la houlette de Loïc Garnier. C'est elle qui gère notamment le Centre national d'assistance et de prévention de la radicalisation (CNAPR), autrement dit la plate-forme téléphonique anti-djihad, qui reçoit en moyenne de soixante à quatre-vingts appels par jour. Mais, ces derniers mois, elle n'a pas parfaitement rempli son rôle de coordination policière. Plutôt que de renforcer les pouvoirs de l'UCLAT ou de lui confier des compétences interministérielles, Bernard Cazeneuve a choisi de créer une structure parallèle.

Ce doublon accroît la désorganisation. L'exemple le plus caricatural concerne la supervision du Fichier des signalés pour la prévention et la radicalisation à caractère terroriste (FSPRT). Créé par décret en mars 2015 et alimenté par tous les services, ce fichier dépend officiellement de l'UCLAT, qui est seule habilitée à en gérer le contenu. Opérationnel depuis octobre 2015, il contient près de quinze mille noms de suspects radicalisés, dont quatre mille sont considérés comme potentiellement dangereux. Mais, dès l'automne 2015, l'EMOPT s'en accapare le contrôle, comme s'il en était l'initiateur et comme s'il lui incombait la responsabilité de surveiller toutes les cibles sur le sol français. « L'idée est de mobiliser, à la manière d'une tête de réseau, l'ensemble du maillage territorial pour garantir la traçabilité des personnes signalées[1] », explique alors le préfet Olivier de Mazières. Même si le patron de l'UCLAT affirme publiquement que leurs tâches sont complémentaires, il n'apprécie guère ces courts-circuits.

En octobre 2015, dans un rapport sur le dispositif de renseignement intérieur – qu'il juge « trop complexe pour être efficace durablement » –, le sénateur Philippe Dominati estime que la multiplication des instances de coordination ne permet pas de prévenir les risques de « déperdition des moyens » et de « conflits d'attribution[2] ». L'EMOPT en constitue une parfaite illustration. Le rapport est publié quelques semaines avant les attentats du 13 novembre, sans qu'aucune suite lui soit donnée. Et le dispositif perdure. Mis en place pour répondre dans

1. Christophe Cornevin, « Terrorisme : au cœur du nouvel État-major opérationnel de Beauvau », *Le Figaro*, 7 octobre 2015. Voir aussi les propos d'Olivier de Mazières dans « Une mobilisation pour quels résultats ? », *L'Express*, 27 janvier 2016.

2. Rapport d'information sur les moyens consacrés au renseignement au sein des programmes « Police nationale » et « Gendarmerie nationale », Philippe Dominati, Sénat, 7 octobre 2015.

l'urgence aux pressions du ministre, l'EMOPT marche toujours sur les plates-bandes de l'UCLAT. « Il s'agit d'un service de contrôle qualité[1] », plaide-t-on place Beauvau. Plus sévères, les membres de la commission d'enquête sur les attentats n'ont pas saisi le sens précis de ses missions : en juillet 2016, ils ont recommandé de fusionner au plus vite l'EMOPT et l'UCLAT, et de créer une Agence nationale de lutte antiterroriste, rattachée à Matignon, qui superviserait l'ensemble[2]. Ces deux propositions ont aussitôt été écartées par Bernard Cazeneuve, qui a estimé, le 6 juillet 2016, à l'Assemblée nationale, que cette agence risquait de transformer le « millefeuille en plum-pudding ». Une attitude jugée « indécente » par l'association 13 novembre : Fraternité et Vérité, qui regroupe des familles de victimes. La commission d'enquête a pourtant mis le doigt sur un défaut majeur du système actuel : nul ne sait qui dirige la lutte antiterroriste en France. François Hollande n'y a rien changé.

Un déni du djihadisme made in France

Cette absence de pilotage repose aussi sur une forme d'aveuglement. Les mots employés ces dernières années par François Hollande pour qualifier les menaces traduisent un certain déni des réalités du djihadisme. Depuis le déclenchement de l'opération Serval au Mali en janvier 2013, le président a surtout entonné le refrain de la guerre contre le « terrorisme », comme si celui-ci était, en soi, l'ennemi. Ce faisant, il confond les moyens utilisés pour nous apeurer et ceux qui les emploient. Or il s'agit bien d'islamistes extrémistes, de djihadistes, affiliés ou non à des organisations comme Al-Qaïda, ses franchises, Daech ou tout autre mouvement prônant la violence contre les « mécréants ». Après

1. Entretien avec l'auteur, juillet 2016.
2. Rapport de la Commission d'enquête parlementaire relative aux moyens mis en œuvre par l'État pour lutter contre le terrorisme depuis le 7 janvier 2015, *op. cit.*, p. 152.

les attentats du 13 novembre 2015, François Hollande a parlé de l'« armée djihadiste » qui avait attaqué la France. Sur un ton martial, il a évoqué l'ennemi Daech, qui disposait « d'une assise territoriale, de ressources financières et de capacités militaires », et qu'il fallait « détruire ». Il a omis de préciser que Daech ne représente pas l'ensemble des nébuleuses djihadistes, puisque d'autres groupes – AQMI, AQPA, Ansar Dine, les Shebab, Boko Haram... – s'en prennent également aux Français. Il a aussi promis, de manière illusoire : « Nous éradiquerons le terrorisme. » Il a fallu attendre son discours du 8 septembre 2016 pour que les propos soient plus directs : selon lui, le « terrorisme islamiste » est bien notre adversaire. « Voilà l'ennemi, nous le nommons, il est redoutable, a-t-il insisté. Même s'il recule en Syrie et en Irak, il s'installe sur d'autres terrains : en Afrique, en Asie, partout où il peut se nicher dans les chaos qui sont créés. »

Ce flou sémantique qui a longtemps persisté dénote une crainte, très sensible à gauche, de dériver vers des amalgames dangereux entre les musulmans et le terrorisme. Et il masque une certaine gêne à affronter un phénomène occulté pendant des années par les gouvernements : celui de la menace grandissante du djihadisme *made in France*. Les sujets qui fâchent sont pourtant parfaitement identifiés de longue date par les initiés, qu'il s'agisse de l'emprise croissante des prêcheurs salafistes sur les mosquées françaises, des financements opaques des lieux de culte et des imams par des pays étrangers, de la progression inquiétante de la radicalisation dans les prisons, du basculement de délinquants peu pratiquants vers une violence légitimée par la religion – que le politologue Olivier Roy appelle l'« islamisation de la radicalité[1] » –, ou encore de l'attractivité du djihad et des terres de combat auprès de certains jeunes issus de l'immigration ou de convertis récents.

Prospérant sur le terreau de l'islam radical, ces menaces n'ont cessé de s'accroître, selon de nombreux experts : « Depuis dix

1. « Olivier Roy : "Le djihadisme est une révolte générationnelle et nihiliste" », *Le Monde*, 24 novembre 2015.

ans, il y a eu clairement une poussée de l'islam radical, que nous avons vue venir, mais que nous n'avons pas su enrayer, témoigne ainsi un haut responsable de la Place Beauvau. Plusieurs facteurs expliquent cette poussée, notamment les frustrations dans les banlieues, les suites des émeutes de 2005, une délinquance grandissante, la faiblesse des sanctions judiciaires. L'eau bouillait sous la marmite. Il y avait des signaux inquiétants de radicalisation, des incidents en série dans les quartiers, des ports de voiles plus provocateurs, des patrouilles de police caillassées aux cris d'"Allah Akbar"[1]. »

À quoi servent les rapports parlementaires ?

Au-delà des réactions émotionnelles qui ont suivi les attentats de janvier 2015, les dénis ont continué au sein des instances gouvernementales et à l'Élysée. Plusieurs parlementaires ont pourtant planché sur ces sujets sensibles, mais leurs rapports ont été systématiquement ignorés.

En avril 2015, un groupe de sénateurs mené par Nathalie Goulet, élue centriste de l'Orne, André Reichardt, élu UMP du Bas-Rhin, et Jean-Pierre Sueur, élu PS du Loiret, remet un rapport sur « l'organisation et les moyens de la lutte contre les réseaux djihadistes en France et en Europe ». Les auteurs regrettent notamment que le CNAPR n'ait vu le jour qu'au printemps 2014, alors que le flux de départs vers la zone syro-irakienne avait démarré dès 2012. Vu la faiblesse des moyens déployés, ils doutent de la capacité du système judiciaire et du système pénitentiaire à prendre en charge les détenus radicalisés. Dans leur liste de cent dix propositions, ils mettent en avant l'urgente nécessité de lancer des programmes de suivi des condamnés pour terrorisme et d'accroître les moyens de la prévention, y compris au niveau du personnel pénitentiaire, des enseignants, des magistrats et des travailleurs sociaux. Sans oublier les mesures visant à améliorer la coordination du renseignement,

1. Entretien avec l'auteur, juillet 2016.

encore défaillante, à étendre le maillage du renseignement territorial, qui reste famélique, à augmenter les moyens de la justice, à intensifier la coopération internationale et à renforcer les contrôles aux frontières de l'espace Schengen. Les auteurs du rapport parlent d'une « réponse globale et sans faiblesse[1] ». Mais le gouvernement affirme qu'il travaille déjà sur bon nombre de ces sujets : il poursuit sa route sans tenir compte de la plupart de ces recommandations.

Au début de juin 2015, deux députés, le socialiste Patrick Mennucci et l'UMP Éric Ciotti, publient un nouveau rapport qui fait le même constat alarmant : d'après les décomptes officiels, le nombre de Français impliqués dans des filières djihadistes à destination de la Syrie a plus que triplé en quelques mois, passant de 486 au début de 2014 à 1 704 en mai 2015. Les parlementaires dénoncent les lacunes du dispositif français et reprennent une bonne partie des suggestions déjà émises[2]. Ils y ajoutent des propositions destinées à isoler les islamistes radicaux dans les prisons, à durcir les libérations conditionnelles des personnes condamnées pour terrorisme, à faciliter l'accès des policiers aux fichiers administratifs et à développer les recherches sur les phénomènes de radicalisation. Bref, les faits sont établis et des solutions possibles sont posées sur la table, même si certaines demeurent controversées. Rien n'y fait. Reçus le 18 juin 2015 à l'Élysée par François Hollande, les députés Éric Ciotti et Patrick Mennucci sont accueillis poliment sans être vraiment entendus. Éric Ciotti écrira, le 22 septembre, à François Hollande pour lui demander quelles suites concrètes seront données à son rapport, notamment en ce qui concerne une éventuelle grande loi d'orientation et de programmation contre le terrorisme. La requête se perd dans les sables élyséens.

1. Rapport de la Commission d'enquête sur l'organisation et les moyens de la lutte contre les réseaux djihadistes en France et en Europe, Jean-Pierre Sueur (rapporteur), Sénat, 8 avril 2015.

2. Rapport de la Commission d'enquête sur la surveillance des filières et des individus djihadistes, Éric Ciotti (président), Patrick Mennucci (rapporteur), Assemblée nationale, 2 juin 2015.

Autre exemple : le Premier ministre, Manuel Valls, annonce en janvier 2015 la généralisation de l'isolement en prison des islamistes radicaux, avec la création de quartiers réservés dans quelques établissements avant la fin de cette année-là. Mais la garde des Sceaux de l'époque, Christiane Taubira, et son ministère font tout pour retarder ce programme, qui ne verra le jour qu'au début de 2016 et de manière parcellaire – dans quelques établissements seulement –, avant d'être abandonné en octobre 2016. De son côté, le ministère de l'Intérieur explique au printemps 2015 que plus de deux cents enquêtes sont en cours sur des Français revenus de Syrie, dont près d'une centaine sont mis en examen. Selon Bernard Cazeneuve, le dispositif s'améliore : une loi antiterroriste votée à la fin de 2014 facilite les enquêtes sur les djihadistes qui se radicalisent sur Internet et institue un délit d'« entreprise terroriste individuelle ». Après les attentats de janvier 2015, le gouvernement a aussi accéléré le vote d'une nouvelle loi sur le renseignement, ardemment souhaitée par les services. Adoptée en juin, elle a étendu les outils techniques de surveillance administrative – écoutes, recueil des métadonnées, contrôle des flux d'Internet. Bref, officiellement, tout est sous contrôle.

Malheureusement, les attentats du 13 novembre 2015 ont dramatiquement souligné que tel n'était pas le cas. Tout comme les suivants, même si plusieurs tentatives ont été déjouées en 2016. En dépit de sa posture compassionnelle, de sa fermeté apparente, de l'imposition de l'état d'urgence et de ses déclarations de guerre, François Hollande n'a pas réussi à protéger efficacement la nation. Plus grave, des failles bien identifiées n'ont pas été réparées.

INTRODUCTION

Les erreurs fatales des présidents

François Hollande n'est pas le seul président de la République à avoir échoué face au terrorisme. Ses prédécesseurs – François Mitterrand, Jacques Chirac et Nicolas Sarkozy – ont, chacun à leur façon, contribué à l'aggravation des mêmes maux. Car le terrorisme islamiste n'a pas commencé à frapper la France en 2015. Plusieurs vagues d'attentats provoquées par des secousses en Afrique et au Moyen-Orient ont déferlé sur l'Hexagone au cours des trente ou quarante dernières années : de 1982 à 1986, du fait d'un terrorisme commandité par des États voyous ; de 1994 à 1996, en provenance de l'Algérie en guerre ; puis à partir de 2012, à la suite du chaos qui s'est installé dans les zones sahélienne et syro-irakienne. « Le terrorisme nous a touchés, sous des formes différentes, par à-coups, presque chaque décennie, comme des mouvements de plaques tectoniques qui provoquent soudainement des séries de tremblements de terre[1] », explique un haut gradé de la police nationale.

Ces chocs ont pris nos présidents à contre-pied. Déroutés, ils ont tous su faire preuve de compassion envers les victimes et dénoncer les horreurs commises au nom d'une idéologie barbare. Les enquêteurs, policiers de terrain, agents de l'ombre et soldats ont pris le relais avec dévouement et professionnalisme pour remonter les pistes et tenter de protéger nos concitoyens. Mais les chefs de l'État successifs n'ont, semble-t-il, jamais saisi la nature et l'ampleur réelles des menaces, ni pris les décisions qui s'imposaient pour y faire face et les prévenir. Or

1. Entretien avec l'auteur, juin 2016.

la lutte antiterroriste est intimement liée à nos prises de position diplomatiques et à nos engagements militaires dans certaines régions du monde. Ceux-ci nous exposent plus que d'autres pays européens à des risques qu'un président de la République se doit d'évaluer, puisque ces sujets relèvent de son domaine réservé régalien. Ses hésitations ou précipitations peuvent accroître les dangers auxquels nous sommes confrontés.

Le combat contre le terrorisme repose aussi sur l'anticipation. La qualité du dispositif de renseignement, de ses capacités de détection et de sa coordination interne est un facteur clé de succès dans cette « guerre », bien plus que l'instauration de l'état d'urgence ou le déploiement de milliers de militaires dans les lieux publics une fois les attentats perpétrés. Dans le domaine du renseignement, les défaillances ponctuelles, bien sûr, sont excusables. En revanche, les dérapages répétés, les carences structurelles, l'absence de vision méritent moins d'indulgence.

Or les quatre derniers locataires de l'Élysée ont été, de ce point de vue, d'une remarquable constance. Lorsqu'ils ont été alertés sur des vagues d'attentats qui allaient se produire, comme en 1982, en 1995 et en 2015, ils n'ont pas pris toutes les mesures de précaution nécessaires. Chaque fois, ils ont été plus réactifs que proactifs. Chaque fois, ils ont continué de mener des politiques étrangères ambiguës qui ont aggravé les risques. Chaque fois, ils ont sous-estimé les facteurs intérieurs qui ont petit à petit constitué un terreau fertile pour des complicités et un incubateur pour fabriquer un djihad *made in France* de plus en plus dangereux. Pendant longtemps, ils se sont reposés sur de confortables certitudes, pariant sur l'efficacité pérenne d'un dispositif judiciaire qui avait donné de bons résultats – il n'y a eu aucun attentat sur le sol français de décembre 1996 à mars 2012 – avant d'être progressivement asphyxié et marginalisé. Chaque fois, ils se sont précipités dans une surenchère législative – vingt-cinq lois antiterroristes ont été votées ces trente dernières années – qui a durci l'arsenal répressif sans avoir d'effet dissuasif ni préventif. Chaque fois, ils ont repoussé à plus tard les adaptations indispensables du dispositif de renseignement, qui n'a pas pu déceler toutes les nouvelles menaces, ou ont préféré l'arbitraire de quelques mesures chocs calamiteuses. Chaque fois, ils ont laissé l'antiterrorisme sans cap ni boussole.

Nos présidents ont souffert, avec plus ou moins de gravité, de trois maux chroniques face au terrorisme : cécité, naïveté, passivité. Ces défauts conjugués les ont conduits à commettre des erreurs fatales, aux conséquences délétères pour notre sécurité.

Mitterrand, la confusion permanente

Durant ses deux mandats, de 1981 à 1995, François Mitterrand est surtout frappé d'aveuglement et de confusion. Le terrorisme islamiste touche la France dès 1982, avec une première série d'attentats téléguidés par la Syrie, qui combat l'influence française au Liban, ainsi que par des mercenaires du terrorisme international, comme Carlos et Abou Nidal. L'Élysée est tétanisé. Il ne comprend pas exactement ce qui se passe et ne sait pas davantage comment contrer le danger. Il est vrai qu'au début des années 1980 le dispositif antiterroriste est rudimentaire, peu structuré et inefficace. Quelques rares policiers et magistrats enquêtent de manière ponctuelle sur des affaires dispersées dans plusieurs tribunaux, sans aucune concertation et avec peu de moyens. Les grands services, comme la Direction de la surveillance du territoire (DST) ou la Direction générale de la sécurité extérieure (DGSE), s'occupent principalement de contre-espionnage dans un contexte marqué par la guerre froide. Certains attentats auraient pu être évités, comme celui de la rue Marbeuf en avril 1982, mais les alertes n'ont pas été prises en compte[1]. Dans la panique, François Mitterrand improvise. Il refuse de renforcer les services de police et de renseignement, en qui il n'a aucune confiance. Il n'est guère

1. Sur l'une des alertes parvenues avant l'attentat de la rue Marbeuf, voir le témoignage de François Heisbourg, alors conseiller au cabinet de Charles Hernu, ministre de la Défense : François Heisbourg, *Secrètes histoires. La naissance du monde moderne*, Stock, 2015, p. 109.

enclin non plus à donner davantage de pouvoirs à des administrations qu'il soupçonne de barbouzeries. Il délègue donc une mission antiterroriste aux gendarmes du GIGN (Groupe d'intervention de la gendarmerie nationale), ceux qui sont chargés de sa propre sécurité à l'Élysée. Les résultats sont désastreux, avec des injonctions contradictoires et de graves dérapages. De plus, François Mitterrand autorise des négociations parallèles avec certains terroristes qui en profitent pour faire monter les enchères, sans renoncer pour autant à leurs méthodes meurtrières.

De 1983 à 1986, une deuxième série d'attaques touche le pays : elle mêle attentats-suicides, prises d'otages au Liban et bombes explosant dans des lieux publics, comme les grands magasins parisiens ou face à l'enseigne Tati, rue de Rennes. Cette campagne est orchestrée par l'Iran des ayatollahs chiites pour que la France cesse d'armer son ennemi irakien. Ceux-ci dressent par ailleurs une liste d'autres revendications. Dans un premier temps, l'Élysée ne croit pas à ce chantage. Puis le président met en œuvre plusieurs stratégies désordonnées qui aggravent la situation et retardent toute solution. Lors de la cohabitation avec le gouvernement de Jacques Chirac, entre 1986 et 1988, l'Élysée et Matignon s'affrontent sur ces sujets, au point de torpiller les négociations qui se dessinent avec l'Iran. Les ayatollahs en profitent : soufflant sur les braises, ils obtiennent bien plus qu'ils n'auraient osé rêver.

L'aveuglement et les incohérences se poursuivent jusqu'au début des années 1990 face à la Libye du colonel Kadhafi, autre État « sponsor » du terrorisme qui frappe nos intérêts. François Mitterrand contient Kadhafi en Afrique, mais le ménage partout ailleurs. Conseillé par certains de ses ministres que le bouillant colonel séduit, il tergiverse au sujet des sanctions à lui infliger, et ne s'y résout qu'à la fin de 1991, après que des preuves judiciaires flagrantes ont été réunies sur son implication dans le terrorisme. Entre-temps, plusieurs attentats ont fait des victimes, dont l'explosion du DC-10 d'UTA au-dessus du désert du Ténéré, le 19 septembre 1989.

Par défaut de lucidité et de résolution, non seulement François Mitterrand a failli sur le terrorisme, mais il n'a engagé aucune réforme digne de ce nom permettant que l'appareil d'État sanctionne ou prévienne mieux les menaces.

Chirac, la politique de l'autruche

Son successeur, Jacques Chirac, est atteint de la même cécité. Marqué par les attentats qui ont frappé la France chaque fois qu'il est arrivé au pouvoir, comme Premier ministre en 1974 et 1986, il ne comprend pas trop d'où viennent les coups après son installation à l'Élysée, en mai 1995.

La vague de terreur de l'été 1995, annoncée par les responsables algériens aux autorités françaises, est le prolongement dans l'Hexagone de la guerre civile en Algérie. Celle-ci a débuté par le putsch des généraux, en janvier 1992, stoppant net un processus électoral qui allait porter les islamistes au pouvoir. Le Groupe islamique armé (GIA) cible alors la France pour la forcer à rompre avec le régime. Mais, de leur côté, les services algériens manipulent certains groupes rebelles, dont le GIA, en les poussant à exercer une terreur extrême pour que l'opinion se retourne contre eux. Le GIA est un ennemi implacable et mystérieux. Ce terrorisme hybride, qui précède le djihadisme internationaliste d'Al-Qaïda, désarçonne les responsables de l'exécutif français, d'autant que de jeunes Français musulmans commencent à s'embrigader sous la bannière du GIA – tel Khaled Kelkal. Les différents ministres sont divisés sur la conduite à tenir, tout comme les services de renseignement. Chacun tente de jouer sa partition dans des sens opposés, sans véritable ligne cohérente. À l'Élysée, Jacques Chirac donne des consignes changeantes. Il active même des réseaux parallèles, dans le dos de son propre Premier ministre, Alain Juppé. La tragédie de Tibhirine, où sept moines français sont assassinés en mai 1996, renforce le sentiment de gâchis et d'impuissance.

Malgré les carences manifestes de la coordination révélées par ces attentats, le président de la République n'entend rien changer au système français de lutte antiterroriste. Lorsqu'il était Premier ministre, en 1986, il a fait adopter une loi – jugée fondatrice – qui a centralisé les enquêtes judiciaires antiterroristes à Paris entre les mains d'un groupe de magistrats spécialisés. Pour lui, ce système est suffisamment efficace, puisque les attentats semblent s'arrêter après 1996. Il ne souhaite pas non plus bousculer des services de renseignement dont, comme François Mitterrand, il se méfie profondément à cause de vieilles histoires – le SDECE (Service de documentation extérieure et de contre-espionnage), ancêtre de la DGSE, ayant comploté contre son mentor politique, Georges Pompidou, à la fin des années 1960. Dès lors, même après les attaques d'Al-Qaïda aux États-Unis en 2001, à Madrid en 2004 ou à Londres en 2005, Jacques Chirac reste le champion de la prudence, de l'attentisme et de l'immobilisme. Il enterre, lui aussi, tous les rapports contenant des propositions pour mieux orchestrer la lutte antiterroriste. Quant aux phénomènes de radicalisation islamiste qui se répandent dans les banlieues françaises, il préfère les ignorer.

Sarkozy, la naïveté et l'orgueil

Dès son arrivée à l'Élysée en mai 2007, Nicolas Sarkozy, lui, se fait le chantre de la réforme. Ayant occupé plusieurs fois le poste de ministre de l'Intérieur, il est *a priori* mieux placé que ses prédécesseurs pour connaître les forces et faiblesses du système français et promouvoir, enfin, un indispensable dépoussiérage. Il entend notamment redonner ses lettres de noblesse au renseignement, qui, selon le chercheur Olivier Forcade, « n'a jamais eu une place centrale dans la politique de défense nationale[1] » sous la Ve République. Mais Nicolas Sarkozy est aussi prisonnier de ses propres arrière-pensées politiques : lorsqu'il officiait place Beauvau, il a par exemple, en

1. Olivier Forcade, « Les réformes du renseignement en France, 2007-2012 », *Annuaire français de relations internationales*, 2013, p. 617-631.

2003, consciencieusement sabordé la « police de proximité » qui avait été mise en place par le précédent gouvernement socialiste de Lionel Jospin comme un outil de maillage des quartiers. Élu président, il diminue méthodiquement les effectifs de la police.

Nicolas Sarkozy se laisse surtout aveuglément entraîner par ses proches conseillers, venus de la Place Beauvau, dans une grande réforme de la sécurité intérieure, avec notamment la création en 2008 de la Direction centrale du renseignement intérieur (DCRI), qui réunit la DST et une partie des Renseignements généraux. Confiée à l'un de ses affidés, Bernard Squarcini, la DCRI devient une forteresse qui conserve la culture centralisée et compartimentée de la DST, au détriment du renseignement de terrain. Les troupes des RG mises à l'écart de la DCRI rejoignent une Sous-direction de l'information générale (SDIG), sans moyens ni objectifs. Par orgueil et naïveté, Nicolas Sarkozy tue ainsi les forces qui surveillaient notamment les banlieues et la montée de l'islam radical. Entre 2008 et 2012, les capteurs territoriaux disparaissent. Le président déclare aussi la guerre aux juges d'instruction, dont il souhaite la suppression et auxquels il n'accorde guère de moyens supplémentaires pour mener leurs enquêtes.

C'est le moment où les certitudes des experts de l'antiterrorisme vacillent. Jusqu'à présent, notera le juge Marc Trévidic, « nos terroristes agissaient toujours de la même façon [...]. Malgré des attentats spectaculaires, la situation restait sous contrôle[1] ». La donne change à la fin des années 2000. Al-Qaïda semble se désagréger. Ses franchises, dans le sud du Maghreb ou la péninsule Arabique, prennent le relais. On voit se multiplier, par exemple, les prises d'otages au Sahel, auxquelles le gouvernement répond par des coups de force hasardeux, des négociations mal pilotées ou le versement de rançons de plus en plus élevées, qui enrichissent les réseaux terroristes. Ainsi, en dix ans, les montants ont été multipliés par vingt pour atteindre

1. Marc Trévidic, *Terroristes. Les 7 piliers de la déraison*, JC Lattès, 2013, p. 13-44.

plus de 7 millions d'euros par otage. Nicolas Sarkozy s'engage enfin, avec une grande dose de crédulité et d'impréparation, dans la guerre en Libye en 2011. Ce conflit accroît le chaos régional, propice à l'implantation des groupes terroristes.

Parallèlement, de nouveaux individus, issus des quartiers défavorisés, en mal d'identité et attirés par la violence, se convertissent au « djihad 2.0 » et partent en masse vers les terres de combat. « À partir de 2011, la guerre en Syrie a créé un incroyable appel d'air. Tout d'un coup, il fallait surveiller des centaines de jeunes, et non plus quelques dizaines, comme nous le faisions auparavant. Nos services ont été débordés[1] », explique un ancien chef de l'antiterrorisme à la DST. La radicalisation se propage dans des banlieues toujours laissées à l'abandon. Coupé du terrain, le système de renseignement réformé par Nicolas Sarkozy est incapable de la détecter. « Nous nous sommes crus protégés par notre système judiciaro-policier. Le réveil a été douloureux avec Mohammed Merah, que l'on n'a pas vu venir, alors que cela couvait depuis des années[2] », admet un responsable de la police judiciaire. Quand le jeune tueur surgit, en mars 2012, pour commettre ses forfaits à Montauban et Toulouse, les autorités préfèrent parler d'un indétectable « loup solitaire » plutôt que de procéder à un examen des graves dysfonctionnements que révèlent ces attentats, lesquels en annoncent bien d'autres. « Nous n'avons pas tiré les leçons de l'affaire Merah. Cela nous a coûté cher en 2015[3] », estime le criminologue Alain Bauer.

Hollande, la posture immobile

En mai 2012, François Hollande hérite d'un système déstabilisé et fissuré de toute part. Un ancien analyste de la DGSE, expert du djihadisme depuis le milieu des années 1990, décrit

1. Entretien avec l'auteur, mai 2016.
2. Entretien avec l'auteur, avril 2016.
3. Entretien avec l'auteur, mars 2016.

alors sur son blog l'« impuissance » antiterroriste du pays, « incapable de procéder aux réformes, prisonnier de son passé, sans imagination, sans volonté, engoncé dans ses habitudes, paralysé par les querelles administratives et les chocs d'ego[1] ».

Dès le début de 2013, dans l'urgence, François Hollande est obligé de se transformer en chef de guerre, décidant une intervention militaire au Mali, où des groupes terroristes s'apprêtent à foncer sur la capitale. Cette mue belliciste est inattendue. Hollande ordonne des raids meurtriers et des missions clandestines visant à éliminer des chefs terroristes, et même des djihadistes français. Devant les journalistes Gérard Davet et Fabrice Lhomme, il a confié avoir décidé des assassinats ciblés – « quatre, au moins » – et détenir une liste de personnes « à neutraliser » – un aveu inédit qui confirme ce que nous écrivions au début de 2015 et qui brise un tabou, créant la polémique[2]. En réalité, selon des sources militaires et du renseignement, entre le déclenchement de l'opération au Mali et la fin de 2016, on peut estimer que les armées et la DGSE ont contribué à éliminer au moins une quarantaine de *High Value Targets*, les cibles de haute valeur, au Sahel, dans la corne de l'Afrique ou en Syrie, soit un rythme inédit d'environ une exécution par mois[3]. Le président assume cette militarisation de la lutte antiterroriste, qui se joue parfois aux frontières de la légalité et au détriment de la justice. Cette escalade le conduit à prendre le risque de provoquer quelques « dommages collatéraux », selon la formule consacrée, et de basculer dans un certain mimétisme avec les

1. Abou Djaffar (pseudonyme), « Going nowhere, going nowhere », blog « Terrorismes, guérillas, stratégie et autres activités humaines », 7 décembre 2012.

2. Voir Vincent Nouzille, *Les Tueurs de la République*, Fayard, 2015 ; Gérard Davet et Fabrice Lhomme, *« Un président ne devrait pas dire ça... » Les secrets d'un quinquennat*, Stock, 2016, p. 486.

3. Voir Vincent Nouzille, *Les Tueurs de la République*, *op. cit.* Une vingtaine de chefs terroristes, au minimum, auraient été neutralisés au Sahel par les armées, et une vingtaine de cibles auraient été frappées en Syrie et ailleurs lors d'opérations auxquelles la DGSE a directement contribué. Voir aussi le chapitre 12.

néoconservateurs américains, dont l'efficacité est pour le moins controversée. Entouré d'une poignée de « faucons » sans état d'âme, le président de la République se donne une image de guerrier plus déterminé et plus résolu que ses prédécesseurs. « Le premier des faucons est le président lui-même, car, sous son apparence consensuelle, François Hollande est un animal au sang froid et au caractère implacable[1] », confie l'un de ses proches.

Cette posture martiale est censée offrir une nouvelle stature politique au président, que certains surnomment « François Homeland »[2]. Trop rigide, elle conduit cependant à un entêtement et à une autre forme d'immobilisme. Certes, François Hollande corrige l'erreur de Nicolas Sarkozy en créant en 2014 un Service central du renseignement territorial (SCRT) qui reprend une partie du maillage des ex-RG. Mais il faut du temps avant qu'il ne devienne vraiment opérationnel et, en attendant, les services sont dépassés par les quinze mille personnes radicalisées à surveiller sur l'ensemble du territoire. Un officier du renseignement intérieur en poste à Toulouse constate : « Il y en a des centaines dans la région. Nous sommes déjà confrontés à des retours massifs de Syrie. Comment allons-nous faire pour les suivre[3] ? » Les policiers s'inquiètent aussi au sujet des quelque cinq cents djihadistes français qui combattent encore en Syrie et reviendront un jour de cette zone de guerre.

De plus, la lutte contre la radicalisation de certains jeunes demeure inopérante. « Nous sommes aujourd'hui face à un phénomène de fond auquel les dispositifs en place ne répondent qu'imparfaitement, car ils ne prennent en compte qu'une partie de la réponse, uniquement sous l'angle de la répression », écrivait ainsi, à la fin de 2013, le préfet Yann Jounot, l'un des responsables du Secrétariat général de la défense et de la

1. Entretien avec l'auteur, avril 2016.
2. David Revault d'Allonnes, *Les Guerres du président*, Seuil, 2015, p. 205-236.
3. Entretien avec l'auteur, février 2016.

sécurité nationale (SGDSN)[1]. Il faut attendre mai 2016 pour que Manuel Valls annonce le lancement d'un deuxième « Plan d'action contre la radicalisation et le terrorisme », plus ambitieux que le précédent, lancé deux ans plus tôt et jugé peu convaincant. En septembre 2016, après des années de tergiversations, un premier centre « expérimental » d'accueil de jeunes en voie de radicalisation, fort d'une trentaine de places, ouvre ses portes près de Chinon. De son côté, le garde des Sceaux, Jean-Jacques Urvoas, successeur de Christiane Taubira, a admis, au printemps 2016, les failles du système pénitentiaire dans la surveillance des terroristes. Il promet d'agir rapidement pour les corriger. En attendant, les téléphones portables continuent de circuler librement entre les cellules. « Ce qui rend possible une telle profusion de téléphones cellulaires dans les prisons, c'est le difficile contrôle de leurs arrivages : les appareils sont jetés dans les cours depuis l'extérieur des établissements. Je reconnais que cette situation est assez choquante[2] », a avoué un conseiller de François Hollande devant des députés.

Le président de la République commet d'autres bévues dans sa « guerre » déclarée contre le terrorisme. Sa fuite en avant vers un « Big Brother » de surveillance administrative se concrétise, à la mi-2015, par le vote d'une loi sur le renseignement qui a des allures de *Patriot Act* américain. Elle accentue la dérive sécuritaire de la lutte antiterroriste au détriment de son contrôle par le pouvoir judiciaire. Par ailleurs, obnubilé par sa volonté de voir chuter le régime syrien de Bachar el-Assad, François Hollande repousse aveuglément pendant un an une intervention militaire française en Syrie. Entre-temps, l'organisation État islamique, apparue au grand jour à la mi-2014, y a constitué des sanctuaires et forme des commandos de combattants étrangers

1. Yann Jounot, « Prévention de la radicalisation », rapport du Secrétariat général de la défense et de la sécurité nationale, 13 octobre 2013, mis en ligne par Médiapart le 11 janvier 2016. Yann Jounot a été nommé en septembre 2016 coordonnateur national du renseignement à l'Élysée.

2. Didier Le Bret, coordonnateur national du renseignement à l'Élysée, devant la Commission de la défense nationale et des forces armées, Assemblée nationale, 8 décembre 2015.

pour préparer des attentats en France. « Nous avons laissé un trou noir s'installer en Syrie, alors que nos services commençaient à alerter l'Élysée sur les dangers de Daech[1] », explique un ancien dirigeant de la DGSE. Nombre d'experts prédisent alors l'imminence de nouveaux attentats, sans que les mesures de sécurité du territoire soient renforcées.

En novembre 2015, confronté aux pires attaques qui aient touché le pays depuis la Seconde Guerre mondiale, François Hollande impose quelques mesures chocs – instauration de l'état d'urgence, vote de nouvelles lois antiterroristes et renforcement des moyens de la police – qui accentuent paradoxalement l'affaiblissement du système judiciaire. « Gouvernement, Parlement, Conseil constitutionnel ont convergé pour ne pas désigner le juge dans ces lois récentes[2] », déplore, au début de 2016, Bertrand Louvel, le premier président de la Cour de cassation. Surtout, ces mesures purement sécuritaires ne résolvent pas les problèmes de fond, qu'il s'agisse de l'anticipation, de la coordination ou du traitement des « signaux faibles » du terrorisme.

L'attentisme et les ratés du président ont contribué à amplifier les tragédies. Au début de 2016, lors d'un Conseil national du renseignement, François Hollande a décidé qu'il ne fallait rien modifier de substantiel dans le dispositif actuel, afin de ne pas fragiliser un édifice pourtant vermoulu. Quant aux conclusions du rapport de la commission d'enquête parlementaire sur les attentats de 2015, publiées en juillet 2016, elles ont été, pour la plupart, ignorées. Conduite par le député LR Georges Fenech et son homologue socialiste Sébastien Pietrasanta, cette commission a émis quarante propositions[3]. « Une dizaine ont été suivies d'effet, notamment pour mieux équiper les forces de sécurité, organiser les secours et aider les victimes. Mais, pour l'essentiel,

1. Entretien avec l'auteur, juin 2016.

2. Discours de Bertrand Louvel, premier président, lors de l'audience solennelle de rentrée de la Cour de cassation, 14 janvier 2016.

3. Rapport de la Commission d'enquête parlementaire relative aux moyens mis en œuvre par l'État pour lutter contre le terrorisme depuis le 7 janvier 2015, *op. cit.*

qui touche notamment à l'organisation du renseignement et à la prévention, c'est le silence radio[1] », confie Georges Fenech. Au moment de la publication de leur rapport, les auteurs ont été brièvement reçus par le ministre de l'Intérieur, mais ils n'ont pas été invités à Matignon ni à l'Élysée. Alors que les échecs étaient flagrants, reconnus même par ceux qui en étaient cores-ponsables, le chef de l'État et son Premier ministre, Manuel Valls, ont choisi de ne pas se remettre en question. Quand rien ne va plus, il ne faut surtout pas changer les vieilles habitudes. Après tout, l'orchestre continuait bien de jouer sur le *Titanic* en train de sombrer.

Résultat : les policiers territoriaux sont toujours dépassés, les services continuent de se faire concurrence, la justice est débordée, la prévention demeure balbutiante. Le pilotage de la lutte antiterroriste n'est toujours pas à l'ordre du jour. Il est vrai qu'en ce domaine l'expérience de la « cellule antiterroriste » de l'Élysée, née sous François Mitterrand, a laissé quelques traces…

1. Entretien avec l'auteur, septembre 2016. En septembre 2016, Georges Fenech (LR) et Sébastien Pietrasanta (PS) ont été missionnés par la Commission des lois pour assurer le suivi des propositions de leur rapport du 5 juillet 2016.

CHAPITRE 1

Mitterrand ou les errements d'une cellule très spéciale

Massacre rue des Rosiers

9 août 1982. C'est l'heure du déjeuner au restaurant Jo Goldenberg, rue des Rosiers, dans le Marais, vieux quartier juif de Paris. Un commando d'hommes armés surgit dans la salle et lance des grenades, avant de tirer sur les clients attablés avec des fusils mitrailleurs tout en s'enfuyant. Les lieux ressemblent à une scène de guerre. Six morts et vingt-deux blessés. L'émotion est considérable. François Mitterrand, installé à l'Élysée depuis un peu plus d'un an et qui vient régulièrement déjeuner chez Jo Goldenberg, arrive sur place quelques heures plus tard, avant d'aller se recueillir à la synagogue de la rue Pavée aux côtés de son ministre de l'Intérieur, Gaston Defferre. En colère contre ce président qui, un mois auparavant, a critiqué les bavures commises par l'armée israélienne lors de l'invasion du Sud-Liban, de jeunes Juifs l'accompagnent aux cris de « Mitterrand, trahison ! ».

François Mitterrand, sur le point de partir en vacances dans sa maison landaise de Latché, est choqué par cet acte de terrorisme perpétré en plein Paris. Il n'y était pas préparé, pas plus que ses amis politiques, très mal à l'aise sur les sujets sécuritaires. Juste après leur arrivée au pouvoir, ils ont prononcé des amnisties pour des militants du groupe terroriste Action directe et des nationalistes corses, accordé l'asile politique à des terroristes italiens et supprimé la Cour de sûreté de l'État. Or les attentats liés au terrorisme international se multiplient depuis le début de cette année maudite : le 29 mars 1982, une bombe a explosé dans le train Paris-Toulouse, faisant cinq morts et blessant vingt-sept personnes. L'attaque était liée à un ultimatum du célèbre terroriste Carlos, qui exigeait la libération de deux de ses camarades, arrêtés en France en février. Le 3 avril, un diplomate israélien, Yaacov Bar-Simantov, a été assassiné dans la capitale par un commando des Fractions armées révolutionnaires libanaises (FARL), groupe extrémiste prosyrien. Et, le 22 avril, malgré des alertes parvenues aux services de renseignement, une voiture piégée a tué une passante et blessé soixante-trois personnes rue Marbeuf, près du siège du journal arabe pro-irakien *Al-Watan al-Arabi*.

L'attentat de la rue des Rosiers, qui vise directement la communauté juive française, alarme au plus haut point les autorités. Plus rien ne semble désormais arrêter les tueurs. Une campagne de terreur cible explicitement la France. Et elle ne cesse pas. Deux jours plus tard, une voiture piégée stationnée devant l'ambassade d'Irak à Paris blesse cinq passants. Le 17 septembre, devant le lycée Carnot, plus d'une soixantaine de personnes sont touchées par l'explosion d'une bombe dans la voiture conduite par un diplomate israélien.

Face à ces événements tragiques, le pouvoir est impuissant. Les assauts semblent venir de plusieurs groupes terroristes différents, plus ou moins commandités par des États étrangers, dont la Syrie, qui veulent faire pression sur la France afin qu'elle modifie sa position sur le Moyen-Orient. Engagée au Liban et du côté des Palestiniens de l'OLP, qui sont des ennemis de Damas, la diplomatie française dérange beaucoup de monde. François Mitterrand n'entend pas se laisser dicter sa politique étrangère. Mais il est affecté par l'émotion que suscitent les attentats et par les critiques concernant ses positions sur Israël.

De leur côté, les enquêteurs tentent de remonter les pistes, les investigations autour de l'attentat de la rue des Rosiers les conduisant – nous y reviendrons[1] – à suspecter un autre terroriste, le dissident palestinien Abou Nidal. Mais les services de la Police judiciaire (PJ) et de la Direction de la surveillance du

1. Voir le chapitre 2.

territoire (DST) manquent d'expérience et de savoir-faire pour décrypter les méandres du terrorisme international. Les agents qui s'y consacrent sont aussi dévoués que peu nombreux. À la DST, l'équipe dédiée au terrorisme depuis 1974 ne compte que cinq policiers.

De plus, le nouveau pouvoir n'a guère confiance dans leur efficacité. François Mitterrand, de longue date, soupçonne les services de police et de renseignement de pratiques complotistes et de manœuvres politiques. Il se souvient sans doute des tendances putschistes du SDECE (Service de documentation extérieure et de contre-espionnage) durant la guerre d'Algérie, des coups bas des services gaullistes en Afrique et des surveillances dont il a fait l'objet quand il était leader de l'opposition. Il redoute même que des factions ultras au sein des services spéciaux n'aient la volonté de déstabiliser le gouvernement de gauche. Pour lui, l'espionnage est une « coûteuse fumisterie », et ses responsables sont marqués à droite, « toujours en bisbille avec un gouvernement de gauche[1] ». Son ami Gaston Defferre a pris en main le ministère de l'Intérieur, une nomination que les hiérarques policiers n'ont pas accueillie favorablement. De son côté, Charles Hernu, chargé du ministère de la Défense, a la tutelle de l'ancien SDECE, devenu la Direction générale de la sécurité extérieure (DGSE) en avril 1982. Le ministre socialiste a placé à sa tête un de ses amis francs-maçons, Pierre Marion, au caractère impétueux. Le président Mitterrand n'apprécie pas ses foucades et n'a guère d'estime pour la production de ce service, qu'il juge assez mauvaise. « Il y avait une déficience des services sur le terrorisme, une ignorance quasi totale du phénomène, une absence de synthèse et une incapacité d'agir[2] »,

1. Rapporté dans Pierre Favier et Michel Martin-Roland, *La Décennie Mitterrand*, t. 1 : *Les ruptures, 1981-1984*, Seuil, coll. « Points », 1995, p. 615-616. Sur la méfiance des socialistes à l'égard de la police, voir aussi Jean Guisnel et Bernard Violet, *Services secrets. Le pouvoir et les services de renseignement sous François Mitterrand*, La Découverte, 1988, p. 41-43.

2. Entretien avec l'auteur, juillet 2013.

résume Gilles Ménage, qui était à cette époque le directeur adjoint de cabinet de François Mitterrand.

Confronté à cette épreuve du terrorisme aveugle, le président avance à tâtons, comme il le fera d'ailleurs très souvent sur ces sujets. C'est l'un des traits de François Mitterrand durant ses deux mandats, et il aura des conséquences dramatiques. À défaut de confiance dans les services de renseignement et de clairvoyance sur la nécessaire cohésion de l'État dans ces affaires régaliennes, l'Élysée oscille entre le flottement et l'improvisation. Plutôt que de tenter de conforter les structures existantes, le président décide, après l'attentat de la rue des Rosiers, de taper du poing sur la table. Le 17 août 1982, il réunit un Conseil restreint avec les principaux ministres concernés, les chefs des services et les responsables de la lutte antiterroriste. Après les avoir longuement écoutés sans rien dire, il en ressort avec un sentiment de « carence totale » et conclut à l'« inconsistance des hommes », voire à leur incompétence, ce qui l'incite à une reprise en main[1]. Quelques jours plus tard, il demandera la tête des chefs des services à Gilles Ménage, qui sera chargé des dossiers de police et de renseignement à l'Élysée à partir de cette date. Partant officiellement à la retraite, Marcel Chalet, le directeur de la DST, laissera la place, en novembre 1982, au préfet Yves Bonnet, tandis que, à la fin de cette même année, Pierre Marion sera éjecté de la DGSE et remplacé par l'amiral Pierre Lacoste.

À l'issue du Conseil restreint du 17 août, François Mitterrand décide donc, de manière arbitraire, de changer le dispositif. D'une voix grave, il annonce le soir même à la télévision la création d'un secrétariat d'État à la Sécurité publique, rattaché au ministère de l'Intérieur et confié à l'un de ses fidèles, Joseph Franceschi, député-maire d'Alfortville. Cette nomination, censée rassurer l'opinion, ne sert pas à grand-chose : chargé de superviser les services de police, le brave Joseph Franceschi n'a ni l'expérience, ni les pouvoirs, ni le poids politique pour s'imposer.

---

1. Rapporté dans Gilles Ménage, *L'Œil du pouvoir*, t. 1 : *Les affaires de l'État, 1981-1986*, Fayard, 1999, p. 63.

Surtout, contre toute attente, François Mitterrand annonce la création d'une Mission de coordination, d'information et d'action contre le terrorisme, directement rattachée à l'Élysée. Les patrons des services de renseignement tombent des nues en apprenant la nouvelle. Gaston Defferre tente de persuader le président que c'est une mauvaise solution. François Mitterrand n'en démord pas. « Defferre en fera son affaire. Les policiers n'auront qu'à s'exécuter. Si les services de renseignement avaient fait leur travail, on aurait sans doute pu éviter l'attentat de la rue des Rosiers[1] », déclare le président au commandant Christian Prouteau.

Sur le papier, l'idée est séduisante. Après tout, aucune instance de coordination n'existe encore dans ce domaine devenu stratégique. PJ, RG, DST, DGSE : chacun recueille des renseignements dans son coin et mène ses propres enquêtes, en se marchant parfois mutuellement sur les pieds. La création d'une structure chargée de rassembler des éléments d'analyse épars et d'orchestrer la lutte antiterroriste peut même apparaître comme une avancée notable. Mais cette « cellule antiterroriste » va vite créer le scandale. Dirigée par le commandant Christian Prouteau, elle mènera ses propres opérations antiterroristes en dépit de toutes les règles de prudence. Mal vue par l'ensemble des services, elle sera privée de relais utiles et ne coordonnera aucune stratégie antiterroriste. Appelée à s'occuper également de la sécurité du président et de ses proches – y compris sa fille cachée, Mazarine –, elle basculera dans des écoutes illégales tous azimuts qui conduiront certains de ses membres devant les tribunaux.

Les cow-boys de l'Élysée

Le commandant Christian Prouteau est pourtant réputé pour ses compétences. Gendarme d'exception, il a contribué à créer le Groupe d'intervention de la gendarmerie nationale (GIGN) après

1. Rapporté dans Christian Prouteau, *Au service du président*, Michel Lafon, 1999, p. 174.

les attentats des Jeux olympiques de Munich en 1972, durant lesquels des sportifs israéliens ont été tués par un commando palestinien. Les premières opérations du GIGN à l'étranger se sont soldées par des réussites spectaculaires, notamment la libération d'une trentaine d'enfants pris en otages dans un bus à Djibouti en 1976. Plusieurs ravisseurs ont été neutralisés par les tirs simultanés des gendarmes postés à plusieurs centaines de mètres. « Christian Prouteau s'est imposé avec des méthodes opérationnelles très pointues et un sens réel de la gestion des crises[1] », admet un de ses successeurs à la tête du GIGN.

Au printemps 1982, les services de l'Élysée se rendent compte que la sécurité du président de la République laisse à désirer. Une simulation effectuée par des hommes du Service Action de la DGSE a prouvé la vulnérabilité du dispositif policier des « Voyages officiels » : des agents en mission ont pu approcher plusieurs fois le président sans se faire repérer. Pour pallier ces défaillances, le ministre de la Défense, Charles Hernu, lui-même fils de gendarme, recommande d'avoir recours au commandant Prouteau, jugé loyal et compétent. Le conseiller spécial du président, François de Grossouvre – surnommé « le Cardinal » à cause de sa barbe à la Richelieu –, qui s'occupe alors de renseignement et d'autres affaires sensibles, convoque le chef du GIGN et lui demande de réaliser un audit. Celui-ci confirme les conclusions de la DGSE. Christian Prouteau est alors prié de faire des propositions, qui seront jugées convaincantes[2].

À partir de juillet 1982, Christian Prouteau est chargé de mettre en place un Groupe de sécurité de la présidence de la République (GSPR). Mais les attentats du mois d'août bousculent la donne. Au lendemain de l'explosion de la rue des Rosiers, le commandant Prouteau rédige une note sur la lutte antiterroriste qu'il transmet au président. Selon lui, le renseignement français reste « figé sur un vieux schéma de guerre froide » ; il n'y a aucune structure spécialisée dans l'antiterrorisme ; ces menaces

1. Entretien avec l'auteur, décembre 2013.

2. Voir Christian Prouteau, *Mémoires d'État*, Michel Lafon, 1998, p. 326-335 ; et *Au service du président*, *op. cit.*, p. 18-19.

étaient considérées jusqu'alors comme « anecdotiques » ; seules une soixantaine de personnes s'y consacrent dans les services, en s'affrontant et en se méprisant mutuellement. Il faut tout revoir. Vivement intéressé par le contenu de cette note, François Mitterrand lui propose, dans la journée du 18 août, de s'occuper, en plus, de la nouvelle Mission de coordination, d'information et d'action contre le terrorisme[1].

L'ancien chef du GIGN a carte blanche. Sûr de lui, il se met au travail immédiatement. Déléguant les principales tâches du GSPR à son bras droit, Alain Le Caro, il commence à recruter des hommes pour sa « cellule » antiterroriste. « Officiellement, aucun nom n'apparaissait. Il y avait seulement des gens détachés de leur ministère et mis à la disposition du ministère de la Défense, alors que nous travaillions pour l'Élysée[2] », se souvient un membre de la cellule. La méfiance règne d'entrée de jeu à l'égard de cette équipe : quand le commandant Prouteau demande à la DGSE d'employer administrativement quelques policiers ou de lui fournir de faux papiers, son patron, Pierre Marion, refuse fermement. Son successeur, lui, sera prié d'obéir.

Les recrues viennent de divers horizons. Pierre-Yves Gilleron, de la DST, est un ancien expert de l'URSS. Le commissaire Jean Orluc représente les RG. Son collègue Charles Pellegrini, spécialiste du banditisme, est détaché par la PJ avec quelques inspecteurs de police. Un officier de la DGSE, Jean-Louis Chanas, bon connaisseur du Moyen-Orient, rejoint le groupe, ainsi que le lieutenant Pierre-Yves Guézou, de la Direction de la protection et de la sécurité de la défense (DPSD). Le colonel de gendarmerie Jean-Louis Esquivié et une poignée de membres du GIGN complètent l'effectif. Parmi ces derniers, un capitaine au tempérament de cow-boy, Paul Barril, qui prend la succession de Prouteau au GIGN. « Sans être dans la cellule, Barril avait un bureau à l'Élysée et un laissez-passer, raconte notre témoin. Il prêtait main-forte à Prouteau, qui passait beaucoup de temps à gérer ses dérapages. Barril était totalement incontrôlable. Il

1. Christian Prouteau, *Au service du président*, *op. cit.*, p. 170-178.
2. Entretien avec l'auteur, août 2014.

avait des liens avec des milieux d'extrême droite, des truands, des barbouzes, des chefs d'État africains. Il était détesté par les états-majors de la gendarmerie, de la DST et de la DGSE, mais il avait des amis, notamment chez les sous-officiers, ce qui lui permettait de surnager[1]. »

Le coup monté des Irlandais de Vincennes

La cellule se met au travail dans des locaux prêtés par l'état-major particulier du président, au 14, rue de l'Élysée. À la demande du commandant Prouteau, Matignon lui accorde une vingtaine de lignes téléphoniques – prélevées sur le contingent réservé à la DGSE – afin qu'elle puisse procéder à des écoutes. Le ministère de la Justice, lui, refuse de coopérer et de détacher un magistrat à l'Élysée, estimant que la lutte antiterroriste n'est pas de son ressort. Chargé de se procurer des moyens informatiques, Jean-Louis Esquivié obtient de la société américaine IBM qu'elle livre deux ordinateurs. Il s'agit des premiers PC, équipés de disquettes. Ils vont servir à stocker les contacts et autres renseignements collectés par les membres de la cellule.

Les informations sont censées provenir des différents services de police et de renseignement, que l'équipe du commandant Prouteau doit coordonner. Pourtant, les choses démarrent mal : aucun des grands services (RG, DST, DGSE, PJ) n'a envie de travailler avec une cellule qui a été créée parce que le président les a jugés incompétents. Chacun défend son pré carré. « On était là pour secouer tout le monde. Mais, du coup, tout le monde nous mettait des bâtons dans les roues[2] », se souvient un autre pilier de ce groupe. Résultat : faute de renseignements fiables transmis par les services, la cellule part à la chasse pour trouver ses propres sources. « J'ai constitué un système parallèle, confiera Prouteau. Quand le président m'interroge, il faut bien que je sois capable de lui dire quelque chose. Le renseignement

1. Entretien avec l'auteur, août 2014.
2. Entretien avec l'auteur, août 2014.

en France était obsolète. On vivait sur des données datant de la guerre froide. Il nous fallait donc une structure pour réfléchir au phénomène nouveau du terrorisme[1]. »

Nos supergendarmes commencent très fort. Le 28 août 1982, ils croient tomber sur une piste sérieuse qui concerne, selon eux, des personnes impliquées dans l'attentat de la rue des Rosiers. Grâce à un renseignement parvenu au capitaine Barril, le GIGN interpelle des « terroristes » dans un appartement de la rue Diderot, à Vincennes, où l'on retrouve également des armes et des explosifs. Le commandant Prouteau a été informé de l'opération et le ministre de la Défense a donné son feu vert. Le commissaire Charles Pellegrini a fait une apparition sur les lieux pendant les perquisitions, avant de s'éclipser discrètement. En fin de soirée, l'Élysée publie un communiqué victorieux vantant des « arrestations importantes » dans les « milieux du terrorisme international ». C'est une première preuve concrète de l'efficacité présumée de l'équipe constituée sur ordre de François Mitterrand. En l'occurrence, Paul Barril et ses gendarmes ont interpellé trois militants irlandais proches des républicains de l'Ulster. Identifiés par la DST depuis quelques mois, Michael Plunkett, Stephen King et Mary Reid sont soupçonnés d'avoir participé aux récents attentats en France et auraient été sur le point d'en commettre un autre.

Mais l'affaire se dégonfle assez vite. Défendus par Me Antoine Comte, les « Irlandais de Vincennes » protestent de leur innocence. Malgré les soupçons de l'Élysée, ils ne sont pas recherchés par la police britannique et n'ont pas le profil de gros poissons. Ils seront relâchés après neuf mois de détention, toute la procédure ayant été annulée. Les policiers chargés de suivre l'enquête s'interrogent d'ailleurs sur la rapidité de leurs arrestations initiales.

Première surprise : les perquisitions n'ont pas été effectuées dans les règles et les photos des pièces à conviction ont disparu. Un gendarme de Vincennes révélera en 1983 que d'autres

1. Rapporté dans Pierre Favier et Michel Martin-Roland, *La Décennie Mitterrand*, t. 1, *op. cit.*, p. 617.

irrégularités ont été commises. Elles seront confirmées par l'officier de gendarmerie Jean-Michel Beau, qui affirmera devant un juge avoir agi sur ordre du commandant Prouteau, puis avoir menti pour couvrir des méfaits. Ainsi, le capitaine Barril a emporté des armes et des explosifs afin de les déposer chez les suspects. Il voulait s'assurer de leur future inculpation grâce à ces preuves « découvertes » lors de la perquisition. Il faudra des années d'enquête et de révélations dans la presse – principalement sous la plume d'Edwy Plenel, du *Monde*[1] – pour prouver cette manipulation judiciaire et le rôle actif de Barril.

De plus, le « tuyau » ayant conduit aux Irlandais de Vincennes n'est pas tombé par hasard dans l'oreille de ce dernier. Un ami des militants républicains irlandais dénommé Bernard Jégat, qui travaille occasionnellement comme journaliste, s'est mis à leur service. Selon lui, Plunkett, King et Reid préparaient des actions clandestines qui dépassaient le simple activisme politique. Ils auraient été en contact avec des groupes dissidents palestiniens adeptes du terrorisme. Lorsque l'attentat de la rue des Rosiers s'est produit, Bernard Jégat a cru que ses amis irlandais y étaient mêlés. Il a prévenu Jean Daniel, le directeur du *Nouvel Observateur*, qui l'a orienté vers l'Élysée. Et c'est lui qui a fourni au capitaine Barril les armes et les documents que celui-ci a apportés lors de l'arrestation. Mise au courant de la manœuvre par plusieurs canaux, la DST a sans doute laissé filtrer ce « faux tuyau » vers l'équipe du commandant Prouteau pour la déconsidérer. Paul Barril, en tout cas, a mordu à l'hameçon en faisant du zèle.

Avec cet échec initial et des méthodes controversées, la cellule, à peine née, a déjà du plomb dans l'aile.

1. Dès 1985, *Le Monde* a révélé que le capitaine Barril avait apporté les pièces à conviction à Vincennes, notamment sur la foi du témoignage d'un informateur nommé Bernard Jégat. Paul Barril n'a pas été poursuivi dans l'affaire des Irlandais de Vincennes – contrairement à Christian Prouteau (finalement relaxé), au commandant Beau, à son adjoint et à Bernard Jégat, condamnés en 1991. Il a porté plainte pour diffamation contre *Le Monde* en 1991 après un nouvel article sur le sujet. Le journal, ayant apporté la preuve de son rôle, a été relaxé le 17 septembre 1992.

Une équipe opé pour assassiner

Les différents services traînent de plus en plus les pieds face aux demandes de coopération. « Au lieu de freiner la guerre des services, nous ne faisions que l'attiser, et on se faisait tirer dessus à boulets rouges, raconte un ancien policier de la cellule. Quand nous voulions consulter un dossier à la DST, il fallait cinq jours de tractations pour l'obtenir et le dossier arrivait complètement expurgé. Au sein de la 6e section de la police judiciaire, chargée du terrorisme, les policiers ne suivaient jamais les informations qui venaient de chez nous, car tout leur paraissait suspect. Et, en sens inverse, tout ce qui nous arrivait était pollué[1]. »

La « brigade du chef » élyséenne poursuit néanmoins ses missions, dans un climat délétère. Cette mini-agence de renseignement présidentielle dépourvue d'expérience se transforme également en commando d'intervention. Bénéficiant d'une grande autonomie, elle commence à mener ses propres opérations, sans autre mandat que celui d'« hommes du président ». Ce mélange des genres constitue une autre incohérence aux yeux des services spécialisés, qui séparent toujours le renseignement des opérations afin d'éviter les dérapages. À la fin de 1982, la cellule de Prouteau crée ainsi en son sein un Groupe d'action mixte (GAM), composé d'une douzaine de policiers et de gendarmes basés à Satory, un quartier de Versailles, dans les Yvelines. Piloté par Charles Pellegrini pour ce qui concerne les policiers et par le capitaine Barril pour ce qui concerne les gendarmes, le GAM n'a de comptes à rendre à personne. En réalité, ce groupe se transforme en une véritable boîte noire. « Il s'agissait d'une structure clandestine dont je ne supervisais pas les faits et gestes, sauf cas tout à fait exceptionnels[2] », expliquera Gilles Ménage. Ses membres se rendent notamment en Corse, de leur propre initiative, pour surveiller des nationalistes. « Nous prenions des Transall à l'aéroport militaire de

1. Entretien avec l'auteur, août 2014.
2. Gilles Ménage, *L'Œil du pouvoir*, t. 1, *op. cit.*, p. 191.

Villacoublay et nous allions faire des observations de nuit sur place. Nous avons parfois échangé des informations avec les policiers, et nous, nous faisions des écoutes pour eux sur la Corse[1] », témoigne un ancien gendarme du GAM.

Cette petite équipe veut également éliminer Carlos, le terroriste international, recherché en France pour l'assassinat de deux policiers de la DST en 1975. En décembre 1982, la CIA transmet à la DST un renseignement d'origine libanaise selon lequel Carlos viendrait passer les fêtes de fin d'année à Gstaad, en Suisse. Mis au courant, le ministre de l'Intérieur, Gaston Defferre, ordonne que l'information soit traitée par la cellule de l'Élysée. Sur son instruction, le commandant Prouteau est autorisé à exécuter le terroriste s'il le trouve. « Carlos menace la sécurité du président, je suis en charge de la sécurité du président : tuez-le[2] ! » dit Defferre. L'équipe du GAM se rend sur place pour mener une opération d'élimination. Mais Carlos n'apparaît pas.

La cellule se sent pousser des ailes. Elle traque, par exemple, Dominique Érulin, un ancien légionnaire reconverti dans le monde opaque de la sécurité. Très marqué à droite, ancien membre du service d'ordre de Valéry Giscard d'Estaing, Érulin est issu d'une famille de militaires. En septembre 1981, son nom est apparu dans le cadre d'une attaque à main armée contre un fabricant de coffres-forts, à Paris, lors de laquelle 20 millions de francs ont été dérobés : deux des braqueurs, arrêtés, ont expliqué qu'il était un de leurs complices, avant de se rétracter tardivement. Puis, en novembre 1981, on a parlé de lui dans une affaire de vol de fusils mitrailleurs et de mitrailleuses à la caserne Clozel, à Foix, dans l'Ariège. Prévenu par un de ses amis, membre de la DST, Érulin s'est réfugié en Espagne.

Des rumeurs laissent entendre qu'Érulin projetterait un attentat contre le président Mitterrand. L'équipe de l'Élysée se

1. Entretien avec l'auteur, juin 2012.

2. Consigne transmise par Gilles Ménage. Voir *L'Œil du pouvoir*, t. 1, *op. cit.*, p. 204. Voir aussi Georges Moréas, *Dans les coulisses de la lutte antiterroriste. De la rue des Rosiers à l'état d'urgence*, First, 2016, p. 72.

mobilise. Des écoutes permettent de le localiser aux Canaries, où des membres du GAM se déploient. « À l'époque, je savais que Dominique Érulin était considéré par la cellule comme pouvant constituer un danger pour la sécurité physique du président[1] », confirmera Gilles Ménage. L'interpellation s'annonce musclée. Dans une note au président datée du 7 avril 1983, le commandant Prouteau précise : « Étant donné la personnalité de Dominique Érulin, la décision de son arrestation est délicate. C'est pour cela que, tout en utilisant la voie légale, dès que nous avons retrouvé Dominique Érulin, j'ai conservé la possibilité d'éviter son arrestation. Si vous pensez que celle-ci n'est pas opportune ou qu'il serait préférable de neutraliser cet homme par un autre procédé, il sera fait selon votre volonté[2]. » Même si le commandant Prouteau le démentira, l'hypothèse d'une élimination est évoquée.

Lors d'une réunion à Latché, le 8 avril 1983, le supergendarme insiste sur le côté « dangereux et méfiant » d'Érulin. François Mitterrand hésite, puis donne pour consigne que l'ancien légionnaire soit, si possible, interpellé par les Espagnols[3]. Craignant d'être liquidé par la cellule de l'Élysée, Dominique Érulin, prévenu par des amis, échappe au piège. Il disparaît, entamant une longue cavale en Amérique latine[4].

1. Déposition de Gilles Ménage dans le cadre de l'enquête judiciaire ouverte contre Dominique Érulin pour l'affaire du vol de septembre 1981, 2 mai 1997. Rapporté dans Dominique Érulin, *Gibier d'État*, Albin Michel, 2002, p. 95. Voir aussi Gilles Ménage, *L'Œil du pouvoir*, t. 1, *op. cit.*, p. 208.

2. Rapporté dans Dominique Érulin, *Gibier d'État*, *op. cit.*, p. 94.

3. Gilles Ménage, *L'Œil du pouvoir*, t. 1, *op. cit.*, p. 210.

4. Interpellé au Paraguay en avril 1986, Dominique Érulin n'est pas extradé vers la France, malgré une demande judiciaire. Condamné par contumace à vingt ans de prison en juin 1994 pour le braquage de septembre 1981, il ne rentre en France qu'en décembre 1995. Il sera finalement jugé à nouveau en 2003 et condamné à cinq ans de prison avec sursis.

Les coups tordus du capitaine Barril

Les hommes du président se croient tout permis. Outre la traque de terroristes ou d'autres ennemis présumés, la cellule multiplie aussi les initiatives maladroites, souvent sous la houlette de l'incontrôlable Paul Barril. Durant l'été 1982, celui-ci a déjà tenté de prendre directement contact avec Jean-Marc Rouillan, le chef du groupe terroriste Action directe, qui vient d'être dissous, pour obtenir sa reddition. Mais Rouillan préfère rester dans la clandestinité. À la demande de certains conseillers de l'Élysée, comme Régis Debray, et sur l'insistance de Danielle Mitterrand, proche des mouvements révolutionnaires latino-américains, l'équipe de Barril et Prouteau participe également à des livraisons clandestines d'armes, fournies par la DGSE, au régime sandiniste procubain du Nicaragua.

Paul Barril va plus loin. Déjà mêlé, en octobre 1981, à une affaire de trafic d'armes entre la France et la Belgique, dans laquelle il a été inculpé, il est aussi soupçonné d'avoir couvert un braquage destiné à renflouer certains de ses « indics ». Le 10 mars 1983, un hold-up est commis dans un atelier de métaux précieux rue Gramont, à Paris. Selon Alexandre Engrand, l'un des trois hommes inculpés dans cette affaire, qui se présente comme un informateur du capitaine Barril, ce dernier aurait laissé faire afin de remercier un de ses complices qui lui fournissait des renseignements utiles sur un trafic d'armes. Deux gendarmes proches de Barril auraient protégé les lieux durant le hold-up. Mis en cause, ceux-ci affirment qu'ils ont eu, au même moment, un accident de voiture en banlieue, ce qui les innocente. Placé en garde à vue, le capitaine Barril proteste de son innocence. Il sera inculpé, avant d'être finalement relaxé.

Couvert par l'Élysée, le bouillant capitaine accumule les affaires douteuses. Il participe également aux préparatifs clandestins d'un coup d'État en Haïti visant à destituer le dictateur Jean-Claude Duvalier. Tout commence lorsqu'un opposant haïtien, Bernard Sansaricq, contacte le supergendarme pour lui demander des armes et un soutien logistique afin d'organiser un débarquement de mercenaires en Haïti. Sansaricq est aussi reçu au siège du Parti socialiste, rue de Solférino, ainsi qu'à l'Élysée par le conseiller Régis Debray, spécialiste de l'Amérique latine, et Guy Penne, conseiller aux Affaires africaines[1]. Le capitaine Barril oriente l'opposant haïtien vers une société aux activités mystérieuses, la Novimo. Officiellement active dans le secteur de l'immobilier, cette entreprise s'occupe aussi d'import-export. Elle est connue des services de renseignement pour avoir exporté de manière frauduleuse du matériel électronique et informatique de pointe vers les pays de l'Est. Certains de ses dirigeants ont visiblement des appuis à la DGSE. Trois d'entre eux, dont Alexandre Engrand, sont des proches de Barril. Ils ont des amis dans le milieu du mercenariat et des contacts dans le grand banditisme.

Disposant de relais dans l'île franco-néerlandaise de Saint-Martin, les associés de la Novimo montent un camp d'entraînement pour les opposants haïtiens proches de Sansaricq en vue d'un futur débarquement. Le camp sera fermé par les gendarmes quelques mois plus tard. Cette curieuse histoire est interrompue par le hasard d'une autre enquête judiciaire : le 19 mai 1983, un notaire de Poitiers est délesté de lingots d'or pour une valeur de 5 millions de francs par des malfrats. Interrogé par le juge d'instruction, un détenu de la prison de Fresnes avance que des dirigeants de la Novimo sont impliqués dans ce vol. L'information est inexacte, mais elle conduit, à la fin de juin 1983, à des perquisitions au siège de la société, rue Marbeuf, à Paris, et au domicile de ses dirigeants. Sur place, les enquêteurs collectent des documents sur un projet de coup d'État en Haïti et des enregistrements audio évoquant le rôle de Paul Barril, ainsi que l'affaire du hold-up de la rue Gramont en mars 1983.

À l'Élysée, la découverte des diverses barbouzeries du capitaine Barril, qui s'ajoute aux révélations sur les irrégularités

1. Voir notamment Edwy Plenel, « L'Élysée et ses gendarmes », *Le Monde*, 16-17 octobre 1983.

dans le dossier des Irlandais de Vincennes, provoque un certain embarras. « Si cette affaire vient à être rendue publique, comme cela est probable, elle constituera un événement important, ayant de très larges répercussions », écrit, le 11 juillet 1983, Gilles Ménage au président Mitterrand après les perquisitions à la Novimo. « Il faut aller – et vite – au bout de cette affaire. Sans aucune considération de personne. Me tenir informé[1] », répond ce dernier. La DST et la PJ sont mobilisées pour éclaircir les dossiers. Dans l'attente du résultat des enquêtes judiciaires – qui ne donneront rien –, le capitaine Barril doit être écarté au plus vite. Dès le 18 juillet 1983, il est suspendu de ses fonctions de commandant par intérim du GIGN par le ministre de la Défense. Il quittera la gendarmerie l'année suivante et donnera sa version des faits dans des livres vengeurs[2].

Éclaboussée par ces scandales, la cellule du commandant Prouteau est contrainte de réduire la voilure. Le GAM, son bras armé, est mis en sommeil. À l'automne 1983, de nouveau montrée du doigt dans la presse pour les contacts passés officieux entre Paul Barril et le leader nationaliste corse Alain Orsoni, elle est sur la sellette. Sans compter que le déballage des affaires de Barril se poursuit. À la fin de septembre, Gilles Ménage suggère au président Mitterrand d'interrompre la Mission de coordination antiterroriste confiée à Christian Prouteau. Il n'est pas entendu.

Des écoutes téléphoniques tous azimuts

François Mitterrand n'a aucune envie de se séparer de son supergendarme, en qui il garde une confiance totale. Christian Prouteau supervise sa sécurité et la cellule antiterroriste. Or les deux missions commencent à se mélanger. En effet, les gendarmes de l'Élysée se sont vu confier la mission de protéger,

1. Gilles Ménage, *L'Œil du pouvoir*, t. 1, *op. cit.*, p. 237-240.

2. Capitaine Barril, *Missions très spéciales*, Presses de la Cité, 1984 ; et *Guerres secrètes à l'Élysée*, Albin Michel, 1996.

coûte que coûte, l'un des secrets les mieux gardés du « Château », à savoir l'existence de la seconde famille de François Mitterrand. Sa compagne, Anne Pingeot, et sa fille, Mazarine, sont hébergées dans une annexe de la présidence située quai Branly. Le conseiller spécial François de Grossouvre veille sur elles. Les gendarmes du GSPR s'occupent de leur sécurité, y compris le week-end, quand elles séjournent dans le domaine présidentiel de Souzy-la-Briche.

Le commandant Prouteau est dans la confidence depuis son arrivée au palais en juillet 1982[1]. Au fil des mois, il devient l'indispensable bouclier de la vie privée du président. Lorsque des rumeurs montent, à la fin de 1983, sur la publication possible d'un pamphlet au vitriol contre le président, signé de l'écrivain Jean-Edern Hallier, directeur de la revue *L'Idiot international*, la cellule antiterroriste est mobilisée. Intitulé *Tonton et Mazarine*, l'ouvrage doit révéler l'existence de la famille cachée de François Mitterrand[2]. Le 6 mars 1984, l'écrivain annonce publiquement la parution prochaine de son livre, ce qui le transforme en cible prioritaire pour l'équipe de Prouteau. Tandis que de nombreux proches du président font pression sur plusieurs éditeurs, la cellule essaie de freiner les ardeurs de Jean-Edern Hallier, y compris par des intimidations et des avertissements, comme des coups de téléphone anonymes ou des pneus crevés[3]. Surtout, elle utilise les lignes mises à sa disposition pour surveiller l'écrivain et ses proches – ses amies, sa cuisinière, son valet de chambre, jusqu'au restaurant La Closerie des Lilas, qu'il fréquente, et le bar où il achète ses cigarettes. Une surveillance que Gilles Ménage juge légitime pour assurer la protection du président. « Je sais où il est et ce qu'il fait à tout moment du jour et de la

1. Christian Prouteau, *Au service du président*, *op. cit.*, p. 97-111.

2. Repoussée, la publication de ce manuscrit n'aura lieu qu'en 1996, après la mort de François Mitterrand, et sous une forme largement remaniée. Voir Jean-Edern Hallier, *L'Honneur perdu de François Mitterrand*, Les Belles Lettres/Le Rocher, 1996.

3. Voir notamment le témoignage d'un des membres de la cellule : Daniel Gamba, *Interlocuteur privilégié. « J'ai protégé Mitterrand »*, JC Lattès, 2003, p. 86-88.

nuit[1] », confie alors François Mitterrand, parlant de Jean-Edern Hallier, à son ami Roland Dumas.

La lutte antiterroriste n'est désormais plus qu'un prétexte. Couvertes par le chef de l'État, validées par Gilles Ménage, le cabinet du Premier ministre et celui de la Défense, les écoutes vont progressivement s'étendre à une longue liste de personnalités, toujours au nom de la sécurité : des avocats suspectés de défendre des terroristes, comme Me Antoine Comte ; des journalistes soupçonnés d'avoir des sources trop bien informées, comme Edwy Plenel du *Monde*, Georges Marion du *Canard enchaîné* ou Alexis Liebaert de *L'Événement du jeudi* ; des actrices de cinéma, comme Carole Bouquet ; des hommes politiques, comme le centriste François Froment-Meurice ; des proches de Charles Pasqua ; des hommes d'affaires, comme le baron Empain ; Bernard Jégat, homme clé de l'affaire des Irlandais de Vincennes ; Paul Barril, devenu un paria à l'Élysée… Au moins cent cinquante « cibles » ont été écoutées en toute impunité entre 1983 et 1986, et toutes leurs conversations ont été enregistrées, ce qui, avec leurs contacts, représente une liste de deux mille noms[2].

Ces dérapages ont d'ailleurs commencé avant que l'affaire Jean-Edern Hallier n'alarme l'Élysée. Dès le 23 mars 1983, Gilles Ménage adresse une note à Christian Prouteau lui demandant plus de renseignements sur une journaliste qui a écrit à propos des Irlandais de Vincennes. Il réclame aussi que « l'on s'occupe sérieusement de l'avocat Me Comte », qui représente les fameux Irlandais. Face au nom de l'avocat, le chiffre « 46 » a été ajouté à la main par le gendarme : cela signifie qu'une écoute téléphonique a bien été demandée au Groupement interministériel de contrôle (GIC), chargé de la conduite technique de ces interceptions dans un sous-sol des Invalides[3]. Chaque

---

1. Rapporté dans Philip Short, *François Mitterrand. Portrait d'un ambigu*, Nouveau Monde Éditions, 2015, p. 525.

2. La liste est donnée dans Jean-Marie Pontaut et Jérôme Dupuis, *Les Oreilles du président*, Fayard, 1996.

3. Cette note a été révélée par le journal d'extrême droite *National Hebdo* en novembre 1992, avant d'être reprise par *Libération* et *Le Monde*. Gilles Ménage en confirmera le contenu devant le juge

jour, un membre de la cellule, Pierre-Yves Guézou, se rend sur place pour lire les transcriptions les plus importantes et en rapporter des synthèses manuscrites. Le reste des écoutes est dactylographié au GIC avant d'être envoyé à l'Élysée. Des notes de synthèse circulent ensuite à l'intérieur du « Château » et arrivent sur le bureau du président, qui se délecte parfois des petits secrets ainsi dévoilés. Toutes les données sont stockées sur l'un des deux ordinateurs IBM de la cellule, sans aucun aval légal. Les fichiers qui les rassemblent portent de curieux noms : « Hermès » pour les cibles principales, « TPH » (ou Téléphone) pour leurs contacts, « Kidnapping » pour les personnes en lien avec Jean-Edern Hallier.

Bilan sur le terrorisme : nul

Violation des correspondances, dévoilement des secrets des sources de journalistes, immixtion dans les conversations de certains avocats et magistrats : les dérives de la cellule de Prouteau sont nombreuses.

Toutefois, malgré ces scandales, elle continue de fonctionner. Tout en déployant ses grandes oreilles, elle tente de poursuivre d'autres activités, s'occupant notamment – nous le verrons – des affaires des otages au Liban et d'autres dossiers du terrorisme. Néanmoins, elle est freinée à partir de juillet 1984 par la nomination de Pierre Joxe au ministère de l'Intérieur. Homme d'ordre, ce mitterrandien austère ne supporte pas l'ingérence des gendarmes de l'Élysée dans les affaires de sécurité. Pour bien délimiter son territoire, il décide d'instaurer dès son arrivée une instance policière antiterroriste, l'Unité de coordination de la lutte antiterroriste (UCLAT). Dirigée par François Le Mouël, un pilier de la Place Beauvau, cette petite unité commence à fonctionner à l'automne 1984, sans beaucoup de moyens. Elle se consacre d'abord aux dossiers d'Action directe,

---

Jean-Paul Valat, chargé d'instruire l'affaire des écoutes de l'Élysée. Voir *ibid.*, p. 267.

des Basques et des Corses, avant d'élargir ses compétences au terrorisme international en 1987. Pierre Joxe n'entend plus se laisser dicter sa conduite dans ce domaine par la cellule de Prouteau, surtout quand celle-ci se vante de ses succès tout en dénigrant les méthodes policières classiques dans la presse[1]. Les relations du ministre de l'Intérieur avec le supergendarme deviennent orageuses, et se tendent avec Gilles Ménage. Ce dernier tente toujours d'imposer ses vues, notamment en exigeant une coopération de la part de certains services, comme la DST.

Arrivé à la tête de la DST à la mi-1985, le préfet Rémy Pautrat suit les consignes de Pierre Joxe : il lui est interdit d'« entretenir un quelconque rapport avec Gilles Ménage » et il ne doit plus répondre aux demandes de renseignements sur des personnalités françaises de ce qu'il appellera la « brigade du chef »[2]. Entre l'Élysée et la Place Beauvau, le climat devient polaire. Juste avant l'arrivée de Jacques Chirac à Matignon, en mars 1986, les écoutes s'arrêtent brutalement. La présidence de la République anticipe : le cabinet du Premier ministre et celui de la Défense risquent de découvrir les interceptions commanditées directement par la cellule. Malgré sa disparition officielle en 1988, celle-ci continue de vivoter durant le second septennat de François Mitterrand, quelques-uns de ses membres restant actifs auprès de Gilles Ménage, devenu directeur de cabinet du président, avant de partir en 1992 prendre la présidence d'EDF, qu'il occupera jusqu'en 1995. Le commandant Prouteau, nommé préfet, quitte l'Élysée à la fin de 1988 pour prendre en charge la sécurité des Jeux olympiques d'hiver d'Albertville.

---

1. Pierre Joxe est mécontent d'une série d'articles louangeurs sur les « mousquetaires antiterroristes du président » signés du journaliste Jacques Isnard dans *Le Monde*, 13, 14 et 15 mars 1985.

2. Rapporté par Rémy Pautrat dans Sébastien Laurent (dir.), *Les espions français parlent. Archives et témoignages inédits des services secrets français*, préface de Marc Dugain, Nouveau Monde Éditions, 2011, p. 485-486.

Le gouvernement fait adopter en 1991 une loi réglementant plus strictement les écoutes, avec la création d'un organe de contrôle. En février 1993, l'avocat Antoine Comte porte plainte devant le doyen des juges d'instruction de Paris. Dans la presse, les révélations se succèdent sur les personnes écoutées. Paul Bouchet, président de la nouvelle Commission nationale de contrôle des interceptions de sécurité (CNCIS), rédige un rapport dont la partie publique fustige la « gravité des dysfonctionnements au demeurant notoires » de la cellule de l'Élysée. Pierre-Yves Guézou, l'un des hommes clés des écoutes, est retrouvé mort à son domicile le 12 décembre 1994, après avoir reçu la notification de sa mise en examen. L'affaire provoque des dégâts considérables.

En janvier 1995, le juge d'instruction chargé du dossier, Jean-Paul Valat, reçoit d'un expéditeur anonyme cinq disquettes informatiques contenant les fichiers de certaines écoutes de l'Élysée. À la fin de 2004, le procès se tiendra au tribunal correctionnel de Paris : onze responsables sont mis en examen pour « atteinte à l'intimité de la vie privée ». Les peines avec sursis – six mois pour Gilles Ménage, huit mois pour Christian Prouteau – seront amnistiées. Le verdict insistera sur la responsabilité écrasante du président Mitterrand, principal « inspirateur et décideur » du dispositif.

Les effets de la curieuse initiative de François Mitterrand à l'été 1982 se sont révélés catastrophiques. Le choix élyséen de s'appuyer essentiellement sur des gendarmes, peu au fait des affaires de terrorisme, constituait une grave erreur. La cellule n'était pas préparée à ses missions. Son organisation a failli. Elle s'est transformée en garde prétorienne du président et n'a guère contribué à coordonner la lutte contre le terrorisme en France. « Nous avons tenté de semer une graine, mais c'était sans doute trop tôt[1] », plaide Gilles Ménage, qui estimera avoir été victime d'un acharnement médiatique.

1. Entretien avec l'auteur, décembre 2013.

Surtout, la cellule a semé la zizanie. « Son bilan sur le terrorisme a été nul[1] », se désole un de ses anciens membres – un constat qui semble exact, si l'on excepte quelques résultats dans la lutte contre l'ETA basque. Plus grave, son fiasco a discrédité pour longtemps toute tentative de coordination dans ce domaine. Au lieu de préfigurer une sorte de Conseil national de sécurité à l'américaine, elle a conduit à en enterrer le projet pour des décennies. Il faudra attendre 2008 pour qu'apparaisse un coordonnateur national du renseignement à l'Élysée – poste aux attributions très limitées, au demeurant –, et 2016 pour qu'un rapport parlementaire rédigé dans la foulée des attentats de 2015 suggère la création d'une Agence nationale de lutte antiterroriste – une proposition vite rejetée par le gouvernement. Les souvenirs peu reluisants de la cellule de François Mitterrand continuent d'imprégner les esprits.

1. Entretien avec l'auteur, août 2014.

CHAPITRE 2

Schizophrénie au cœur de l'État

Doit-on traquer les terroristes ou négocier avec eux ? Faut-il les poursuivre pour que justice soit faite ou les amadouer pour éviter de nouveaux attentats ? Le dilemme est cruel. Confronté à des menaces réelles durant les années 1980, le président Mitterrand a changé de point de vue selon les circonstances. Partisan d'une certaine fermeté, répétant souvent qu'il ne fallait rien concéder, il a parfois donné des consignes pour que les services secrets français éliminent des ennemis. Mais, d'autres fois, il s'est ravisé, autorisant des négociations secrètes avec des mouvements terroristes afin d'aboutir à des accords forcément controversés : une forme de tranquillité non garantie, souvent achetée au prix fort – la libération de prisonniers réclamés par les terroristes ou l'impunité pour des auteurs d'attentats. Pour ces dossiers judiciaires, la raison d'État s'est alors transformée en « oraison funèbre », comme le déplorera le juge antiterroriste Marc Trévidic[1].

Avec Abou Nidal, une des grandes figures du terrorisme international des années 1980, cette double politique – traquer et négocier – confine à la schizophrénie d'État. L'homme est, dans le même temps, pourchassé par la DGSE, poursuivi par la justice française et approché par la DST afin d'éviter qu'il ne frappe à nouveau. Le tout avec l'aval secret du président de la République. À défaut de pouvoir « neutraliser » Abou Nidal, comme il le souhaitait, François Mitterrand préférera finalement composer avec lui, bien qu'il nie officiellement tout contact et

1. Marc Trévidic, *Au cœur de l'antiterrorisme*, JC Lattès, 2011, p. 310.

toute compromission. Tant pis si cette paix achetée à vil prix n'est que temporaire, puisque d'autres menaces surviendront. Tant pis si les pays voisins continuent de subir les assauts du terroriste. Tant pis si les différents services de renseignement reçoivent des consignes contradictoires venues d'en haut. Tant pis s'il faut céder, *in fine*, au chantage. Les magistrats et les policiers, qui tentent de prouver la responsabilité d'Abou Nidal dans les attentats meurtriers commis en France, sont tenus soigneusement à l'écart de tous les marchandages. Quant aux victimes de ces attaques, elles n'ont pas voix au chapitre. Elles devront attendre plusieurs décennies pour espérer que justice soit faite, sans être sûres d'y parvenir.

Abou Nidal, chef d'une multinationale terroriste

L'attentat de la rue des Rosiers, le 9 août 1982, a été mené par un commando visiblement entraîné et préparé. Les quatre hommes ont surgi dans le restaurant Jo Goldenberg et, en moins de trois minutes, ont tué six personnes et en ont blessé gravement plus d'une vingtaine. Ayant probablement repéré les lieux auparavant, ils se sont enfuis tranquillement, sans paniquer, avant d'être recueillis par des complices circulant en voiture, puis de disparaître.

L'enquête est immédiatement confiée au juge Jean-Louis Bruguière – qui n'est pas encore un spécialiste des dossiers de terrorisme –, assisté des policiers de la brigade criminelle de la police judiciaire parisienne. À son arrivée rue des Rosiers, le magistrat croise des personnalités politiques, dont le Premier ministre, Pierre Mauroy, en train de faire des déclarations devant les médias. Tout le monde patauge dans des mares de sang, au risque de détruire de précieux indices. Au milieu de cette pagaille, les policiers retrouvent quelques douilles de 9 millimètres et deux chargeurs de pistolet mitrailleur, ainsi que des morceaux de grenade F1 de type soviétique.

Quelques jours plus tard, la découverte dans le bois de Boulogne d'un sac contenant un pistolet mitrailleur WZ 63 d'origine polonaise ayant servi lors de la fusillade fournit une première piste aux enquêteurs. Mais les demandes répétées du juge auprès des autorités polonaises pour tenter de retracer la provenance exacte de l'arme se heurtent à un mur. Le parquet militaire de Varsovie se bornera à répondre, en juillet 1983, que le dossier de ce pistolet mitrailleur a été « perdu » dans les documents officiels. Un gros mensonge, en réalité, puisque des expertises permettront d'identifier ce WZ 63 – dont les numéros de série sont gravés en cyrillique et en arabe – comme faisant partie d'un lot d'armes polonaises transmis à des responsables arabes, puis à l'Organisation de libération de la Palestine (OLP) de Yasser Arafat.

En comparant ce pistolet mitrailleur avec d'autres armes utilisées lors d'attentats récents à l'étranger, le magistrat et les policiers sont conduits à soupçonner le groupe d'un dissident de l'OLP, Abou Nidal. « Très vite, les éléments concordants accablent Abou Nidal. Le groupe a commis plusieurs opérations en se servant d'armes provenant du même lot que celles utilisées à Paris[1] », se souvient Jean-Louis Bruguière. En effet, des WZ 63 de la même série sont retrouvés dans une chambre d'hôtel de Bruxelles où ont séjourné des proches de l'organisation Abou Nidal. Des armes de ce type ont également été utilisées lors de la tentative d'assassinat de l'ambassadeur d'Israël à Londres qui a provoqué l'invasion du Sud-Liban par l'armée israélienne. Et elles le seront à nouveau lors d'un attentat contre la Grande Synagogue à Rome en octobre 1982, attribué au même groupe terroriste.

Abou Nidal est un véritable mercenaire du terrorisme international. De son vrai nom Hassan Sabri Khalil al-Banna, ce Palestinien né à Jaffa en 1937 est un nationaliste virulent. Il a fait scission de l'OLP en octobre 1974, la trouvant trop modérée. En réalité, il en aurait été exclu et aurait été condamné à mort par Yasser Arafat pour détournements de fonds et assassinats. Abou Nidal n'a d'autre programme politique que la destruction

1. Jean-Louis Bruguière, entretiens avec Jean-Marie Pontaut, *Ce que je n'ai pas pu dire*, Robert Laffont, 2009, p. 86-87.

d'Israël et de tous ceux qui veulent pactiser avec l'État hébreu. « Petit, râblé, le regard fuyant, Abou Nidal a toujours eu le comportement d'un conspirateur », écrira Éric Rouleau, journaliste au *Monde* qui sera nommé ambassadeur de France en Tunisie en 1985. « Les rares privilégiés arabes qui l'ont rencontré disent qu'il n'a qu'un seul mot à la bouche : tuer[1]. » Derrière une devanture politique appelée Fatah-Conseil révolutionnaire (CR), Abou Nidal a monté une redoutable organisation terroriste. Il a multiplié les actions sanglantes contre Israël et des régimes arabes – Jordanie, Syrie, Koweït, Émirats arabes unis et Égypte –, et surtout contre des dirigeants de l'OLP, considérés comme des traîtres. La liste de ses faits d'armes est interminable : prises d'otages à Damas et Amman ; détournement d'avion à Dubaï ; attentats à Londres, Vienne, Anvers et Athènes ; assassinats à Paris, Madrid, Rome, Ankara, New Delhi et Bruxelles…

L'attentat de la rue des Rosiers a probablement été commandité par Abou Nidal pour répliquer au soutien de la France à l'OLP, qui se concrétise durant l'été 1982 par une aide militaire pour exfiltrer Yasser Arafat et ses troupes de Beyrouth après l'invasion du Sud-Liban par l'armée israélienne. Toutefois, au-delà de cette piste, les enquêteurs français piétinent. Ils pensent que les armes du commando ont été fournies directement par l'ambassade d'Irak à Paris, mais ne parviennent pas à remonter jusqu'aux tueurs. Il est vrai que les investigations antiterroristes sont alors balbutiantes en France : il n'existe pas de pôle de magistrats spécialisés ni de coordination policière sur ces affaires. Et le pouvoir semble peu enclin à faciliter le travail des juges. Au contraire : il fait tout pour leur cacher des choses.

1. Éric Rouleau, *Dans les coulisses du Proche-Orient. Mémoires d'un journaliste diplomate, 1952-2012*, Fayard, 2012, p. 403.

« Les autorités françaises ont agi avec légèreté et imprudence »

Car, à l'Élysée, François Mitterrand est tétanisé par l'attentat de la rue des Rosiers. Tout en improvisant la création de la cellule antiterroriste confiée au commandant Christian Prouteau, le président convoque le directeur de la DGSE, Pierre Marion. Ses relations avec cet homme au caractère volcanique ne sont pas bonnes, au point qu'il va bientôt demander sa tête. Mais, à la fin d'août 1982, il accepte de l'écouter. Le patron du service de renseignement lui confirme la responsabilité probable d'Abou Nidal dans l'attentat commis à Paris. La DGSE a obtenu rapidement les renseignements qui lui permettent de l'affirmer, corroborés par le Mossad israélien et par Issam Sartaoui, l'un des dirigeants de l'OLP. L'organisation palestinienne a noué des relations avec les services français et proposé son aide.

À toutes fins utiles, Pierre Marion a préparé une liste d'objectifs – des responsables de groupes terroristes que la DGSE se propose d'éliminer en guise de représailles, si le président donne son feu vert. Mais François Mitterrand s'oppose à ces homicides, appelés « opérations Homo » dans les milieux du renseignement. « Je ne vous autorise à tuer que Carlos et Abou Nidal », dit-il à Pierre Marion. Lequel répond : « Monsieur le Président, vous lancez le bouchon trop loin. Carlos est dans une forteresse en Tchécoslovaquie. Quant à Abou Nidal, il était encore récemment dans un camp retranché cn Irak ; d'après nos renseignements, il vient de passer armes et bagages en Syrie, où il doit bénéficier d'une protection au moins aussi efficace. Nous ne pouvons les atteindre[1]. »

Le président de la République réitérera ces consignes d'exécution à l'amiral Pierre Lacoste lorsque celui-ci prendra la tête de la DGSE, en novembre 1982[2]. Mais ses ordres ne pourront être exécutés, car, de fait, les services de renseignement ne

1. Pierre Marion, *La Mission impossible*, Calmann-Lévy, 1991, p. 201.
2. Entretien avec l'auteur, novembre 2012.

disposent pas des moyens de localiser Abou Nidal avec certitude ni des équipes pour le traquer.

En réalité, François Mitterrand sait qu'il n'est pas facile d'atteindre un terroriste protégé par plusieurs pays. En l'occurrence, au moment de l'attentat de la rue des Rosiers, Abou Nidal est – contrairement à ce qu'affirme Pierre Marion – encore basé à Bagdad, même s'il a sans doute des contacts avec d'autres « commanditaires » du terrorisme international, comme les Syriens ou les Libyens. Le président multiplie donc les initiatives pour tenter de faire pression sur ces mentors. Naturellement, les juges qui enquêtent sur l'attentat ne sont pas tenus informés de ces démarches confidentielles.

Le ministre de la Défense, Charles Hernu, convoque d'abord l'ambassadeur d'Irak à Paris pour lui rappeler que la France fournit une aide militaire décisive à son pays, en guerre contre l'Iran, notamment *via* la livraison de canons de grande puissance. « Vous avez besoin de nous et nous sommes heureux de continuer à vous aider[1] », affirme le ministre, expliquant qu'Abou Nidal devient clairement un obstacle à cette bonne coopération. L'ambassadeur est prié de faire passer le message à Bagdad.

Par ailleurs, à la fin de septembre 1982, le général Jean Saulnier, chef d'état-major particulier du président, confie une opération ultra-secrète à Philippe Rondot, l'un de ses hommes de confiance. Ancien membre des services secrets, ce militaire discret travaille depuis quelques années comme expert sur le Moyen-Orient au Centre d'analyse et de prévision (CAP) du Quai d'Orsay. À ce titre, il effectue parfois des missions pour l'Élysée. « Ou bien nos amis irakiens "neutralisent" Abou Nidal, ou bien l'aide de la France leur sera diminuée. Nous ne pouvons pas nous permettre une autre Rue des Rosiers[2] », lui déclare le général Saulnier. Philippe Rondot se rend aussitôt à Bagdad,

1. Rapporté par François Heisbourg, alors conseiller de Charles Hernu, dans *Secrètes histoires*, *op. cit.*, p. 116.

2. Rapporté dans Charles Villeneuve et Jean-Pierre Péret, *Histoire secrète du terrorisme. Les juges de l'impossible*, Plon, 1987, p. 176.

où il rencontre notamment le général Adnan Barzan, chef des services secrets et proche de Saddam Hussein. Les Irakiens, qui ont besoin des armements français, comprennent. Quelques mois plus tard, ils expulsent Abou Nidal, qui trouve refuge dans la Syrie de Hafez el-Assad.

Les pressions de la France n'ont fait que déplacer la menace sans aucunement l'endiguer, car le mercenaire va continuer ses opérations pour le compte de cet autre État sponsor du terrorisme international. Selon un rapport confidentiel de la CIA de 1985, son groupe aurait ainsi mené près des deux tiers des attaques attribuées à la Syrie en un an. « Le président Assad utilise l'arme terroriste quand il considère que cela sert les intérêts nationaux syriens[1] », peut-on lire dans ce document.

De son côté, François de Grossouvre, conseiller spécial et confident de François Mitterrand, décide de prendre des initiatives en direction de la Syrie, en lien avec Pierre Marion. Fort de ses bons contacts à Beyrouth et à Damas, il discute, en septembre 1982, avec Rifaat el-Assad, frère du président et homme fort des services secrets syriens. Lors d'entretiens qui se déroulent près du golf de Saint-Nom-la-Bretèche, en région parisienne, celui-ci finit par promettre d'intervenir : « Vous pouvez compter sur ma parole. Abou Nidal n'agira plus contre vous[2]. »

Parallèlement, François de Grossouvre tente d'obtenir des renseignements sur Abou Nidal auprès de plusieurs dirigeants de l'OLP devenus des ennemis irréductibles du dissident. À la fin de décembre 1982, le principal responsable des services secrets de l'organisation, Abou Iyad, rencontre à Paris le secrétaire d'État à la Sécurité publique, Joseph Franceschi, et François de Grossouvre. Plusieurs autres rendez-vous ont lieu en janvier 1983 avec des dirigeants palestiniens au domicile du conseiller de François Mitterrand. Les émissaires de l'OLP confient à leurs interlocuteurs français des éléments importants

1. *State Support for International Terrorism*, Direction du renseignement, CIA, 1985, Bush Library.

2. Pierre Marion, *La Mission impossible*, *op. cit.*, p. 211 et 218.

concernant l'attentat de la rue des Rosiers et celui commis à Rome deux mois plus tard. Selon eux, c'est bien le groupe Abou Nidal qui en serait responsable. Et ils donnent les noms de deux de ses adjoints, Mustapha Mourad et Abderrahman Issa, qui en seraient les chefs d'orchestre.

Lorsque, en avril 1983, une partie de ces informations fuitent sur Europe 1 et dans d'autres médias, Jean-Louis Bruguière tombe des nues. Personne ne lui a transmis ces renseignements, qui, s'ils se révèlent exacts, sont stratégiques pour son enquête sur l'attentat de la rue des Rosiers. Furieux, il auditionne immédiatement le journaliste Charles Villeneuve, qui a livré ce scoop à la radio en rentrant d'un Conseil national palestinien à Alger. Mais le reporter ne donne pas plus de détails. Le juge décide alors de convoquer François de Grossouvre. Il n'attend pas grand-chose de cette audition – inédite – d'un conseiller de l'Élysée, mais, dira-t-il, « je ne pouvais pas, par mon silence, une trop grande prudence ou la crainte de déplaire, cautionner des démarches occultes préjudiciables au bon développement de l'enquête dont j'avais la charge[1] ». Face au magistrat, Grossouvre nie tout contact avec des représentants de l'OLP. Le juge d'instruction n'est pas dupe. Il s'étonne de ces interférences du pouvoir, alors que la justice a été saisie. « Il existe une ligne rouge à ne pas franchir, estimera-t-il : accepter de négocier avec les terroristes. [...] Les autorités françaises n'ont pas seulement empiété sur la sphère judiciaire, elles ont, en la circonstance, agi avec légèreté et imprudence[2]. »

Un deal *avec Abou Nidal*

Isolé, le juge n'obtient aucune information officielle sur ce qu'ont pu dire les leaders de l'OLP concernant l'attentat. Pis, il est tenu dans l'ignorance totale des contacts encore plus secrets que les services français tentent de nouer directement

1. Jean-Louis Bruguière, *Ce que je n'ai pas pu dire*, *op. cit.*, p. 108-109.
2. *Ibid.*, p. 113.

avec Abou Nidal. Car Philippe Rondot s'est remis en piste, avec la bénédiction du général Jean Saulnier à l'Élysée. « Saulnier avait recommandé que l'on n'en parle à personne. Il s'agissait de rencontrer secrètement Abou Nidal pour lui demander de ne plus cibler la France[1] », se souvient un ami de Rondot mis dans la confidence. À la fin de 1982, de premiers échanges ont lieu avec des amis du chef terroriste. À la mi-décembre, un accord se dessine, validé par le général Saulnier : Abou Nidal est libre d'agir contre qui il veut, mais pas contre la France ni sur le territoire français[2]. Philippe Rondot se rend à Vienne et deux fois à Bagdad afin de s'assurer du sérieux de ses interlocuteurs.

Après plusieurs semaines de pourparlers, le *deal* est conclu en avril 1983. Philippe Rondot, accompagné de responsables de la DST, retourne à Vienne pour confirmer l'accord avec les proches d'Abou Nidal. Quelques jours plus tard, le 22 avril, le journal pro-irakien *Al-Watan al-Arabi*, qui a pu interviewer le terroriste, révèle que, « à la suite de contacts privés très importants qu'il a eus tout récemment, Abou Nidal a décidé d'épargner à l'avenir le territoire français de toute action violente[3] ». Qu'ont promis les espions français au terroriste en échange de cette retenue ? Mystère. En tout cas, la DST s'est sans doute engagée à ne pas informer le juge Bruguière de ces contacts officieux avec l'homme qu'il soupçonne d'avoir commandité l'un des pires attentats survenus en France au cours des dernières années. « Notre objectif premier n'était pas de sanctuariser le territoire français, comme certains l'ont prétendu », nuance un ancien responsable de la DST qui a participé aux négociations. « Nous voulions surtout démanteler l'organisation d'Abou Nidal, les arrêter, les empêcher d'agir. Mais c'est vrai que nous ne disions pas tout au juge, car nous discutions directement avec Abou Nidal et son entourage. De plus, nous

1. Entretien avec l'auteur, janvier 2012.

2. Charles Villeneuve et Jean-Pierre Péret, *Histoire secrète du terrorisme*, *op. cit.*, p. 177.

3. Rapporté *ibid.*, p. 178.

avions une source au sein du groupe terroriste et nous devions la protéger[1]. »

Si cette paix négociée spécialement avec la France écarte provisoirement la menace d'attentats dans l'Hexagone, elle ne contribue nullement à détruire l'organisation terroriste. Au contraire. Voulant sans doute signifier à ses interlocuteurs français qu'il peut frapper où il veut, quand il veut, et alors même qu'il est en train de négocier avec la DST, Abou Nidal repasse à l'action. Le 10 avril 1983, son organisation revendique l'assassinat d'Issam Sartaoui, chef du comité exécutif de l'OLP. Ce partisan d'un dialogue avec Israël bénéficiait de nombreux soutiens à Paris. Au lieu de le tuer dans la capitale française, comme il l'avait fait pour le représentant de l'OLP en France en août 1978 ou pour le directeur adjoint du bureau de l'OLP en juillet 1982, le groupe Abou Nidal exécute Issam Sartaoui dans le hall de l'hôtel Montechoro, à Albufeira, dans le sud du Portugal, alors qu'il participe au congrès de l'Internationale socialiste avec des dirigeants européens, sans aucune protection. Le message du terroriste est clair : je respecte le *deal*, mais je n'en ai pas fini avec l'élimination de mes ennemis.

Arrêté à Lisbonne peu de temps après dans le cadre de l'enquête sur ce meurtre, un dénommé Youssef al-Awad, l'assassin présumé de Sartaoui, revendique son appartenance au groupe Abou Nidal. En revanche, il nie toute participation à l'attaque de la rue des Rosiers. Pourtant, les enquêteurs portugais trouvent sur son passeport la trace d'un mystérieux passage de quelques heures à Paris dans la nuit suivant l'attentat. Al-Awad est arrivé directement de Bagdad et est reparti tôt le matin pour Damas, *via* Francfort. Le tueur a peut-être donné un coup de main au commando. Faute d'éléments plus tangibles, le juge français ne pourra pas l'incriminer. Les tribunaux portugais seront également cléments avec lui, le relâchant rapidement dans la nature, probablement par crainte de représailles. Abou Nidal use des mêmes moyens de chantage sur le Portugal et sur la France.

1. Entretien avec l'auteur, mai 2016.

Bénéficiant de cette impunité et de protections efficaces, Abou Nidal continue de répandre la terreur. Que ce soit pour son compte ou pour celui de son tuteur à Damas, qu'elles visent l'OLP ou tout pays discutant avec Israël, ses opérations deviennent de plus en plus spectaculaires. Son groupe est ainsi suspecté d'avoir fait exploser un avion de Gulf Air, une compagnie émiratie, reliant Karachi à Abou Dhabi : l'appareil s'abîme en mer en septembre 1983, tuant plus de cent dix personnes. Les autorités allemandes le soupçonnent d'avoir commandité, en juin 1985, l'explosion d'une bombe à l'aéroport de Francfort, faisant trois morts et soixante-quatorze blessés.

Les attentats se multiplient au cours des mois suivants, à Madrid, au Koweït et à Athènes. Rome est frappée en septembre 1985 : des grenades sont lancées au Café de Paris et une bombe explose devant le bureau de British Airways. En novembre, un avion d'Egyptair qui assurait la liaison entre Athènes et Le Caire est détourné vers Malte, où un assaut des forces égyptiennes se solde par la mort de nombreux passagers. Le 27 décembre, des commandos d'Abou Nidal attaquent simultanément, à coups de grenades et de pistolets mitrailleurs AK-47, les comptoirs de la compagnie israélienne El Al à Rome et à Vienne, tuant au total dix-neuf personnes et en blessant plus d'une centaine.

En 1985, un rapport confidentiel du département d'État américain présente le groupe Abou Nidal comme l'une des organisations terroristes les plus dangereuses et les plus violentes au monde, particulièrement efficace et organisée, capable d'agir dans n'importe quel pays. « Ils préparent méticuleusement leurs opérations et compartimentent leurs renseignements[1] », estiment les experts américains. Ils disposent d'une armée de tueurs, d'experts en explosifs, en logistique et en financement, avec des relais dans certains pays socialistes *via* des sociétés écrans en Pologne et en Allemagne de l'Est.

1. *Abu Nidal Terrorist Organization*, rapport du département d'État américain, 10 décembre 1985, Bush Library.

Négociations secrètes et mensonges à l'Élysée

Alors que les juges, les policiers et les services de renseignement du monde entier le traquent, l'ennemi public numéro un se sent plus fort que jamais. C'est dans ce contexte tendu que le groupe Abou Nidal remet la pression sur les Français. Puisque ceux-ci ont accepté, au printemps 1983, de négocier avec lui, il lui suffit de revenir à la charge pour obtenir davantage. Son arme, une fois de plus : la menace. Et cela fonctionne. Au début de 1984, l'assassinat à Paris de Khalifa al-Moubarak, l'ambassadeur des Émirats arabes unis, semble indiquer que la trêve conclue quelques mois plus tôt avec la DST est rompue. Des émissaires français repartent donc en mission, notamment en Irak et en Syrie, pour sonder les intentions d'Abou Nidal. Ce dernier – dont la mort a été faussement annoncée par ses amis pour tromper les services occidentaux – laisse entendre que, pour renouveler l'accord, les Français doivent faire quelques gestes supplémentaires.

Durant le second semestre de 1984, les proches d'Abou Nidal entament un nouveau cycle de tractations secrètes avec la DST, directement avalisé par l'Élysée. Ils exigent, outre l'ouverture à Paris d'un bureau de leur organisation Fatah-CR de manière à bénéficier d'une forme de reconnaissance politique, la libération des deux assassins d'Ezzedine Kalak, le représentant de l'OLP tué à Paris avec son assistant le 3 août 1978. Aussitôt arrêtés, les deux jeunes meurtriers, Husni Hatem et Assad Kayed, avaient été condamnés à quinze ans de réclusion en France. Ils ont effectué la moitié de leur peine. L'Élysée donne un pré-accord de principe pour leur libération conditionnelle, mais en indiquant que celle-ci doit d'abord être validée par une commission locale d'application des peines. Or cette commission, censée statuer en novembre 1984, décide d'ajourner sa décision d'un an.

Durant les premiers mois de 1985, les lieutenants d'Abou Nidal ne cachent pas leur impatience. Ils réclament que la commission se réunisse avant novembre afin que leurs deux camarades puissent être libérés au plus tard au début de 1986. « En contrepartie, le Fatah-CR devait s'engager à ne commettre aucun attentat contre la France ou ses ressortissants, ni sur le territoire national, ni à l'étranger, et à respecter le secret absolu sur le déroulement des contacts », rapportera Gilles Ménage. À l'Élysée, ce dernier est tenu au courant de chaque étape des discussions par les directeurs de la DST, qu'il s'agisse d'Yves Bonnet ou de Rémy Pautrat à partir de l'été 1985[1]. De leur côté, les policiers de la DST tentent de faire patienter leurs interlocuteurs palestiniens. Ils les reçoivent dans des hôtels de Vienne et les convient parfois dans de bons restaurants parisiens. « Notre but était d'éviter que de nouveaux attentats se produisent à Paris », racontera Raymond Nart, un des responsables de la DST chargés des discussions. « Pour nous donner les meilleures chances, nous avions mis les petits plats dans les grands en faisant abstraction du fait que nos interlocuteurs étaient probablement mêlés à des actes terroristes et que leur patron était un tueur de la plus belle espèce. Il fallait créer entre eux et nous un climat de confiance, qu'ils nous considèrent comme des amis[2]. » Comme par le passé, la DST n'informe pas le juge Jean-Louis Bruguière de ces agapes parisiennes. Le monde du renseignement et le monde judiciaire demeurent totalement étanches l'un à l'autre. « Je ne savais rien de ces négociations parallèles[3] », confirme l'ancien magistrat.

Les discussions se tendent durant l'automne 1985. Tandis que l'organisation Abou Nidal lance de nouvelles campagnes de terreur partout dans le monde, elle devient aussi plus offensive contre la France. Le Fatah-CR promet de passer à l'action si la commission d'application des peines ne décide pas rapidement de libérer ses militants. La paix n'est plus garantie sans une nouvelle concession française. Connaissant l'efficacité redoutable des commandos d'Abou Nidal, la DST prend ces menaces très au sérieux. Au début d'octobre, elle rapporte à Gilles Ménage

1. Gilles Ménage, *L'Œil du pouvoir*, t. 3 : *Face au terrorisme moyen-oriental, 1981-1986*, Fayard, 2001, p. 546-547.

2. Rapporté dans Éric Merlen et Frédéric Ploquin, *Carnets intimes de la DST. 30 ans au cœur du contre-espionnage français*, Fayard, 2011, p. 350.

3. Entretien avec l'auteur, avril 2016.

des informations précises sur des repérages effectués par les sicaires d'Abou Nidal en vue de possibles attentats à venir, notamment contre le responsable du bureau de l'OLP à Paris, Ibrahim Souss, et contre des diplomates koweïtiens, jordaniens et émiratis. Sont également visées des synagogues, des écoles hébraïques ou des résidences d'étudiants juifs en France. Encore plus cynique, le groupe Abou Nidal fait clairement comprendre à la DST qu'il entend tuer Simon Malley, le directeur de la revue *Afrique-Asie*, un proche de Jacques Attali, le sherpa de François Mitterrand[1]. Le chantage est énorme. « Nous avons joué la carte de la négociation avec Abou Nidal[2] », admet Gilles Ménage. Mis au courant de ces difficultés et convaincu par le ministre de l'Intérieur, Pierre Joxe, François Mitterrand, le 9 octobre 1985, donne son accord à la libération conditionnelle des deux meurtriers afin de tenir l'engagement pris depuis un an. La commission locale d'application des peines émet, elle aussi, un premier avis favorable à la libération des deux détenus.

Mais, à la mi-octobre, des déclarations d'Abou Nidal au journal allemand *Der Spiegel*, où il annonce une « importante opération » contre des intérêts français dans les deux mois à venir, refroidissent à nouveau le climat. Saisie, la Commission nationale d'application des peines se prononce, le 18 octobre, contre la libération conditionnelle, arguant que les détenus n'ont pas accompli la moitié de leur peine, ce qui sera le cas à compter du 3 mars 1986 seulement. Pour sa part, le garde des Sceaux, Robert Badinter, s'alarme auprès de l'Élysée de ces futures libérations. Selon lui, elles constitueraient un aveu de faiblesse de la France, donnant le sentiment qu'elle cède aux terroristes alors que les attentats redoublent en Europe. « Je suis révolté à l'idée que de tels assassins s'en tireront avec sept ans. Pour recommencer ailleurs[3] ! » écrit-il à François Mitterrand le 19 octobre 1985.

1. Gilles Ménage, *L'Œil du pouvoir*, t. 3, *op. cit.*, p. 359.
2. Entretien avec l'auteur, juillet 2013.
3. Lettre personnelle de Robert Badinter à François Mitterrand, citée dans Gilles Ménage, *L'Œil du pouvoir*, t. 3, *op. cit.*, p. 363.

Gilles Ménage, redoutant une réaction très violente d'Abou Nidal si la France se déjuge – il prédit un attentat avant les élections –, presse le président de trancher sur le sort des deux détenus. Ébranlé par les arguments de son garde des Sceaux, François Mitterrand hésite. Au sein de l'exécutif, les négociations avec le terroriste provoquent des divisions. D'un côté, les collaborateurs du président et Pierre Joxe y sont favorables au nom de la sécurité du territoire, tandis que Robert Badinter s'y oppose par principe et que le ministre des Affaires étrangères, Roland Dumas, se montre, lui aussi, intransigeant du fait de ses relations anciennes avec la victime, Ezzedine Kalak. D'ultimes pourparlers sont nécessaires pour arracher un feu vert présidentiel, en vue d'une libération qui doit intervenir au début de février 1986.

Venu personnellement à Alger en décembre 1985 pour rencontrer des responsables de la DST – dont Raymond Nart, Jean-François Clair et Philippe Rondot –, Abou Nidal pavoise. « Les services secrets algériens nous ont proposé leur aide pour organiser ce rendez-vous en terrain neutre, durant lequel nous avons pu faire le point avec lui[1] », se souvient l'un des participants français. L'homme le plus recherché de la planète, qui a trouvé refuge en Libye depuis quelques mois, est ravi des accords conclus avec Paris. Attablé au Club des Pins, il échange avec les négociateurs comme s'ils étaient familiers. Il leur demande des nouvelles de leurs familles et souhaite savoir pour qui ils vont voter aux prochaines élections législatives françaises, prévues en mars. « Tu es mon ami, tu es mon frère[2] », lâche même Abou Nidal à Raymond Nart.

Cependant, des obstacles se dressent encore avant l'application du nouveau *deal*. Les attentats de Rome et de Vienne du 27 décembre 1985, imputés à Abou Nidal – qui fait aussi pression sur les gouvernements italien et autrichien pour obtenir la libération de certains de ses militants emprisonnés –, rappellent

1. Entretien avec l'auteur, novembre 2013.
2. Éric Merlen et Frédéric Ploquin, *Carnets intimes de la DST*, *op. cit.*, p. 352.

qu'il n'a pas abandonné l'action violente. De plus, la France est à nouveau ciblée par des terroristes : des bombes explosent dans les grands magasins parisiens le 7 décembre et une nouvelle campagne d'attentats débute sur les Champs-Élysées le 3 février 1986. Même si elles ne sont pas attribuées à l'organisation Abou Nidal, mais plutôt commanditées par l'Iran, comme nous le verrons, ces attaques crispent l'exécutif. Or la libération conditionnelle des deux meurtriers d'Ezzedine Kalak est prévue au même moment. À l'Élysée, Gilles Ménage craint que le président François Mitterrand ne fasse encore machine arrière. Mais il tient bon.

Comme convenu, les détenus du Fatah-CR quittent la prison de Muret, près de Toulouse, le 5 février 1986. Installés pendant quelque temps dans une maison de la région lyonnaise, avec l'aide de la DST, ils refusent d'en partir : ils craignent pour leur vie. Gêné, Raymond Nart assure à son ministre, Pierre Joxe, que les deux hommes ont quitté la France, alors qu'il n'en est rien. Il faut plusieurs jours pour les convaincre de se laisser conduire en Suisse, puis en Libye, leur destination finale[1].

Mal à l'aise au sujet de cette négociation secrète qui s'est achevée juste avant les élections législatives de mars 1986, François Mitterrand plaide curieusement l'ignorance devant son nouveau Premier ministre, Jacques Chirac, et son ministre des Affaires étrangères, Jean-Bernard Raimond, lors de leur première réunion de travail à l'Élysée, le 24 mars 1986. « Il faut que je vous parle d'Abou Nidal, dit-il. Vous savez, les services de police sont impossibles ! La DST a négocié à Vienne un accord avec Abou Nidal. Deux de ses hommes devaient être libérés à la moitié de leur peine et, en échange, plus aucun attentat n'était commis sur le territoire français. Je n'ai évidemment pas été informé à l'époque. […] La police voulait que l'affaire soit réglée avant le 15 février, j'étais très réticent, je n'étais pas content du tout, c'est un euphémisme ! Finalement, j'ai accepté[2]. »

1. Rapporté *ibid.*, p. 353.
2. Jacques Attali, *Verbatim*, t. 2 : *1986-1988*, Fayard, 1995, p. 25.

En écoutant le compte rendu de cette réunion qui lui est fait par Jean-Louis Bianco, secrétaire général de l'Élysée, Gilles Ménage avoue qu'il reste « sans voix[1] ». Le président Mitterrand a bien sûr été tenu informé de toutes les discussions en cours et les a validées jusqu'au dernier moment. En affirmant face au nouveau gouvernement de droite qu'il a été mis devant le fait accompli, il semble vouloir se défausser sur la DST et minimiser sa propre responsabilité dans ce qui s'apparente à un pacte avec le diable.

Seule consolation : Abou Nidal semble tenir sa promesse. Il ne frappe plus directement la France. « Nous avons évité le pire », expliquent alors les responsables de la DST, qui sont autorisés par le nouveau ministre de l'Intérieur, Charles Pasqua, à rester en contact avec les lieutenants du terroriste. « Nous n'éprouvions à l'évidence aucune satisfaction à traiter avec une organisation qui ne faisait aucun cas de la vie humaine et portait la responsabilité d'un nombre important de victimes innocentes. Mais le souci de préserver nos compatriotes nous animait, et les activités de renseignement ne s'exercent pas toujours en gants blancs[2] », témoignera Rémy Pautrat, patron de la DST à cette époque.

Cependant, la paix obtenue s'apparente, une fois de plus, à une chimère. Les négociations ont renforcé l'aura du terroriste, qui peut se targuer de contacts haut placés à Paris. Désormais protégé par le colonel Kadhafi en Libye, le mercenaire poursuit ses opérations terroristes partout ailleurs : détournement d'un avion de la Pan Am à Karachi en septembre 1986 ; attaque meurtrière contre le bateau grec *City of Poros* en juillet 1988, faisant neuf morts, dont trois Français, et près d'une centaine de blessés. Il nargue même la France, à la fin de 1987, avec la prise en otages des passagers du voilier *Silco*, échoué en Libye, dont fait partie une famille franco-belge, les Valente. Il faudra, là encore, de longs mois de tractations, la mobilisation de tous les réseaux de Philippe Rondot et de Jean-François

1. Gilles Ménage, *L'Œil du pouvoir*, t. 3, *op. cit.*, p. 369.
2. Rapporté dans Sébastien Laurent (dir.), *Les espions français parlent*, *op. cit.*, p. 492.

Clair – notamment *via* les services algériens et libyens –, et de nouveaux contacts directs avec Abou Nidal en 1988 et 1990, pour arracher leur libération progressive des mains du Fatah-CR, qui les retenait au Liban.

La France a donc peut-être protégé provisoirement son sol, mais elle est loin d'avoir freiné l'essor du terrorisme international incarné par Abou Nidal. De plus, cette stratégie n'est pas sans conséquences : comment peut-elle désormais refuser de négocier avec d'autres groupes qui la soumettent à des chantages semblables ? Alors que des otages français sont retenus au Liban par des groupes liés à l'Iran, Marie Seurat, l'épouse de l'un d'entre eux – dont la mort est annoncée au début de mars 1986 –, le dit publiquement : « Abou Nidal a fait chanter la France. La France a libéré deux de ses militants. Pourquoi, pour mon mari [...] et les autres, la France dit non ? C'est exactement la même chose. Elle peut ou elle ne peut pas négocier. Je ne sais pas. Elle l'a fait, en tout cas, pour Abou Nidal[1]. » François Mitterrand est bien embarrassé pour lui répondre.

Un dossier judiciaire enterré durant plus de trente ans

Quant à la justice, elle est totalement délaissée. Le pouvoir ne peut en même temps discuter avec les terroristes et aider ses juges à les incriminer : là réside la schizophrénie de l'État. Faute de renseignements et d'une coopération internationale fructueuse, les victimes de la tuerie de la rue des Rosiers doivent se contenter, durant plusieurs décennies, de simples soupçons et d'une enquête inaboutie. Il faut attendre l'arrivée de Marc Trévidic, qui reprend l'essentiel des dossiers du juge Jean-Louis Bruguière à partir de 2007 au Palais de justice de Paris, pour que les choses recommencent à bouger. Son but : identifier les tueurs qui ont frappé à Paris le 9 août 1982. Grâce à de

1. Rapporté dans Gilles Ménage, *L'Œil du pouvoir*, t. 3, *op. cit.*, p. 604-605.

nouvelles expertises balistiques et à la ténacité d'une petite équipe d'enquêteurs, le juge Trévidic retrouve la trace, à l'étranger, d'anciens membres du Fatah-CR. Abou Nidal, lui, ne peut plus être poursuivi : il est mort dans des conditions obscures en Irak en 2002, probablement assassiné par les sicaires de Saddam Hussein. Le dictateur de Bagdad devait trouver que ce vétéran du terrorisme était trop encombrant.

En 2008, quelques-uns de ses lieutenants encore en vie acceptent de déposer anonymement devant le magistrat français. Appelés les témoins « 93 » et « 107 », deux d'entre eux livrent une information capitale : le nom des membres présumés du commando de la rue des Rosiers. Sur des albums photo, ils reconnaissent notamment Mohamed Souhair al-Abassi, ancien chef des opérations du Fatah-CR en Europe, vivant en Jordanie, Mahmoud Khader Abed Adra, *alias* Hicham Harb, un des tireurs présumés, qui réside à Ramallah, et un autre exécutant possible, Walid Abdulrahman Abou Zayed, qui vit en Norvège. Les trois suspects, qui démentiront toute implication dans l'attentat, feront l'objet de mandats d'arrêt internationaux lancés par le juge Trévidic en février 2015.

Les témoins révèlent également au magistrat que l'attentat de 1982 aurait été supervisé par Abou Nizar, le bras droit d'Abou Nidal, et, surtout, qu'il aurait été principalement commandité par le président syrien Hafez el-Assad. Le raïs de Damas voulait punir la France de son soutien à Yasser Arafat, ennemi juré d'Abou Nidal : « [Abou Nidal] haïssait [Arafat] autant qu'il haïssait les Juifs[1] », confiera le témoin « 93 » au juge. Marc Trévidic finit aussi par découvrir les négociations secrètes engagées par la DST avec Abou Nidal, qui expliquent que celui-ci n'ait jamais été inquiété.

Le procès des tueurs présumés de la rue des Rosiers aura peut-être lieu un jour à Paris. En attendant, la justice a été sacrifiée bien longtemps au nom d'obscures raisons d'État et d'une incertaine sécurité.

---

1. Rapporté dans Frédéric Helbert, « Rue des Rosiers : l'heure de la justice a sonné », *Paris Match*, 5 mars 2015.

CHAPITRE 3

Mitterrand tergiverse face à l'Iran

7 décembre 1985, 17 h 45. Alors que les Parisiens se pressent dans les magasins à l'approche des fêtes de fin d'année, deux bombes explosent à quinze minutes d'intervalle dans l'un des quartiers commerçants les plus fréquentés de la capitale, boulevard Haussmann. La première a été placée dans un sac de toile déposé au rez-de-chaussée du Printemps, au rayon parfumerie ; la deuxième était dissimulée dans un attaché-case abandonné au sous-sol des Galeries Lafayette. L'attentat blesse plus de quarante personnes, dont dix gravement. Les policiers de la brigade criminelle de la police judiciaire de Paris se déploient aussitôt pour relever les premiers indices. Les autorités laissent filtrer l'idée qu'il pourrait s'agir de l'acte d'un illuminé. Le ministre de l'Intérieur publie notamment un communiqué selon lequel « les deux attentats ne seraient pas d'origine politique, mais plutôt l'œuvre d'éléments isolés ».

En charge de l'information judiciaire ouverte au Palais de justice de Paris, le juge Alain Marsaud piétine. Magistrat tenace au style expansif et direct, il a déjà sur son bureau quelques dossiers de terrorisme, comme ceux de l'attentat de la rue Marbeuf, en 1982, ainsi que des affaires corses et d'Action directe. Le groupe d'ultra-gauche a notamment assassiné en janvier 1985 l'ingénieur général René Audran, responsable des ventes d'armes à l'Irak au ministère de la Défense. Alain Marsaud échange souvent avec l'un de ses jeunes collègues, Gilles Boulouque, au tempérament plus introverti, qui suit l'épais dossier de Georges Ibrahim Abdallah. Ce Libanais, chef des Fractions armées révolutionnaires libanaises (FARL), arrêté à Lyon en octobre 1984, est suspecté d'avoir commandité les meurtres de l'attaché militaire américain Charles Ray et du diplomate israélien Yaacov Bar-Simantov en 1982, à Paris, ainsi qu'une tentative d'assassinat contre un consul américain à Strasbourg en mars 1984[1].

Les deux juges peinent à décrypter les arcanes du terrorisme international. La cartographie des mouvances terroristes change en permanence. On y croise des États voyous, des dissidents palestiniens, des factions libanaises, des extrémistes arméniens, des milices pro-iraniennes, des groupuscules pro-irakiens, sans oublier des mercenaires internationaux en partie téléguidés par certains services du bloc de l'Est.

Les attentats ? L'acte d'un fou

Après quelques jours de tâtonnements dans l'affaire des attentats du Printemps et des Galeries Lafayette, Alain Marsaud commence à douter de l'hypothèse officielle de l'acte d'un fou. L'enchaînement rapide des deux explosions lui semble exclure qu'elles soient le fait d'un seul homme. Et l'insistance avec laquelle la police affirme que la charge explosive, de type C4, est probablement d'origine française le met mal à l'aise. En creusant, le juge apprend que le C4 en question est, en réalité, d'origine américaine. Il est similaire à celui qui a été utilisé lors de l'attentat contre l'ambassade de France au Koweït le 12 décembre 1983, revendiqué par le Djihad islamique, une nébuleuse au profil mystérieux. De plus, l'une des bombes était emballée dans un journal koweïtien. Autrement dit : la piste moyen-orientale paraît la plus probable. Plusieurs

1. Georges Ibrahim Abdallah sera d'abord condamné à Lyon le 10 juillet 1986 à quatre ans de prison pour association de malfaiteurs et détention d'explosifs, puis le 28 février 1987 par une cour d'assises à la réclusion perpétuelle pour complicité d'assassinat. Son premier avocat, Me Jean-Paul Mazurier, racontera avoir travaillé en lien avec les services secrets français. Voir Laurent Gally, *L'Agent noir. Une taupe dans l'affaire Abdallah*, Robert Laffont, 1987.

revendications, jugées farfelues de prime abord, sont parvenues aux autorités, signées de l'ASALA – le mouvement terroriste arménien –, d'un obscur Front de libération de la Palestine et du Djihad islamique.

Ces attentats s'apparentent sans doute à un message délivré à la France. Mais quelle est sa teneur ? Le juge n'en sait rien. Furieux d'avoir été manipulé, il interroge le responsable de la brigade criminelle sur les raisons de ces cachotteries. « Nous avons reçu des instructions du préfet de police », lui répond-on. « En réalité, on m'avait bien menti en me vendant l'idée qu'il s'agissait de l'acte d'un déséquilibré[1] », se souvient Alain Marsaud. La Préfecture de police de Paris a mis la presse sur cette piste et donné pour consigne aux policiers de s'y tenir. Il ne fallait pas affoler l'opinion à quelques semaines de Noël. Et, surtout, ne rien dévoiler des menaces, qui provenaient, en fait, d'Iran.

Dans les coulisses de la République mitterrandienne, l'Iran est devenu un sujet qui dérange. Après celle de 1981-1983, une nouvelle vague d'attentats semble déferler sur la France, dont les commanditaires sont probablement basés à Téhéran, ce qui commence à alarmer les cercles du pouvoir. Voilà déjà plusieurs années que les relations franco-iraniennes se sont tendues. La France arme de manière massive l'Irak de Saddam Hussein, en guerre contre son puissant voisin chiite. Le régime de l'ayatollah Khomeiny, qui a pris le pouvoir en 1979, reproche aussi à Paris de n'avoir pas remboursé une vieille dette concernant Eurodif, un projet interrompu d'usine d'enrichissement d'uranium à Pierrelatte dans lequel les Iraniens avaient pris 10 % et avancé un milliard d'euros. Le climat s'est encore refroidi lorsque les services iraniens ont été soupçonnés d'avoir orchestré l'attentat contre l'immeuble du Drakkar, à Beyrouth, où cinquante-huit soldats français ont trouvé la mort le 23 octobre 1983, provoquant des répliques françaises qui ont en partie avorté[2].

1. Entretien avec l'auteur, avril 2016. Voir aussi Alain Marsaud, *Avant de tout oublier*, Denoël, 2002, p. 68-69.

2. Notamment un attentat avorté contre l'ambassade d'Iran à Beyrouth, organisé par la DGSE sur ordre de François Mitterrand le 7 novembre

Depuis le début de l'année 1985, la situation s'est dégradée : plusieurs Français ont été kidnappés au Liban au nom du Djihad islamique, une vitrine derrière laquelle se cachent probablement des milices pro-iraniennes. De délicates négociations ont débuté afin de tenter de les libérer, sans garantie de succès[1]. Mais une certaine confusion règne en France sur ces contentieux franco-iraniens. Le dossier Eurodif, par exemple, n'est pas bien connu des services de renseignement. « Nous aurions certainement pu être plus efficaces si l'autorité politique nous avait dit qu'elle n'avait pas l'intention de rembourser ce qu'elle devait à l'Iran », confiera Alain Chouet, ancien expert du Moyen-Orient à la DGSE. « Nous n'avions pas à juger de cette décision, mais nous aurions su alors que les Iraniens allaient certainement se montrer violents, et nous aurions pu étudier et mettre en œuvre des moyens pour y faire face[2]. »

Les services, l'Élysée et le Quai d'Orsay avancent dans le brouillard. Plusieurs émissaires sont envoyés au Proche-Orient sans coordination ni pilotage. Une nouvelle fois, l'improvisation prévaut. Les avertissements adressés par Téhéran ne sont pas bien décryptés, et la politique hésitante de Paris indispose les Iraniens. Lorsque surviennent les attentats du 7 décembre 1985, la panique gagne le sommet du pouvoir. Il ne faut surtout pas avouer publiquement que la France avance à tâtons, ni qu'elle est désormais considérée comme une cible par Téhéran. Cette guerre non déclarée n'existe pas. Il vaut mieux mentir au juge plutôt que de l'éclairer sur les enjeux de cette bataille souterraine. Ces mensonges vont se répéter dans tous les dossiers de terrorisme iranien. Ajoutés à d'autres maladresses et tergiversations, ils auront des conséquences dramatiques.

1983, et, le 17 novembre, une frappe militaire sur une caserne d'une milice pro-iranienne au Liban, qui n'atteint que partiellement ses objectifs. Voir le récit détaillé dans Vincent Nouzille, *Les Tueurs de la République*, *op. cit.*, p. 115-128.

1. Voir le chapitre 4.

2. Alain Chouet, *Au cœur des services spéciaux. La menace islamiste : fausses pistes et vrais dangers. Entretiens avec Jean Guisnel*, La Découverte Poche, 2013, p. 48.

Le juge « dans le noir absolu »

Alain Marsaud continue donc ses investigations sans disposer de toutes les clés. Quelques semaines plus tard, le 3 février 1986, une bombe explose dans la galerie commerciale du Claridge, sur les Champs-Élysées, blessant huit personnes, tandis qu'un engin est désamorcé sur la tour Eiffel. Le lendemain, une autre explosion blesse cinq personnes chez Gibert Jeune, place Saint-Michel. Le 5 février, on dénombre plus d'une vingtaine de blessés après une explosion à la Fnac Sport, au Forum des Halles. Ces attentats sont revendiqués par une organisation inconnue jusqu'alors, le Comité de solidarité avec les prisonniers politiques arabes et du Proche-Orient (CSPPA). Celui-ci exige la libération de trois figures importantes du terrorisme international détenues en France : le Palestinien Georges Ibrahim Abdallah, chef présumé des FARL, en instance de jugement pour complicité d'assassinat ; le chiite libanais Anis Naccache, condamné pour avoir tenté d'assassiner en 1980 l'ancien Premier ministre du shah d'Iran, Chapour Bakhtiar, et pour avoir tué deux autres personnes ; et le Syro-Arménien Varoujan Garbidjian, chef du commando de l'ASALA qui a commis un attentat contre le bureau de Turkish Airlines à Orly en juillet 1983.

Trois noms. Ce sont autant de pistes pour savoir qui se cache derrière ce CSPPA, mais sans aucune cohérence, puisque ces différents groupes terroristes n'ont, semble-t-il, pas de rapports directs. Les explosifs utilisés sont également de type C4, ce qui confirme leur origine moyen-orientale, sans plus de précisions. La presse, elle, évoque un éventuel lien avec les otages du Liban. Chargé de l'enquête sur cette nouvelle série d'attentats, le juge Alain Marsaud ne sait pas où chercher. « J'étais dans le noir absolu[1] », dira-t-il plus tard.

La justice est d'autant plus handicapée que les affaires de terrorisme sont éparpillées sur tout le territoire. Ainsi, les dossiers qui concernent Georges Ibrahim Abdallah sont

1. Alain Marsaud, *Avant de tout oublier*, *op. cit.*, p. 75.

suivis par quatre juridictions : Paris, Nanterre, Lyon et Strasbourg. Et la coordination entre les services de renseignement et les juges demeure faible, figée par de lourdes procédures. Alain Marsaud se souvient : « Lorsque la DGSE ou la DST avaient des éléments d'information sur une filière et qu'elles décidaient de nous les communiquer, une note blanche était envoyée au préfet de police, qui les filtrait. Celui-ci décidait de faire suivre, ou non, ces renseignements à la direction de la police judiciaire, qui elle-même décidait s'ils devaient être transmis à la brigade criminelle. Ensuite, le cas échant, la brigade rédigeait un procès-verbal pour le procureur, qui décidait, ou non, d'ouvrir une information judiciaire ou d'engager une enquête en flagrance. Autant dire que c'était très aléatoire[1]. »

Certes, la DST, qui s'occupe principalement de contre-espionnage, commence à s'intéresser au terrorisme, qu'il s'agisse de Carlos, d'Abou Nidal, des filières palestiniennes ou des réseaux syriens et iraniens. Une petite équipe, dont font partie notamment le commissaire Jean-François Clair et son adjoint Louis Caprioli, forme l'ossature d'un département antiterroriste constitué d'une trentaine d'agents à partir du début de 1983. Son expertise est confortée par le recrutement concomitant de Philippe Rondot comme conseiller du directeur de la DST pour le Proche-Orient. En 1984, la DST traite ses premiers dossiers judiciaires dans ce domaine, notamment celui des FARL, que la PJ a délaissé. Mais, comme nous l'avons vu dans l'affaire de la rue des Rosiers et d'Abou Nidal[2], elle mène souvent sa barque de manière autonome, sans lien avec les juges. « Jusqu'en 1986, notre coopération avec la justice était très ponctuelle[3] », admet un de ses anciens dirigeants.

1. Entretien avec l'auteur, avril 2016.
2. Voir le chapitre 2.
3. Entretien avec l'auteur, mai 2016.

L'imbroglio Gordji

La donne change après les attentats de février 1986. Sachant qu'on lui cache beaucoup de choses, le juge Marsaud est ravi de recevoir la visite du patron de la DST, Rémy Pautrat. Arrivé durant l'été 1985 aux commandes de la maison de la rue Nélaton, ce préfet ouvert veut rompre avec les mauvaises habitudes. Pour la première fois, il vient proposer ses services au magistrat. « Il est venu me dire qu'il voulait nous faire passer directement ses notes blanches. Nous sommes immédiatement allés trouver le procureur de la République pour voir comment nous pouvions travailler ensemble[1] », se rappelle le magistrat. Dans la foulée, en lien avec l'enquête judiciaire sur les attentats, une série d'interpellations sont menées, le 13 février 1986, dans les milieux islamistes pro-iraniens en France.

En effet, depuis des mois, le département antiterroriste de la DST suspecte les services secrets de Téhéran d'avoir mis sur pied une organisation clandestine « qui s'articule autour de son ambassade parisienne », avec des relais dans un centre culturel, et dont les initiatives « subversives » visent à infiltrer et à frapper[2]. Vu la dangerosité de ces prosélytes chiites, la DST veut mettre un coup de pied dans la fourmilière. Cependant, la rafle – baptisée « opération Ardoise » – ne donne pas grand-chose. L'une des personnes arrêtées, dont on ignore qu'il s'agit sans doute de l'artificier des attentats, est expulsée de France, faute de preuves. Une autre est libérée au bout de quelques heures – elle deviendra plus tard l'informateur qui mènera les enquêteurs aux vrais commanditaires.

Enfin, la DST fait interpeller Wahid Gordji, officiellement interprète à l'ambassade d'Iran, mais suspecté d'être

1. Entretien avec l'auteur, avril 2016.

2. Rapport de la DST sur l'activisme des milieux intégristes chiites en France, publié au printemps 1984 et cité dans Roger Faligot et Pascal Krop, *DST. Police secrète*, Flammarion, 1999, p. 432. Sur l'opération de la DST du 13 février 1986, voir aussi le témoignage de Rémy Pautrat dans Sébastien Laurent (dir.), *Les espions français parlent*, *op. cit.*, p. 486-491.

un rouage important des réseaux. Sa garde à vue provoque immédiatement des réactions courroucées au Quai d'Orsay. Les diplomates ne veulent pas fâcher les Iraniens au moment où les négociations sur les otages au Liban sont dans une phase difficile. La DST, elle, semble penser que la piste iranienne est désormais la plus sérieuse. Pourtant, elle n'a pas de certitude et n'est pas tenue informée de ce qui se trame en coulisses. « Le Quai d'Orsay menait des négociations avec l'Iran concernant un lourd contentieux, mais nous ne savions pas de quoi il retournait exactement[1] », avouera Jean-François Clair.

Faute d'éléments tangibles contre lui, Wahid Gordji est relâché. Personne ne prévient le juge Marsaud que cet interprète est considéré comme le chef des services secrets iraniens en France. Une rencontre discrète entre le magistrat et le ministre de l'Intérieur, Pierre Joxe, ne lui fournit pas plus d'informations concrètes, ce dernier affirmant que le Quai d'Orsay mène « sa petite cuisine[2] ». Une visite informelle à Marc Perrin de Brichambaut, directeur adjoint de cabinet du ministre des Affaires étrangères, Roland Dumas, se révèle un peu plus fructueuse : elle permet au juge d'apprendre qu'un accord sur la libération des otages a capoté au début de janvier, pour des raisons mystérieuses. Cependant, selon le diplomate, il n'y a pas forcément de lien avec les attentats de février. En réalité, les Iraniens ont fait monter les enchères en jouant sur les divisions franco-françaises. Mais le magistrat ne doit pas le savoir.

Au lendemain de la victoire aux élections législatives de la coalition de droite menée par Jacques Chirac, les attentats signés CSPPA reprennent de plus belle. Le 17 mars 1986, une bombe contenant du C4 explose dans le TGV Paris-Lyon, touchant onze personnes. Le 20 mars, un engin également composé de C4 est découvert dans un sac suspect à la station RER Auber. Le même jour, l'explosion d'une bombe tue deux personnes et

1. Rapporté dans Sébastien Laurent (dir.), *Les espions français parlent*, *op. cit.*, p. 513-514.

2. Alain Marsaud, *Avant de tout oublier*, *op. cit.*, p. 84.

en blesse une trentaine d'autres à la galerie Point Show, sur les Champs-Élysées.

Les enquêteurs, eux, restent dans le brouillard. En dépit de l'avertissement lancé avec gravité par le nouveau ministre de l'Intérieur, Charles Pasqua – « Nous allons terroriser les terroristes » –, personne ne leur explique ce qui se passe dans les coulisses de la diplomatie, les empêchant de décoder les événements.

La situation – inédite sous la Ve République – de cohabitation entre un gouvernement de droite et un président de gauche ne facilite pas les choses. L'Élysée entend bien garder la main sur ce qui relève du domaine réservé présidentiel, à savoir les affaires étrangères et la défense, mais Matignon veut marquer son territoire. « Le président est furieux contre la tentative de Chirac de s'imposer comme chef de file de la politique étrangère. [...] il est à deux doigts de dire publiquement que Chirac menace les bases de la cohabitation et mine les pouvoirs constitutionnels du président[1] », confie d'ailleurs, à la fin d'avril 1986, un conseiller de François Mitterrand à un proche de Ronald Reagan juste avant le sommet du G7 à Tokyo. Les bisbilles se multiplient : Jacques Chirac s'est justement invité à cette réunion des chefs d'État et de gouvernement, mais François Mitterrand refuse ostensiblement qu'il assiste au dîner d'ouverture. Que ce soit sur le terrorisme, la Libye, l'Iran ou tout autre sujet régalien, la tension est palpable entre les deux équipes au pouvoir. Chaque camp épie et surveille l'autre, bien loin de la coordination qui serait nécessaire pour faire progresser les enquêtes.

Sur le plan domestique, Jacques Chirac, fort de sa majorité parlementaire, réussit à imposer une ligne antiterroriste plus ferme : le 9 septembre 1986, il fait adopter une loi qui modifie profondément le dispositif judiciaire français. Elle durcit les sanctions et prolonge jusqu'à quatre jours la durée des gardes à vue dans les affaires de terrorisme. Elle définit la notion

1. *Mitterrand Advisor on Tokyo Summit, Terrorism*, 29 avril 1986, archives de la Maison-Blanche, Reagan Library.

de terrorisme et incrimine le délit d'apologie du terrorisme. Elle crée une cour d'assises spéciale dédiée au terrorisme, où siègent des magistrats professionnels. Surtout, la loi centralise l'ensemble des procédures au parquet de Paris entre les mains d'un pôle de magistrats spécialisés. Celui-ci est composé de quatre substituts et de quatre juges d'instruction. Alain Marsaud, qui avait plaidé en faveur d'une telle centralisation auprès de Jacques Chirac et de Charles Pasqua, est chargé de piloter ce service central de lutte antiterroriste, qu'on appelle la 14e section du parquet, en lien avec les juges d'instruction qui officient dans la galerie Saint-Éloi du Palais de justice. « Cette loi a changé la donne, car nous avons pu faire des rapprochements dans nos enquêtes, assembler les pièces du puzzle[1] », souligne Jean-Louis Bruguière, qui faisait partie des quatre juges d'instruction de ce pôle.

La 14e section hérite immédiatement de lourds dossiers, qui continuent de s'empiler, car une nouvelle vague d'attentats, toujours revendiqués par le CSPPA, se déclenche. Le 4 septembre 1986, un engin est désamorcé à temps dans le RER A, à la gare de Lyon. Mais plusieurs autres bombes frappent la capitale : au bureau de poste de l'Hôtel de Ville (un mort, dix-huit blessés), à la cafétéria de l'hypermarché Casino à la Défense (quarante et un blessés), au Pub Renault sur les Champs-Élysées (un mort, deux blessés), à la Préfecture de police (un mort, cinquante et un blessés). Le 17 septembre, une autre bombe provoque un carnage chez Tati, rue de Rennes, où l'on compte cinq morts et une soixantaine de blessés.

L'Élysée laisse la justice s'engager sur une fausse piste

Les premiers éléments recueillis donnent de l'espoir aux enquêteurs. Le portrait-robot d'un poseur de bombe repéré à la Défense et dans le RER est établi. Il semble correspondre à

1. Entretien avec l'auteur, septembre 2015.

Robert Ibrahim Abdallah, frère du Libanais Georges Ibrahim Abdallah, qui vient d'être condamné à Lyon pour association de malfaiteurs et détention d'explosifs. Place Beauvau, l'équipe de Charles Pasqua juge la piste crédible : les attentats pourraient être l'œuvre du clan Abdallah, qui a multiplié, en vain, les pressions en vue d'obtenir la libération de son leader. Après sa condamnation, Georges a d'ailleurs confié à son avocat, qui l'a répété à la DST, que les FARL allaient frapper la France et la rendre « inhabitable[1] ». Sans prévenir les juges, le ministère de l'Intérieur publie des portraits de deux frères Abdallah, Robert et Maurice, en promettant des récompenses à qui détiendrait des informations à leur sujet.

Par ailleurs, trois témoins de la rue de Rennes ayant aperçu l'un des terroristes sortant d'une BMW noire et déposant un paquet dans une poubelle croient reconnaître Émile Ibrahim Abdallah, un autre membre de la fratrie, dont on leur montre des photos. Convaincus qu'ils sont sur la bonne voie, les enquêteurs approfondissent leurs investigations. Cependant, au lendemain de l'attentat de la rue de Rennes, lors d'une conférence de presse donnée dans son fief familial de Kobayat, au Nord-Liban, Émile Abdallah assure qu'il n'a rien à voir avec les événements en France et n'a pas quitté son pays depuis deux ans. Ses frères protestent également de leur innocence, dénonçant l'affichage public de leurs portraits.

Au début d'octobre, Alain Marsaud se rend à Chypre, accompagné de policiers de la DST et de la PJ. Ils entendent vérifier si certains des frères Abdallah ne seraient pas passés par l'aéroport de Larnaca dans leur retour précipité au Liban après l'attaque à Paris. Mais ils n'obtiennent aucune confirmation. Le magistrat, en revanche, comprend que des membres des services de renseignement français ont discrètement accrédité la piste des frères Abdallah afin d'empêcher la justice de remonter aux vrais commanditaires des attentats, les Iraniens, ce qui aurait des conséquences fâcheuses. Alain Marsaud décide d'auditionner les prisonniers dont la libération a été réclamée par le CSPPA,

1. Voir Laurent Gally, *L'Agent noir*, *op. cit.*, p. 234.

mais tous trois affirment n'avoir rien à voir avec ce groupe ni avec les attentats. L'enquête s'enlise, faute de preuves.

À l'Élysée, François Mitterrand n'est pourtant pas dupe de ce qui se passe. Si la cohabitation avec Jacques Chirac limite ses marges de manœuvre en matière de justice, mais aussi de diplomatie – ainsi, les tractations concernant les otages au Liban lui échappent en grande partie –, il est tenu au courant par son directeur adjoint de cabinet, Gilles Ménage, de l'avancée des différentes enquêtes. Il sait que l'Iran, depuis plusieurs années, joue sur les tensions avec la France. Il connaît les revendications des Iraniens, qu'il s'agisse de l'arrêt des livraisons d'armes à l'Irak, du remboursement de la dette d'Eurodif ou de la libération d'Anis Naccache et des membres du commando ayant tenté d'assassiner Chapour Bakhtiar. L'un de ses émissaires amis, le diplomate Éric Rouleau, ancien journaliste au *Monde* qu'il a nommé ambassadeur de France à Tunis, lui envoie régulièrement des notes d'analyse, dont certaines concernent les tensions franco-iraniennes et l'affaire des otages, dont il s'est occupé.

Au lendemain de l'attentat de la rue de Rennes, en plein emballement médiatico-judiciaire sur les frères Abdallah, Éric Rouleau envoie une note confidentielle au président Mitterrand. Il met clairement en doute la voie privilégiée par les enquêteurs : « La piste des frères Abdallah, du moins telle qu'elle est exposée à l'opinion, frise le ridicule par son invraisemblance. » Pour le diplomate, fin connaisseur du monde arabe, « les terroristes bénéficient d'évidence de la logistique d'un appareil étatique », et « l'Iran est le plus motivé pour exercer des pressions sur la France », puisque « ses griefs à notre égard sont nombreux et d'importance vitale pour la République islamique ». Il n'exclut pas une possible coordination entre les services syriens et iraniens, éventuellement avec l'instrument des FARL, mais « pas nécessairement [d]es frères Abdallah[1] ». Autrement dit : c'est bien du côté de Téhéran qu'il faut chercher les coupables.

1. Éric Rouleau, « La vague terroriste, note au président de la République », 25 septembre 1986, archives d'Éric Rouleau.

Dans une autre note, datée du 6 octobre 1986, Éric Rouleau rend compte au président d'informations encore plus précises obtenues auprès d'Abou Iyad, numéro deux de l'OLP. Selon le responsable palestinien, la décision de commettre des attentats en France aurait été prise en juin 1986 « lors d'une tournée auprès des groupes Hezbollah au Liban entreprise par le chef des services spéciaux iraniens ». Une coopération syro-iranienne, avec peut-être le relais des FARL, se serait mise en place en vue de « contraindre la France à réduire son soutien militaire à Bagdad ». D'après le responsable de l'OLP, les choses sont claires : « En tout cas, les frères Abdallah ne sont certainement pas personnellement impliqués dans ces attentats[1]. » Naturellement, ces renseignements ne constituent pas des preuves. Mais François Mitterrand décide de les garder par-devers lui au lieu de les transmettre aux diplomates et aux enquêteurs, qui dépendent du gouvernement de droite. Tant pis si la justice est en train de s'enferrer dans une impasse, permettant peut-être aux terroristes de poursuivre leurs sombres desseins.

L'enquête remonte enfin jusqu'à Téhéran

Durant de longs mois, les mensonges d'État continuent. « On ne nous disait pas tout. Nous étions totalement dans le brouillard depuis le début des attentats, en décembre 1985. Il nous a fallu plus d'un an pour tomber enfin sur une vraie piste[2] », se souvient un ancien responsable de la DST. Au début de 1987, l'une des personnes arrêtées lors de la rafle du 13 février 1986, appâtée par la récompense d'un million de francs, se présente à ses correspondants de la DST. Il s'agit d'un Tunisien, surnommé Lofti Shami, tout juste rentré d'Iran. Il dit connaître les auteurs des attentats, dont le principal responsable serait un de ses compatriotes, un certain Ali. Grâce à ces informations, la

1. Éric Rouleau, « Entretien avec Abou Iyad, note pour Monsieur le Président », 6 octobre 1986, archives d'Éric Rouleau.
2. Entretien avec l'auteur, mai 2016.

DST réussit à identifier Ali comme étant le dénommé Fouad Ali Saleh et à retracer son itinéraire. Ils découvrent qu'il a étudié la théologie à Qom, en Iran, puis qu'il a été recruté par les Iraniens et leurs alliés libanais du Hezbollah. Il a ensuite été envoyé en France pour superviser la campagne d'attentats. Le CSPPA, qui l'a revendiquée, serait une organisation virtuelle créée par le Hezbollah.

Les surveillances confirment l'importance de ce réseau et le rôle central qu'y jouent Fouad Ali Saleh et quelques comparses, dont un artificier du Hezbollah venu spécialement en France pour poser les bombes. Dans un rapport de la DST daté du 20 mars 1987, on peut lire : « Selon des informations parvenues à notre service, il existerait en Iran un dossier classé secret, concernant la politique iranienne vis-à-vis de la France. Il serait fait, dans ce document, l'éloge des actions terroristes menées à Paris durant l'année 1986, dont la paternité revenait à des militants du Hezbollah libanais et nord-africains[1]. »

Dans la nuit du 21 au 22 mars 1987, Fouad Ali Saleh est arrêté, avec sept complices présumés, alors qu'il se rend sur les lieux d'une cache d'explosifs dans la forêt de Fontainebleau. Son équipe venait de recevoir du matériel pour de nouvelles attaques. Lors de ses interrogatoires, l'homme clé des attentats se présente comme un « combattant de la cause islamiste proche de l'Iran[2] », sans donner plus de détails. En avril 1992, il sera condamné par la cour d'assises de Paris, avec trois complices, à la réclusion criminelle à perpétuité pour les treize attentats de décembre 1985 à septembre 1986, ayant tué quatorze personnes et blessé plus de trois cents. Cinq autres terroristes libanais seront également condamnés par contumace quelques mois plus tard.

---

1. Rapport du commissaire Alain Pouessel, de la DST, 20 mars 1987, cité dans Roger Faligot et Pascal Krop, *DST. Police secrète*, *op. cit.*, p. 435.

2. Voir le témoignage de Jean-François Clair dans Sébastien Laurent (dir.), *Les espions français parlent*, *op. cit.*, p. 516-519. Voir aussi la note de la DST du 28 avril 1987, résumant l'enquête, citée dans Gilles Ménage, *L'Œil du pouvoir*, t. 3, *op. cit.*, p. 546-547.

Mort d'un juge

Ce soudain dénouement ne met pas fin à la cacophonie qui règne dans les allées du pouvoir au sujet de l'Iran. Car les enquêteurs souhaitent interroger à nouveau Wahid Gordji, l'interprète officiel de l'ambassade d'Iran. Selon eux, il est proche de Mohammed Mouhadjer, animateur du centre culturel iranien, arrêté en mars avec Fouad Ali Saleh. Interrogé par les policiers, Mouhadjer a précisé qu'il s'était rendu en Allemagne fédérale au début de septembre 1986 pour acheter une BMW au nom de Wahid Gordji. Or une BMW noire a été aperçue rue de Rennes le jour de l'attentat.

Le 27 mai 1987, sur la base de ces indices, le juge chargé du dossier, Gilles Boulouque, émet des commissions rogatoires pour entendre Gordji et saisir sa BMW. Quatre jours plus tard, dans le bureau du procureur de la République, lorsque les policiers de la DST évoquent devant leur directeur, Bernard Gérard, la future audition de l'interprète iranien par le juge, le malaise grandit. « Il y a plus d'inconvénients que d'avantages à cette démarche[1] », explique, gêné, le patron de la DST. La France ne veut décidément pas se fâcher avec l'Iran. Et le cas de Gordji, fils de l'ancien médecin personnel de l'ayatollah Khomeiny, qui cultive des contacts tant avec les services de renseignement qu'avec le Quai d'Orsay, embarrasse les plus hautes autorités. Il a, par exemple, assisté à un entretien secret entre François Bujon de L'Estang, conseiller diplomatique du Premier ministre, et des émissaires iraniens le 24 juillet 1986 à Genève. Il était également présent dans le bureau de Jacques Chirac lors de la visite d'un autre interlocuteur iranien quelques mois auparavant.

Le 3 juin 1987, une équipe de la DST se rend pourtant au domicile de Gordji. L'homme s'est envolé. Il a probablement été mis en garde par un de ses bons amis du Quai d'Orsay, le

1. Voir « Note sur l'implication de Wahid Gordji dans un réseau de terroristes internationaux », rédigée par le procureur adjoint Roger Gaunet, Tribunal de grande instance de Paris, 1987, citée dans Alain Marsaud, *Avant de tout oublier*, *op. cit.*, p. 243-252.

diplomate Didier Destremau, ancien officier et ex-membre de la DGSE, qu'il a rencontré deux jours plus tôt dans une brasserie près de l'École militaire. Il est vrai que celui-ci se définit comme un adepte de la normalisation entre les deux pays[1].

La disparition de Wahid Gordji ne semble pas affecter outre mesure le ministère des Affaires étrangères. Au contraire, c'est le soulagement qui prévaut. Il sera de courte durée. Le 2 juillet 1987, Gordji réapparaît lors d'une conférence de presse à l'ambassade d'Iran, avenue d'Iéna. Il refuse de répondre aux injonctions de la justice française. Sa présence à Paris est un défi aux magistrats qui veulent l'entendre.

Au sommet de l'État, cette conférence de presse provoque des dissensions majeures. Dans la soirée, François Mitterrand, de retour d'un voyage en Finlande, convoque à l'Élysée une réunion de crise avec le Premier ministre et plusieurs membres du gouvernement. Chacun avance ses pions dans un contexte de cohabitation toujours tendu. Jacques Chirac évoque une possible rupture des relations diplomatiques avec l'Iran ; le ministre de l'Intérieur, Charles Pasqua, propose d'« exploiter dans l'instant cette faute iranienne » en durcissant le ton[2]. Selon lui, Wahid Gordji est bien « une plaque tournante des agents iraniens pour la France et l'Europe ». Mais son bras droit au ministère de l'Intérieur, Robert Pandraud, affirme qu'il y a peu de chose contre Gordji dans le dossier du juge Boulouque. François Mitterrand se dit surpris de l'apprendre, tandis que le ministre des Affaires étrangères, Jean-Bernard Raimond, chaud partisan d'un réchauffement des relations avec l'Iran, déclare qu'il est prêt à donner sa démission[3].

---

1. Sur les relations entre Didier Destremau et Wahid Gordji, voir Éric Aeschimann et Christophe Boltanski, *Chirac d'Arabie. Les mirages d'une politique française*, Grasset, 2006, p. 141-143.

2. Rapporté dans Charles Pasqua, *Ce que je sais*, t. 1 : *Les Atrides, 1974-1988*, Seuil, coll. « Points », 2007, p. 226.

3. Rapporté dans Pierre Favier et Michel Martin-Roland, *La Décennie Mitterrand*, t. 2 : *Les épreuves, 1984-1988*, Seuil, coll. « Points », 2004, p. 839-841. Et Jean-Bernard Raimond, *Le Quai d'Orsay à l'épreuve de la cohabitation*, Flammarion, 1992, p. 144-146.

Entre Paris et Téhéran, le climat devient électrique. Le ministère de l'Intérieur bloque les accès à l'ambassade d'Iran à Paris, où Wahid Gordji est reclus. Le premier secrétaire de l'ambassade de France à Téhéran, Paul Torri, est accusé d'espionnage et contraint de rester enfermé dans son ambassade. Le 13 juillet, un bateau français, *Ville-d'Anvers*, est attaqué par des navires militaires iraniens dans le golfe Arabo-Persique. L'Élysée place la marine en état d'alerte, envisage tous les scénarios de guerre possibles et rompt les relations diplomatiques avec l'Iran le 17 juillet. « J'ai dit à Jacques Chirac que la gestion des relations avec l'Iran est un désastre. Faux calculs et naïveté[1] », assure Mitterrand en privé le lendemain. Pour lui, les quelques signaux de conciliation envoyés en 1986 n'ayant pas donné de résultats, il ne faut plus rien céder aux Iraniens. La tactique politique se double d'une position de principe. De leur côté, Jacques Chirac et Charles Pasqua essaient de mettre au point une solution qui permettrait de laisser filer Gordji sans perdre la face, tout en obtenant parallèlement la levée du blocage de l'ambassade à Téhéran et la libération de quelques otages au Liban. Au bout de plusieurs longues semaines, un arrangement s'esquisse. Les Iraniens semblent d'accord pour relâcher le diplomate Paul Torri et deux otages au Liban, en échange de Wahid Gordji, qui doit repartir libre du bureau du juge s'il accepte sa convocation.

Il est vrai qu'entre-temps le dossier judiciaire contre Gordji s'est totalement dégonflé. Au début d'août, une note des Douanes et une expertise technique ont permis de démontrer que la BMW achetée outre-Rhin pour Gordji n'était pas celle aperçue le jour de l'attentat de la rue de Rennes. De plus, une analyse graphologique a établi que les lettres de revendication du CSPPA n'avaient pas été rédigées par l'interprète iranien, contrairement à ce qui avait été évoqué au début de l'enquête. Il n'est plus question d'une incarcération, ce qui semble ouvrir la porte d'une sortie de crise. Le Quai d'Orsay est soulagé.

Cependant, pour clore son dossier, le juge Gilles Boulouque veut tout de même entendre l'interprète iranien comme témoin.

1. Rapporté dans Jacques Attali, *Verbatim*, t. 2, *op. cit.*, p. 361.

L'audition, purement formelle, se déroule le 29 novembre 1987. En sortant du Palais de justice de Paris, Wahid Gordji peut s'envoler ; en échange, deux otages français, Roger Auque et Jean-Louis Normandin, sont libérés à Beyrouth, ainsi que le diplomate Paul Torri, qui est conduit à Karachi, au Pakistan.

Moqué à cause de cette audition, qui semble lui avoir été dictée par la raison d'État, alors qu'il n'en est rien, le juge Boulouque vit très mal le lynchage médiatique dont il est victime. « Rien ne permet de penser que la décision de l'instruction de ne pas inculper Wahid Gordji ait répondu à une quelconque sollicitation extérieure, tant elle apparaît comme la suite logique et inéluctable de l'évolution de l'information judiciaire[1] », confirmera le parquet. Mais, après avoir été au cœur de la tourmente, il est accusé par sa hiérarchie d'avoir transmis un document lié à cette affaire à un journaliste du *Nouvel Observateur*, puis d'avoir exprimé son avis sur la culpabilité de Fouad Ali Saleh dans les attentats[2]. Inculpé pour violation du secret de l'instruction, le juge a le sentiment d'avoir été trahi. Il savait que la libération de deux otages était en jeu. Il s'est appliqué à suivre la procédure à la lettre pour ne rien compromettre.

L'affaire Gordji rebondit quelques mois plus tard, devenant un sujet politique brûlant. Le 28 avril 1988, lors du débat précédant le second tour de l'élection présidentielle, François Mitterrand reproche à Jacques Chirac de lui avoir assuré que le dossier Gordji sur les attentats de 1986 était « écrasant », ce que conteste formellement Chirac, qui accuse son rival de mensonge. En réalité, le président Mitterrand – qui admettra plus tard avoir menti[3] – était sans doute informé au fur et à mesure de l'évolution judiciaire de cette affaire. Des magistrats venaient officieusement à l'Élysée en parler avec son directeur adjoint de cabinet, Gilles Ménage, qui recevait également des

1. « Note sur l'implication de Wahid Gordji dans un réseau de terroristes internationaux », *op. cit.*

2. Voir Serge Raffy, « L'interrogatoire de Gordji », *Le Nouvel Observateur*, 18 décembre 1987.

3. Voir notamment Franz-Olivier Giesbert, *Le Président*, Seuil, 1990.

renseignements transmis par Jacques Chirac et Charles Pasqua. Seul ce dernier a défendu jusqu'au bout la thèse d'une culpabilité de Gordji.

Le juge Gilles Boulouque, profondément marqué par cette affaire, se suicidera à son domicile avec son arme de service dans la soirée du 13 décembre 1990. « Nul doute que cette blessure a joué un rôle moteur dans cet acte[1] », estimera l'ancien responsable de la DST Jean-François Clair, qui a suivi dans le détail le dossier Gordji. L'ami du juge défunt, Alain Marsaud, partage cet avis : « On ne connaîtra jamais les vraies raisons intimes de ce suicide. Mais je pense qu'il a été victime de sa gentillesse, de son courage, et de tous les politiques qui ont voulu lui faire payer l'affaire Gordji. Les politiques l'ont utilisé, puis l'ont abandonné[2]. »

1. Voir Sébastien Laurent (dir.), *Les espions français parlent*, *op. cit.*, p. 522.
2. Entretien avec l'auteur, avril 2016.

CHAPITRE 4

Cafouillages sur les otages

La guerre secrète entre l'Iran et la France a bien semé la panique au sein du pouvoir. Non seulement en suscitant des attentats sur le territoire, mais aussi à travers les prises d'otages au Liban, orchestrées depuis Téhéran.

Entre 1985 et 1988, les pourparlers visant à obtenir la libération de huit otages provoquent en effet des dysfonctionnements sans précédent. Des querelles divisent les services de renseignement. Des réseaux parallèles sont activés qui se court-circuitent les uns les autres. Les diplomates du Quai d'Orsay suivent des politiques contradictoires. Le président de la République tergiverse, jouant sur plusieurs tableaux, parfois pour de simples motifs politiques, le climat de cohabitation restant tendu. Pis : avant les élections de mars 1986, certaines personnalités de droite négocient avec des interlocuteurs iraniens dans le dos des émissaires du gouvernement de gauche, leur expliquant qu'ils n'ont aucun intérêt à libérer les otages.

Profitant de ces cafouillages et de ces querelles, l'Iran fait monter les enchères. À l'arrivée, grâce à quelques otages, il obtiendra plus qu'il n'en demandait, dans un bras de fer où le terrorisme lui sert d'efficace moyen de pression.

Le chantage iranien

Pour les Français, la série noire débute à Beyrouth le 22 mars 1985, date à laquelle sont enlevés le vice-consul Marcel Carton, l'officier du protocole Marcel Fontaine et sa fille Danielle

Perez, qui travaille également à l'ambassade – cette dernière sera relâchée le 31 mars. L'acte est revendiqué par une organisation qui se fait appeler Djihad islamique. La dénomination est vague, mais, ce groupe exigeant l'arrêt des ventes françaises d'armes à l'Irak, on suppose qu'il est lié aux Iraniens, en guerre contre ce pays[1].

En réalité, la campagne de kidnappings a commencé quelques mois plus tôt, et elle ne vise pas que la France, mais bien les citoyens occidentaux. Le 8 janvier 1985, un pasteur américain, Lawrence Jenco, a été enlevé, suivi, à la mi-mars, de Geoffrey Nash, ouvrier britannique, de Nicolas Kluiters, ecclésiastique néerlandais, de Brian Levick, homme d'affaires britannique, de Terry Anderson, journaliste américain correspondant d'Associated Press, et d'Alec Collett, l'un de ses confrères britanniques.

Les Américains et les Français sont des cibles prioritaires du fait de leur présence militaire au Liban depuis 1982. Déjà, une voiture piégée a tué onze personnes à l'ambassade de France à Beyrouth le 24 mai 1982, puis des attentats spectaculaires ont frappé, le 23 octobre 1983, le siège des Marines américains et le QG des soldats français dans l'immeuble du Drakkar. Un ingénieur français, Christian Joubert, a été pris en otage à Beyrouth en février 1984 par des groupes liés au Hezbollah, avant d'être libéré en avril, dans l'indifférence générale. Un camion-suicide a également explosé devant l'ambassade

1. Un autre Français, Gilles Sidney Peyroles, fils de l'écrivain Gilles Perrault, est enlevé à Beyrouth, le 23 mars 1985, par les Fractions armées révolutionnaires libanaises (FARL), qui exigent la libération de leur chef, Georges Ibrahim Abdallah, emprisonné en France. *Via* la DST et une médiation palestinienne et algérienne, la France promet de satisfaire cette revendication, permettant la libération de Peyroles le 1er avril 1985. Mais la découverte de nouveaux éléments judiciaires, le 2 avril, contre Abdallah, couplée à des pressions américaines, conduit les autorités françaises à le garder en prison. Cette promesse française non tenue provoquera des réactions courroucées au sein des FARL, au Liban, ainsi que des tensions entre la DST et l'Élysée, le second estimant avoir été pris à contre-pied par la première.

américaine le 24 septembre 1984, provoquant la mort de vingt-quatre personnes. Depuis, les milices chiites pro-iraniennes du Hezbollah, qui se sont construit un véritable fief au sud-ouest de Beyrouth, continuent d'attaquer les intérêts des deux pays, considérés à Téhéran comme le « Grand Satan » et le « Petit Satan ». Les experts de la CIA ne s'y trompent pas : « Les enlèvements d'Anderson et Fontaine paraissent avoir été planifiés. Il semble probable que les attaques contre les Français ont été effectuées à la demande de l'Iran. La nature des demandes faites par le porte-parole du Djihad islamique accrédite cette thèse[1]. »

Le 24 mars 1985, surlendemain du rapt de Marcel Carton et de Marcel Fontaine, l'Iran adresse un message parfaitement transparent aux autorités françaises. Chargé d'affaires à Téhéran, le diplomate Jean Perrin rencontre Rafigh Doust, le ministre iranien des Pasdarans, les Gardiens de la révolution. Ce dernier est l'homme clé des affaires d'otages. Puissant, redouté, il a l'oreille du président de l'Assemblée, Hachemi Rafsandjani, qui a été chargé du dossier français par l'ayatollah Khomeiny. Doust entretient aussi des contacts étroits avec le Hezbollah au Liban, notamment avec l'un des chefs de son organisation clandestine, Imad Mougniyah, qui supervise les attentats et les prises d'otages.

Affable, Rafigh Doust assure le diplomate français qu'il n'est pas au courant des enlèvements qui viennent de se produire à Beyrouth. Cependant, il veut bien intercéder en sa faveur. Auparavant, il prend soin de rappeler les demandes de l'Iran à la France : cessation des livraisons d'armes à l'Irak ; remboursement du prêt d'un milliard de dollars consenti en 1975 par le shah d'Iran pour participer au projet d'usine d'enrichissement d'uranium (projet Eurodif) ; libération des membres

1. *New Rush of Kidnapings in Lebanon, Terrorism Review*, 25 mars 1985, direction du renseignement de la CIA, archives de la CIA. Les liens entre le Hezbollah et l'Iran dans les affaires d'otages sont établis, selon les Américains, qui en parlent notamment au début de 1985 : *Iranian Linkage to Terrorism* et *Islamic Jihad Threat against American Hostages*, télégrammes du département d'État, 17 janvier 1985, Bush Library.

du commando d'Anis Naccache, emprisonnés en France pour avoir tenté d'assassiner Chapour Bakhtiar ; enfin, expulsion des opposants iraniens en France ou contrôle de leurs activités[1].

Bien que les revendications soient exposées avec diplomatie, le chantage est clair : tant que Paris ne satisfera pas ces exigences, Téhéran n'usera pas de son influence sur les ravisseurs. Les Iraniens pourraient même renforcer leurs moyens de pression en multipliant les opérations contre la France. Au début d'avril, la cellule élyséenne du commandant Prouteau dépêche à Damas un de ses membres, le colonel de gendarmerie Jean-Louis Esquivié, pour tenter d'y voir plus clair. Cet officier dont la femme a été élevée à Beyrouth connaît un peu les milieux syro-libanais. Il se rapproche de l'homme d'affaires Samir Traboulsi, très introduit chez les marchands d'armes comme dans les sphères de pouvoir mitterrandien. « Je me suis porté volontaire, se souvient Jean-Louis Esquivié. Traboulsi m'a dit qu'il me faciliterait les contacts avec les Syriens à Damas. Je suis allé sur place, où j'ai vu le général Moustapha Tlass, le ministre de la Défense, un homme clé du régime[2]. » Dans l'appartement sécurisé de Tlass, l'émissaire de l'Élysée retrouve aussi l'Iranien Rafigh Doust, qui énumère de nouveau ses revendications. Enfin, Esquivié rencontre plusieurs responsables religieux. Dans les mois suivants, il effectuera d'autres voyages en Syrie pour tenter de faire avancer les choses.

À l'Élysée, on accueille tous ces messages avec une certaine incrédulité. « On avait du mal à concevoir que le chantage à la libération des otages pût, même indirectement, émaner d'un État, écrira Gilles Ménage. On se rassurait en constatant que les conditions posées par les ravisseurs étaient trop vagues pour être prises en considération. [...] On craignait d'aborder de front le problème des otages avec les Iraniens de peur de remettre en cause le processus de normalisation avec Téhéran amorcé depuis l'arrivée de Roland Dumas à la tête du Quai d'Orsay.

1. Voir Pierre Favier et Michel Martin-Roland, *La Décennie Mitterrand*, t. 2, *op. cit.*, p. 526-527.
2. Entretiens avec l'auteur, février 2016.

Seraient immanquablement remontés à la surface des sujets délicats à traiter[1]. »

Encore une fois, on peut s'étonner de cet aveuglement. En effet, le dossier Naccache s'est déjà trouvé au cœur de pourparlers franco-iraniens qui n'ont pas abouti. Le 1er août 1984, des Pasdarans ont pris en otages les passagers d'un avion d'Air France à Téhéran en réclamant la libération d'Anis Naccache et de ses complices. En échange de vagues promesses du ministère des Affaires étrangères, les otages ont été relâchés dès le lendemain. Pourtant, Naccache est resté en prison, ce qui a profondément accru l'incompréhension et la colère des Iraniens. Les services de renseignement français n'ignorent pas non plus que Téhéran veut faire pression sur la France pour qu'elle modifie sa position concernant l'Irak. Ni que l'Iran dispose de relais au Liban. Ses liens étroits avec le mouvement chiite libanais Hezbollah – pour qui la France est un « ennemi fondamental » – ont fait l'objet de notes adressées à la fin de 1984 au Quai d'Orsay et au chef d'état-major particulier du président Mitterrand. Elles étaient rédigées par Philippe Rondot, conseiller spécial du Quai d'Orsay et de la DST, après un voyage au Liban où il avait failli être tué, son véhicule ayant sauté sur une mine.

Malgré cela, certains diplomates n'accréditent pas les exigences iraniennes. Et, pas plus que l'Élysée, ils ne croient l'Iran prêt à tout pour parvenir à ses fins – y compris des prises d'otages et des attentats. Dans le doute, mieux vaut temporiser plutôt que de se montrer trop durs. Face à des responsables de la Maison-Blanche venus alerter le Quai d'Orsay sur les menaces iraniennes, son secrétaire général, Francis Gutmann, estimait d'ailleurs, à la fin de 1984, que la « prudence » s'imposait à l'égard de Téhéran au sujet du terrorisme, dans l'espoir que le régime des ayatollahs finirait par s'adoucir[2]. De son côté, la DST

1. Gilles Ménage, *L'Œil du pouvoir*, t. 3, *op. cit.*, p. 412.

2. *Poindexter/Oakley talks with French on terrorism*, télégramme du département d'État, 1er décembre 1984, White House Situation Room, Reagan Library.

continue de penser que le principal danger vient de la Syrie de Hafez el-Assad, en dépit de la visite de réconciliation de François Mitterrand à Damas en novembre 1984. « Un général de l'armée de l'air syrienne contrôle plusieurs groupes terroristes qui représentent les plus grands dangers pour les États-Unis et la France[1] », indiquent les experts français du contre-espionnage à leurs homologues américains.

Le retour de la cellule Prouteau

Ces vues divergentes accroissent le flottement qui règne dans les coulisses du pouvoir autour des prises d'otages. Or de nouveaux rapts compliquent encore la situation. Le 22 mai 1985, le grand reporter Jean-Paul Kauffmann et le chercheur Michel Seurat, tout juste arrivés à Beyrouth, sont kidnappés à leur tour, suivis quelques jours plus tard de deux Américains, David Jacobsen et Thomas Sutherland. Le Djihad islamique exige cette fois-ci que les États-Unis et la France fassent pression sur le Koweït pour qu'il relâche des prisonniers chiites[2]. L'émotion suscitée par la détention des otages français pèse lourdement sur l'Élysée, impuissant face à des ravisseurs qui semblent manier très habilement l'instrument de la médiatisation.

À défaut de tout comprendre, le Palais tente un coup de sonde. Ainsi, parallèlement au Quai d'Orsay, la cellule antiterroriste de Christian Prouteau se remobilise. L'un de ses membres, Pierre-Yves Gilleron, expert venu de la DST, connaît un Libanais chiite lié au ministre libanais de la Justice, Nabih Berri, leader d'Amal islamique, une milice présumée plus modérée. Contacté *via* la Suisse, ce dernier assure à son interlocuteur français que les otages ont été localisés et qu'il peut intervenir rapidement pour en faire libérer deux, Michel Seurat et Jean-Paul

1. *Ibid.*
2. *Lebanon, « Islamic Jihad » Goes Public on the Hostages*, *Terrorism Review*, 3 juin 1985, direction du renseignement de la CIA, archives de la CIA.

Kauffmann. Il espère pouvoir intercéder en leur faveur, aux côtés des Syriens, tout en négociant la libération d'une quarantaine de passagers d'un vol TWA Athènes-Rome détourné à Beyrouth à la mi-juin 1985, en échange de prisonniers chiites détenus en Israël. Mais, à la fin de juin, cette tentative échoue. « Il y a un problème, la situation s'est dégradée. Je ne peux plus rien faire », regrette Nabih Berri. Entre le mouvement Amal islamique et le Hezbollah, plus aligné sur Téhéran, des tensions sont apparues. Les ponts sont coupés.

Cette piste refermée, l'Élysée n'en continue pas moins de s'interroger sur le rôle des Iraniens et des Syriens dans cette affaire. Si les premiers poursuivent leur chantage sans en dire plus sur leur influence réelle au Liban, les seconds semblent disposés à servir d'intermédiaires pour faciliter la résolution de la crise. Le 22 juillet 1985, François Mitterrand envoie à Damas son conseiller diplomatique, Hubert Védrine, et le directeur adjoint du cabinet de Roland Dumas, Jean-Claude Cousseran. Devant ses visiteurs, le président syrien se dit optimiste et promet d'agir[1]. Puis le président français téléphone à Hafez el-Assad pour s'assurer de son soutien et reçoit le général Tlass dans sa maison de vacances de Latché. Les Syriens entendent tirer parti de la situation pour jouer le premier rôle. Les choses semblent avancer dans le bon sens. À la fin d'août, les ravisseurs autorisent une brève rencontre entre le chercheur Michel Seurat et son épouse à leur domicile beyrouthin.

Par ailleurs, des lettres de Marcel Carton et de Marcel Fontaine arrivent en France par l'intermédiaire d'un médecin libanais chiite, le docteur Reza Raad, installé à Argentan, dans l'Orne, où il est maire-adjoint RPR. Aussitôt, ce médecin est pris en charge par les diplomates du Quai d'Orsay, dont l'arabisant Jean-Claude Cousseran et Pierre Blouin, mais également par le gendarme de l'Élysée Jean-Louis Esquivié, qui l'a connu lorsqu'il était lui-même en poste à Argentan. Le docteur Raad explique que les ravisseurs ont les mêmes revendications que les

1. Selon le compte rendu d'Hubert Védrine, cité dans Gilles Ménage, *L'Œil du pouvoir*, t. 3, *op. cit.*, p. 454-457.

Iraniens, mais qu'ils entendent garder leur indépendance. Estimant qu'il faut négocier directement avec eux, les gendarmes de la cellule antiterroriste donnent mission à deux hommes en qui ils ont confiance, Pierre-Yves Gilleron et Robert Montoya, de se rendre à Beyrouth avec des valises de billets pour verser une éventuelle rançon. L'argent a été fourni par la DGSE. Arrivés dans la capitale libanaise sur un bateau de guerre français *via* Chypre, les deux compères multiplient les prises de contact, sans succès. « Ils ont sillonné Beyrouth avec leurs mallettes pleines de billets. Et, comme ils ne connaissaient rien aux milieux libanais, ils ont croisé des gens importants qui pouvaient faire libérer les otages, mais sans s'en rendre compte[1] », se souvient un ancien diplomate. Faute de coordination, cette mission échoue. « Cela nous a ridiculisés[2] », admet un proche de Prouteau.

Un accord secret échoue sur le fil

Changeant une nouvelle fois de tactique, François Mitterrand se retourne de nouveau vers les diplomates du Quai d'Orsay pour tenter de trouver une solution. Il n'est pas question pour lui d'infléchir sa politique étrangère au détriment de l'Irak. Mais, pour amadouer les ravisseurs et leurs mentors, le président se dit prêt à entamer des négociations financières sur le contentieux Eurodif. De plus, en échange de la libération des quatre otages français, il accepte de réduire les peines de prison des cinq membres du commando Naccache, et de les gracier d'ici à la fin de son mandat, en 1988 – sans aucun calendrier prédéfini –, si aucun attentat ne se produit en France d'ici là. « C'était un *deal* astucieux, garantissant au moins la tranquillité sur le sol français[3] », se souvient un des négociateurs.

Pour obtenir l'aval indispensable des Iraniens, François Mitterrand a demandé au fidèle Éric Rouleau, proche des leaders

1. Entretien avec l'auteur, juin 2009.
2. Entretien avec l'auteur, octobre 2012.
3. Entretien avec l'auteur, juin 2010.

de l'OLP, de prendre langue avec eux. Dès la mi-septembre, le ministre des Pasdarans, Rafigh Doust, a d'ailleurs invité Rouleau à Téhéran pour résoudre la crise des otages. L'Iranien fait savoir à son visiteur qu'il suffirait qu'Anis Naccache soit échangé contre les otages et que les quatre autres complices soient libérés de manière échelonnée. Éric Rouleau suggère à l'Élysée que cet échange se fasse dans le cadre d'un accord plus global, « afin de prévenir d'ultérieurs chantages[1] ».

Les pourparlers se poursuivent durant l'automne 1985. Ils sont d'autant plus complexes que de multiples pseudo-intermédiaires interfèrent, assurant qu'ils peuvent jouer de leur influence. De plus, côté français, l'improvisation règne toujours, sans parler des querelles interministérielles et des rivalités entre les services et la cellule élyséenne de Prouteau. Difficulté supplémentaire, trois réseaux doivent valider l'accord : les ravisseurs du Hezbollah au Liban, les médiateurs syriens et les officiels iraniens. À la mi-décembre, un arrangement se dessine. Malgré son opposition de principe au fait d'échanger « un criminel contre des innocents », François Mitterrand donne son feu vert. Le président syrien parraine l'accord. Le ministre des Affaires étrangères, Roland Dumas, met au point les conditions précises de l'échange, prévu au début de janvier 1986. Anis Naccache devrait sortir de prison et s'envoler avec un représentant iranien envoyé par Rafigh Doust. Simultanément, les quatre otages français seraient remis à des milices prosyriennes, puis conduits à l'ambassade de France à Damas, avant de revenir à Paris accompagnés de Roland Dumas.

Ce beau scénario s'effondre dans la nuit du 5 au 6 janvier 1986. Inquiet, Roland Dumas s'enquiert de la situation auprès de son ambassadeur à Damas, Henri Servant. « Il est clair que les Syriens rencontrent des difficultés dont ils préfèrent ne pas nous donner le détail dans leur dialogue avec le Hezbollah et

1. « Chronologie » de l'affaire des otages de septembre 1985 à mars 1986, note d'Éric Rouleau à l'intention de François Mitterrand, 6 octobre 1986, archives d'Éric Rouleau. Note citée partiellement dans Gilles Ménage, *L'Œil du pouvoir*, t. 3, *op. cit.*, p. 629-631.

Téhéran », répond ce dernier. Le lendemain, il ajoute : « Sans doute les ravisseurs du Hezbollah craignent-ils que, en libérant les otages, ils se privent d'un gage essentiel pour leur propre sécurité[1]. »

Les négociateurs officiels doublés sur leur droite

Cet échec peut s'expliquer par divers facteurs : les limites de l'influence syrienne, une surenchère du Hezbollah, le nouveau contrat de vente d'armes signé au même moment par la France avec l'Irak, enfin la dégradation soudaine de la santé d'un des otages, Michel Seurat. Mais un autre élément a sans doute joué : sans prévenir l'Élysée ni le Quai d'Orsay, le maire de Paris et leader du RPR, Jacques Chirac, qui espère remporter les élections législatives de mars 1986, a discrètement envoyé des émissaires mener des discussions parallèles avec la promesse de libérer l'ensemble du commando Naccache contre les otages. « À Beyrouth, des représentants de votre opposition ont proposé mieux aux ravisseurs[2] », explique d'ailleurs à Jean-Claude Cousseran l'Iranien Mohammed Sadegh, représentant de Rafigh Doust venu à Paris au début de janvier. Jacques Chirac confirmera cette initiative secrète au président Mitterrand lors d'une réunion à l'Élysée le 21 mars 1986 : « J'ai cru moi-même, en janvier, que je pourrais ramener les otages, et je m'apprêtais à vous téléphoner pour vous en informer. Et puis cela n'a pas marché[3]. » La course au pouvoir à Paris alimente des surenchères désordonnées et perturbe la gestion de ce dossier.

En attendant un éventuel nouvel accord, les Iraniens décident de poursuivre leur campagne de terreur contre la France : ce sera la vague d'attentats du début de février 1986, revendiquée par

1. Messages d'Henri Servant, les 7 et 8 janvier 1986, cités dans Pierre Favier et Michel Martin-Roland, *La Décennie Mitterrand*, t. 2, *op. cit.*, p. 540-541.

2. Voir *ibid.*, p. 541.

3. Rapporté dans Jacques Attali, *Verbatim*, t. 2, *op. cit.*, p. 21.

le Comité de solidarité avec les prisonniers politiques arabes et du Moyen-Orient (CSPPA). Les autorités françaises ne veulent pas avouer que ces attaques sont liées à l'échec des négociations avec les Iraniens en janvier ; c'est pourtant une quasi-certitude.

La série noire continue avec les enlèvements à Beyrouth, le 25 février 1986, de Marcel Coudari, puis, le 8 mars, d'une équipe de journalistes d'Antenne 2 composée de Philippe Rochot, Georges Hansen, Aurel Cornea et Jean-Louis Normandin. Trois jours auparavant, le Djihad islamique a annoncé l'exécution de Michel Seurat – en réalité, il est probablement mort à la mi-janvier d'un cancer. Au début de février, les services de renseignement britanniques ont intercepté une conversation téléphonique entre des diplomates iraniens faisant référence à un otage manquant, sans que son identité soit précisée. La transcription a été transmise aux Français.

Paniqués par ces nouveaux enlèvements, les négociateurs français reprennent rapidement les contacts. Ils espèrent bien réussir à faire libérer des otages juste avant le second tour des élections législatives, le 16 mars 1986. L'espoir renaît. Missionné par François Mitterrand, Éric Rouleau reprend son bâton de pèlerin, en accord avec les Iraniens. Le Palestinien Yasser Arafat propose ses services. Le 8 mars, les responsables de l'OLP assurent qu'ils ont donné l'ordre à des hommes infiltrés au sein du Hezbollah de veiller à la sécurité des otages. Mais, le même jour, le numéro deux de l'OLP, Abou Iyad, chargé du renseignement, explique à Éric Rouleau qu'« un accord de principe sur le sort des otages a déjà été conclu entre un représentant de l'opposition en France et l'un des hauts responsables islamistes au Liban[1] ». Le diplomate français est accueilli à Téhéran le 12 mars par le chargé d'affaires sur place, Pierre Lafrance. Celui-ci lui confirme que « l'opposition avait prodigué des promesses aux autorités iraniennes pour régler le contentieux après le 16 mars ». En dépit de cet étrange climat, les négociations avancent avec Rafigh Doust dans la journée du 12 mars. La reprise des ventes d'armes

1. « Chronologie » de l'affaire des otages de septembre 1985 à mars 1986, note d'Éric Rouleau, *op. cit.*

à l'Irak n'est, selon les Français, pas négociable, mais la libération des otages semble se profiler à l'horizon.

De son côté, le docteur Reza Raad est reparti à Beyrouth, avec l'aide du Quai d'Orsay. « Il nous avait confié auparavant que des représentants de la droite française étaient venus le voir à Argentan[1] », se souvient un diplomate français. Le 13 mars, le docteur Raad est de retour d'une visite dans la plaine de la Bekaa, où il a mené d'ultimes tractations. « Il est revenu en disant que c'était fini, puisqu'il y avait des gens prêts à payer plus cher pour les otages[2] », rapporte Jean-Louis Esquivié, qui était en lien constant avec lui depuis Damas.

Le même jour, à Téhéran, Éric Rouleau et Pierre Lafrance s'entendent confirmer la mauvaise nouvelle par Mohammed Sadegh. Celui-ci leur explique que « des conditions beaucoup plus avantageuses » ont été présentées par la droite française, ajoutant que le président de l'Assemblée, Hachemi Rafsandjani, « ne veut plus entendre parler d'un émissaire français avant le 16 mars ». Éric Rouleau apprend dans la foulée qu'un représentant des Pasdarans à Beyrouth a reçu une « offre bien supérieure à celle du gouvernement français », ce qui aurait conduit Rafsandjani à suspendre les négociations en cours[3].

Choqués par ces interventions extérieures, Éric Rouleau et Pierre Lafrance envoient un télégramme diplomatique à Paris résumant la situation : « C'est un consensus au plus haut niveau de l'État qui interdit à Rafigh Doust d'intervenir auprès des ravisseurs pour qu'un règlement intervienne tel que nous le souhaitons. Compte tenu du rapport de forces, nos propositions ont été jugées trop modestes et trop tardives. “La Bourse des valeurs a atteint son zénith”, a remarqué Sadegh, en se référant à des propositions émanant de l'opposition. Cette dernière, selon lui, entretient des relations suivies depuis trois mois avec les ravisseurs et les milieux proches du gouvernement iranien en

1. Entretien avec l'auteur, juin 2009.
2. Entretien avec l'auteur, février 2016.
3. « Chronologie » de l'affaire des otages de septembre 1985 à mars 1986, note d'Éric Rouleau, *op. cit.*

leur promettant un règlement beaucoup plus avantageux que celui élaboré par l'actuel gouvernement. L'opposition aurait encore mis en garde les intéressés contre tout accord qui valoriserait l'actuelle majorité aux yeux de l'opinion française, à la veille des élections législatives[1]. »

Lorsque ce télégramme est révélé dans la presse quelques mois plus tard, Jacques Chirac dément vigoureusement l'accusation. « Je mets au défi quiconque d'apporter le moindre début d'une once de preuve, parce que c'est absurde, naturellement », dit-il. Pourtant, devenu Premier ministre, il admettra sur Europe 1, le 6 janvier 1987 : « J'ai essayé d'apporter une petite contribution à la solution de ce problème avant même d'être au gouvernement[2]. »

Bien qu'on ne connaisse pas le détail de ces propositions, une multitude de sources – à Beyrouth, Damas, Téhéran et Tunis – semblent confirmer que Jacques Chirac a tenté de jouer sa propre partition, sans coordination avec le gouvernement, quitte à décaler la libération des otages après les élections. Les Iraniens ont évidemment tiré parti de ces divisions, même si l'on ne peut pas prouver que cela a été un facteur décisif dans le blocage.

Malgré ce revers, Éric Rouleau y croit toujours. Le 14 mars, à Téhéran, il reprend les tractations. Les Iraniens demandent qu'Anis Naccache soit libéré avant les otages et que ses compagnons le soient également dans un délai de trois à neuf mois. Consulté, François Mitterrand commence par refuser, puis donne son feu vert pour Naccache. Tout peut encore basculer. Éric Rouleau obtient un nouvel accord à l'arraché. Mais un diplomate syrien en poste à Téhéran exprime son scepticisme : il assure, lui aussi, que l'opposition française a fait aux Iraniens

1. Télégramme d'Éric Rouleau et Pierre Lafrance, 13 mars 1986, révélé par le journal *Le Matin*, 19 janvier 1987, rapporté dans Pierre Favier et Michel Martin-Roland, *La Décennie Mitterrand*, t. 2, *op. cit.*, p. 546-547 et p. 826-827. Jacques Chirac gardera une solide rancune à l'égard d'Éric Rouleau pour avoir écrit ce télégramme, et fera tout pour entraver sa carrière au Quai d'Orsay.

2. Cité dans Jacques Attali, *Verbatim*, t. 2, *op. cit.*, p. 231.

une « offre largement supérieure ». Finalement, dans la matinée du 15 mars, Rafigh Doust refuse une nouvelle fois de signer. Selon Éric Rouleau, ce deuxième échec s'explique par des tiraillements au sein du régime : certains redoutent que l'engagement verbal du président Mitterrand ne soit peu fiable, surtout s'il envisage de démissionner après les élections. D'où la décision d'ajourner tout accord au moins jusqu'à l'arrivée d'un nouveau gouvernement. Le diplomate ajoute : « En réalité, selon des renseignements recueillis ultérieurement, un représentant de la droite française était revenu à la charge le jour même auprès de Rafsandjani, jusque-là hésitant[1]. »

Qui est ce mystérieux représentant ? Certains experts avanceront, sans éléments probants, le nom de Michel Roussin, collaborateur de Jacques Chirac, ou celui de Jean-Charles Marchiani, ancien du SDECE devenu proche de Charles Pasqua. Pour sa part, Éric Rouleau n'a aucune certitude. Dans ses notes, il s'interroge sur le rôle du docteur Raad, mentionne une possible visite de représentants iraniens à Robert Pandraud à la mairie de Paris à la fin de 1985, et évoque la mission sur le terrorisme confiée par Jacques Chirac au député RPR Jacques Godfrain[2].

Des otages victimes des divisions françaises

Prisonniers de leurs geôliers et des maîtres chanteurs de Téhéran, les sept otages français au Liban ont aussi été des pions dans une bataille politicienne franco-française préélectorale qui a probablement contribué à retarder leur libération. Et leurs épreuves ne sont pas finies : la cohabitation et les querelles

1. Note sur l'affaire des otages au président de la République, Éric Rouleau, 20 mars 1986, archives privées d'Éric Rouleau.

2. « Chronologie » de l'affaire des otages de septembre 1985 à mars 1986, note d'Éric Rouleau, *op. cit.* Le nom de Michel Roussin a été avancé par Pierre Péan dans *Manipulations africaines*, Plon, 2001, p. 202. Sur Jean-Charles Marchiani, voir Éric Aeschimann et Christophe Boltanski, *Chirac d'Arabie*, *op. cit.*, p. 132-133. Mais les preuves manquent.

internes au gouvernement de droite vont encore compliquer leur situation. Nommé à Matignon après la victoire de son camp le 16 mars 1986, Jacques Chirac entend bien reprendre en main ce dossier sensible. Lors de sa première réunion de travail avec le président Mitterrand, qui se déroule le 21 mars à l'Élysée, il expose sa position : « Je me demande si la solution n'est pas à Téhéran plutôt qu'à Damas, auprès du ministre des Pasdarans, Rafigh Doust. Et s'il ne faut pas lui dire : ou bien nous trouvons un terrain d'entente, en particulier en réglant le dossier Eurodif, ou bien nous accroissons nos livraisons d'armes à l'Irak[1]. »

Partisan de la souplesse, le Premier ministre donne pour consigne à son ministre des Affaires étrangères, Jean-Bernard Raimond, de tendre la main aux Iraniens. Une délégation de hauts représentants du Quai d'Orsay part immédiatement pour Téhéran. « L'Iran est un grand pays à l'égard duquel la France n'éprouve aucune hostilité », commente publiquement Jacques Chirac au début d'avril pour prouver ses bonnes intentions. Les attentats, toujours téléguidés par l'Iran, qui ont repris à Paris au lendemain des législatives ne doivent pas remettre en cause cette nouvelle orientation. Le dossier des otages est suivi de près par François Bujon de L'Estang, conseiller diplomatique de Jacques Chirac, Michel Roussin, chef de cabinet du Premier ministre, et Éric Desmarets, directeur de cabinet du ministre des Affaires étrangères. Estimant que l'Élysée s'y est pris de manière très « brouillonne », Jacques Chirac mène la barque, sans en tenir informé le président[2].

Isolé et marqué par les échecs de janvier et de mars, François Mitterrand s'arc-boute sur ses positions de principe. Il n'est pas question d'aller plus loin que les concessions précédentes, n'en déplaise au Premier ministre, qui souhaite échanger les otages contre tous les membres du commando Naccache. Mitterrand,

1. Rapporté dans Jacques Attali, *Verbatim*, t. 2, *op. cit.*, p. 21.

2. Selon François Bujon de L'Estang, entretien avec l'auteur, 13 octobre 2009. Voir aussi Vincent Nouzille, *Dans le secret des présidents*, Fayard-Les Liens qui libèrent, 2010, p. 132.

seul à disposer du droit de grâce, ne veut plus en faire usage. Il ne fera pas de cadeau à Chirac. Tant pis pour les otages. « Nous savons très bien que c'est ce que veulent les ravisseurs, mais le président a décidé d'être très ferme sur ce point[1] », martèle un conseiller de l'Élysée face à un interlocuteur américain à la fin d'avril 1986, lors d'une rencontre précédant le sommet de Tokyo. La guérilla politique entre l'Élysée et Matignon se joue aussi sur ce terrain-là.

Chirac poursuit pourtant ses largesses à l'égard de Téhéran. Il reçoit à Paris le vice-Premier ministre, Ali Reza Moayeri, et ordonne l'expulsion d'un des chefs de l'opposition iranienne résidant en France. Au début de juin, des négociations sur le dossier Eurodif s'ouvrent à Téhéran. Ces efforts portent leurs fruits : le 20 juin, deux membres de l'équipe d'Antenne 2, le journaliste Philippe Rochot et le cameraman Georges Hansen, sont relâchés. Mais il reste beaucoup à faire pour solder tous les contentieux. À la fin de juillet, François Bujon de L'Estang rencontre secrètement à Genève des proches du Premier ministre iranien, Mir-Hossein Moussavi, qui relancent les surenchères[2]. La nouvelle vague d'attentats qui frappe Paris en septembre 1986 renforce les tensions. Souhaitant faire plier les autorités françaises, les ravisseurs rendent publiques, le 6 octobre 1986, des vidéos où trois des otages français, Marcel Carton, Marcel Fontaine et Jean-Paul Kauffmann, apparaissent très éprouvés.

Le gouvernement Chirac est ouvert aux concessions. Jean-Bernard Raimond a rencontré son homologue iranien, Ali Akbar Velayati, à New York en septembre pour calmer le jeu. Le 19 novembre, la France effectue un premier remboursement partiel du prêt Eurodif en versant à l'Iran 330 millions de francs. De manière officieuse, les Iraniens ont laissé entendre que cet

1. *Mitterrand Advisor on Tokyo Summit, Terrorism*, 29 avril 1986, *op. cit.*

2. Note de François Bujon de L'Estang, 24 juillet 1986, citée dans Jacques Chirac, *Chaque pas doit être un but. Mémoires*, NiL, 2009, p. 350-354.

argent leur permettra en particulier d'acheter immédiatement des armements supplémentaires, alors que d'éventuelles livraisons françaises, notamment de matériel défensif, semblent soumises à de longs délais.

Le versement français permet la libération de trois otages : Camille Sontag, Marcel Coudari et Aurel Cornea. Au vu des promesses de son homologue iranien, Jean-Bernard Raimond en espérait davantage. Sans compter que les ravisseurs reprennent aussitôt un nouveau gage : le journaliste Roger Auque est enlevé à Beyrouth le 13 janvier 1987. Conscient que le processus de « normalisation » est trop lent et que les résultats sont encore maigres, Jean-Bernard Raimond est pessimiste : « J'avais le sentiment que la ligne que j'avais jusque-là défendue et qui avait conduit à des résultats allait être battue en brèche[1]. »

Pasqua entre en scène

Au ministère de l'Intérieur, Charles Pasqua s'agace de tous ces tâtonnements. Voilà des mois qu'il considère que les discussions menées par le Quai d'Orsay avec les Iraniens ne mènent à rien. La reprise des attentats en septembre, dont on découvre, en mars 1987, que l'organisateur est un étudiant tunisien aux ordres du Hezbollah, renforce sa volonté de torpiller les partisans d'une ligne conciliante. Il vitupère ses propres services de renseignement, qu'il juge incompétents. À l'automne 1986, il a diligenté des membres de son cabinet pour mener son enquête sur les attentats et les otages au Liban, avec l'aide d'un policier de la DST. Celui-ci affirmait avoir des contacts avec un Libanais bien informé. L'épisode a manqué de tourner au drame en octobre 1986, le policier et son informateur ayant failli se faire arrêter en France par un commando du GIGN venu les interpeller dans une villa de L'Isle-Adam, en région parisienne.

1. Voir Jean-Bernard Raimond, *Le Quai d'Orsay à l'épreuve de la cohabitation*, *op. cit.*, p. 111.

La DST estimait que le Libanais n'était pas fiable[1]. La guerre des services fait rage.

Le ministre de l'Intérieur est aussi persuadé que Wahid Gordji, l'interprète de l'ambassade d'Iran à Paris, est l'homme clé des réseaux terroristes. « Quand est-ce qu'on arrête ces conneries de négociations avec l'Iran[2] ? » lance-t-il vertement à son collègue Jean-Bernard Raimond. Charles Pasqua réussit à convaincre Jacques Chirac, choqué par les attentats, qu'il est temps de changer de stratégie, et pèse de tout son poids pour durcir le ton, même si le dossier Gordji se révèle vide. On a vu la grave crise diplomatique franco-iranienne qui en a découlé[3].

Les diplomates du Quai d'Orsay écartés, l'Élysée mis sur la touche, les réseaux parallèles de Charles Pasqua s'activent en coulisses à partir de la mi-1987. Le ministre de l'Intérieur estime que sa méthode est la bonne, si peu diplomatique soit-elle. Il a notamment missionné son conseiller corse, Jean-Charles Marchiani, ancien des services secrets, pour avancer dans ce dossier. Ce dernier prend parfois conseil auprès d'un avocat corse qui connaît bien l'Iran. Mais, ne parlant ni l'anglais ni l'arabe, il s'appuie surtout sur le jeune Libanais Iskandar Safa. Homme d'affaires multi-cartes, ce fils d'une famille maronite a, avec son frère Akram, des intérêts dans l'immobilier, le négoce, l'hôtellerie, ainsi que dans un chantier de construction navale en lien avec l'Iran, où il est très introduit. « Marchiani n'a pas fait grand-chose. C'est Safa qui a négocié secrètement avec toutes les parties, libanaises, syriennes et iraniennes[4] », estime Jean-Louis Esquivié, qui le rencontrait régulièrement à Paris.

---

1. Sur cet épisode, voir le récit du policier, Daniel Burdan, avec Jean-Charles Deniau, *DST. Neuf ans à la division antiterroriste*, Robert Laffont, 1990, et la version de Jean-François Clair, de la DST, dans Sébastien Laurent (dir.), *Les espions français parlent*, *op. cit.*, p. 520-521.

2. Rapporté dans Éric Aeschimann et Christophe Boltanski, *Chirac d'Arabie*, *op. cit.*, p. 140.

3. Voir le chapitre 3.

4. Entretien avec l'auteur, février 2016.

Pour parvenir à ses fins, Iskandar Safa est en contact avec le docteur Reza Raad, qui continue ses allers-retours entre Paris et Beyrouth. Il voit fréquemment le ministre syrien de la Défense, Moustapha Tlass, et emmène des émissaires français à bord de ses jets privés, y compris jusqu'à Téhéran pour rencontrer le ministre des Pasdarans ou Mohsen Kangarlou, un responsable des services secrets iraniens que connaît bien l'un de ses amis, l'homme d'affaires Manucher Ghorbanifar. Il conduit également Jean-Claude Trichet, le directeur du Trésor, à Genève pour finaliser l'accord sur le remboursement du prêt Eurodif.

Des libérations payées au prix fort

D'ultimes tensions compliquent la fin des pourparlers. Selon une information transmise au diplomate Éric Rouleau par les Iraniens, les envoyés spéciaux de Charles Pasqua auraient proposé, à la fin de 1987, un accord partiel de « normalisation » des relations franco-iraniennes en échange de la libération des trois derniers otages. Ils auraient surtout promis que Jacques Chirac, s'il était élu président de la République en mai 1988, gracierait tous les membres du commando Naccache et rééquilibrerait sa politique en faveur de l'Iran, quitte à lui fournir certains matériels militaires. « Les émissaires de M. Pasqua ont fait valoir que l'Iran ne pouvait espérer mieux de François Mitterrand, dans le cas où celui-ci serait réélu[1] », écrit le diplomate dans une note à l'Élysée. Mais les responsables du Hezbollah libanais n'auraient pas fait confiance à Jacques Chirac, jugé trop proche des Irakiens.

Dans le même temps, un leader chiite sénégalais, le cheikh Abdel Moneim el-Zein, est contacté par Matignon pour faire avancer les négociations au Liban et en Iran[2]. Il effectue de

1. « Les tractations franco-iraniennes, note pour le président de la République », Éric Rouleau, 15 décembre 1987, archives d'Éric Rouleau.

2. Voir Babecar Diack, « L'imam chiite du Sénégal a conduit les négociations », *Le Soleil de Dakar*, 27 mai 1988, cité dans Pierre Péan, *Manipulations africaines*, *op. cit.*

nombreux voyages à Beyrouth à cette fin, et son réseau finit par obtenir l'accord de toutes les parties. Mais Jean-Charles Marchiani et Iskandar Safa court-circuitent le cheikh en s'interposant pour récupérer les otages à l'hôtel Summerland, dans la capitale libanaise. Marcel Carton, Marcel Fontaine et Jean-Paul Kauffmann sont libérés le 4 mai 1988, quelques jours avant le second tour de l'élection présidentielle, qui voit finalement François Mitterrand l'emporter face à Jacques Chirac. Ces trois derniers otages, qui raconteront avoir été détenus dans des conditions épouvantables, étant soumis régulièrement à des simulacres d'exécution, auraient probablement pu recouvrer la liberté bien plus tôt sans ces maladresses et bisbilles françaises.

En contrepartie, l'Iran obtient d'énormes avantages. La « normalisation » franco-iranienne, actée le 5 mai 1988 par le rétablissement des relations diplomatiques, coûte très cher à la France. Le remboursement total du prêt Eurodif sera effectif en 1991. Téhéran a également obtenu un engagement français quant à une reprise de la fourniture d'uranium enrichi. Enfin, le 27 juillet 1990, le président Mitterrand signera la grâce d'Anis Naccache et de ses quatre complices.

Par ailleurs, selon des notes de la DST – dont le directeur de l'époque, Bernard Gérard, proche de Charles Pasqua, a été mêlé aux discussions avec l'aide de son conseiller spécial Philippe Rondot –, des livraisons d'armes ont été proposées aux Iraniens et des rançons versées, ce que Matignon démentira formellement[1]. Bien placé pour connaître le dessous des cartes, Jean-Charles Marchiani, le 30 mai 1988, assurera à Gilles Ménage, directeur adjoint du cabinet du président Mitterrand, qu'une livraison de matériel défensif, principalement des radars antimissiles et des pièces détachées d'hélicoptères, a été promise aux Iraniens[2]. Le conseiller du président François

1. Rapporté dans Pierre Favier et Michel Martin-Roland, *La Décennie Mitterrand*, t. 2, *op. cit.*, p. 920.

2. Rapporté dans Pierre Péan, *Manipulations africaines*, *op. cit.*, p. 215. En 2001, Jean-Charles Marchiani sera soupçonné par la justice, informée par une source de la DST, d'avoir détourné une partie de la rançon des

de Grossouvre, autre acteur très informé, confirmera ce point, mais sans fournir de détails : il confiera ainsi à Éric Rouleau qu'une rançon – prélevée sur des commissions commerciales, donc difficile à tracer – aurait été payée par un commerçant libanais, et que la France était supposée livrer de l'uranium enrichi, des missiles et des hélicoptères Gazelle[1]. Curieusement, personne n'entendra plus parler de ces engagements. Comme s'il fallait effacer toute trace de ces accords secrets. Et surtout oublier les quarante-neuf mois d'atermoiements et de querelles qui ont inutilement prolongé le calvaire des otages.

otages du Liban, qui aurait été prélevée sur les fonds secrets de l'État. Le 14 septembre 2001, face au général Rondot, le président Chirac démentira qu'il ait été question de donner à Jean-Charles Marchiani, en qui il affirme n'avoir jamais eu confiance, « la moindre allocation venant des fonds secrets de l'État » (carnets du général Rondot). Jean-Charles Marchiani bénéficiera d'un non-lieu en 2009.

1. Notes d'entretien entre Éric Rouleau et François de Grossouvre à l'Élysée, 11 juin 1988, archives d'Éric Rouleau.

CHAPITRE 5

La valse-hésitation face à Kadhafi

« Je vais vous le dire franchement : c'est vrai que ma politique à l'égard de la Libye est ambiguë. » En lâchant cette confidence, à la fin d'octobre 1982, à William Clark, le conseiller à la sécurité nationale du président américain Ronald Reagan, venu lui rendre visite à l'Élysée, François Mitterrand révèle son embarras. Le dictateur libyen Mouammar Kadhafi, qui règne à Tripoli depuis son putsch de 1969, proclame ouvertement son anti-impérialisme. Il soutient sans vergogne des mouvements terroristes dans le monde entier, au grand dam des États-Unis, dont il est devenu la bête noire. Depuis plusieurs mois, l'administration Reagan tente d'avoir sa peau, et elle vient de décréter un embargo pétrolier unilatéral contre le régime libyen. De son côté, François Mitterrand s'est démené pour contenir l'expansionnisme de Kadhafi au Tchad, mais il ne croit guère à l'efficacité des sanctions et ne veut pas rompre avec le dictateur. Au contraire : la France lui achète du pétrole et lui vend des armes depuis des années. Des instructeurs militaires français forment ses pilotes. À William Clark, qui lui rappelle les dangers qu'incarne le colonel libyen, François Mitterrand répond qu'il envisage d'accueillir Kadhafi pour une visite officielle à Paris… « Mais je ne sais pas quelle attitude je vais adopter[1] », confesse-t-il.

Les Américains ont bien du mal à comprendre l'insondable président français. Surnommé parfois le « prince de

1. *Meeting with President Mitterrand of France*, mémorandum de William Clark, 27 octobre 1982, Reagan Library.

l'ambiguïté », François Mitterrand n'est jamais à une contradiction près. Pendant une décennie, de 1981 à 1991, sa position à propos du colonel Kadhafi va osciller entre l'agacement et la tolérance, la souplesse et la fermeté. Tout comme face au terrorisme télécommandé depuis Damas ou Téhéran, le pouvoir français apparaît faible, divisé et inconstant face aux menaces qui viennent de Libye tout au long des années 1980. Alors même que le régime libyen est directement impliqué dans des attentats qui visent la France, un certain attentisme prévaut à l'Élysée. Il est vrai qu'un lobby prolibyen, soutenu par certains piliers du Quai d'Orsay et de puissants intérêts économiques, défend à Paris la ligne de la conciliation. S'appuyant sur ce réseau et profitant de l'aveuglement français, le colonel Kadhafi poursuit sans scrupules sa politique sanguinaire. Jusqu'à ce que, pressé par les États-Unis et confronté à des preuves judiciaires, François Mitterrand finisse par se convaincre de la nécessité d'adopter des sanctions internationales contre le régime libyen, qui sera progressivement conduit à renoncer au terrorisme.

Le « premier terroriste du monde » ménagé par Mitterrand

Dès son arrivée au pouvoir, le 10 mai 1981, François Mitterrand choisit de protéger le bouillant colonel libyen. Son prédécesseur, Valéry Giscard d'Estaing, avait décidé, avec son homologue américain Ronald Reagan, de fomenter un attentat à Benghazi pour renverser le régime de Kadhafi. Préparé par le SDECE – les services secrets français – avec l'appui de la CIA et des Égyptiens, ce coup d'État devait intervenir à la fin du printemps 1981[1]. Mais François Mitterrand refuse de se laisser embarquer dans cette guerre clandestine. « Ne donnez pas suite, c'est contraire à ma philosophie politique »,

1. Voir Vincent Nouzille, *Les Tueurs de la République*, *op. cit.*, p. 91-95.

indique-t-il à Pierre Marion, qui, en juin 1981, succède à Alexandre de Marenches à la tête du SDECE. Les services français étaient très en pointe dans la lutte contre Kadhafi depuis des années[1].

L'Élysée privilégie la prudence, en dépit des tensions grandissantes autour de la Libye. Alors que la presse américaine parle d'un « plan pour renverser Kadhafi », des chasseurs F-14 abattent, le 19 août 1981, deux avions militaires libyens au-dessus du golfe de Syrte, une zone maritime revendiquée par Tripoli. Le dictateur libyen en rajoute dans la provocation au cours des mois suivants. Il n'hésite pas à recruter des mercenaires américains pour mener ses combats. Il se félicite de l'assassinat du leader égyptien Anouar el-Sadate, le 6 octobre 1981. Il arme son allié tchadien Goukouni Oueddei, dont il a soutenu la prise de pouvoir. Pour contrer son influence, Ronald Reagan menace Kadhafi de représailles plus violentes en cas d'attentat contre les États-Unis. Et le président américain soutient massivement le retour au pouvoir au Tchad, en juin 1982, d'Hissène Habré, qui contraint au départ son vieil ennemi Oueddei. « La CIA s'est énormément impliquée dans cette opération. Habré a reçu de l'aide directe et indirecte. Ce fut une grande opération de contre-insurrection, et la seule réussie de l'administration Reagan[2] », confiera un ancien ambassadeur au Tchad.

Pour François Mitterrand, la stratégie américaine est trop brutale. Durant l'automne 1981, il a tenté de négocier avec Kadhafi et Oueddei. Le ministre français de la Coopération, Jean-Pierre Cot, s'est rendu à Washington pour plaider leur cause, ce qui a provoqué un certain agacement au sein de l'administration Reagan. Cependant, le président français sait aussi que les alliés africains de la France redoutent par-dessus tout

1. Pierre Marion, *La Mission impossible*, *op. cit.*, p. 35.
2. Interview de Donald Norland, ancien ambassadeur américain au Tchad, 19 décembre 1992, *Foreign Affairs Oral History Project*, Collection of the Association for Diplomatic Studies and Training, Library of Congress, Washington DC.

l'interventionnisme de Kadhafi dans le sud du Sahel. « Tous ou presque s'inquiètent des ambitions de M. Kadhafi. Et tous ou presque attendent de la France qu'elle les en protège[1] », confie François Mitterrand. Paris ne peut méconnaître les risques de déstabilisation que représente le propagateur d'une révolution panarabe et islamique dans le pré carré français en Afrique. Finalement, à la mi-1982, l'Élysée se rallie au retour en force d'Hissène Habré à N'Djamena pour contrer l'ingérence libyenne au Tchad. Bien que François Mitterrand n'aime pas Habré, qu'il juge incontrôlable, violent et trop dépendant de la CIA, il est obligé de le soutenir.

Parallèlement, il envoie un émissaire, son ami Roland Dumas, rencontrer secrètement Kadhafi durant l'automne 1982. Rusé, le leader libyen propose de s'entendre avec la France pour cogérer le Tchad et contrecarrer l'influence américaine[2]. Le président français n'est pas dupe : il a compris que le dictateur veut, en réalité, un régime tchadien à sa botte. Il n'est pas question de lui faire ce cadeau. Au fond, François Mitterrand ne sait pas comment composer avec cet imprévisible Libyen. C'est ce qu'il confie de nouveau, à la fin de 1982, au secrétaire d'État George Shultz, en visite à Paris : « En Libye, il y a le problème du caractère particulier du président Kadhafi. Nos relations avec Kadhafi sont difficiles. Dans la même semaine, il dénonce l'impérialisme français et il nous envoie des messagers pour nous dire qu'il ne souhaite que notre amitié. Je ne veux pas faire empirer les choses, mais nous ne sommes pas très à l'aise avec lui. Le point fondamental est que j'espère qu'il ne retournera pas au Tchad. C'est un problème difficile, car je ne vais pas envoyer une armée au Tchad. » Pour lui, si Kadhafi reste tranquille chez lui, il ne pose guère de problème, puisque le pays est faiblement peuplé. En revanche, « il doit cesser d'œuvrer pour l'expansionnisme de l'intégrisme musulman,

1. François Mitterrand, *Réflexions sur la politique extérieure de la France*, Fayard, 1986, p. 122.
2. Voir Roland Dumas, *Affaires étrangères, 1981-1986*, Fayard, 2007, p. 307.

d'est en ouest et du nord au sud, car c'est quelque chose de très dangereux[1] ».

Or, dans les premiers mois de 1983, l'armée libyenne prépare justement une nouvelle offensive au Tchad. Celle-ci débute le 19 juin par la prise de la palmeraie de Faya-Largeau. Ronald Reagan presse aussitôt François Mitterrand d'intervenir. Celui-ci hésite. Vernon Walters, envoyé spécial de la Maison-Blanche à Paris, recommande au président français de « livrer bataille à Kadhafi » et de bombarder Tripoli. Les autres pays africains font le siège de l'Élysée dans le même sens. Une nouvelle fois contraint d'agir dans l'urgence, ce qu'il n'apprécie guère, François Mitterrand dépêche finalement des mercenaires qui freinent l'avancée libyenne, avant de lancer, au début d'août 1983, l'opération militaire Manta au Tchad, avec trois mille soldats[2]. Kadhafi recule. Il reçoit à nouveau Roland Dumas pour tenter d'aplanir les difficultés. Une forme d'accord se dessine pour que les troupes libyennes ne franchissent pas une « ligne rouge » située à la hauteur du 15e parallèle.

Le locataire de l'Élysée se dit prêt à intervenir en cas d'incursion au sud, mais reste ouvert à la discussion avec Kadhafi, qui l'intrigue autant qu'il l'amuse. « Kadhafi est un homme surprenant : il me demande d'équiper ses avions et de former ses pilotes », explique François Mitterrand à Ronald Reagan en mars 1984. Le président français ajoute : « [Il] n'est pas entièrement négatif, mais instable. Quand nos armées étaient face à face au Tchad, c'est le moment qu'il a choisi pour envoyer sa femme à Paris faire des achats et pour nous demander d'assurer sa protection ! Il faut le prendre au sérieux en tout cas, surtout en raison de la conjonction avec le fondamentalisme[3]. »

---

1. Entretien entre le secrétaire d'État George Shultz et le président François Mitterrand, 14 décembre 1982, archives de la présidence de la République, 5AG4 CD74, Archives nationales. Voir aussi Vincent Nouzille, *Dans le secret des présidents*, *op. cit.*, p. 100.

2. Voir notamment Vincent Nouzille, *Les Tueurs de la République*, *op. cit.*, p. 135-144.

3. Entretien entre le président François Mitterrand et le président Ronald Reagan, Washington, 23 mars 1984, archives de la présidence de la République, 5AG4 CD74, Archives nationales.

Devant la montée de la menace, la France met en alerte, durant l'été 1984, un porte-avions et plusieurs navires en Méditerranée dans le cadre d'une opération secrète baptisée « Mirmillon ». Le Pentagone fournit aux états-majors français des listes de cibles possibles visant à détruire des infrastructures, des bateaux, et à frapper des centres de commandement à Tripoli. Mais l'opération est finalement annulée.

Toujours hésitant, le président français se rend en Crète en novembre 1984 pour rencontrer Kadhafi afin de sceller un accord sur le retrait des troupes libyennes du Tchad. « Il avait une envie assez romanesque de connaître le chef d'État alors le plus détesté de la planète. Avec celui que les Américains considéraient comme le premier terroriste du monde, il se montra ferme, lui exposant qu'il ne pourrait compter sur aucun relâchement français[1] », écrira son conseiller, Jacques Attali. En réalité, les promesses de retrait formulées par le dictateur ne seront, une nouvelle fois, pas tenues. Les soldats libyens resteront présents au Tchad et continueront de mener des attaques vers le sud, auxquelles les forces françaises répliqueront par plusieurs raids.

Reagan contre le « chien enragé du Proche-Orient »

Pour les Américains, la prudence n'est plus de mise. À leurs yeux, la France est bien naïve. Mouammar Kadhafi n'est pas seulement un menteur ou un excentrique. À quarante-deux ans, il est bien le « premier terroriste du monde ». Au fil des années, les soupçons d'un soutien du régime libyen au terrorisme international se sont confirmés. Depuis la mi-1984, un groupe réunissant toutes les agences de renseignement américaines travaille sur le sujet, échafaudant diverses stratégies pour

1. Jacques Attali, *C'était François Mitterrand*, Fayard, 2005, p. 274. Voir aussi le récit détaillé de cette rencontre dans Pierre Favier et Michel Martin-Roland, *La Décennie Mitterrand*, t. 2, *op. cit.*, p. 332-336.

affaiblir le pays. Les réunions et les rapports se succèdent, en liaison étroite avec les conseillers de Ronald Reagan. Ceux-ci imaginent plusieurs plans de coup d'État baptisés du nom de code « Flower ». Diverses options sont étudiées : « Rose » est un projet de bombardements tous azimuts accompagnés d'une invasion de la Libye, avec un débarquement de troupes américano-égyptiennes ; « Tulip » consiste en des opérations de soutien à des rebelles qui s'entraînent dans des camps au Tchad, en Égypte et en Tunisie[1].

Au cours du premier semestre 1985, la collecte de renseignements alarmistes se poursuit. La NSA intercepte des conversations de Kadhafi qui semblent prouver son soutien au terrorisme international. La CIA établit plusieurs rapports sur l'aide fournie par les Libyens à une trentaine de groupes terroristes, qu'il s'agisse des Palestiniens dissidents ou des Irlandais de l'IRA. Selon les services américains, Kadhafi finance des groupes antiaméricains et antifrançais en Amérique latine – guérilleros colombiens du M-19, sandinistes au Nicaragua, mouvements de gauche dans les Caraïbes... Il a été impliqué dans une trentaine d'assassinats d'opposants libyens à l'étranger depuis 1980. Il cible des dirigeants en Égypte, au Soudan, au Tchad, ainsi que Yasser Arafat, le roi Hussein de Jordanie et des proches de Saddam Hussein[2]. En septembre 1985, lors des célébrations d'anniversaire de sa prise de pouvoir, Kadhafi menace directement les États-Unis : « Nous avons le droit de combattre l'Amérique, le droit d'exporter le terrorisme sur leur sol[3] [...]. »

---

1. Le Pentagone et le numéro deux de la CIA, Robert Gates, s'opposent au plan d'invasion, qui est soutenu par le directeur de la CIA, William Casey, et plusieurs conseillers de Reagan. Voir Robert Gates, *From the Shadows*, Simon & Schuster, 1996, p. 350-352 ; et Bob Woodward, *CIA. Guerres secrètes, 1981-1987*, Stock, 1987, p. 425-431.

2. Voir *Libya : Supplying Terrorist Weapons*, direction du renseignement de la CIA, 3 décembre 1984 ; *Terrorism Review*, CIA, 20 mai 1985 ; *Terrorism Review*, CIA, 13 janvier 1986, Reagan Library.

3. Rapporté dans *Libya Under Qadhafi : A Pattern of Agression*, rapport du département d'État, 8 janvier 1986, Bush Library.

Les dangers semblent s'accroître à la fin de 1985, puisque le terroriste palestinien Abou Nidal rejoint Tripoli pour se mettre au service du leader libyen. « Ils se sont apparemment mis d'accord au printemps 1985 pour cibler les pays arabes modérés, Israël et les États-Unis [...] et la réussite des opérations terroristes d'Abou Nidal a convaincu Kadhafi[1] », écrivent les experts de la Maison-Blanche. Or l'implication d'Abou Nidal ne fait guère de doute dans le détournement d'un avion égyptien en novembre 1985, suivi d'attentats contre les comptoirs d'El Al dans les aéroports de Rome et de Vienne, le 27 décembre, provoquant la mort de dix-neuf personnes, dont cinq Américains[2]. « Nous croyons que la Libye a financé, et probablement armé, les assaillants, et qu'elle soutient leurs actions[3] », avancent les analystes de la CIA après ces attentats. Pour l'équipe de Ronald Reagan, le doute n'est plus permis. « Kadhafi se sert du terrorisme comme d'un instrument de politique étrangère pour miner les intérêts des États-Unis et d'autres pays occidentaux dans le tiers-monde, attaquer les dissidents libyens et menacer les régimes modérés qui résistent à ses efforts pour les subvertir[4] », résument ses conseillers.

En janvier 1986, le président américain décide un embargo commercial total contre la Libye. Mais, incertain de pouvoir faire plier le raïs par des sanctions économiques et des pressions diplomatiques, il envisage tout bonnement de le renverser. Il envoie des navires de sa VIe flotte patrouiller près des côtes libyennes, y compris dans le golfe de Syrte. Les Libyens répliquent par des tirs de missiles, ce qui provoque des frappes américaines de rétorsion. Furieux, Kadhafi donne pour instruction à ses commandos de frapper désormais les intérêts américains, notamment des bases militaires. Des messages libyens

1. *Report Concerning Abu Nidal, Task Force on Terrorism*, Maison-Blanche, fin décembre 1985, Bush Library.

2. Voir le chapitre 2.

3. *State Support for International Terrorism*, *op. cit.*

4. *Libyan Support for Terrorism*, note du Conseil national de sécurité, 14 avril 1986, Maison-Blanche, Reagan Library.

concernant plusieurs projets d'attentat sont interceptés par les services de renseignement américains. Lorsqu'une bombe explose, le 5 avril 1986, dans la discothèque La Belle, à Berlin-Ouest, fréquentée par des GI's, la Maison-Blanche affirme détenir la preuve flagrante – ce qu'elle appelle le « *smoking gun* » – de l'implication libyenne. Le président Reagan étudie plusieurs plans de représailles contre Kadhafi, qu'il nomme le « chien enragé du Proche-Orient », avant de se décider pour des opérations aériennes contre des quartiers généraux militaires à Tripoli et Benghazi, ainsi que des résidences de Kadhafi. Ces frappes doivent se dérouler dans la nuit du 14 au 15 avril 1986. Il lui manque simplement le soutien politique de ses pays alliés.

Paris en retrait

François Mitterrand a déjà refusé une première fois de participer à une attaque conjointe contre la Libye lorsqu'il a été sollicité, dès la fin de février 1986, par le général Vernon Walters. « Il ne peut y avoir ni coalition ni collusion apparente qui ressouderait le monde arabe autour de Kadhafi[1] », a expliqué le général Gilbert Forray, chef d'état-major particulier du président, à une délégation américaine. Lorsque le conseiller de Reagan revient à la charge, au début d'avril, pour demander son appui et l'autorisation de survol du territoire français par les bombardiers américains, la réponse est encore négative. François Mitterrand n'approuve pas l'unilatéralisme guerrier des États-Unis : « Kadhafi devient insupportable, admet le président devant Walters. Il entretient un climat de guerre. On ne peut plus raisonner avec lui comme lorsqu'on pensait trouver un *modus vivendi*. Le problème, c'est la façon de faire. [...] Il faut éviter tout ce qui fera apparaître Kadhafi comme un héros aux yeux du monde arabe. » L'émissaire américain insiste, évoquant des frappes très sélectives qui ne viseraient pas spécifiquement à tuer le dictateur. Mais le président rétorque : « La

1. Voir Roland Dumas, *Affaires étrangères*, *op. cit.*, p. 483-484.

difficulté pour nous, c'est de nous trouver mêlés à une action au dernier moment[1]. » Le Premier ministre, Jacques Chirac, se montre encore plus ferme que l'Élysée face aux Américains : « Il est tout à fait exclu que la France soit mêlée à cette affaire. D'autant que vous avez toutes chances de rater Kadhafi[2]... »

L'Élysée sait très bien que le leader libyen n'est pas un enfant de chœur et qu'il a du sang sur les mains. Il a probablement commandité l'attentat commis le 10 mars 1984 contre un DC-10 de la compagnie française UTA qui faisait escale à N'Djamena : l'avion a explosé sur la piste, heureusement sans faire de victimes. La France vient également d'expulser deux diplomates libyens soupçonnés de préparer une attaque contre l'ambassade américaine à Paris. Cependant, François Mitterrand juge un peu exagérée la thèse américaine de l'escalade terroriste de Kadhafi. Il ne veut surtout pas s'engager publiquement dans la croisade menée contre lui. Il est vrai qu'il a donné son feu vert à des négociations directes avec Abou Nidal, qui a promis de ne pas commettre d'attentats en France en échange de la libération de deux de ses complices, emprisonnés en France[3]. Or ceux-ci viennent d'être relâchés. La modération française à l'égard du nouveau mentor libyen d'Abou Nidal n'est donc pas totalement innocente.

L'absence de soutien officiel français masque, en réalité, une curieuse duplicité. Car, si son Premier ministre, Jacques Chirac, est opposé par principe aux frappes, François Mitterrand, lui, fait savoir aux Américains qu'ils n'ont pas tout à fait tort de cibler Kadhafi. Selon le secrétaire américain à la Défense, Caspar Weinberger, le président français a discrètement conseillé à Washington d'infliger les plus gros dommages possible au régime libyen, plutôt qu'« une simple piqûre[4] ». En marge du

1. Rapporté dans Jacques Attali, *Verbatim*, t. 2, *op. cit.*, p. 47.

2. Rapporté dans Jacques Chirac, *Chaque pas doit être un but. Mémoires*, *op. cit.*, p. 344.

3. Voir le chapitre 2.

4. Rapporté dans Caspar Weinberger, *Fighting for Peace. Seven Critical Years in the Pentagone*, Warner Books, 1990, p. 192.

sommet de Tokyo, qui se déroule à la fin d'avril 1986, un conseiller du président français précise à l'un de ses homologues à la Maison-Blanche que Mitterrand n'aurait rien trouvé à redire à une liquidation radicale de Kadhafi, pour peu qu'elle eût été bien préparée : « Je pense que la France aurait trouvé beaucoup plus intéressant qu'un plan spécifique soit présenté pour éliminer Kadhafi une fois pour toutes. [...] S'il avait été éliminé, il aurait été loué [par le monde arabe] comme un grand combattant, mais la menace à long terme aurait disparu[1]... »

Aux yeux des Américains, qui ont été vexés par le refus français d'autorisation de survol pour leurs F-111, la position de l'Élysée confirme l'ambivalence de la politique française[2]. Décidément, François Mitterrand reste un mystère.

La vengeance de Kadhafi

Le bombardement américain du 14 avril 1986 provoque de gros dommages sans tuer Kadhafi, qui a pu s'enfuir quelques heures plus tôt de la caserne Bab al-Azizia, où il séjournait. Le leader libyen pensera longtemps que l'opposition de Paris lui a sauvé la vie, car les frappes ont été retardées en raison de l'escale imposée en Espagne pour les bombardiers. Il exprimera plusieurs fois sa gratitude à des émissaires français, dont Roland Dumas. Désormais, l'administration Reagan et la CIA estiment que le régime libyen est sérieusement affaibli et que le dictateur a été humilié. « Kadhafi a largement ralenti ses opérations terroristes depuis la frappe américaine, probablement à cause des doutes de Tripoli quant à des réactions occidentales qui feraient suite à de nouveaux attentats soutenus par la Libye », écrivent les experts de la direction du renseignement de la CIA en juillet 1986. Pourtant, ils ne

1. *Mitterrand Advisor on Tokyo Summit, Terrorism*, 29 avril 1986, *op. cit.*

2. « Ces refus m'ont contrarié », écrira Ronald Reagan. Voir Ronald Reagan, *An American Life*, Simon & Schuster, 1990, p. 519.

croient guère à un arrêt total de ces activités : « L'engagement de Kadhafi en faveur du terrorisme violent n'a pas disparu, puisqu'il continue de se dépeindre en leader révolutionnaire dont la mission inclut la violence contre des intérêts américains et occidentaux[1]. »

Le pronostic, pour une fois, est juste. Après quelques mois de calme relatif, le dictateur libyen reprend ses plans clandestins. En octobre 1987, les Français arraisonnent au large de Brest un navire transportant cent vingt tonnes d'armes, dont des missiles, en provenance de Libye et à destination de la rébellion armée irlandaise de l'IRA. Kadhafi veut surtout déstabiliser les pays qu'il considère comme des ennemis. Les États-Unis figurent toujours en tête de liste : les frappes qu'ils lui ont infligées ne doivent pas rester impunies. La France est également dans son collimateur, car François Mitterrand continue de s'opposer à lui en Afrique. Au début de 1986, le dispositif français Manta a cédé la place à une nouvelle opération baptisée « Épervier », visant à contenir les offensives répétées des soldats libyens au nord du Tchad, où ils se sont réinstallés dans des forteresses militaires. La DGSE fournit une aide à l'armée tchadienne d'Hissène Habré, qui mène plusieurs contre-attaques victorieuses, en janvier et en mars 1987, contre les bases libyennes à Fada et Ouadi-Doum. Kadhafi est irrité par ces revers militaires, qui se poursuivent jusqu'au 31 août 1989, date de la signature d'un accord-cadre entre la Libye et le Tchad, négocié avec l'aide de l'Algérie. Paris a préservé son pré carré, au grand dam de Tripoli. Et Kadhafi est rancunier.

Sa vengeance envers Washington et Paris sera meurtrière et spectaculaire. Le 21 décembre 1988, un Boeing 747 de la compagnie américaine Pan Am qui relie Londres à New York explose au-dessus de Lockerbie, en Écosse, tuant deux cent soixante-dix personnes. Le 19 septembre 1989, une bombe pulvérise un DC-10 de la compagnie française UTA parti de

1. *Libya : Qadhafi's Political Position Since the Airstrike*, direction du renseignement de la CIA, 17 juillet 1986, Reagan Library.

Brazzaville et ayant fait escale à N'Djamena au-dessus du désert du Ténéré, au Niger, provoquant la mort des cent soixante-dix passagers et membres d'équipage.

Dans un premier temps, les enquêtes sur ces deux attentats, qui n'ont pas été revendiqués, s'orientent vers des pistes moyen-orientales. Du côté américain, des éléments matériels laissent penser que la destruction du Boeing pourrait être l'œuvre d'une faction dissidente palestinienne, le FPLP-CG, dirigé par Ahmed Jibril, qui est protégé par le régime syrien et par les Iraniens. Une cellule de ce groupe a été démantelée quelques mois plus tôt en Allemagne. Ses seize membres étaient en possession de cinq bombes miniaturisées contenues dans du matériel électronique. Or des restes de petits équipements similaires ont été retrouvés parmi les débris de l'avion qui s'est écrasé en Écosse. Les enquêteurs américains et écossais estiment que le FPLP-CG a pu recevoir des consignes de Damas et de Téhéran pour organiser cet attentat en représailles contre les États-Unis. Un avion de la compagnie Iran Air avait été détruit accidentellement par des tirs américains au-dessus du golfe Persique le 3 juillet 1988, provoquant la mort de deux cent quatre-vingt-dix personnes. L'ayatollah Khomeiny avait alors promis « une pluie de sang » sur les États-Unis.

Après deux années d'enquête, cette hypothèse est brusquement remise en cause. D'une part, des analyses scientifiques permettent d'établir que le minuteur dont des fragments ont été retrouvés sur le site de Lockerbie n'est pas du même type que ceux utilisés par le FPLP-CG. Il s'apparenterait plutôt à un minuteur MST-13. Son fabricant taïwanais et l'un de ses clients suisses avancent d'ailleurs qu'ils ont vendu de tels minuteurs à des responsables des services secrets de Kadhafi. Cette thèse restera controversée, puisque les Américains seront soupçonnés d'avoir fabriqué cette preuve et ainsi orienté les témoignages[1].

---

1. En 2005, un policier écossais affirmera que la CIA aurait apporté elle-même le fragment du minuteur à Lockerbie et, en 2007, un ingénieur suisse dira avoir fourni cette pièce aux enquêteurs écossais. Ces

Des exemplaires de ces détonateurs ont pourtant été découverts entre les mains de deux agents du renseignement libyen arrêtés en février 1988 à l'aéroport de Dakar, au Sénégal, également en possession d'explosifs Semtex et TNT, d'armes et de matériels électroniques. Ces deux espions ont été relâchés par la police sénégalaise en juin 1988, quelques mois avant l'attentat contre l'avion de la Pan Am.

D'autre part, le lecteur de cassettes Toshiba contenant le détonateur et les explosifs a bien été acheminé par des agents libyens dans une valise Samsonite depuis l'île de Malte jusqu'à l'aéroport de Francfort, où il a été embarqué dans la soute du Boeing. Enfin, le renseignement américain semble persuadé que le chef d'orchestre de cet attentat est Abdallah Senoussi, beau-frère du colonel Kadhafi et chef des services secrets libyens. Celui-ci aurait organisé un réseau de convoyeurs et de manutentionnaires dans plusieurs aéroports européens et africains afin de faciliter les opérations terroristes[1].

Du côté français, le juge Jean-Louis Bruguière s'oriente également vers la piste libyenne après le même détour moyen-oriental. La détection rapide de résidus d'explosifs sur le site du crash permet de conclure à un attentat. Pourtant, convié à la cellule de crise du Quai d'Orsay, où l'on privilégie la thèse de l'accident, le magistrat s'entend répondre : « Mais qui êtes-vous pour oser parler d'attentat[2] ? » La récupération des corps et la collecte des millions de débris de l'avion, éparpillés sur une surface désertique grande comme la Martinique, mobilisent des centaines de militaires, ainsi que des agents de la DST et de la DGSE venus en éclaireurs. Tous les morceaux sont expédiés dans un hangar près du Bourget où la reconstitution de l'appareil doit permettre d'élucider les causes de l'explosion. On y trouve les débris d'une valise Samsonite de couleur bleu-gris portant

---

témoignages tardifs, avancés essentiellement par des avocats des Libyens, demeurent sujets à caution.

1. Voir notamment *Libya's Qadhafi Continues Support for Terrorism*, rapport du département d'État, janvier 1989, Bush Library.

2. Jean-Louis Bruguière, *Ce que je n'ai pas pu dire*, *op. cit.*, p. 152.

des traces blanches de pentrite. Il s'agit d'un explosif militaire assez courant, mais le plastifiant qui l'entoure est le même que celui utilisé par un suspect tunisien arrêté en France en 1986 dans le cadre d'un projet terroriste. Il était membre d'un groupe émanant du FPLP-CG dirigé par un expert en explosifs, Abou Ibrahim, réputé proche des Iraniens.

Grâce à la valise, la piste de Palestiniens commandités par l'Iran, comme dans l'affaire de la Pan Am, semble se confirmer. D'autant que les motivations de la Libye ne paraissent pas évidentes, puisqu'elle vient de signer un accord sur le Tchad. Mais les services de renseignement américains et français informent le juge que la Libye, à partir de 1986, a récupéré quelques-unes des valises piégées mises au point par le groupe palestinien. Par ailleurs, la famille d'un passager décédé, embarqué à Brazzaville, explique que ce dernier avait acheté une Samsonite. Enfin, un Congolais arrêté en France précise que ce passager, Apollinaire Mangatany, et l'un de ses amis, nommé Bernard Yanga, étaient en contact avec des Libyens. Le puzzle prend forme.

Les autorités congolaises se révèlent peu coopératives. Le juge Jean-Louis Bruguière obtient cependant à Brazzaville des renseignements sur l'implication des deux suspects et sur leurs liens avec la Libye : un responsable libyen en poste à Brazzaville aurait remis la valise à Apollinaire Mangatany avant son embarquement sur le vol fatal d'UTA. Bernard Yanga confirme ces pistes. Enfin, une minuscule parcelle d'un circuit imprimé du minuteur découvert sur le site du crash indique que celui-ci semble être du même type que celui collecté par les enquêteurs américains sur le site de Lockerbie – un point qui ne sera pas confirmé par les experts français.

Le juge prend le lobby prolibyen de vitesse

À la fin de 1991, après de multiples rebondissements, les enquêtes américaine et française convergent vers Tripoli, ce qui n'est pas du goût de tout le monde au sein des cercles du pouvoir français, y compris à l'Élysée, où Kadhafi n'a pas que des ennemis. Durant la guerre du Golfe, au début de cette année-là, le dictateur a fait montre de bonnes intentions à l'égard de François Mitterrand, l'appelant pour lui dire tout le mal qu'il pensait de Saddam Hussein et proposant sa coopération. « Je vous téléphone, car il y a tellement de fous dans le monde en ce moment ; il faut que les gens raisonnables se parlent[1] ! » a dit le raïs libyen au président français, surpris par une telle modération.

Par ailleurs, certains conseillers à l'Élysée ne sont pas loin de penser que les liens établis entre les deux attentats sont le fruit de manipulations américaines visant à charger la Libye en laissant de côté d'autres commanditaires possibles, avec lesquels les États-Unis entendent restaurer de bons contacts. « Il est évident que la mise en cause des responsabilités de la Libye est commode à tous égards pour les États-Unis dans la période actuelle, puisqu'elle exonère du même coup la Syrie, jusqu'alors principale suspecte, au moins par complicité, ou encore l'Iran[2] », écrit, à la fin de juin 1991, Gilles Ménage après la parution d'articles de presse rapprochant les deux dossiers. Au Quai d'Orsay, le Guide libyen dispose toujours d'une oreille attentive auprès du ministre des Affaires étrangères, Roland Dumas, qui demeure l'un de ses intermédiaires avec le président Mitterrand. Après avoir reçu son homologue libyen, Ibrahim Bechari, à Paris, au début d'octobre 1991, pour parler notamment de contrats pour Total et d'achat d'Airbus, le ministre l'a retrouvé à Alger à la fin du mois à l'occasion d'une réunion diplomatique des pays de la Méditerranée. « Il arrive un moment où il faut savoir tourner la page[3] », a commenté Roland Dumas

1. Conversation de Mouammar Kadhafi avec François Mitterrand, 14 janvier 1991. Ces propos sont rapportés par François Mitterrand à George Bush le 14 mars 1991, archives de la présidence de la République, 5AG4 CD267, Archives nationales.

2. Note de Gilles Ménage rapportée dans Pierre Péan, *Manipulations africaines*, *op. cit.*, p. 121.

3. Rapporté dans Pierre Péan, *Vol UT 772. Contre-enquête sur un attentat attribué à Kadhafi*, Stock, 1992, p. 182 ; et Jean-Marie Pontaut, *L'Attentat. Le juge Bruguière accuse la Libye*, Fayard, 1992, p. 177.

en marge de cette réunion. Bref, ni l'Élysée ni les diplomates ne sont enclins à entamer un bras de fer judiciaire ou à ouvrir une crise avec Tripoli.

Craignant des embûches, le juge Jean-Louis Bruguière décide de précipiter les choses. Il sait que les Américains, à la suite de leur enquête sur l'attentat de Lockerbie, s'apprêtent à inculper, à la mi-novembre, deux agents libyens, Abdel Basset al-Megrahi et Lamen Khalifa Fhimah, qui seront renvoyés devant un grand jury fédéral à Washington[1]. Le magistrat français prend les devants : le 30 octobre 1991, il délivre des mandats d'arrêt internationaux contre Abdallah Senoussi, chef des services secrets libyens, Ahmed Abdallah Elazragh, un diplomate en poste au Congo-Brazzaville qui aurait été en contact avec les deux acteurs clés de l'attentat, ainsi qu'Ibrahim Naeli et Arbas Musbah, deux officiers supérieurs des services libyens qui se seraient rendus au Congo dans le cadre des préparatifs de l'attaque. « Je voulais que le dossier français soit la cheville ouvrière des sanctions internationales, se souvient le magistrat. J'ai grillé les Américains et coupé l'herbe sous le pied du lobby prolibyen. Roland Dumas n'appréciait pas que j'attaque la Libye. Je l'ai mis hors jeu[2]. »

L'annonce de ces mandats d'arrêt et la tenue du grand jury américain provoquent de vives réactions. Kadhafi nie farouchement toute implication dans les deux attentats. Il active ses réseaux diplomatiques et amicaux à Paris. Le lobby prolibyen se remobilise. « J'ai commencé à voir défiler dans mon bureau de nombreux émissaires qui tentaient de me dissuader de poursuivre mon enquête ou essayaient de m'orienter délibérément vers de fausses pistes[3] », raconte le juge Bruguière. Des avocats lui font savoir qu'un conseiller spécial de Kadhafi, Ahmed Gaddaf Eddam, numéro deux

1. Voir le détail des charges criminelles contre Abdel Basset al-Megrahi et Lamen Khalifa Fhimah dans le document d'inculpation du grand jury fédéral, *United States District Court of Columbia*, 14 novembre 1991.

2. Entretien avec l'auteur, septembre 2015.

3. *Ibid.*

des services de renseignement, est au même moment reçu en grande pompe en visite officielle à Paris. Des rumeurs, étayées par les questions qui entourent encore les mobiles de l'attentat, se répandent selon lesquelles la DGSE et la DST ne croient pas à la commandite libyenne, mais penchent plutôt pour la piste irano-syrienne[1]. Le patron de la DST, Jacques Fournet, proche de l'Élysée, estime en effet que le juge Bruguière va peut-être un peu vite en besogne en considérant que les ordres sont venus de Tripoli, ce qui n'est pas avéré[2]. De leur côté, Gilles Ménage et d'autres experts du renseignement – dont Philippe Rondot, qui a rencontré Abdallah Senoussi à Tripoli – recommandent à l'Élysée la plus grande prudence à propos des conclusions de l'enquête, insistant sur les risques de manipulation américaine.

Mitterrand : « Si Kadhafi doit être puni, qu'il le soit »

Face aux éléments rassemblés par les juges américains, britanniques et français, les autorités politiques de ces trois pays sont bien obligées d'admettre le rôle de la Libye. Partisan de longue date de sanctions internationales contre le régime de Kadhafi, le président des États-Unis, George Bush, voit là une occasion rêvée de pousser ses alliés dans ce sens. De toute façon, il ne peut pas arrêter la machine judiciaire, qui est en train d'incriminer des Libyens dans l'affaire de l'attentat de la Pan Am. À lui d'en tirer parti sur le plan diplomatique.

1. Le directeur de la DGSE de l'époque, Claude Silberzahn, émettra effectivement des doutes sur la commandite libyenne, pointant la piste iranienne, de même que le journaliste Pierre Péan, qui évoquera des promesses françaises non tenues concernant la libération d'Anis Naccache réclamée par les Iraniens dans le cadre de la négociation sur les otages du Liban, relâchés en mai 1988. Voir Claude Silberzahn, avec Jean Guisnel, *Au cœur du secret*, Fayard, 1995, p. 67-77. Et Pierre Péan, *Vol UT 772, op. cit.* ; *Manipulations africaines, op. cit.*

2. Voir Jean-Marie Pontaut, *L'Attentat, op. cit.*, p. 155-156.

Le 8 novembre 1991, il téléphone à François Mitterrand pour le convaincre d'adopter lui aussi cette position de fermeté.

Le président français lui répond en égrenant la liste des États qui ont pratiqué le terrorisme par le passé : l'Iran, la Syrie, et même la RDA et la Tchécoslovaquie. La Libye aussi, mais Kadhafi ne lui semble plus si dangereux : « Depuis la guerre du Golfe, Kadhafi est plus calme et ne représente plus le même danger. Nous recherchons une entente avec le Maghreb. On voudrait éviter la création d'un foyer de terrorisme, ou que la Libye casse le jeu diplomatique. En dehors de tout cela, la Libye nous laisse assez indifférents. »

Bush : « Quelle a été la réaction en France pour l'attentat d'UTA ? Aux États-Unis, ce fut un vrai scandale. »

Mitterrand : « Il n'y a pas la même passion en France. Que la justice fasse son travail. [...] Allons-nous bombarder ? Sûrement pas. Il faut aussi contrôler la fabrication des armes chimiques. »

Bush : « C'est de cela que nous voulons parler. Nous ne pouvons pas ne rien faire. Les Syriens ont été accusés. Maintenant, il apparaît de façon irréfutable que ce sont les Libyens. Je ne cherche pas à vous entraîner... »

Mitterrand : « Je vous ai expliqué. Je n'ai aucune sympathie pour Kadhafi. [Si les Libyens] doivent être punis, qu'ils le soient. Que nos collaborateurs se parlent[1]. »

Après des années d'hésitations à l'égard de Kadhafi, le président français est donc contraint de tenir compte des soupçons qui pèsent sur la Libye et de rejoindre la ligne dure souhaitée par ses alliés. Il se dit prêt, publiquement, à envisager avec les Américains toute sanction utile.

À la fin de 1991, les tractations diplomatiques se multiplient entre Paris, Washington et Londres pour élaborer une résolution à l'ONU recommandant à la Libye d'« apporter immédiatement une réponse complète et effective » aux demandes des enquêteurs des trois pays. La résolution 731 est adoptée par le

1. Entretien téléphonique entre le président François Mitterrand et le président George H. Bush, 8 novembre 1991, archives de la présidence de la République, 5AG5 CD75, Archives nationales.

Conseil de sécurité à l'unanimité le 21 janvier 1992. Il faudra encore deux résolutions, en mars 1992 et en novembre 1993, prévoyant un durcissement des sanctions économiques, un gel des avoirs libyens et des ventes d'armes, ainsi qu'un embargo aérien et sur le matériel pétrolier, pour que le colonel Kadhafi se décide à coopérer.

De plus en plus isolé, Kadhafi finit par faire quelques gestes pour prouver sa bonne foi. Il accepte notamment d'accueillir à Tripoli un haut responsable de la DST, Raymond Nart, qui travaille avec le juge Bruguière sur l'enquête française. À partir du printemps 1992, ce policier expérimenté effectue de nombreux séjours dans la capitale libyenne et se montre de plus en plus convaincu de la responsabilité libyenne. Il rencontre régulièrement Abdallah Senoussi, qui lui demande ingénument : « Vous n'allez tout de même pas nous pourchasser toute notre vie parce que nous avons fait exploser un avion[1] ? » Raymond Nart apprend également que les services libyens ont bien gardé une valise Samsonite en tout point identique à celle qui a servi pour l'attentat du DC-10. « Les Libyens affirmaient qu'ils avaient saisi des valises de ce genre sur des Irakiens qui seraient responsables de l'explosion », se souvient un ancien dirigeant de la DST qui a suivi le dossier avec Raymond Nart. « En réalité, ils avaient récupéré ces valises piégées et en ont utilisé une contre nous, tout en en gardant une à Tripoli pour prouver leur bonne foi. Nous n'étions pas dupes[2]. » Selon la DST, les services libyens voulaient sans doute punir la France des défaites militaires infligées au Tchad, mais surtout éliminer un de leurs opposants farouches, un dénommé Mohamed Mougharief, qui devait prendre place à bord du DC-10 d'UTA à N'Djamena et qui ne s'est finalement pas présenté à l'embarquement.

Le juge Jean-Louis Bruguière tente de récupérer la Samsonite détenue par les Libyens, qui lui semble être une pièce déterminante pour son enquête. En octobre 1992, il organise

1. Éric Merlen et Frédéric Ploquin, *Carnets intimes de la DST*, *op. cit.*, p. 370.

2. Entretien avec l'auteur, mai 2016.

pour cela une mission judiciaire en proposant de se rendre à Tripoli à bord d'un navire militaire français. Arrivé au large des côtes libyennes, il se heurte à un refus formel de Kadhafi, qui n'apprécie guère ce débarquement. Le Quai d'Orsay et l'Élysée sont embarrassés par cette initiative judiciaire qui tourne au bras de fer diplomatique. Le leader libyen refuse désormais toute ingérence. Il faudra attendre l'élection de Jacques Chirac, en juin 1995, pour que la coopération reprenne. Le général Philippe Rondot multipliera les voyages à Tripoli afin de mettre de l'huile dans les rouages, notamment avec Moussa Koussa, chef des services de sécurité et du renseignement extérieur libyen, nommé en 1994. Durant l'été 1996, le juge récupérera enfin la fameuse valise et des éléments qui lui permettront d'incriminer d'autres suspects.

En mars 1999, six membres des services secrets libyens seront condamnés par la cour d'assises de Paris à la réclusion criminelle à perpétuité par contumace pour leur implication dans l'attentat du DC-10 d'UTA. La plainte déposée dans la foulée par l'association SOS Attentats contre Kadhafi lui-même sera déboutée par la Cour de cassation en mars 2001, au motif que « la coutume du droit international s'oppose à ce que des chefs d'État en exercice puissent faire l'objet de poursuites devant les juridictions pénales d'un État étranger[1] ».

Les deux Libyens impliqués dans l'attentat de Lockerbie seront jugés par une cour spéciale écossaise en janvier 2001, Abdel Basset al-Megrahi étant condamné à la perpétuité et Lamen Khalifa Fhimah acquitté. Durant l'été 2003, soucieux d'obtenir la levée des sanctions économiques qui pèsent sur son pays, le gouvernement de Kadhafi s'engagera à indemniser financièrement les familles des victimes du vol d'UTA et de

1. Voir l'arrêt de la chambre criminelle de la Cour de cassation, 13 mars 2001. Voir aussi Marie-Hélène Gozzi, « À propos de la responsabilité des gouvernants, l'arrêt Kadhafi, la négation du droit international », in *Livre noir*, contributions au colloque « Terrorisme et responsabilité pénale internationale », SOS Attentats, février 2002. Voir enfin l'ouvrage collectif de SOS Attentats, *Terrorisme, victimes et responsabilité pénale internationale*, Calmann-Lévy, 2003.

celui de la Pan Am à hauteur de plusieurs milliards de dollars. Ce faisant, il reconnaîtra indirectement sa responsabilité dans les attentats. Il annoncera également abandonner toute forme d'implication dans des actes terroristes.

Il aura fallu attendre dix ans pour que la France se décide à faire preuve d'une plus grande vigueur contre Kadhafi. Et douze ans de plus pour que ce dernier accepte de régler ses comptes et de renoncer définitivement au terrorisme.

Chapitre 6

Dans le brouillard face au terrorisme algérien

Le 6 mars 1995, rue Nélaton, dans le XVe arrondissement de Paris, le directeur adjoint de la DST, Raymond Nart, reçoit avec tous les égards le général Smaïn Lamari, dit « Smaïn », numéro deux du Département du renseignement et de la sécurité (DRS) – la « sécurité militaire » algérienne. Les deux hommes se connaissent depuis le début des années 1980, quand le policier français, expert du contre-espionnage, travaillait sur l'affaire Farewell – nom de code d'un officier du KGB ayant livré de précieux renseignements à la DST. Ils ont ensuite collaboré sur des dossiers de terrorisme, notamment lorsque les Français ont souhaité négocier avec le Palestinien Abou Nidal en 1985[1]. Raymond Nart, qui vivait en Algérie au moment de la guerre d'indépendance, aime toujours retourner dans ce pays où les responsables du DRS l'accueillent chaleureusement. De même, ces derniers échangent volontiers avec d'autres représentants de la DST, de Philippe Rondot à Jean-François Clair.

Depuis le coup d'État de janvier 1992, par lequel des généraux ont interrompu le processus électoral qui devait conduire à une victoire des islamistes du Front islamique du salut (FIS), le DRS coopère de façon permanente avec la DST. Celle-ci surveille les trajets des islamistes qui viennent se réfugier en France, procède à des interpellations, fournit secrètement des renseignements aux Algériens et appuie leurs demandes auprès d'autres pays européens. « Nous avons clairement choisi notre

1. Voir le chapitre 2.

camp en les aidant[1] », explique un ancien responsable de la DST. Entre Raymond Nart et Smaïn Lamari, il existe une ligne directe, quel que soit le climat politique plus général.

Ce 6 mars 1995, l'Algérien vient délivrer un message inquiétant à son homologue : une vague d'attentats va frapper la France, orchestrée par le Groupe islamique armé (GIA). Apparu en 1992, le GIA est une organisation djihadiste dirigée principalement par d'anciens combattants revenus d'Afghanistan. Il pratique un terrorisme extrême et s'en prend notamment aux militaires algériens, aux modérés du FIS et aux Français vivant en Algérie[2]. Smaïn Lamari affirme tenir ces renseignements d'un islamiste arrêté à Oran. Mais il n'en dit pas plus.

Ne doutant pas de la sincérité de son visiteur, Raymond Nart ne peut rester inactif. Il rédige deux notes adressées à sa hiérarchie, les 11 et 30 mars 1995[3]. Même s'il n'y a pas de noms, de lieux ni de dates, l'alerte venue d'Alger est claire : il va se passer des choses sur le territoire français. Trois mois après le détournement par le GIA d'un Airbus d'Air France à Alger, qui s'est terminé par un assaut du GIGN à Marseille, la vigilance s'impose.

« Le terrorisme, ce n'était pas le truc de Chirac »

Pourtant, ces informations ne déclenchent guère de réactions dans les sphères du pouvoir. « Personne n'a bougé, personne

1. Entretien avec l'auteur, novembre 2013.

2. Parmi les attaques du GIA contre des Français en Algérie, citons l'assassinat de deux géomètres en septembre 1993, celui d'un journaliste en février 1994, celui de deux autres Français en mars 1994, celui de deux religieux en mai 1994 ; l'attaque contre une résidence consulaire, en septembre 1994, ayant fait cinq victimes ; la prise d'otages de l'Airbus d'Air France en décembre 1994 ; l'assassinat de quatre pères blancs à Tizi-Ouzou le 27 décembre 1994.

3. Voir Éric Merlen et Frédéric Ploquin, *Carnets intimes de la DST*, *op. cit.*, p. 375-376.

ne nous a crus. Tout le monde avait l'air de se moquer de nos alertes[1] », regrette l'ancien responsable de la DST. À l'Élysée, François Mitterrand, malade, achève son second mandat dans une ambiance crépusculaire. Le Premier ministre de cohabitation, Édouard Balladur, candidat à la présidentielle et rival du président du RPR, Jacques Chirac, bat la campagne. Le ministre de l'Intérieur, Charles Pasqua, se démène comme un diable pour soutenir Balladur, qui sera finalement éliminé au premier tour.

Le 7 mai 1995, Jacques Chirac est élu président de la République avec 52,6 % des suffrages face au candidat socialiste Lionel Jospin. Il nomme Alain Juppé Premier ministre. Ministre des Affaires étrangères dans le gouvernement Balladur, celui-ci connaît bien le dossier algérien pour l'avoir suivi depuis 1993.

En arrivant à l'Élysée, Jacques Chirac est confronté à d'autres urgences, notamment le conflit en ex-Yougoslavie. Rompant avec la relative passivité de son prédécesseur, il n'a toutefois aucune envie de multiplier les fronts en imposant une ligne trop tranchée à propos de l'Algérie : « Au risque de mécontenter les deux parties, la position de notre pays consiste à ne soutenir ni le gouvernement algérien ni les intégristes, mais le seul peuple algérien », écrira-t-il. Pour lui, une « trop grande proximité avec le pouvoir algérien ferait le jeu des islamistes ». Il a donné pour consigne de stopper les contacts officieux qui avaient été noués avec ces derniers[2]. Malgré la multiplication des victimes françaises en Algérie, la justice n'est pas non plus encouragée à ouvrir des enquêtes ni à interroger les autorités algériennes. La raison d'État prévaut, de même qu'une certaine réserve.

En réalité, durant ses deux mandats, la prudence demeurera la ligne de conduite présidentielle dans le domaine du terrorisme, un phénomène qui le paralyse et qu'il peine à décrypter. Jacques Chirac est sans doute resté marqué par les événements tragiques qui se sont produits chaque fois qu'il est arrivé au pouvoir. Nommé Premier ministre de Valéry Giscard d'Estaing en 1974, il a dû faire face, dès septembre 1974, à un attentat à la grenade au

1. Entretien avec l'auteur, novembre 2013.
2. Jacques Chirac, *Le Temps présidentiel. Mémoires*, NiL, 2011, p. 83.

Drugstore Saint-Germain qui a fait deux morts, attribué au célèbre Carlos, ainsi qu'à une prise d'otages à l'ambassade de France à La Haye, suivie d'autres attaques, en 1975, à la gare de l'Est, à l'aéroport d'Orly et rue Toullier, où deux policiers de la DST ont été tués par Carlos. De retour à Matignon en mars 1986, il a été confronté à la vague d'attentats du printemps et de l'automne, commandités par les Iraniens. « Je n'oublierai jamais l'image, lors de l'attentat de la rue de Rennes en septembre 1986, de cette femme gisant sur le trottoir, les jambes sectionnées, la moitié du visage arrachée[1] », écrira-t-il dans ses Mémoires. Au-delà de son émotion et de son aversion pour ces crimes aveugles, il ne s'intéresse guère au sujet. « Le terrorisme, ce n'était pas son truc, explique un ancien juge qui l'a bien connu. Les attentats l'ont impressionné, mais ils l'ont aussi tétanisé, car il ne cherchait ni à les comprendre, ni à anticiper le phénomène[2]. »

Les noirs augures de Smaïn Lamari n'ont pas été écoutés en haut lieu. Ils se confirment pourtant rapidement. À la fin du mois de mai, la DGSE informe le gouvernement qu'une équipe du GIA dirigée par un certain Yahia Rihane – *alias* Abdallah Kronfel, suspecté d'avoir participé au détournement de l'Airbus de décembre 1994 – serait sur le point de rejoindre « Omar l'Émigré », l'un de ses contacts à Paris, après être passé par la Tunisie et l'Allemagne. Le nouveau ministre de l'Intérieur, Jean-Louis Debré, réunit les experts du renseignement. Mais l'information ne semble pas confirmée à ce stade[3]. Le juge antiterroriste Jean-Louis Bruguière lance, le 20 juin, une centaine d'interpellations dans les milieux islamistes en France pour démanteler un réseau dirigé par un certain Mohammed Chalabi, interpellé quelques mois plus tôt. L'enquête se poursuivra, sans livrer de pistes sur des attentats imminents.

Le 1er juillet 1995, le journal algérien *La Tribune* révèle qu'un « commando venu de Bosnie aurait eu pour mission

1. *Ibid.*, p. 78.
2. Entretien avec l'auteur, mai 2016.
3. Voir Hubert Coudurier, *Le Monde selon Chirac. Les coulisses de la diplomatie française*, Calmann-Lévy, 1998, p. 209.

de perpétrer des attentats dans la capitale française et aurait reçu comme instruction d'éliminer des islamistes condamnés à mort par le GIA, comme le cheikh Abdelbaki Sahraoui et Moussa Kraouche, pour punir le gouvernement français[1] ». Cette fois-ci, les informations, qui proviennent sans doute des services algériens, sont plus précises et citent des noms, comme celui du cheikh Sahraoui, cofondateur du FIS et imam modéré de la mosquée de la rue Myrha, à Paris. Pourtant, elles ne sont pas davantage prises au sérieux par les autorités françaises. L'Unité de coordination de la lutte antiterroriste (UCLAT) a reçu une copie de cet article, envoyée par l'ambassade de France à Alger. La DST en a eu connaissance, mais pas la 6ᵉ division de la police judiciaire, chargée du terrorisme et dirigée par le commissaire Roger Marion[2]. « Nous n'avons pas vu à temps cet article, ni vraiment cru ce qu'il contenait une fois que nous l'avons vu. Or il s'agissait clairement d'un nouveau message qui nous était adressé, qui pouvait aussi être une sorte d'avertissement[3] », se souvient un ancien collaborateur de Roger Marion.

Parallèlement, d'autres renseignements parviennent au ministère de l'Intérieur concernant une réunion de chefs du GIA – dont « Omar l'Émigré » et un certain Ali Touchent, *alias* Tarek – qui se serait tenue au début de juin en région parisienne en vue de préparer les assassinats de membres du FIS en exil. Cependant, aucune mesure n'est prise pour protéger les personnes visées. Le 11 juillet, vers 18 h 30, l'imam Sahraoui et l'un de ses fidèles, qui tentait de s'interposer, sont exécutés à bout portant par deux tueurs anonymes dans la mosquée de la rue Myrha. Le GIA, dirigé depuis l'automne 1994 par un émir sanguinaire, Djamel Zitouni, revendique cet attentat, qui en annonce d'autres.

---

1. Rapporté dans Lounis Aggoun et Jean-Baptiste Rivoire, *Françalgérie, crimes et mensonges d'État*, La Découverte Poche, 2004, p. 443.
2. Voir Roger Marion, *Raisons d'État. Des affaires corses à Merah, les dérives du Renseignement*, La Martinière, 2013, p. 130.
3. Entretien avec l'auteur, juin 2016.

Terrorisme islamiste ou terrorisme d'État déguisé ?

Bien que les services de renseignement, la DST comme la DGSE, aient prédit cette internationalisation du combat du GIA, qui entend semer la terreur en Europe, les autorités françaises ont du mal à comprendre ce qui se passe. Est-ce un terrorisme djihadiste d'un nouveau genre ou une forme de terrorisme d'État déguisé, l'Algérie cherchant à infléchir, d'une manière indirecte, notre politique étrangère ? Les experts sont divisés. Djamel Zitouni, instigateur de cette stratégie de terreur extrême, est un émir avec qui la sécurité militaire algérienne a noué des contacts secrets[1]. Le DRS a en effet infiltré de nombreuses factions rebelles, y compris au sein du GIA. Les services algériens tirent parti de la violence du GIA, qui radicalise l'opinion algérienne et européenne contre les islamistes en général.

Certains généraux algériens veulent surtout conserver le soutien des autorités françaises dans leur guerre totale, alors même que des pourparlers de paix avec le FIS – défendus notamment par Alain Juppé – ont débuté à la fin de 1994 à Rome, ce qui ne plaît pas à tout le monde à Alger. Les attentats qui se profilent en France pourraient être un moyen de faire pression sur la France. « Les services algériens en savaient certainement plus qu'ils ne nous l'ont dit sur ces préparatifs d'attentats. Ils ont laissé faire pour nous arrimer dans leur camp, qu'on s'implique davantage à leurs côtés. Comme nous étions concentrés sur nos enquêtes, nous n'avons pas compris, sur le moment, cette duplicité algérienne[2] », analyse un ancien policier de la division antiterroriste de la PJ.

---

1. Selon des confidences de Smaïn Lamari à Raymond Nart, Djamel Zitouni avait des liens avec le DRS et aurait été épargné, en septembre 1994, lors d'un assaut des forces algériennes contre un QG du GIA. Le DRS cherchait ainsi à faciliter son ascension future. Voir Vincent Nouzille, *Les Tueurs de la République*, *op. cit.*, p. 212-213 ; et Jean-Baptiste Rivoire, *Le Crime de Tibhirine. Révélations sur les responsables*, La Découverte, 2011, p. 91.
2. Entretien avec l'auteur, juillet 2016.

Prisonnières de ces manipulations, les autorités françaises ne décodent pas le sens des événements et sont incapables de réagir. À propos de l'assassinat de l'imam Sahraoui, le président Chirac écrira plus tard, en se fondant sur les notes de ses conseillers de l'époque : « Cette première transposition sur notre territoire du conflit interne à l'Algérie a-t-elle été l'œuvre du GIA, la victime ayant condamné les actes de violence commis contre les étrangers, notamment français ? Ou celle de la Sécurité militaire [algérienne], à l'heure où les tentatives de reprise de dialogue entre le FIS et le gouvernement sont loin de faire l'unanimité dans les rangs de l'armée algérienne ? La première piste paraît la plus probable. Mais il est difficile d'évacuer la seconde, dans la mesure où les groupes armés sont souvent infiltrés et manipulés par cette même Sécurité militaire afin de discréditer les islamistes aux yeux de la population et de la communauté internationale[1]. » Jacques Chirac n'essaie pas de démêler cet écheveau. Il ne veut pas de vagues dans les relations avec Alger.

Lorsqu'une bouteille de gaz bourrée d'écrous explose dans une rame du RER B à la station Saint-Michel, le 25 juillet 1995, le président de la République se rend immédiatement sur place. On dénombre huit morts et plus de cent vingt blessés. Il est bouleversé à la vue des corps déchiquetés. Les policiers et les enquêteurs évoquent plusieurs pistes, des Serbes aux islamistes, mais privilégient plutôt cette dernière hypothèse. Dans la soirée, Jacques Chirac reçoit son ministre de l'Intérieur, Jean-Louis Debré, à l'Élysée. Il lui demande qui sont les auteurs de l'attentat. Le ministre répond : « Monsieur le Président, je vais vous dire quelle est la différence entre un énarque et moi. Je suis incapable de vous dire qui a fait le coup[2]. »

Le lendemain, en ouverture du Conseil des ministres, Jacques Chirac explique aux membres du gouvernement qu'il faut sans doute s'attendre à d'autres attentats, comme en 1986. Quelques semaines plus tard, il expliquera à la télévision : « J'ai connu

1. Jacques Chirac, *Le Temps présidentiel*, *op. cit.*, p. 79.
2. Rapporté dans Jacques Chirac, *Le Temps présidentiel*, *op. cit.*, p. 79.

des périodes où les attentats étaient revendiqués et où l'on déchiffrait, si j'ose dire, le message qu'on voulait nous lancer. Aujourd'hui, tel n'est pas le cas. Les revendications très nombreuses de ces attentats sont hautement fantaisistes et nous n'arrivons à déterminer ni l'origine précise – on peut avoir des soupçons –, ni surtout le message que l'on veut faire passer[1]. »

Dans la foulée du Conseil des ministres, la Place Beauvau annonce un durcissement des mesures de sécurité, notamment le renforcement des patrouilles, des contrôles d'identité et des surveillances aux frontières, en application de la clause de sauvegarde prévue dans les accords européens de Schengen.

Quelques jours après l'attentat contre le RER B, les services algériens transmettent à Paris des renseignements plus précis : deux groupes du GIA seraient présents en France – dont un piloté par le surnommé Abdallah Kronfel –, chargés de mener des attaques-suicides contre la tour Eiffel et l'Arc de Triomphe. Les enquêteurs français ont aussi repéré dans *El Ansar*, journal du GIA publié à Londres, des écrits vengeurs qui mentionnent justement un possible attentat contre la tour Eiffel. Pourtant, ils demeurent circonspects sur les informations en provenance d'Alger. « J'avais la hantise qu'on me trouve rapidement un coupable pour calmer les esprits et rassurer les Français, puis que l'on découvre que c'était une fausse direction, expliquera Jean-Louis Debré à des journalistes à la mi-septembre. La sécurité militaire algérienne voulait que l'on parte sur des pistes pour éliminer des gens qui la gênent. » Le ministre de l'Intérieur s'attire aussitôt des réactions indignées de la part du gouvernement algérien. « C'était une manière de leur faire passer un message pour qu'ils arrêtent de nous bourrer le mou », ajoutera-t-il. Il s'interroge, en effet, sur les vrais commanditaires des attentats : s'agit-il d'islamistes ou de certains pans de l'armée algérienne[2] ? En réalité, personne ne semble capable d'y voir clair dans les réseaux qui ont frappé Paris. « Tout cela était enchevêtré dans une nébuleuse criminelle dont nous ne pouvions alors démêler

1. Émission « Sept sur Sept », TF1, 10 septembre 1995.
2. Voir Hubert Coudurier, *Le Monde selon Chirac*, *op. cit.*, p. 213.

les fils[1] », racontera Philippe Massoni, alors préfet de police de Paris.

Le 17 août 1995, une bombe blesse dix-sept personnes près de la place de l'Étoile. Dans une lettre signée de l'« émir Zitouni », envoyée à l'ambassade de France à Alger, le GIA revendique l'attentat. Zitouni demande à Jacques Chirac de se « convertir à l'islam » et de changer sa politique à l'égard de l'Algérie. Que le GIA se désigne comme le commanditaire ne fournit toujours pas de pistes concrètes aux enquêteurs. D'autant que les attentats se poursuivent : le 26 août, une bouteille de butane est découverte le long de la voie du TGV Paris-Lyon, à Cailloux-sur-Fontaines, dans le Rhône ; le 3 septembre, une Cocotte-minute piégée blesse quatre personnes sur le marché du boulevard Richard-Lenoir, à Paris, et, le 7 septembre, une voiture explose à Villeurbanne près d'une école juive, blessant quatorze passants. Un drame de grande ampleur a été évité de justesse, le minuteur ayant mal fonctionné.

Chirac se fâche, mais ne réforme rien

Les enquêteurs avancent à tâtons. Les rivalités entre les services et avec les magistrats se révèlent désastreuses. Chacun pratique des écoutes et des filatures dans son coin, gardant ses informations pour soi. La section antiterroriste de la brigade criminelle de la PJ parisienne, la 6e division de la PJ nationale, les RG et la DST interviennent tous dans les affaires, bientôt rejoints par la PJ lyonnaise. « C'est le début de la guerre des polices, l'une des plus dures de l'histoire de la maison[2] », écriront des journalistes fins connaisseurs de la Place Beauvau. Anecdote révélatrice : la DST ira jusqu'à interpeller une « source » importante des RG en pistant directement le commissaire qui avait

1. Philippe Massoni, *Histoires secrètes de la République. Au cœur des Renseignements généraux, 1962-2007*, La Martinière, 2012, p. 203.
2. Olivia Recasens, Jean-Michel Décugis et Christophe Labbé, *Place Beauvau*, J'ai lu, 2007, p. 322.

rendez-vous avec elle. Le ministère de l'Intérieur est accusé d'inertie. Claude Guéant, alors directeur général de la police nationale, tente de mieux coordonner les investigations. Il réunit chaque jour les représentants de tous les services au sein de l'UCLAT. Dans une tribune anonyme publiée dans *Le Monde*, des policiers fustigent le rôle, à leurs yeux trop important, du parquet antiterroriste dans les enquêtes. Ils dénoncent aussi la confusion qui règne « quand le directeur général de la police nationale se prend pour Sherlock Holmes et se lance dans des travaux personnels d'identification d'empreintes et d'indices au milieu de policiers goguenards ». Ou lorsque Claude Guéant « prétend présider » les réunions de l'UCLAT : « On attend d'un directeur général des qualités de coordinateur et de gestionnaire, pas des qualités de policier[1]. »

Face à l'absence de résultats, Jacques Chirac se fâche. « La rivalité entre services doit cesser. Si les services ne sont pas capables de travailler ensemble, je vais – moi, président de la République – les obliger à se coordonner[2] », dit-il en substance lors d'une réunion à l'Élysée le 10 septembre 1995. Le même jour, il évoque sur TF1 les « traditionnelles querelles de chapelles » des services de police, qui font « un peu désordre ». Selon lui, il ne faut pas réformer le dispositif policier en pleine crise, mais il annonce qu'il jugera les responsables après coup sur leurs compétences et leur volonté de « renforcer la cohésion d'ensemble ». « J'en tirerai toutes les conséquences, à tous les niveaux[3] », martèle-t-il.

L'orage passe. Pilier de la PJ, Roger Marion, à la voix tonitruante et aux colères souvent volcaniques, critique la DST, qui embarque l'enquête sur de « mauvaises pistes[4] ». De son côté, l'un des juges chargés des dossiers, Jean-François Ricard,

1. Tribune anonyme signée « Cicéron », « Un pilote de trop dans la lutte antiterroriste », *Le Monde*, 23 septembre 1995.

2. Rapporté dans Bernard Squarcini et Étienne Pellot, *Renseignement français : nouveaux enjeux*, Ellipses, 2013, p. 24 ; et dans Philippe Massoni, *Histoires secrètes de la République*, *op. cit.*, p. 205.

3. Émission « Sept sur Sept », TF1, 10 septembre 1995.

4. Roger Marion, *Raisons d'État*, *op. cit.*, p. 134.

part en Suède pour retrouver un dénommé Abdelkrim Denèche, ancien d'Afghanistan et poids lourd du GIA. Un témoin de l'attentat de la station Saint-Michel croit l'avoir reconnu sur le quai, et les services algériens ont indiqué qu'il était présent lors de la réunion des comploteurs du début de juin en région parisienne. Toutefois, le magistrat fait chou blanc : Denèche est bien interpellé à Stockholm, mais il peut prouver qu'il ne se trouvait pas à Paris le 25 juillet. La police suédoise refuse son extradition.

Malgré toutes ces bisbilles entre services, les policiers finissent par remonter une piste. Sur le ruban adhésif entourant la bonbonne de gaz découverte le long de la ligne TGV Paris-Lyon le 26 août, des empreintes sont identifiées. Elles correspondent à un dénommé Khaled Kelkal, qui a forcé un barrage de police à Bron, le 15 juillet, blessant cinq policiers. Les recherches commencent aussitôt.

Le parcours de Kelkal est représentatif d'une nouvelle génération de terroristes à laquelle personne ne prête vraiment attention à l'époque, alors qu'elle annonce celle des djihadistes grandis en France qui feront parler d'eux vingt ans plus tard. Né à Mostaganem, en Algérie, en 1971 et arrivé en France à l'âge de deux ans, Khaled Kelkal a été élevé à Vaulx-en-Velin, dans la banlieue lyonnaise. Malgré un bon parcours scolaire, il bascule rapidement dans la délinquance, écopant d'une condamnation à quatre ans de prison. Lors de son séjour carcéral, il côtoie un Algérien qui recrute pour le GIA. « J'étais avec un musulman en cellule, Là, j'ai appris l'arabe ; j'ai bien appris ma religion, l'islam[1] », confie-t-il en 1992 à un sociologue allemand qui prépare une thèse sur les minorités ethniques. Libéré après une remise de peine, Kelkal retourne à Vaulx-en-Velin, où il est considéré comme une sorte d'émir.

Lorsqu'il se rend à Mostaganem en 1994, il discute avec l'un de ses oncles, qui fait partie du FIS, et croise des membres du

1. Cité dans « Moi, Khaled Kelkal », *Le Monde*, 7 octobre 1995 (extraits de la thèse de Dietmar Loch, « Les politiques municipales vis-à-vis des minorités ethniques »).

GIA. « Khaled a vu des combattants de la montagne et s'est dit : "Je veux les rejoindre." Pour cela, il savait qu'il devait faire ses preuves en France[1] », témoignera l'ancien djihadiste David Vallat. Ce dernier, qui s'est entraîné en Afghanistan après avoir vainement tenté d'aller combattre en Bosnie, se lie d'amitié avec Kelkal au printemps 1995. Kelkal et un autre de ses amis, Karim Koussa, sont également en contact étroit avec deux responsables du GIA, Boualem Bensaïd et Ali Touchent, envoyés spécialement en Europe pour recruter des poseurs de bombes. Ancien soldat de l'armée algérienne au profil controversé, puisqu'il aurait conservé des liens avec les services algériens[2], Ali Touchent rencontre Khaled Kelkal pour la première fois à Bruxelles. Il le missionne au printemps 1995 pour qu'il aille chercher des armes et de l'argent en Algérie. Kelkal et Koussa se transforment en djihadistes. Banlieue, délinquance, prison, conversion, voyages, embrigadement : le processus terroriste est en marche.

Traqués par la police à partir du début de septembre 1995, Kelkal et Koussa disparaissent dans les monts du Lyonnais. Les policiers sont sous pression et, selon certains témoins, vont jusqu'à employer des méthodes d'interrogatoire brutales afin d'obtenir des renseignements[3]. Le 27 septembre, des campeurs signalent la présence des suspects dans la forêt de Malval. Arrivés sur les lieux, les gendarmes tombent sur Karim Koussa, qui fait usage de son arme. Blessé au cours de la fusillade qui

1. Cité dans « Khaled Kelkal, premier djihadiste *made in France* », *Le Monde*, 18 septembre 2015.

2. Voir Lounis Aggoun et Jean-Baptiste Rivoire, *Françalgérie, crimes et mensonges d'État*, *op. cit.*, p. 451-452.

3. Voir Olivia Recasens, Jean-Michel Décugis et Christophe Labbé, *Place Beauvau*, *op. cit.*, p. 400-414. Paru en février 2006, ce livre décrit des cas présumés de violences sur au moins cinq suspects lors de gardes à vue dans les locaux de la 6e division de la PJ. Le ministère de l'Intérieur et les responsables de la PJ démentiront. Une enquête de l'Inspection générale de la police nationale estimera, en mars 2006, qu'il s'agissait de contre-vérités et qu'il n'y a pas eu d'« exactions avérées ». Les auteurs du livre maintiendront pourtant leurs informations.

s'ensuit, il est arrêté, ainsi que deux de ses amis venus les ravitailler. On découvre sur place un fusil qui se révèle être celui utilisé pour assassiner l'imam Sahraoui le 11 juillet. L'étau se resserre autour du dernier fugitif. Le 29 septembre, à 19 h 45, Khaled Kelkal est cerné par des gendarmes d'élite à deux pas d'un arrêt de bus, à Vaugneray. Il sort son arme de poing et est abattu par les militaires.

La cavale d'un des principaux poseurs de bombes s'achève. Mais des complices frappent à nouveau. Le 6 octobre, jour de son enterrement, une bonbonne de gaz explose près du métro Maison-Blanche, à Paris. Le 17 octobre, une autre bombe fait des ravages dans le RER C. Il faut encore plusieurs semaines aux enquêteurs pour démanteler le réseau du GIA responsable de ces attaques, avec ses cellules à Lyon et dans le nord de la France. Boualem Bensaïd, soupçonné d'avoir orchestré les attentats avec Ali Touchent, est arrêté à Paris au début de novembre. Smaïn Aït Ali Belkacem, *alias* Omar, est interpellé dans le Nord avec d'autres complices. Présenté comme le financier du groupe, Rachid Ramda est arrêté à Londres[1]. Usant d'identités multiples et fournisseur de faux papiers, le mystérieux Ali Touchent, lui, réussit à échapper à un coup de filet à Lyon le 22 décembre et à rentrer en Algérie. Sa mort, officiellement survenue à la suite d'échanges de tirs avec les forces de police, sera annoncée par les autorités algériennes en mai 1997. Certains experts mettront en doute cette version : Ali Touchent aurait été exécuté parce qu'il en savait beaucoup trop sur les liens du GIA avec les services algériens[2].

---

1. Boualem Bensaïd et Smaïn Aït Ali Belkacem seront condamnés en octobre 2002 par la cour d'assises de Paris à la réclusion criminelle à perpétuité, des peines confirmées en appel en 2003. Karim Koussa sera condamné en mai 2000 à dix ans de prison pour sa participation aux attentats, puis à vingt ans de réclusion criminelle pour les fusillades de Bron et de Malval. Rachid Ramda, extradé vers la France, sera condamné en octobre 2007 par la cour d'assises de Paris à la réclusion criminelle à perpétuité.

2. Voir Lounis Aggoun et Jean-Baptiste Rivoire, *Françalgérie, crimes et mensonges d'État*, *op. cit.*, p. 458. Ali Touchent a peut-être également,

À l'automne 1995, le pouvoir français respire. Les responsables de la campagne d'attentats qui a fait plus d'une dizaine de morts et des centaines de blessés ont été arrêtés ou éliminés. Le ministre de l'Intérieur suit les consignes de Jacques Chirac en faisant symboliquement tomber quelques têtes à la PJ, dont celles du numéro deux, Ange Mancini, du directeur de la PJ parisienne, Claude Cancès, et du patron de la brigade criminelle, Christian Gallo. Quant à Roger Marion, qui a contribué à mettre les policiers sur la piste Kelkal, il plastronne. Un brin autocrate, il continue de se heurter à la DST. Son service, bientôt rebaptisé Division nationale antiterroriste (DNAT) de la police judiciaire, finira par abandonner à la DST la plupart des dossiers judiciaires du terrorisme islamiste pour se concentrer sur les affaires corses et basques.

Toutefois, malgré cette valse des têtes, aucune réforme d'envergure n'est engagée pour tenter de mieux coordonner les enquêtes.

Kelkal, annonciateur du djihadisme made in France

Dans son souci de ne pas froisser les autorités algériennes par des questions trop insistantes, l'exécutif n'a pas réussi à déterminer qui tirait vraiment les ficelles. Surtout, les policiers n'ont pas pris la mesure d'un phénomène nouveau : l'apparition d'un terrorisme islamiste issu des banlieues françaises. Khaled Kelkal incarne en effet ce djihadisme *made in France* qui mène de la délinquance à l'intégrisme et à l'enrôlement dans des réseaux internationaux. Ayant appris que le GIA aurait envoyé, au début de 1996, une « nouvelle équipe chargée de commettre des attentats », la DGSE soulignera, dans une note datée d'avril 1996, que « la complicité avérée, lors des actions menées en France

---

à certains moments, servi d'informateur aux services français, sans que cela soit formellement établi. Voir Hubert Coudurier, *Le Monde selon Chirac*, *op. cit.*, p. 216-217.

en 1995, de jeunes Français musulmans d'origine maghrébine réislamisés constitue un sujet d'inquiétude supplémentaire[1] ».

Un premier réseau de ce type avait été identifié au Maroc dans l'enquête sur une attaque à main armée commise à Marrakech, ayant coûté la vie à deux touristes espagnols, le 24 août 1994. Les suspects arrêtés sur place étaient de jeunes Beurs islamisés de la cité des 4 000, à La Courneuve, partis s'entraîner dans des camps au Pakistan et en Afghanistan[2]. Les attentats de 1995 dans l'Hexagone confirment l'émergence de ce type de filière, capable de frapper en France. Khaled Kelkal préfigure par exemple le cas du « gang de Roubaix », une poignée de délinquants convertis à l'islam et partis combattre en Bosnie, dont certains seront assiégés par les policiers dans une maison de cette ville du Nord le 29 mars 1996. Il annonce aussi les Merah, Kouachi et autres Coulibaly qui feront parler d'eux à partir de 2012, faussement présentés comme des « loups solitaires ». « Kelkal représentait en 1995 le premier prototype d'un terroriste domestique hybride, un islamiste issu du gangstérisme, estime le criminologue Alain Bauer. Dans les milieux de l'antiterrorisme, peu de gens ont voulu admettre qu'il s'agissait d'un véritable tournant et que les terroristes pouvaient désormais surgir de nos quartiers[3]. »

Le 13 octobre 1995, venu écouter des habitants de Vaulx-en-Velin lui parler des ghettos urbains et des jeunes qui se sentent discriminés, Jacques Chirac admet que les problèmes sont graves. Pour autant, il ne prend aucune décision importante en vue de les régler. Dix ans plus tard, les émeutes de 2005 dans les banlieues viendront rappeler l'urgence de la situation, pour être de nouveau rapidement oubliées. Pendant ce temps, le terreau de l'islamisme radical, apparu au milieu des années 1990, ne cessera de s'étendre.

---

1. « Point de situation sur la menace terroriste en Algérie », note de la DGSE, 19 avril 1996.

2. Voir le roman très réaliste écrit sous pseudonyme par Loïc Garnier, commissaire de police, nommé en 2009 chef de l'UCLAT : Pierre Marcy, *Enfants perdus de l'Islam. Des cités au terrorisme : la manipulation*, L'Harmattan, 2000.

3. Entretien avec l'auteur, mars 2016.

Tibhirine : récit d'une crise au sommet

La France est loin d'en avoir fini avec ce terrorisme algérien aux multiples facettes. Dans la nuit du 26 au 27 mars 1996, sept moines sont enlevés dans leur monastère cistercien de Notre-Dame-de-l'Atlas, à Tibhirine, au nord de Médéa. Une cellule de crise est aussitôt mise en place au Quai d'Orsay, composée de diplomates et de représentants de l'Élysée, de Matignon, de la DST et de la DGSE. La gêne causée par cette affaire est palpable, comme le raconte un ancien responsable de la DST : « Lors d'une des premières réunions, quelqu'un a dit : "Soit les moines sont morts et nous n'avons aucun problème. Soit ils sont vivants et c'est le début des complications." J'ai été choqué par cette manière cynique de présenter les choses[1]. » Certains participants soulignent que les moines de Tibhirine avaient été avertis des menaces pesant sur eux. D'autres religieux français avaient déjà été tués en Algérie en mai et décembre 1994. Le préfet de la wilaya de Médéa avait suggéré aux moines de déménager et d'éviter de recevoir des visiteurs de nuit, même s'il s'agissait de les soigner. En effet, ils étaient réputés aider tous ceux qui se présentaient, y compris les maquisards, ce qui déplaisait fortement aux autorités. « Notre meilleure sécurité nous paraît bien, pour le moment, de rester là où nous sommes, à la fois discrets et désarmés[2] », avait répondu le frère Christian de Chergé, prieur de Tibhirine. Sans le dire, le pouvoir algérien et certains dirigeants français sous-entendent donc que les moines seraient en partie responsables de ce qui leur arrive.

La cellule de crise va demeurer impuissante tout au long de ce drame, à l'instar de l'ensemble du pouvoir français, incapable de mener une politique cohérente. Il est vrai que les premières informations recueillies n'aident pas à y voir clair sur les responsables de l'enlèvement. « La situation des groupes armés dans

1. Entretien avec l'auteur, novembre 2013.

2. Lettre du frère Christian de Chergé au *wali* (préfet) de Médéa, 21 mai 1994.

la région de Médéa est confuse, à l'image de la mouvance islamiste armée », estiment les participants de la cellule lors d'une réunion le 28 mars 1996. Selon eux, les auteurs du rapt seraient un nouveau « groupe dissident » du GIA, rival de la tendance internationaliste violente de Djamel Zitouni, qui est majoritaire dans la région. « Le caractère improvisé de l'enlèvement (méconnaissance des lieux, du nombre de résidents) conforte l'idée que ce groupe serait à l'origine de l'acte », peut-on lire dans le compte rendu de cette réunion. Dans le cas où les moines seraient morts, le ministre des Affaires étrangères, Hervé de Charette, souhaite que les autres religieux français présents en Algérie quittent le pays. Si jamais ils sont pris en otages, il suggère, pour les récupérer vivants, de menacer les autorités algériennes d'une suspension de la coopération de la DST avec ses homologues. Mais les moyens de pression semblent limités : « Nous sommes totalement dépendants des autorités algériennes, qui font preuve, comme à l'accoutumée, de mutisme sur leurs intentions[1]. »

Qui plus est, ni le gouvernement ni les services de renseignement ne semblent savoir comment faire passer directement un message au GIA. La thèse du « groupe dissident » est finalement abandonnée quelques jours plus tard, les services algériens mettant plutôt en cause la mouvance de Djamel Zitouni. Pour tenter d'en savoir plus, la DST demande à pouvoir envoyer sur place le général Philippe Rondot. Ce dernier est autorisé à se rendre en Algérie du 5 au 7 avril 1996. Il doit rencontrer des responsables religieux français, échanger avec le général Smaïn Lamari, activer quelques contacts dans les milieux islamistes, notamment à Médéa, et calmer l'amertume du représentant de la DGSE à Alger, écarté de tout contact avec les officiels. Sa mission se déroule sans encombre, mais les renseignements fournis par le général Lamari sont très maigres. Pour le numéro

1. « Enlèvement des sept moines trappistes, relevé de conclusions de la réunion de la cellule de crise (28 mars 1996) », note pour le cabinet du ministre, à l'attention d'André Parant, 29 mars 1996, Direction Afrique du Nord Moyen-Orient, ministère des Affaires étrangères.

deux du DRS, c'est bien Zitouni qui serait le commanditaire de l'enlèvement. Il chercherait probablement à reprendre l'initiative face à ses rivaux et à obtenir la libération de prisonniers en Algérie, en France et au Royaume-Uni. À son retour à Paris, Philippe Rondot recommande prudemment de se « préparer au pire ». Il reconnaît que la « seule source opérationnelle sur le terrain » reste le DRS[1]. Autrement dit : les Français sont pieds et poings liés face à des services algériens qui jouent un « double jeu » en entretenant des liens avec le GIA, comme il le confirmera formellement plus tard[2].

Ayant pris connaissance du compte rendu de Philippe Rondot, Hubert Colin de Verdière, directeur de cabinet d'Hervé de Charette, ne dit pas autre chose : « On ne peut exclure que les services algériens [...] en sachent plus qu'ils ne le disent sur les intentions de Zitouni : on prétend qu'ils le manipuleraient plus ou moins. Sans avoir trempé dans l'enlèvement, ils peuvent souhaiter attendre jusqu'à être en mesure de traiter avec lui, voire de servir d'honnêtes courtiers entre lui et nous[3]. »

Les autorités françaises restent dans l'expectative tout au long du mois d'avril. La cellule du Quai d'Orsay patauge, des intermédiaires de toute sorte prétendant avoir des informations qui se révèlent hasardeuses. L'Élysée ne sait vers où se tourner pour trouver une piste. Jacques Chirac finit par demander à Jean-Charles Marchiani de voir ce qu'il peut faire. L'ancien conseiller spécial de Charles Pasqua pour les otages se rend à Alger, sans prévenir les services de renseignement, ce qui

---

1. « Objet : Opération Tibhérine, compte rendu de mission à Alger (5-7 avril 1996) », note de Philippe Rondot à Philippe Parant, directeur de la DST, 8 avril 1996.

2. « Double jeu de la DRS : services français, GIA. Ex. : l'affaire des moines de Tibhérine », entretien du général Philippe Rondot avec le général Jean-Louis Georgelin, chef d'état-major particulier du président Jacques Chirac, sur le voyage du président à Alger, 23 décembre 2002, carnets du général Rondot.

3. « Algérie, religieux français », note à l'attention du ministre, Hubert Colin de Verdière, directeur de cabinet, 8 avril 1996, ministère des Affaires étrangères.

accroît la confusion. Il rencontre notamment le général Khaled Nezzar, ancien ministre de la Défense, et entame des pourparlers préliminaires autour du versement d'une rançon et de la libération de militants du GIA. Continuant d'envisager deux hypothèses – celle de dissidents du GIA et celle de Zitouni –, la DGSE, mal vue à Alger, est impuissante[1]. De son côté, le général Rondot tente, en vain, de faire intervenir certains de ses contacts dans les milieux islamistes en France, aux États-Unis, en Suède et au Soudan. La DST, elle, demande que l'on ménage ses bonnes relations avec le DRS, même si ce dernier ne fournit d'éléments qu'au compte-gouttes, évoquant notamment un accrochage de ses forces armées avec le GIA dans la zone où pourraient être détenus les moines. « Nous nous trouvons devant une carence dramatique d'informations, dont découle un blocage automatique de nos relations avec l'Algérie[2] », écrit Philippe Étienne, le directeur adjoint de cabinet du ministre des Affaires étrangères, après un entretien avec le préfet Philippe Parant, directeur de la DST, et le général Rondot.

La situation évolue avec la publication, le 25 avril, du communiqué n° 43 émanant du chef du GIA. Adressé à Jacques Chirac, il revendique l'enlèvement des moines et formule des revendications – en l'occurrence, la libération d'Abdelhak Layada, un des fondateurs du GIA, détenu en Algérie, ainsi que d'autres prisonniers. Le 30 avril, un émissaire du GIA apporte à l'ambassade de France à Alger des enregistrements audio des moines et une lettre demandant que la France désigne un négociateur. C'est le représentant de la DGSE qui reçoit le messager. Il lui remet un accusé de réception assurant que la France souhaite « maintenir le contact ». La DGSE envoie immédiatement un de ses responsables à Alger pour organiser une éventuelle négociation secrète par l'intermédiaire d'un

1. « Point de situation sur la menace terroriste en Algérie », *op. cit.*

2. « Objet : moines trappistes », note au ministre de Philippe Étienne, directeur adjoint de cabinet, 16 avril 1996, ministère des Affaires étrangères.

représentant du Vatican[1]. Mais « plus aucun contact n'a eu lieu par la suite[2] », déplorera l'agence de renseignement.

Informées de ce rendez-vous quelques heures après, les autorités algériennes se fâchent. Les services extérieurs français sont suspectés de vouloir court-circuiter le DRS dans cette affaire. La visite de l'émissaire du GIA à l'ambassade de France fait l'objet de fuites calculées dans la presse. Les négociations avec la DGSE, qui n'avaient pas encore commencé, deviennent impossibles, alors que celles avec Jean-Charles Marchiani avancent lentement. Le général Rondot se propose d'entrer directement en contact avec le GIA. « Nous ne pouvons rester plus longtemps dans l'expectative, s'impatiente-t-il. Depuis le 30 avril, nous sommes dans l'attente. De réunion en réunion, nous nous sommes contentés d'échafauder des hypothèses, sans pour autant définir avec discernement et précision quelle conduite nous devrions adopter. » Selon lui, les Français sont trop dépendants des services algériens, qui risquent d'être « tentés de régler brutalement ce qu'ils considèrent comme un simple “fait divers”[3] ». Mais cet expert qui travaille pour la DST n'est pas écouté. Pis, l'Élysée tarde à lui donner le feu vert pour son intervention, ce qui la rend de plus en plus incertaine.

Au sommet de l'État français, la division règne. Les trois réseaux – celui de la DGSE, celui du général Rondot et celui de Jean-Charles Marchiani – s'activent de manière concurrente, sans aucune coordination. Penchant pour la version de la DGSE, le Premier ministre, Alain Juppé, ne croit pas trop

1. Rapporté notamment par Hubert Colin de Verdière, directeur de cabinet du ministre des Affaires étrangères, audition devant le juge Jean-Louis Bruguière, 4 avril 2007. Un autre émissaire du GIA aurait pris contact le 1er mai avec l'archevêché d'Alger, puis avec celui d'Oran, où une équipe de négociation se serait mise en place, mandatée par le Vatican, sans que les discussions s'ouvrent vraiment.

2. « Objet : synthèse de l'action du Service dans le cadre de l'affaire des moines de Tibhérine », DGSE, 6 juillet 2004.

3. « Considérations (amères) sur la gestion de l'affaire des moines de Tibhérine et propositions (malgré tout) d'action », note de Philippe Rondot, 10 mai 1996.

aux déclarations de bonnes intentions des autorités algériennes, qui disent faire tout leur possible pour obtenir la libération des moines. Le ministre des Affaires étrangères et la DST semblent faire confiance à Philippe Rondot et aux Algériens, à défaut d'autres pistes. Entre les deux, Jacques Chirac, fâché des initiatives de la DGSE, peine à se positionner, tout en jouant la carte Marchiani, ce qui exaspère Matignon. Le 9 mai, durant le Conseil des ministres, Alain Juppé demande au ministre de l'Intérieur de stopper les initiatives du réseau Marchiani. Dans la foulée, le Quai d'Orsay rend publique une déclaration précisant que la France ne négocie pas avec les ravisseurs et qu'aucune tractation n'est en cours[1].

Le GIA réagit brutalement à ce raidissement officiel. Le 21 mai, il rédige un communiqué annonçant l'exécution des moines, dont les têtes seront découvertes quelques jours plus tard : « Le président français et son ministère des Affaires étrangères ont déclaré qu'ils ne vont pas dialoguer et non plus négocier avec le GIA, interrompant ainsi ce qu'ils ont déjà entrepris, et nous avons nous aussi coupé la gorge des sept moines[2]. » En réalité, il s'agit, là encore, d'une manipulation. Selon les déclarations d'anciens membres du DRS, confirmées par des résultats tardifs d'autopsie, les religieux ont probablement été exécutés dès la fin d'avril 1994[3]. Pour le général Rondot, « la personnalité radicale de Zitouni ne donnait guère de chances d'être entendu de lui[4] ». Pour sa part, la DGSE estimera que l'assassinat des moines est lié essentiellement à des dissensions

1. Jean-Baptiste Rivoire, *Le Crime de Tibhirine*, *op. cit.*, p. 190-193.

2. Communiqué du GIA n° 44, 21 mai 1996. Voir aussi René Guitton, *Si nous nous taisons... Le martyre des moines de Tibhirine*, Calmann-Lévy, 2001, p. 222.

3. Jean-Baptiste Rivoire, *Le Crime de Tibhirine*, *op. cit.*, p. 197-201. Les expertises médico-légales sur les têtes des moines, effectuées à la fin de 2015 dans le cadre d'une mission judiciaire du juge français Marc Trévidic, ont permis d'établir que leur décapitation a eu lieu *post mortem*, leur décès ayant pu intervenir entre le 25 et le 27 avril 1996.

4. Audition de Philippe Rondot devant le juge Jean-Louis Bruguière, 20 octobre 2006.

internes au GIA. Les autorités françaises ne sauront jamais si ce Zitouni, qui bénéficiait naguère d'une « tolérance » de la part des services algériens, est vraiment devenu « moins contrôlable », au point de leur échapper complètement. À la suite d'échanges avec la DST, le DRS s'appliquera à faire disparaître le fauteur de troubles : Djamel Zitouni sera tué dans le maquis le 16 juillet 1996[1].

Comme de nombreux acteurs et témoins de cette affaire, le général Rondot ne cache pas son amertume sur l'issue de ce drame, qui aurait sans doute pu être évité grâce à une politique plus cohérente à l'égard des autorités algériennes. Les rivalités au sein du GIA, les manœuvres algériennes et les dysfonctionnements français se sont conjugués pour conduire dans cette tragique impasse.

1. Voir Vincent Nouzille, *Les Tueurs de la République*, *op. cit.*, p. 230-233.

CHAPITRE 7

Chirac et ses rapports bien enterrés

C'est l'histoire d'un rapport secret enterré par Jacques Chirac dès son arrivée à l'Élysée en 1995. Un rapport ultra-sensible sur les réorganisations nécessaires pour rendre plus efficient et plus pertinent le dispositif français de renseignement, principalement face à la menace terroriste. Un rapport contenant des propositions qui auraient pu être prises en compte, mais qui ont été écartées par manque de lucidité. Et le président Chirac va commettre cette erreur plusieurs fois.

Nous sommes au début de l'année 1995. François Mitterrand a encore quelques mois à passer à l'Élysée. La campagne présidentielle a démarré, les rivaux de droite Édouard Balladur et Jacques Chirac s'apprêtant à affronter Lionel Jospin, le premier secrétaire du PS. Durant les deux mandats de François Mitterrand, le système de renseignement français a montré de nombreuses faiblesses : guerres entre services, dérapages de la DGSE, initiatives parallèles de la DST, carences de coordination, lacunes dans l'analyse, manque d'anticipation et de moyens. Ces faiblesses, auxquelles François Mitterrand n'a jamais voulu porter remède autrement que par des initiatives désordonnées, ont souvent rendu l'État impuissant face aux vagues d'attentats qui secouaient le pays.

Alors que le risque terroriste change de visage – les États voyous, avec lesquels il était possible de négocier, étant remplacés par des groupes islamistes au profil hybride et représentant une menace beaucoup plus diffuse –, le dispositif de renseignement français nécessite une profonde modernisation. De plus, le contexte géopolitique a changé : le mur de Berlin est tombé, la guerre froide s'est achevée, consacrant l'hyperpuissance américaine derrière laquelle se profile l'émergence de la Chine.

Méfiance envers les services

À l'initiative du général Christian Quesnot, chef d'état-major particulier du président Mitterrand, un petit groupe de hauts responsables décide, de manière totalement confidentielle, de plancher sur le sujet. Il se réunit au sein du Centre d'études sur les opérations de défense, une structure déjà existante rattachée au cabinet du ministre de la Défense et au Secrétariat général de la défense nationale (SGDN), qui dépend de Matignon. Ce cercle restreint est présidé par l'ambassadeur Serge Boidevaix, ancien secrétaire général du ministère des Affaires étrangères, qui a pris sa retraite et siège au Conseil d'État. Parmi ses autres membres figurent notamment le général Henri Bentégeat, adjoint du général Quesnot à l'Élysée, le préfet Philippe Marland, conseiller au cabinet du Premier ministre Édouard Balladur, le général Philippe Rondot, expert du Moyen-Orient qui conseille la DST, le général Bernard Norlain, ancien chef du cabinet militaire à Matignon, et Jean-Louis Gergorin, directeur de la stratégie du groupe Lagardère.

Le groupe de travail auditionne les responsables des services de renseignement comme des ministères. « Les chefs des services se plaignaient de l'absence de plan stratégique, mais ils étaient violemment hostiles à toute idée de coordination, chacun défendant jalousement son pré carré et ses missions. Nous avons cependant prôné de manière très claire une réelle centralisation du renseignement, qui faisait cruellement défaut[1] », se souvient un des participants. Le rapport est achevé à la mi-avril 1995, juste avant le premier tour de l'élection présidentielle. Le général Quesnot en parle avec François Mitterrand, qui, à quelques jours de son départ, botte en touche.

1. Entretien avec l'auteur, janvier 2012.

Après son élection, Jacques Chirac conserve pendant quelques mois à ses côtés le général Quesnot comme chef d'état-major particulier. Celui-ci lui demande s'il peut continuer de travailler sur une réforme du renseignement. Jacques Chirac en approuve le principe. Le haut gradé effectue quelques voyages, aux États-Unis et au Royaume-Uni, avant de remettre au président un nouveau rapport, dans lequel il propose notamment que le patron de la DGSE participe aux Conseils restreints de défense et aux cellules de crise. Il suggère également que le président de la République soit entouré d'un coordonnateur du renseignement et d'un Conseil national de sécurité, comme il en existe un aux États-Unis.

Ce sont autant d'idées innovantes que Jacques Chirac préfère enterrer, comme le confirme le général Quesnot : « Mes rapports, qui proposaient des réformes utiles sur la base d'exemples étrangers qui ont fait leurs preuves, ont été classés sans suite dans un tiroir. Non seulement Mitterrand et Chirac n'aimaient pas les services de renseignement, mais le renseignement, au fond, ne les intéressait pas beaucoup[1]. » De fait, comme son prédécesseur, Jacques Chirac soupçonne toujours les services de dérapages et autres turpitudes. En 1968, il a été marqué par le scandale Markovic, une sombre affaire liée à l'assassinat d'un garde du corps d'Alain Delon et dans laquelle le SDECE a joué un rôle trouble en tentant de déstabiliser l'ancien Premier ministre Georges Pompidou, ami de l'acteur. « Chirac n'accordait qu'une confiance relative aux analyses que lui présentaient les services, se rappelle un de ses anciens conseillers. Il ne lui serait jamais venu à l'idée de créer une direction centralisée du renseignement, parce qu'il aurait craint qu'on ne le manipule[2]. » Le président préfère séparer les canaux d'informations et se reposer sur quelques fidèles et sur des réseaux parallèles utilisés naguère dans des affaires d'otages. Il se fie plus aux

1. Entretien avec l'auteur, octobre 2016. Voir aussi Jean Guisnel et David Korn-Brzoza, *Au service secret de la France. Les maîtres de l'espionnage se livrent enfin*, La Martinière, 2014, p. 463.

2. Entretien avec l'auteur, juin 2016.

hommes qu'aux organisations. Le pilotage des structures de renseignement n'est pas sa priorité.

De plus, Dominique de Villepin, nommé au poste clé de secrétaire général de la présidence de la République, a des idées très arrêtées sur la manière de conduire les affaires de l'État. Directeur de cabinet d'Alain Juppé au Quai d'Orsay de 1993 à 1995, cet ancien diplomate au verbe haut se trouve au centre du dispositif du nouveau président, sur lequel il a une influence déterminante. Il s'approprie rapidement la gestion des relations avec les chefs des services de renseignement et des contacts avec divers réseaux. Il aime recevoir de discrets émissaires. Il rencontre régulièrement en tête-à-tête, souvent le dimanche, les directeurs successifs de la DGSE – le préfet Jacques Dewatre jusqu'à la fin de 1999, puis le diplomate Jean-Claude Cousseran jusqu'en 2002 –, qui ne voient qu'épisodiquement le président.

Aux yeux de Dominique de Villepin, il n'est pas question de remettre en cause un fonctionnement qui lui permet d'être au courant de tous les petits et grands secrets de la planète. Auditionné par le groupe de travail quelques semaines avant sa nomination, celui qui était alors directeur de cabinet du ministre des Affaires étrangères n'a pas caché son opposition à la création d'un poste de coordonnateur du renseignement ou de conseiller national à la sécurité. « Je pense qu'il anticipait son futur rôle de secrétaire général de l'Élysée : il nous a clairement signifié que ce coordonnateur serait dans une situation un peu conflictuelle avec lui[1] », confiera Jean-Louis Gergorin. C'est donc pour des raisons d'ego et de pouvoir que cette idée est écartée. Lorsqu'il prend connaissance du rapport du groupe de travail, Villepin balaie ses conclusions d'un revers de main, tout comme le président Chirac.

Une initiative plus modeste avortera de la même façon en 2003 : arrivé à la tête du Comité interministériel du renseignement (CIR), petite instance rattachée au SGDN, le général

1. Cité dans Jean Guisnel et David Korn-Brzoza, *Au service secret de la France*, *op. cit.*, p. 533.

Jean-Pierre Meyer, passé par la Direction du renseignement militaire, s'interroge sur le pilotage du renseignement et de la lutte antiterroriste en France. Plusieurs visites en Allemagne, au Royaume-Uni et aux États-Unis le convainquent de la nécessité de mettre en place une structure centralisée de lutte antiterroriste, comme l'ont fait les Britanniques et les Américains[1]. « Quand je suis rentré à Paris, se souvient-il, j'en ai parlé dans les instances gouvernementales et auprès des chefs des services de renseignement. Ils m'ont tous dit qu'il ne fallait pas les embêter avec cela, que la France fonctionnait différemment et que notre modèle était efficace. Bref, ce fut un enterrement de première classe[2]. » Il faudra attendre l'élection de Nicolas Sarkozy en 2007 pour que l'idée d'un coordonnateur national du renseignement et d'une réforme revienne sur le devant de la scène. Entre-temps, douze années ont été perdues pendant lesquelles les mauvaises habitudes ont perduré.

Ne surtout rien changer

Durant les deux mandats de Jacques Chirac, enterrer les rapports sur le terrorisme et le renseignement – des travaux pourtant souvent visionnaires et bien rédigés – va devenir une habitude. Comme s'il ne fallait surtout rien changer. Comme si le système existant protégeait efficacement les Français de la menace terroriste. Un argument en apparence imparable est régulièrement avancé : alors que les terroristes ont frappé New York et Washington en 2001, Madrid en 2004, Londres en 2005,

1. Aux États-Unis, le National Counterterrorism Center (NCTC) est rattaché en 2004 au directeur national du renseignement, qui supervise toutes les agences. Au Royaume-Uni, le Joint Terrorism Analysis Center (JTAC) est créé en 2003. Il maintient en contact vingt-quatre heures sur vingt-quatre des agents de onze ministères et agences pour évaluer tous les renseignements relatifs au terrorisme. Il complète, sur le plan opérationnel, le travail stratégique du Joint Intelligence Committee (JOC), dirigé par le conseiller pour la sécurité du Premier Ministre.

2. Entretien avec l'auteur, avril 2016.

la France, elle, a été épargnée. « De 1996 à 2012, le terrorisme n'a pas touché le sol français, constate ainsi l'un des vétérans de l'antiterrorisme place Beauvau. Il faut croire que notre dispositif antiterroriste n'était pas si mauvais. Nous avons déjoué des attentats, démantelé des filières avec les juges, échangé des renseignements avec des pays alliés. Ce n'était sans doute pas parfait, mais nous avons contribué à limiter les risques[1]. »

Le juge Jean-Louis Bruguière, ancien pilier du pôle antiterroriste du Palais de justice de Paris, abonde dans ce sens, faisant référence à sa collaboration étroite avec les enquêteurs de la DST, chargés des principaux dossiers de terrorisme islamiste : « Notre système, alliant le renseignement et le judiciaire, nous est envié par de nombreux pays. Il a bien fonctionné[2]. » Son successeur, Marc Trévidic, précisera : « Nous étions efficaces, mais aussi chanceux, car l'équipe adverse avait quelquefois tiré sur la barre transversale. Cependant, on restait dans un univers encore maîtrisable[3]. » Selon un ancien directeur adjoint de la DST, les attentats de 1995 auraient aussi renforcé les capacités de défense et de résilience du pays : « Nous avions supporté une épreuve de terreur et mené des enquêtes approfondies. Cela nous a permis de rester à l'affût sur les filières algériennes et afghanes bien avant les autres[4]. »

Le président Chirac lui-même s'agace de l'absence de coordination des services lors de la vague d'attentats de 1995. Mais, passé l'orage, il se contente du minimum, en l'occurrence un simple durcissement de l'arsenal législatif qui datait de 1986. La loi du 22 juillet 1996 crée ainsi un délit d'« association de malfaiteurs en relation avec une entreprise terroriste », qui permet d'ouvrir des enquêtes sur la base de simples suspicions de préparatifs d'attentat. « Cette incrimination pénale, spécifique à la France, permet d'agir en amont. Elle nous est toujours très

1. Entretien avec l'auteur, juin 2016.
2. Entretien avec l'auteur, avril 2016.
3. Marc Trévidic, *Terroristes. Les 7 piliers de la déraison*, *op. cit.*, p. 13.
4. Entretien avec l'auteur, mai 2016.

utile[1] », explique Éric Voulleminot, directeur central adjoint de la police judiciaire.

Confiant dans ce système, Jacques Chirac se réfugie dans l'attentisme. Après les attentats du 11 septembre 2001 aux États-Unis, dans un contexte de cohabitation – Lionel Jospin ayant été nommé Premier ministre en 1997 –, il confie à Philippe Massoni, ancien préfet de police de Paris nommé conseiller à la sécurité intérieure à l'Élysée, le soin de constituer un groupe de travail informel sur le terrorisme, composé d'une douzaine d'experts. Dans leur rapport secret, remis au début de 2002, ces derniers suggèrent notamment de créer un Conseil de sécurité intérieure. Le président reste circonspect. « Il ne nous a pas fait part de manière stricte de ce qu'il a retenu et de ce qu'il a rejeté[2] », confiera Philippe Massoni.

La réélection de Jacques Chirac en mai 2002 aurait pu lui redonner les coudées franches pour agir. Le président instaure bien, le 15 mai, un Conseil de sécurité intérieure, qui réunit chaque mois les principaux ministres concernés sous sa responsabilité. Mais il s'agit d'une instance interministérielle sans rôle opérationnel. Le reste des propositions est vite oublié. Jacques Chirac ne voit toujours pas l'utilité d'une refonte totale du dispositif antiterroriste, jugé suffisamment protecteur, et encore moins d'une réorganisation du renseignement, alors que c'est là que le bât blesse.

Durant l'été 2002, sa méfiance à l'égard des services secrets se renforce. Il suspecte la DST et la DGSE d'avoir mené des enquêtes parallèles sur lui-même et certains de ses amis. Ces soupçons le conduisent à évincer brutalement, en juillet, leurs patrons respectifs, Jean-Jacques Pascal et Jean-Claude Cousseran. Il les remplace par des hommes sûrs – le préfet Pierre de Bousquet de Florian à la DST et le diplomate Pierre Brochand à la DGSE –, qu'il charge de verrouiller les services afin qu'ils

1. Entretien avec l'auteur, septembre 2016. Éric Voulleminot a dirigé la Sous-direction antiterroriste de la police judiciaire de 2010 à 2015.

2. Philippe Massoni, *Histoires secrètes de la République*, *op. cit.*, p. 253-275.

ne dérapent pas[1]. Sur le renseignement et le terrorisme, il préfère écouter des experts comme le général Philippe Rondot : cet ancien des services secrets, qui a fait arrêter le terroriste Carlos au Soudan en 1994, a travaillé avec le ministre socialiste de la Défense Alain Richard de 1997 à 2002 et officie toujours au cabinet de son successeur, Michèle Alliot-Marie, avec le titre de conseiller « pour le renseignement et les opérations spéciales ». Un poste sur mesure où il gère des dossiers sensibles, souvent en lien avec Dominique de Villepin, qu'il connaît de longue date. Jacques Chirac ne comprend pas non plus l'urgence d'enrayer les dérives des banlieues, qui deviennent de plus en plus poreuses à l'influence des mouvances salafistes et djihadistes.

Tous les problèmes ainsi niés vont ressurgir brutalement quelques années plus tard. Les années Chirac apparaissent, de ce point de vue, comme une période d'aveuglement et d'occasions manquées.

Mobilisation en trompe l'œil après le 11 septembre 2001

Le président Chirac réagit aux attentats du 11 septembre 2001 avec autant de spontanéité que de fermeté apparente. Les drapeaux américains sont mis en berne à l'Élysée. Lors d'un Conseil de défense qui se tient dans la soirée avec le Premier ministre Lionel Jospin et les principaux ministres régaliens, le président recommande que toute l'aide possible soit apportée aux Américains, que ce soit sur le plan diplomatique, militaire ou du renseignement. Des consignes sont données à la DGSE pour qu'elle transmette aux services américains les informations

1. Voir Hervé Gattegno, « L'Élysée accuse les services secrets d'avoir enquêté sur M. Chirac sous le gouvernement de M. Jospin », *Le Monde*, 23 juin 2002. Dans ses Mémoires, Jacques Chirac parle d'un « complot ourdi contre [lui] » au sein de la DGSE, qui a enquêté sur son présumé compte bancaire au Japon. Voir Jacques Chirac, *Le Temps présidentiel*, *op. cit.*, p. 295.

dont elle dispose sur Al-Qaïda et ses camps d'entraînement au Pakistan et en Afghanistan. Des experts de la CIA, de la DST et de la DGSE sont déjà mobilisés sur ce sujet depuis qu'un attentat contre l'ambassade américaine à Paris a été déjoué sur la base de renseignements fournis par un ressortissant franco-algérien, Djamel Beghal, arrêté à la fin de juillet[1]. « Nous avions mis en place un groupe de travail interservices sur le cas Beghal et décidé d'échanger des informations sur Al-Qaïda. Nous étions prêts à travailler ensemble avant les attentats. Cette coopération a été excellente[2] », se souvient Bill Murray, à l'époque chef de poste de la CIA à Paris. De son côté, le 12 septembre, le représentant de la France à l'ONU, l'ambassadeur Jean-David Levitte, fait adopter par le Conseil de sécurité une résolution assimilant les actes terroristes à des actes de guerre, justifiant ainsi la légitime défense.

Le 18 septembre 2001, Jacques Chirac se rend à Washington et à New York – une visite prévue de longue date – et témoigne son entière solidarité avec les Américains. « Les auteurs de ces actes barbares et leurs complices doivent être trouvés et châtiés conformément au droit. Je l'ai dit au président Bush et au secrétaire général des Nations unies : la France, en première ligne dans le combat contre les réseaux terroristes internationaux, sera dans cette lutte aux côtés de l'Amérique », déclare-t-il devant la communauté française de New York. Quelques jours plus tard, les Américains demandent que des autorisations de survol du territoire et de ravitaillement sur des aéroports français soient accordées à leurs avions en cas de raids de représailles. Face à un Lionel Jospin qui hésite, Jacques Chirac exprime sa volonté de donner son accord de principe. « Monsieur le Premier ministre, lui dit-il, je ne sais si vous vous rendez compte

1. Arrêté à Dubaï le 28 juillet 2001, Djamel Beghal, membre du réseau d'Al-Qaïda ayant suivi un entraînement en Afghanistan, a fait état d'un projet d'attaque-suicide visant l'ambassade américaine à Paris. Une information judiciaire a été ouverte le 10 septembre 2001 à Paris. Djamel Beghal sera extradé vers la France à la fin de septembre 2001, avant d'être condamné en 2005 à dix ans de prison pour ce projet.

2. Entretiens avec l'auteur, mars 2012 et janvier 2016.

du traumatisme qu'ont vécu les Américains[1]. » Il se souvient d'avoir refusé en 1986 une autorisation de survol aux bombardiers américains qui allaient frapper en Libye, ce qui avait froissé la Maison-Blanche. Cette fois-ci, il n'est pas question de tergiverser.

Cependant, une fois retombée la vague d'émotion, Jacques Chirac devient plus précautionneux. « Il était peu enthousiaste à l'idée de suivre aveuglément les États-Unis dans leur guerre globale contre le terrorisme[2] », se rappelle le général Henri Bentégeat, qui était alors son chef d'état-major particulier. Lorsque le général Rondot, le 14 septembre, vient à l'Élysée lui exposer les requêtes de la CIA quant à une aide éventuelle des services français pour éliminer des chefs d'Al-Qaïda, le président français rétorque : « Il n'est pas question pour la France de nous livrer à des opérations homicides, à la fois pour des raisons morales – on ne peut utiliser les méthodes de nos adversaires – et techniques, car je doute de la capacité de nos services à réussir ce type d'opérations[3]. » Jacques Chirac a déjà refusé à plusieurs reprises, notamment au début de 2000, que des raids au Sahel ciblent spécifiquement des chefs djihadistes, comme Mokhtar Belmokhtar, qui menaçait le rallye Paris-Dakar. Cette fois encore, la DGSE n'aura pas de feu vert pour orchestrer des assassinats ciblés en lien avec les Américains.

Quand, le 7 octobre 2001, la Maison-Blanche déclenche l'opération Liberté immuable en Afghanistan pour renverser le régime des talibans, qui protège Oussama Ben Laden, le président français déclare immédiatement qu'il est prêt à y envoyer « des forces pour punir les coupables ». Mais sa mobilisation n'est qu'apparente. En coulisses, tout comme Lionel Jospin, il ne se montre guère favorable au déploiement de soldats au sol

1. Rapporté par un témoin de la conversation, entretien avec l'auteur, mai 2016.

2. Entretiens avec l'auteur, avril 2013.

3. « Objet : Entretien avec le président de la République, le vendredi 14 septembre 2001, de 19 h à 20 h 45 », note du général Philippe Rondot, carnets du général Rondot. Voir aussi Vincent Nouzille, *Les Tueurs de la République*, *op. cit.*, p. 258-262.

dans ce pays lointain et compliqué. Selon ses vœux, le dispositif militaire, baptisé « Héraclès », restera le plus léger possible, se limitant à une mission du groupe aéronaval *Charles-de-Gaulle*, des vols de reconnaissance aérienne depuis les Émirats arabes unis, quelques bombardements de l'armée de l'air et de l'aviation navale à partir d'octobre 2001, enfin l'envoi d'une centaine de soldats pour sécuriser l'aéroport de Mazar-i-Sharif et d'un contingent de forces spéciales en 2003. « Le président Chirac ne voulait pas que nous soyons trop engagés en Afghanistan, car ce pays ne lui paraissait pas stratégique pour nos intérêts. Et, de toute façon, les Américains y menaient surtout leur guerre, sans nous demander notre avis[1] », rappelle le général Henri Bentégeat.

De même, sur le front de la coopération entre services de renseignement, le président fait le minimum. Dès l'automne 2001, la CIA demande à la France de participer à une nouvelle base d'échanges de renseignements avec le Royaume-Uni, l'Allemagne, le Canada et l'Australie. En visite à Washington, le directeur de la DST, Jean-Jacques Pascal, approuve cette initiative, alors que son homologue de la DGSE, Jean-Claude Cousseran, la juge inutile. Ce dernier est limogé durant l'été 2002, après quoi Jacques Chirac donne pour consigne à la DGSE de soutenir ce projet de « Base Alliance » qui sera installée aux Invalides, au cœur de Paris. Il ne peut pas refuser ce geste aux Américains après leur avoir promis sa coopération. Toutefois, les services français, qui ont déjà bien du mal à travailler ensemble, traînent les pieds. À la fin de 2002, le général Rondot et le directeur de cabinet de la ministre de la Défense font état des « difficultés rencontrées pour amener [la DST et la DGSE] à coopérer dans la lutte antiterroriste ». Selon eux, « nécessité faisant loi, [il faut] profiter du lancement de la Base Alliance » pour les y forcer[2].

1. Entretien avec l'auteur, avril 2013.

2. Entretien entre le général Rondot et Philippe Marland, directeur de cabinet de la ministre de la Défense Michèle Alliot-Marie, 3 décembre 2002, carnets du général Rondot.

L'objectif de la Base Alliance est d'échanger des renseignements opérationnels pour traquer Al-Qaïda. « Cela a très bien fonctionné, assure Bill Murray. Nous avons pu arrêter plusieurs terroristes grâce à ces échanges, notamment l'un des responsables de l'attentat de Djerba d'avril 2002, l'islamiste allemand Christian Ganczarski, interpellé à Roissy en juin 2003[1]. » Les services américains et français se sont arrangés avec les Saoudiens pour que le vol emprunté par Ganczarski, en provenance de Riyad, fasse escale à Paris.

La Base Alliance va opérer pendant quelques années de manière secrète, avant de perdre de son attrait et d'être fermée, en 2009, sur initiative française[2]. Cependant, Jacques Chirac ne semble pas y avoir attaché une réelle importance. « Il se méfiait des Américains, qui lui avaient vendu ce projet comme la panacée, se souvient un de ses conseillers. Ce fossé s'est creusé en 2003 quand il s'est violemment opposé à l'administration Bush au sujet de la guerre en Irak, à laquelle il a refusé que la France participe[3]. »

Pour Jacques Chirac, les Américains s'égarent en croyant que Saddam Hussein possède encore des armes de destruction massive et aurait des liens avec Al-Qaïda. Sur ce point, le président français a raison. En revanche, il avance d'autres arguments plus controversés pour mettre en garde ses interlocuteurs américains contre le risque d'une guerre en Irak. « À ses yeux, raconte un diplomate proche de Chirac, c'était l'Iran chiite qui allait tirer parti du chaos probable en Irak causé par une guerre. L'expansion chiite constituerait alors la première menace au Moyen-Orient[4]. » Écoutant son ami libanais Rafic Hariri, un sunnite, Jacques Chirac est, en effet, obsédé par la domination des chiites dans la région, qu'il s'agisse

1. Entretien avec l'auteur, juin 2016.

2. Voir Dana Priest, « Help From France Key in Covert Operations, Paris "Alliance Base" Targets Terrorism », *The Washington Post*, 3 juillet 2005.

3. Entretien avec l'auteur, avril 2016.

4. Entretien avec l'auteur, avril 2016.

des mollahs de Téhéran, de leurs alliés alaouites de Damas ou du Hezbollah au Liban. L'assassinat de Rafic Hariri, le 14 février 2005, à Beyrouth – un attentat attribué à la Syrie et aux extrémismes chiites –, le conforte dans cette conviction. Fort de son expérience du terrorisme islamiste des années 1980, effectivement d'inspiration iranienne et syrienne, il semble surestimer ce péril et se tromper d'ennemi dans les années 2000. Désormais, c'est Al-Qaïda, issu de l'extrémisme sunnite – comme le sera plus tard Daech –, qui est devenu le réseau terroriste le plus agressif.

La réserve de Jacques Chirac après le 11 septembre 2001 et son opposition à la guerre d'Irak en 2003 sont aussi dictées par le souci de ne pas trop exposer la France aux menaces d'attentats. Pourtant, c'est une corrélation qui ne se vérifie pas toujours. Certes, l'Hexagone ne subit pas d'attaques, mais plusieurs projets terroristes sont déjoués *in extremis* : arrestation d'une cellule algérienne qui visait le match de football France-Algérie en octobre 2001 ; interpellation à Roissy, en juin 2003, d'un Marocain qui planifiait des attentats à la Réunion ; démantèlement, en septembre 2005, d'une cellule d'anciens du GIA algérien qui préparait des attaques contre la DST, l'aéroport d'Orly et le métro parisien…

Par ailleurs, plusieurs attentats à l'étranger font des victimes françaises. Comme si, à défaut de pouvoir frapper dans l'Hexagone, les groupes terroristes avaient décidé de s'en prendre aux Français partout ailleurs. C'est le cas de l'attaque contre la synagogue de Djerba, le 11 avril 2002, qui tue dix-neuf personnes, dont deux Français ; de l'attentat-suicide contre un bus transportant des employés de la Direction des constructions navales à Karachi le 8 mai 2002 ; des attentats de Bali le 12 octobre 2002, de Casablanca le 16 mai 2003 ou du Caire le 7 avril 2005. En octobre 2002, un navire pétrolier français, le *Limburg*, est attaqué au large du Yémen. Des journalistes français sont pris en otages en Irak en 2004 et 2005, ce qui entraîne le gouvernement dans de difficiles négociations pour obtenir leur libération. Plusieurs groupes djihadistes désignent explicitement la France comme une cible, notamment Ayman al-Zawahiri et Abou Moussab al-Zarqawi, dirigeants d'Al-Qaïda, qui dénoncent la loi française sur le port du voile à l'école. D'ex-membres du GIA algérien, devenu le GSPC (Groupe salafiste pour la prédication et le combat), profèrent également des menaces : ainsi, l'émir Abou Moussab Abdelwadoud, en 2004, fait de la France la « principale ennemie », appelant ses fidèles au djihad et au martyre.

Le pouvoir se repose sur des certitudes de moins en moins solides. Plusieurs dirigeants de la DGSE ont longtemps nié l'existence d'Al-Qaïda, allant jusqu'à mettre en doute des éléments probants fournis par leurs analystes. En 2001, il a même été question de dissoudre la cellule spéciale qui suivait ces affaires boulevard Mortier. Par la suite, divers experts du renseignement ont estimé que l'Europe ne serait sans doute pas visée par ce nouveau terrorisme, ce qui justifiait que la DGSE relâche sa surveillance sur le continent.

Les attentats qui frappent Madrid le 11 mars 2004 et Londres le 7 juillet 2005 remettent en cause ces préjugés, sans toutefois encourager autant qu'ils le devraient les échanges d'analyses sur cette nébuleuse terroriste en pleine mutation après son affaiblissement en Afghanistan. Au lendemain des attaques de Madrid, qui font près de deux cents morts et plus d'un millier de blessés, le Comité interministériel du renseignement (CIR) demande aux différents services français de rédiger un rapport sur ces événements. Les experts appellent cela un retour d'expérience, ou « retex », une pratique courante dans les milieux militaires. La DST et la DSGE livrent séparément leurs analyses, qui ne sont pas convergentes : l'une penche pour une commandite directe d'Oussama Ben Laden, l'autre pour un acte d'opportunité commis par des islamistes marocains. Lors des réunions au sein du CIR, les représentants des deux agences refusent de faire une synthèse de leurs approches respectives, tout en interdisant que ces conclusions divergentes figurent dans le rapport final. Résultat : le rapport est enterré, une fois de plus. « Il n'y a donc pas eu de retour d'expérience complet sur les attentats de Madrid, se souvient l'un des participants. C'était désolant, car cela aurait pu nous être utile pour la suite[1]. »

Les théoriciens d'Al-Qaïda lancent un nouveau djihad

Au même moment, l'un des principaux cadres d'Al-Qaïda, Abdel Aziz Issa al-Muqrin, formalise de nouvelles consignes pour un djihad international moins centralisé. En avril 2004, il appelle à frapper les « mécréants » de toute nationalité partout où ils se trouvent : les Israéliens et les Américains arrivent en tête, suivis des Britanniques et des Français, ainsi que les « renégats locaux » dans les pays musulmans. Les religieux, les soldats, les policiers, les diplomates, les hommes d'affaires, les touristes doivent être ciblés, ainsi que toutes les structures économiques, de manière à déstabiliser les pays ennemis. « Les cellules présentes aux quatre coins du globe doivent faire des pays infidèles des théâtres d'opérations, et les rendre préoccupés et mobilisés à cause de cela[2] », affirme l'ancien chef des opérations d'Al-Qaïda dans la péninsule Arabique.

Cette nouvelle orientation est confirmée en janvier 2005 par la publication sur Internet de l'« Appel à la résistance islamique mondiale », un texte de mille six cents pages rédigé par un des cerveaux d'Al-Qaïda, le Syro-Espagnol Mustafa Setmariam Nassar, *alias* Abou Moussab al-Souri. Ce quadragénaire caché au Pakistan théorise un nouvel âge de la guerre sainte visant à frapper les sociétés occidentales de l'intérieur. Après les attentats spectaculaires d'Al-Qaïda, structure pyramidale, contre l'ennemi lointain (les États-Unis), Al-Souri prône un djihadisme de proximité, « par le bas », fondé sur « un système, et non une organisation », qui sera relayé par une propagande sur Internet. Selon le chercheur Gilles Kepel, le texte fondateur d'Al-Souri

1. Entretien avec l'auteur, mars 2015.
2. Cité dans Anne Giudicelli, *Le Risque antiterroriste*, Seuil, 2007, p. 24.

vise à provoquer « la guerre civile en Europe, appuyée sur des éléments de la jeunesse immigrée mal intégrée et révoltée, une fois qu'ils auront été convenablement endoctrinés et formés militairement sur un champ de bataille à proximité[1] ». Le théoricien recommande surtout aux futurs djihadistes de passer inaperçus pour déjouer les mesures de surveillance.

Cette mutation du terrorisme islamiste annonce des changements majeurs. Désormais, on assistera à des recrutements *via* Internet dans les milieux issus de l'immigration ; de jeunes djihadistes sortis de nulle part entreprendront des voyages vers de nouvelles terres de combat avant de passer à l'acte, et mettront en œuvre des techniques de dissimulation de plus en plus sophistiquées pour passer à travers les radars. Mais les autorités françaises restent sourdes à la plupart des analyses et expertises qui alertent sur cette évolution. Certes, les services rédigent des notes sur les différentes franchises régionales d'Al-Qaïda qui montent en puissance et sur ses filières pakistano-afghanes. Les juges antiterroristes, en coordination avec la DST, démantèlent plusieurs réseaux de jeunes Français en partance vers ces zones, la Tchétchénie ou l'Irak, comme le groupe des Buttes-Chaumont, dont font partie Chérif Kouachi et Amedy Coulibaly, futurs auteurs des attentats de janvier 2015 à Paris. Pourtant, la plupart du temps, chacun garde ses informations pour soi. Tout reste cloisonné. Ni l'Élysée, ni Matignon, ni le ministère de l'Intérieur, ni le ministère de la Défense, qui ont la tutelle des services, n'entreprennent d'imposer une meilleure coordination.

C'est ainsi que, à la fin de 2002, le ministre de l'Intérieur, Nicolas Sarkozy, favorise la création du Conseil français du culte musulman (CFCM), censé canaliser les influences étrangères et endiguer le fondamentalisme. Cette instance ne freine en rien l'essor de l'Union des organisations islamiques de France (UOIF), proche des Frères musulmans, qui s'enracine sur le terrain. Par ailleurs, elle n'a guère de prise sur les jeunes

1. Gilles Kepel, *Terreur dans l'Hexagone. Genèse du djihad français*, Gallimard, 2015, p. 52.

convertis des banlieues, qui rejettent les institutions de l'islam et se radicalisent sur Internet ou dans les prisons. Pour couronner le tout, en supprimant, en 2003, la police de proximité instaurée par le gouvernement Jospin – au prétexte que les policiers ont mieux à faire dans les quartiers sensibles que de jouer au football… –, Nicolas Sarkozy se prive de précieux capteurs sur l'ancrage du djihadisme dans la société française.

En 2005, les Renseignements généraux constatent pourtant que le salafisme, principale matrice de l'extrémisme, progresse à vive allure parmi les jeunes convertis à l'islam. Il concernerait « en majeure partie une génération de jeunes adultes évoluant dans une situation économique fragile, voire précaire[1] ». Directeur de la DST de 2002 à 2007, Pierre de Bousquet de Florian expliquera plus tard : « Nous nous sentions bien seuls pour porter le sujet de la radicalisation et celui de la lutte contre le terrorisme islamiste[2]. » Parmi les décideurs politiques, nul ne semble se soucier de ces problèmes. Les leçons de l'affaire Kelkal de 1995 n'ont pas été tirées. Les attentats de Londres du 7 juillet 2005, commis par de jeunes kamikazes élevés au Royaume-Uni, ne paraissent pas davantage frapper les esprits. « Les responsables français ironisaient sur le communautarisme des Britanniques, qui aurait conduit à ces dérives, alors que la France, elle, était censée être protégée par sa politique d'intégration, se souvient un expert du terrorisme qui planchait sur le sujet. Cette analyse était erronée[3]. » C'est ce que comprendront tardivement les dirigeants français, à partir de 2012, en voyant le développement de nouvelles filières de recrutement, la multiplication des départs vers des terres de djihad et le surgissement des pseudo-« loups solitaires ».

1. « Les Français convertis à l'islam », note de la Direction centrale des renseignements généraux, juin 2005, citée dans Anne Giudicelli, *Le Risque antiterroriste*, *op. cit.*, p. 90.

2. Audition de Pierre de Bousquet de Florian devant la Commission d'enquête sur les filières djihadistes, présidée par Patrick Mennucci, Assemblée nationale, 24 mars 2015.

3. Entretien avec l'auteur, octobre 2016.

Le ministère de la Justice ne perçoit pas davantage la propagation rapide de l'islam dans les prisons, qui agissent comme de véritables incubateurs. Par exemple, c'est à Fleury-Mérogis que Chérif Kouachi et Amedy Coulibaly, issus de la filière des Buttes-Chaumont, croisent Djamel Beghal. « De même que la communauté du renseignement rate la mue du djihadisme vers sa troisième génération après 2005, de même les autorités françaises passent à côté de ce qui se trame derrière les barreaux – lieu d'exacerbation et de cristallisation de la dérive des cités populaires[1] », écrira Gilles Kepel.

Un nouveau rapport qui ne sert à rien

Les années 2005-2006 sont révélatrices de ces dénis français. La mort, à Clichy-sous-Bois, le 27 octobre 2005, de Zyed Benna et Bouna Traoré, deux adolescents poursuivis par la police et qui ont été électrocutés dans le transformateur où ils s'étaient réfugiés, suivie trois jours plus tard de l'explosion d'une grenade lacrymogène à l'entrée d'une mosquée dans la même ville, provoque des émeutes qui embrasent peu à peu les banlieues. Une génération issue de l'immigration qui se sent déclassée bouscule les pouvoirs établis, y compris les institutions musulmanes. L'échec des politiques d'intégration est patent.

Les images de voitures incendiées et la proclamation de l'état d'urgence, pour la première fois depuis la guerre d'Algérie, créent un choc politique. Affaibli politiquement par le rejet du projet de constitution européenne par référendum en mai et diminué physiquement par l'accident vasculaire cérébral qu'il a subi en septembre, le président Chirac n'a pas beaucoup de force pour réagir. Il avait fait adopter en mars 2004 une loi prohibant les signes religieux ostentatoires à l'école. En juin 2005, il avait mis en place une Haute Autorité de lutte contre les discriminations et pour l'égalité (HALDE). Il entonne donc une fois de plus le refrain de la diversité et de la lutte contre les

1. Gilles Kepel, *Terreur dans l'Hexagone*, *op. cit.*, p. 65.

discriminations. Une loi sur l'« égalité des chances » est votée en mars 2006, sans grands résultats concrets.

C'est dans ce contexte tendu que, en octobre 2005, un groupe d'experts remet au gouvernement un projet de « Livre blanc sur la sécurité intérieure face au terrorisme », dont la version finale, expurgée des passages « confidentiel Défense », ne sera publiée officiellement qu'un an plus tard[1]. Les six groupes de travail préparatoires ont commencé leurs réflexions en mai 2005, ce qui leur a permis de prendre en compte les différents attentats qui ont frappé l'Europe depuis 2001. Avec un peu de retard, le gouvernement semble vouloir procéder à un état des lieux.

Le constat dressé par ces spécialistes, dont font partie le directeur de la DGSE et celui de la DST, est relativement lucide. Selon eux, « nous sommes entrés dans l'ère du terrorisme mondial » incarné par Al-Qaïda. Ce réseau est constitué principalement de trois cercles concentriques : l'organisation centrale, des entités régionales franchisées – au Moyen-Orient, en Asie et en Afrique – et des individus, regroupés ou non en cellules, qui se réclament de la mouvance. Al-Qaïda a déjà frappé une vingtaine de pays et la France reste l'une de ses cibles privilégiées[2]. Les menaces sont d'autant plus grandes qu'une génération de « révoltés à domicile » se radicalise, notamment *via* Internet ou en prison. « La prison est devenue un lieu de prosélytisme dangereux. Si l'on n'y prend garde, elle produira à terme un réservoir d'activistes radicalisés disponibles pour mener des actions terroristes[3] », prédisent avec justesse les experts. Ils évoquent également des scénarios d'attaques de grande ampleur

1. Voir *Livre blanc du gouvernement sur la sécurité intérieure face au terrorisme*, La Documentation française, octobre 2006.

2. « Depuis le 11 septembre, pas moins de neuf communiqués ont allongé la liste des appels à nous punir, écrivent les auteurs. L'attentat de Karachi, le 8 mai 2002, contre des ingénieurs de la DCN, l'attaque contre le pétrolier *Limburg*, le 6 octobre 2002, et l'enlèvement des otages français en Irak dès 2004 ont confirmé que notre pays ne faisait pas l'objet d'un traitement particulier et qu'il n'était pas préservé des agressions. » *Ibid.*, p. 34.

3. *Ibid.*, p. 55.

en France, sur plusieurs sites, y compris avec des armes de destruction massive.

Pour tenter de contrer ces dangers, ils recommandent d'adapter au plus vite le dispositif français de lutte antiterroriste : augmentation des moyens des services, surveillance intensifiée d'Internet, accroissement du renseignement humain collecté par toutes les forces de sécurité, détection précoce de la radicalisation, réforme du système pénitentiaire, renforcement des plans Vigipirate, relance de la coopération judiciaire européenne, création d'un centre de gestion des crises. Ils suggèrent aussi que les armées interviennent en amont pour « neutraliser des terroristes à l'étranger » avant qu'ils ne frappent en France, et n'excluent « aucune riposte » dans le cadre de la légitime défense – en clair, ils proposent que la France renoue avec des opérations plus offensives à l'étranger, y compris de manière clandestine, pour éliminer ses ennemis. Enfin, ils insistent sur la nécessité de mieux coordonner le renseignement opérationnel, jugeant le système français trop dispersé.

Ce « Livre blanc » constitue une réelle avancée, dans le sillage des recommandations européennes édictées après les attentats de Madrid et de Londres. Malheureusement, bien qu'il tire la sonnette d'alarme et mette en avant l'urgence de réformes, il connaîtra le même sort que la plupart des rapports qui l'ont précédé : un enterrement de première classe. Remis au gouvernement de Dominique de Villepin en octobre 2005, le document ne provoque pratiquement aucune réaction. Seul modeste changement : la loi de sécurité intérieure votée le 23 janvier 2006 prolonge à six jours la durée des gardes à vue en cas de risque d'attentat, et autorise les services de renseignement à accéder plus facilement à des fichiers administratifs ainsi qu'aux données de connexion des opérateurs télécoms et des fournisseurs d'accès à Internet dans les affaires de terrorisme.

Pour le reste, les recommandations du « Livre blanc » se perdent dans les sables, comme le rappellera amèrement l'un de ses initiateurs, le chercheur François Heisbourg, en 2016, soulignant que ses propositions ne furent « que très incomplètement suivies d'effet », provoquant des « lacunes et défaillances » aux conséquences redoutables[1]. En effet, le centre de gestion des crises préconisé attendra, tout comme la surveillance pénitentiaire ou la détection des islamistes radicaux. En 2013, soit sept ans plus tard, un expert du Secrétariat général de la défense et de la sécurité nationale (SGDSN) déplorera dans un rapport confidentiel que la France reste toujours « l'un des seuls pays, parmi les grands pays européens, à n'avoir pas encore développé une véritable stratégie de prévention de la radicalisation[2] ».

À quelques mois de la fin de son second mandat, Jacques Chirac ne prend plus d'initiatives. Son bilan en matière de lutte antiterroriste est des plus minces : il n'a pas amélioré son pilotage, pas plus qu'il n'a fait progresser l'anticipation des menaces, qu'elles soient extérieures ou intérieures. De plus, la rivalité entre le Premier ministre, Dominique de Villepin, et le ministre de l'Intérieur, Nicolas Sarkozy, bloque désormais tout projet de réforme ambitieuse sur ces sujets régaliens. Le second, qui entend apparaître comme un homme d'autorité, prépare déjà la campagne présidentielle de 2007. Il réfléchit à une réforme du renseignement qui ne se concrétisera qu'en 2008, avec des résultats tout aussi délétères.

Pendant ce temps, les terroristes et autres apprentis djihadistes peuvent continuer de se préparer. Comme le souligne un des auteurs du « Livre blanc » : « Nous avions vécu dans l'illusion que nous serions protégés par les juges, avec le contrôle des filières afghanes et irakiennes. Mais nous n'avons pas vraiment surveillé ces gens-là. Il ne fallait pas être grand devin pour prédire que ceux que nous appelions les révoltés de l'intérieur allaient se manifester tôt ou tard[3]. »

---

1. François Heisbourg, *Comment perdre la guerre contre le terrorisme*, Stock, 2016, p. 49.
2. Yann Jounot, « Prévention de la radicalisation », rapport du Secrétariat général de la défense et de la sécurité nationale, 13 octobre 2013, mis en ligne par Médiapart le 11 janvier 2016.
3. Entretien avec l'auteur, avril 2016.

CHAPITRE 8

Sarkozy et sa réforme ratée du renseignement

Ce devait être LA réforme du renseignement. Après des années d'attentisme et de rapports enterrés, un grand projet allait, enfin, moderniser le dispositif français et le rendre plus efficace, principalement dans la lutte contre le terrorisme.

Nicolas Sarkozy a commencé à défendre cette idée quelque temps avant d'être élu président de la République. Ayant été plusieurs fois locataire de la Place Beauvau, il connaît bien les forces et les faiblesses de la maison. Elle est composée d'hommes dévoués et compétents, mais souffre de bureaucratie et de corporatisme. Surtout, elle est minée par des guerres de services récurrentes : entre la Direction centrale des renseignements généraux (DCRG) et la Direction de la surveillance du territoire (DST), entre la Sous-direction antiterroriste (SDAT) de la police judiciaire et la DST, entre la forteresse de la Préfecture de police (PP) de Paris et tous les autres services. Les échanges avec les autres agences de renseignement, notamment la DGSE ou les Douanes, ne sont qu'épisodiques.

Enfin, un parfum de scandale plane en permanence dans les couloirs des RG, tenus d'une main de fer de 1992 à 2004 par Yves Bertrand. Surnommé « le Caméléon », ce dernier a consigné dans ses carnets noirs tous les petits secrets de la République, y compris les plus sensibles[1]. Les RG ont longtemps

1. Voir notamment Olivia Recasens, Jean-Michel Décugis et Christophe Labbé, *Place Beauvau*, *op. cit.*, p. 260-267 ; Yves Bertrand, *Je ne sais rien... mais je dirai (presque) tout. Conversations avec Éric Branca*, Plon, 2007 ; et Yves Bertrand, avec Frédéric Ploquin, *Ce que je n'ai pas dit dans mes carnets*, Fayard, 2009.

fait de l'espionnage politique, ce qui n'a pas laissé de bons souvenirs. Nicolas Sarkozy lui-même sort tout juste de l'affaire Clearstream, manipulation grossière au cours de laquelle plusieurs officines de renseignement ont tenté de faire croire qu'il possédait des comptes secrets à l'étranger.

Un FBI à la française ?

Lorsqu'il s'installe à l'Élysée en mai 2007, Nicolas Sarkozy entend bien tourner la page. Entre les deux tours de l'élection, le candidat de l'UMP a écrit au secrétaire général du syndicat de police Synergie Officiers en se disant favorable « à la mise en place d'une direction unifiée du renseignement intérieur pour mieux lutter contre le terrorisme ». Il nomme Claude Guéant, son ancien directeur de cabinet, comme secrétaire général de l'Élysée, puis propulse à la tête de la DST l'un de ses protégés, Bernard Squarcini, avec pour mission de préparer ce grand chantier.

Aux yeux de Nicolas Sarkozy, Bernard Squarcini, surnommé « le Squale », est un grand flic. Ce Corse bon vivant et rusé a fait l'essentiel de sa carrière aux RG. Souvent attablé à La Villa corse, célèbre restaurant du XVIe arrondissement parisien, c'est un homme de réseaux, connecté à ses amis insulaires, aux loges maçonniques qui manœuvrent au sein de la police, à des intermédiaires de toute sorte et aux milieux politiques avides de pouvoir. En juillet 2003, il a contribué à l'arrestation en Corse d'Yvan Colonna, l'assassin du préfet Claude Érignac, tué à Ajaccio en 1999. Pour le récompenser, le ministre Sarkozy voulait lui offrir le poste de patron des RG en remplacement d'Yves Bertrand, mais des manœuvres élyséennes l'en ont empêché. Bernard Squarcini est donc retourné pendant quelque temps à Marseille comme préfet de police.

Le « Squale » a mis son entregent à la disposition de Nicolas Sarkozy avant l'élection présidentielle. Il continue une fois promu à la tête de la DST, au point d'être soupçonné d'instrumentaliser son service au profit de l'Élysée. « Jamais, en France, un président de la République n'a entretenu une si grande proximité avec le chef du renseignement intérieur[1] », écriront les auteurs du livre *L'Espion du président*. Comme naguère la cellule de l'Élysée a protégé la double vie de François Mitterrand, Bernard Squarcini fera tout pour protéger le couple « Nicolas-Carla », allant jusqu'à surveiller les conversations téléphoniques de journalistes trop curieux sur les affaires qui mettent en cause le pouvoir[2]. Pour sa part, il estime que le président Sarkozy a compris que le renseignement français devait protéger le pays, et non plus « se cantonner, dans la tête de nos concitoyens, à des aventures de Pieds-Nickelés ou des missions de culs-de-basse-fosse[3] ».

À la mi-2007, des équipes des RG, de la DST et de la Sous-direction antiterroriste de la police judiciaire emménagent dans un bâtiment tout neuf, ultra-sécurisé, rue de Villiers, à Levallois-Perret. Ce déplacement est le résultat d'une décision prise dès 2005 par Nicolas Sarkozy, lorsqu'il était ministre de l'Intérieur, en vue de leur rapprochement[4]. « Nicolas Sarkozy a eu l'intuition qu'il fallait changer les choses. Il a expliqué qu'il fallait créer un FBI à la française, du moins un FBI qui fonctionne, car il était conscient que le FBI américain avait connu quelques déboires au moment des attentats du 11 septembre[5] », se souvient le criminologue et ancien grand maître du Grand-Orient de France Alain Bauer, qui fut l'un de ses conseillers officieux au ministère de l'Intérieur puis à l'Élysée.

1. Voir Olivia Recasens, Didier Hassoux et Christophe Labbé, *L'Espion du président. Au cœur de la police politique de Sarkozy*, Robert Laffont, 2012, p. 115.

2. La liste des appels de Gérard Davet, un journaliste du *Monde* qui enquêtait sur l'affaire Bettencourt, sera ainsi épluchée en juillet 2010, ce qui conduira Bernard Squarcini à une mise en examen en octobre 2011. D'autres journalistes seront également surveillés.

3. Bernard Squarcini et Étienne Pellot, *Renseignement français : nouveaux enjeux*, *op. cit.*, p. 21.

4. À la fin de 2008, les services déjoueront un projet d'attentat à la voiture piégée contre ce nouvel immeuble. Son auteur était un jeune diplômé en électronique qui s'était rendu en Syrie ainsi qu'en Algérie et cultivait des liens avec une figure française des filières djihadistes arrêtée en Irak.

5. Entretien avec l'auteur, mars 2016.

L'idée d'un service unifié du renseignement intérieur mêlant la DST et les RG ne date pas d'hier. Elle a déjà été promue au milieu des années 1990, puis au début des années 2000, par deux hommes ayant dirigé ces services : les préfets Jacques Fournet et Jean-Jacques Pascal. Chaque fois, ces hauts fonctionnaires ont dû affronter les réticences de leurs anciennes maisons, hostiles à tout rapprochement. Ils n'ont été écoutés ni par les gouvernements successifs, ni par l'Élysée. En 2004, après le départ d'Yves Bertrand des RG, Nicolas Sarkozy a remis sur la table ce projet de fusion. Toujours méfiant à l'égard des services de renseignement, Jacques Chirac s'y est opposé. Une fois élu président, Nicolas Sarkozy peut prendre le contrepied de son prédécesseur.

Il écarte d'abord une proposition de Pierre Brochand, le directeur de la DGSE, visant pratiquement à fusionner les équipes antiterroristes de la DGSE et de la DST. Cette idée audacieuse, qui aurait ouvert la voie à une mutualisation complète des renseignements extérieurs et intérieurs sur les filières, quitte à confier toutes les enquêtes aux experts de la police judiciaire, n'est pas du goût des sarkozystes. Sur les conseils de Claude Guéant, de son ami Frédéric Péchenard, directeur de la police nationale, et de Bernard Squarcini, Nicolas Sarkozy opte plutôt pour le regroupement des RG et de la DST.

Toutefois, il souhaite porter une réforme encore plus ambitieuse. À partir de l'été 2007, il fait plancher un groupe de travail sur les menaces auxquelles fait face la France et sur l'adaptation du dispositif de sécurité. Contrairement à bien des documents précédents, son rapport, nourri des réflexions de nombreux experts, est censé avoir des suites. Il paraît sous la forme d'un « Livre blanc sur la défense et la sécurité nationale », remis au président de la République en juin 2008, au moment où la DCRI est officiellement créée[1].

Ce document promeut une vision « globale » de la sécurité nationale, puisque « la distinction traditionnelle entre sécurité intérieure et sécurité extérieure n'est plus pertinente ». Les attentats de 2001 aux États-Unis, de 2004 à Madrid et de 2005 à

1. *Défense et Sécurité nationale. Le Livre blanc*, Odile Jacob, 2008.

Londres étant toujours bien présents dans les esprits, il constate, une fois de plus, que « le terrorisme est devenu capable de frapper au cœur de tous les pays, à une échelle de violence sans précédent ». Face à cette « radicalisation de la violence », la France est en situation de « vulnérabilité ». Il est indispensable d'adapter sa stratégie de sécurité, notamment en renforçant « la connaissance et l'anticipation » – autrement dit, les services de renseignement – pour mettre « un terme à l'insuffisance des capacités de détection ».

S'appuyant sur les propositions détaillées de ce Livre blanc, Nicolas Sarkozy dessine un plan d'envergure qui prend effet à la mi-2008. La DGSE voit ses moyens renforcés, avec la création prévue de plus de neuf cents nouveaux postes entre 2008 et 2012, et des subventions supplémentaires pour sa direction technique. Un poste de coordonnateur national du renseignement (CNR) est créé à l'Élysée, ainsi qu'un Conseil national du renseignement, qui réunit les principaux ministres et responsables concernés afin de définir les grandes orientations stratégiques. Pour la première fois, le concept d'une « communauté française du renseignement » est évoqué. Enfin, une Académie nationale du renseignement doit voir le jour, chargée de former les hommes et de diffuser les savoir-faire.

Luttes de clans autour du renseignement à l'Élysée

Sur le papier, tout semble presque parfait et les experts applaudissent des deux mains. Nicolas Sarkozy innove dans ce domaine régalien jusque-là méprisé, ignoré ou mal géré par ses prédécesseurs. Pour la première fois depuis le début des années 1980, un président de la République semble s'intéresser au renseignement sans *a priori* négatif. Il en fait même une priorité dans sa stratégie de sécurité nationale. Mais cette réforme va vite se transformer en un invraisemblable sac de nœuds, en premier lieu à l'Élysée, où les querelles d'egos et les luttes d'influence reprennent le dessus.

Pour occuper le poste de coordonnateur national du renseignement, le président ne veut ni d'un préfet, ni d'un militaire ; il préfère un profil de diplomate hors norme et choisit Bernard Bajolet. Il a pu apprécier le franc-parler de l'ambassadeur de France en Algérie lors de deux voyages sur place les mois précédents. Bernard Bajolet est un pilier du Quai d'Orsay au parcours peu banal. Énarque passé par Harvard, amateur d'équitation et propriétaire d'un château dans l'est de la France, ce polyglotte a enchaîné les postes dans des pays difficiles – Syrie, Jordanie ou encore Bosnie-Herzégovine au lendemain de la guerre. C'est lui qui a rouvert l'ambassade de France à Bagdad en 2004 dans un contexte tendu. Connaissant bien le monde du renseignement pour avoir travaillé avec des agents de la DGSE en tant qu'ambassadeur, il est réputé pour son côté baroudeur et sa fine expertise sur les pays arabes, autant que pour son tempérament parfois difficile. « Il connaissait un monde fou et il avait un sacré caractère, ce qui ne déplaisait pas à Nicolas Sarkozy[1] », se rappelle Alain Bauer, qui a soutenu le profil de ce candidat auprès du président.

Dès son installation, en juillet 2008, dans des bâtiments annexes du palais, au 14, rue de l'Élysée, Bernard Bajolet doit composer avec les hommes déjà en place. En effet, l'amiral Édouard Guillaud, chef d'état-major particulier du président, considère qu'il marche un peu sur ses plates-bandes, et le chef d'état-major des armées, le rugueux général Jean-Louis Georgelin, qui a autorité sur la Direction du renseignement militaire (DRM), n'est guère plus coopératif, expliquant froidement qu'il n'a pas « attendu le Livre blanc pour faire du renseignement[2] ». Avec le général Benoît Puga, qui arrive à l'Élysée au début de 2010 comme chef d'état-major particulier, les relations tourneront rapidement au vinaigre. Bernard Bajolet côtoie également le conseiller diplomatique du président, Jean-David Levitte, surnommé « Diplomator », qui le connaît et l'apprécie de longue

1. Entretien avec l'auteur, mars 2016.

2. Rapporté dans Gérard Davet et Laurent Zecchini, « Nicolas Sarkozy place un fidèle à la tête de la DGSE », *Le Monde*, 7 octobre 2008.

date, mais qui défend vigoureusement son pré carré autour des questions internationales.

Le nouveau CNR doit aussi cohabiter avec les conseillers pour la sécurité intérieure, notamment Joël Bouchité, un ancien proche de Bernard Squarcini, qui préserve jalousement ses liens avec les services de police. Enfin, il est sous la coupe officielle de Claude Guéant, secrétaire général de l'Élysée et ancien pilier du ministère de l'Intérieur. Les fidèles du président venus de la Place Beauvau tiennent donc les postes clés, et Nicolas Sarkozy leur fait davantage confiance qu'à ses autres conseillers.

Entouré d'une petite équipe de collaborateurs qu'il n'a pas choisis, Bernard Bajolet tente de faire son trou, ce qui relève de la gageure, non seulement parce que les questions de renseignement touchent à tous les sujets, mais aussi parce que ses missions sont plus limitées que prévu. En effet, le poste de CNR n'est pas, comme dans le projet initial, un équivalent du conseiller à la sécurité nationale du président des États-Unis. Les ambitions ont été revues à la baisse pour ne pas froisser le secrétaire général de l'Élysée, le conseiller diplomatique et le chef d'état-major particulier. Le CNR n'a pas non plus l'envergure du directeur national du renseignement outre-Atlantique, lequel a autorité sur toutes les agences de renseignement, de la CIA à la NSA. Bernard Bajolet le reconnaîtra lui-même : « Je ne suis pas le directeur général des services et je n'ai pas d'autorité hiérarchique sur les directeurs de ces derniers[1]. » Son équipe, composée d'une quinzaine de personnes, est « cent cinquante fois » plus petite que celle de son homologue américain, et il est contraint de s'appuyer sur les structures du Secrétariat général de la défense et de la sécurité nationale (SGDSN), qui dépend de Matignon[2]. On est tout aussi loin du dispositif

1. Audition de Bernard Bajolet, coordonnateur national du renseignement à la présidence de la République, devant la Commission des affaires étrangères, Assemblée nationale, 31 mars 2009.

2. Audition de Bernard Bajolet, coordonnateur national du renseignement à la présidence de la République, devant la Commission de la défense nationale et des forces armées, Assemblée nationale, 27 janvier 2010.

britannique, où un Joint Intelligence Committee – un comité interministériel de renseignement directement rattaché au Premier ministre – synthétise tous les renseignements et coordonne les opérations de l'ensemble des ministères, notamment en cas de crise.

En réalité, le CNR à la française est simplement chargé de préparer les délibérations du Conseil national du renseignement, de surveiller les masses budgétaires des services et de donner un avis sur les nominations et les fonds spéciaux. À défaut d'être le vrai patron du renseignement, il doit coordonner les actions des services en fonction des directives présidentielles et hiérarchiser les priorités. Il est, surtout, le « point d'entrée » des différents services auprès du président, à qui il fournit chaque soir une synthèse des renseignements. Au-delà, il n'intervient pas dans la conduite des opérations, qui reste sous la responsabilité propre des diverses maisons, peu habituées à se trouver sous tutelle élyséenne. Bref, s'il incarne officiellement la « communauté du renseignement », il n'est que le conseiller du président, et pas un vrai coordonnateur[1].

Dans la pratique, Bernard Bajolet réunit régulièrement les dirigeants de la DGSE, de la DCRI et des autres agences. Comme le résume un ancien responsable des services, « il a mis de l'huile dans les rouages, mais n'avait pas le pouvoir de les forcer à coopérer[2] ». Il obtient de la DGSE et de la DCRI qu'elles échangent des « officiers de liaison ». Mais, face à Érard Corbin de Mangoux, ancien conseiller « sécurité » de Nicolas Sarkozy et patron de la DGSE, et à Bernard Squarcini, qui garde un contact personnel avec le président, le CNR ne pèse pas lourd. Sans compter l'influence envahissante de l'inamovible

1. La commission d'enquête parlementaire sur les attentats de 2015 soulignera, en juillet 2016, la faiblesse du pouvoir du coordonnateur. Elle proposera qu'il soit transformé en un « directeur national du renseignement » rattaché au Premier ministre et qu'il lui soit confié un vrai pouvoir de décision budgétaire sur les services. Rapport de la Commission d'enquête parlementaire relative aux moyens mis en œuvre par l'État pour lutter contre le terrorisme depuis le 7 janvier 2015, *op. cit.*, t. 1, p. 189.

2. Entretien avec l'auteur, mai 2016.

Claude Guéant, qui se mêle de plus en plus directement des affaires de renseignement et de la diplomatie parallèle. Bernard Bajolet est en permanence court-circuité, et sa fonction avec lui. Son point faible est de ne pas faire partie du cercle des sabras sarkozystes, lesquels, en retour, exercent sur lui de fortes pressions pour collecter des renseignements politiques. Nicolas Sarkozy fonctionne avec son clan, et ceux qui n'en sont pas membres n'ont pas voix au chapitre.

Isolé, le diplomate décide de quitter l'Élysée en février 2011 pour prendre le poste d'ambassadeur de France à Kaboul. Pour le remplacer, Nicolas Sarkozy choisi le préfet Ange Mancini, ancien patron du RAID. Un homme du sérail, proche de Bernard Squarcini, à qui il concédera plus de fonds spéciaux pour la DCRI. Mais le poste de coordonnateur national du renseignement a perdu de son lustre. Ses titulaires sous François Hollande, le préfet Alain Zabulon, le diplomate Didier Le Bret et le préfet Yann Jounot, n'auront pas plus de poids sur les services. Ils se contenteront d'être de simples conseillers à l'efficacité limitée.

Les VIP du renseignement

Un autre volet de la réforme de 2008 consiste à faire émerger ce qu'on appelle la « communauté française du renseignement », une belle expression qui masque mal les sempiternelles querelles de famille qui la traversent. Officiellement, cette « communauté » est censée rassembler les principaux services, jusque-là épars. Le périmètre de son « premier cercle » est défini de manière précise. Il est constitué de six services : la Direction centrale du renseignement intérieur (DCRI), rattachée au ministère de l'Intérieur ; la Direction générale du renseignement extérieur (DGSE), la Direction de la protection et de la sécurité de la défense (DPSD) et la Direction du renseignement militaire (DRM), qui dépendent du ministère de la Défense ; la Direction nationale du renseignement et des enquêtes douanières (DNRED) et TRACFIN, chargé de détecter les fonds suspects, sous la tutelle du ministère de l'Économie, des Finances et du Budget. En tout, cela représente douze mille agents – une force de frappe déterminante.

Toutefois, l'instauration de ce « premier cercle » provoque des réactions contrastées. Car, au-delà de ces six services, qui seront, théoriquement, davantage choyés et plus souvent réunis, qu'en sera-t-il des autres ? La France compte près d'une vingtaine de services de renseignement. Les absents protestent. Des questions de frontières et de compétences sont soulevées. Comment expliquer que TRACFIN, qui n'a aucun pouvoir d'enquête, se retrouve intégré à la liste des favoris, alors que d'autres instances qui effectuent un travail de terrain considérable, par exemple la Direction du renseignement de la Préfecture de police de Paris (DRPP) ou la future Sous-direction de l'information générale (SDIG), qui remplace les RG, en sont exclues ? Qui a décidé que la DPSD, qui ne s'intéresse *a priori* qu'aux personnels des armées, ferait partie du premier cercle, et non la gendarmerie nationale, qui couvre 90 % du territoire et la moitié de la population ? Mystère. Existe-t-il des services nobles et d'autres condamnés à un simple travail de soutiers ? Selon l'historien du renseignement Olivier Forcade, le débat en amont a été « vif » dans le cercle des initiés : « Les tenants d'une communauté restreinte ont fait valoir que seuls les services spécialisés dans le renseignement fermé devaient être inclus[1]. »

En réalité, le grand patron de la DCRI, Bernard Squarcini, semble avoir joué un rôle clé dans l'établissement de cette liste, en lien avec Claude Guéant et avec les principaux auteurs du Livre blanc, à savoir le tout-puissant Jean-Claude Mallet, pilier du ministère de la Défense depuis des années, et Francis Delon, le secrétaire général de la défense et de la sécurité nationale. Chacun a défendu ses affidés. L'omnipotent Bernard Squarcini ne voulait pas que d'autres services de renseignement de la police lui fassent de l'ombre. La DGSE a plaidé pour un cercle restreint afin de ne pas diffuser trop largement des

1. Olivier Forcade, « Les réformes du renseignement en France, 2007-2012 », *Annuaire français de relations internationales*, 2013, p. 621.

renseignements sensibles. Le ministère de la Défense, lui, a réussi à placer trois services au premier rang.

La « communauté » naissante est donc déjà divisée. De plus, elle n'est pas très active. La coordination, on l'a vu, reste embryonnaire, notamment du fait des prérogatives trop restreintes du coordonnateur national du renseignement. Certes, l'arrivée à la direction du renseignement de la DGSE, en 2009, de Patrick Calvar, expert de l'antiterrorisme et ex-numéro deux de la DCRI, facilite les relations avec son ancienne maison – jusque-là, la DGSE et la DCRI se regardaient en chiens de faïence. Pourtant, en dépit d'une volonté affichée de favoriser les échanges et la création de cellules communes, les passerelles restent rares entre les six services. Dans son rapport de 2014, la Délégation parlementaire au renseignement notera « l'absolue nécessité d'une véritable mobilité interservices pour des profils d'experts », regrettant que celle-ci soit « statistiquement négligeable alors qu'elle constitue le fondement même de la notion de communauté du renseignement[1] ».

Enfin, les luttes intestines reprennent de plus belle. La DCRI et la DRPP – qui conserve des équipes des renseignements généraux autonomes et partage toujours une compétence sur le terrorisme avec la DCRI – peinent à se parler. Marginalisée, la gendarmerie se retrouve totalement coupée des autres services et contrainte de développer sa propre chaîne intégrée de renseignement. Tant pis pour la « communauté » !

L'Élysée renforce la DCRI et affaiblit les juges

La nouvelle DCRI, quant à elle, semble avoir gagné la partie. Le président Sarkozy et son secrétaire général Claude Guéant ont fait un cadeau en or massif à leur fidèle Bernard Squarcini. La DCRI bénéficie également du soutien aveugle de la ministre

1. Rapport relatif à l'activité de la Délégation parlementaire au renseignement pour l'année 2014, Jean-Jacques Urvoas, Assemblée nationale et Sénat, 18 décembre 2014.

de l'Intérieur, Michèle Alliot-Marie, et du directeur de la police nationale, Frédéric Péchenard. Selon le décret du 27 juin 2008, elle est chargée de « lutter contre toutes les activités susceptibles de constituer une atteinte aux intérêts fondamentaux de la nation ». Autrement dit, elle conserve les missions de l'ancienne DST – le contre-espionnage, la lutte contre le terrorisme et les extrémismes, la protection du patrimoine, la lutte contre la prolifération –, ainsi qu'une compétence judiciaire répressive, tout en se débarrassant de la rivalité gênante des RG. Elle assure la prévention des risques terroristes de manière quasi exclusive sur le territoire et obtient le monopole de la coopération avec les services étrangers. Ce dernier point est capital, car certains pays alliés – comme les États-Unis ou le Royaume-Uni – prenaient parfois un malin plaisir à jouer de la concurrence entre les services français, travaillant tantôt avec les RG, tantôt avec la DST.

Pour le président Sarkozy, la création de la DCRI est aussi un moyen de renforcer le poids du renseignement dans la lutte contre le terrorisme au détriment de son volet purement judiciaire. Car Nicolas Sarkozy déteste les juges d'instruction – et certains d'entre eux le lui rendent bien. À ses yeux, ces magistrats indépendants ont trop de pouvoir et en usent de manière arbitraire, y compris contre lui. En janvier 2009, le président annonce publiquement leur prochaine disparition. La réforme provoque une telle bronca au sein du monde judiciaire qu'elle sera finalement enterrée. L'un des principaux juges antiterroristes, Marc Trévidic, prend la tête de ce combat en tant que nouveau président de l'Association française des magistrats instructeurs (AFMI). Il devient aux yeux de Nicolas Sarkozy le symbole d'une résistance corporatiste. Le pôle antiterroriste du Palais de justice de Paris doit à tout prix perdre de sa superbe par une mise au pas des « petits juges ». Le renforcement du rôle du parquet constitue une première étape. L'attribution des pleins pouvoirs à la DCRI, qui reste maître des renseignements qu'elle collecte avant de les transmettre, quand elle le souhaite, aux magistrats, contribue également à cet affaiblissement relatif d'un dispositif judiciaire antiterroriste qui a pourtant fait ses preuves. Partisan d'un travail en bonne intelligence avec les services de renseignement, Marc Trévidic déplorera la « déjudiciarisation des enquêtes antiterroristes » et le manque de moyens accordés aux juges. « Or, si le renseignement est bien la clé de la lutte antiterroriste, la justice en est la serrure[1] », écrira-t-il. Il ne sera pas entendu.

En termes de moyens, la toute-puissante DCRI, qui réunit quelque quatre mille fonctionnaires, dont mille cinq cents policiers de l'ex-DST et environ autant d'agents venus des RG, paraît bien lotie, même si elle n'obtient pas d'effectifs supplémentaires[2]. Pour Bernard Squarcini, la victoire est presque totale. Selon lui, « la nouvelle direction est née sous les meilleurs auspices : hors de toute pression événementielle, avec l'onction présidentielle, l'adhésion de la classe politique [et celle] des hommes et des femmes de l'art[3] ». Selon l'ancien numéro deux de la DST, Jean-François Clair, la DCRI a cumulé les points forts des deux services : l'implantation territoriale et la souplesse des RG, alliées aux capacités techniques, à la rigueur, aux compétences judiciaires, à la centralisation et aux relations internationales de la DST[4]. Son ancien bras droit, Louis Caprioli, longtemps sous-directeur de la DST chargé de la lutte contre le terrorisme, défendra également cette fusion : « La DCRI est une bonne structure, qui permet d'éviter les rivalités entre les services et la dissipation de moyens humains et financiers. [...] Quand j'entends critiquer la DCRI par des gens qui prétendent que la culture de la DST a déteint sur celle des RG, je suis soufflé, car on a pris le meilleur de deux services pour n'en faire qu'un seul[5]. »

---

1. Marc Trévidic, *Au cœur de l'antiterrorisme*, *op. cit.*, p. 158 et 282.

2. Cette absence de recrutement, alors que neuf cents postes avaient été créés à la DGSE après 2008, sera considérée comme un handicap par certains dirigeants de la DCRI.

3. Bernard Squarcini et Étienne Pellot, *Renseignement français : nouveaux enjeux*, *op. cit.*, p. 39.

4. Voir Jean-François Clair, « La DGSI, un monde en mutation », *Après-Demain*, janvier 2016.

5. Audition de Louis Caprioli devant la Commission d'enquête sur le fonctionnement des services de renseignement français dans le suivi

Une forteresse hyper-centralisée et aveugle

Malgré quelques bons côtés, ce mariage, présenté comme une rationalisation nécessaire, tourne mal. Nicolas Sarkozy laisse faire le « Squale » en toute confiance. Or, aveuglé par son propre pouvoir, le maître de maison a mal évalué les risques de blocage. Entre le fonctionnement pyramidal de la DST et les coutumes décentralisées des RG, le choc est brutal. La fusion des équipes patine. « En réalité, contrairement à ce que l'on pensait à l'époque, c'est la DST qui a absorbé les RG et qui a imposé sa loi[1] », raconte un professionnel de la maison. « La création de la DCRI s'est faite dans la précipitation, sur une base conceptuelle tronquée et sans réelle conception stratégique, de telle sorte qu'au lieu d'organiser le renseignement intérieur elle a introduit de forts éléments de perturbation[2] », estimeront en 2013 les députés socialistes Christophe Cavard et Jean-Jacques Urvoas. Des critiques que Bernard Squarcini jugera infondées et seulement dictées par une volonté de régler des comptes avec les responsables de l'ère Sarkozy.

Ces critiques sont pourtant justifiées. Expert en terrorisme et membre de plusieurs commissions de réflexion sur le sujet, François Heisbourg estime que cette fusion de maisons aux traditions si différentes, initiée par Nicolas Sarkozy « sans l'avis de la commission du Livre blanc sur la défense et la sécurité nationale » de 2008, était une « fausse bonne idée[3] ». « La culture dominante de la DST, qui est celle du contre-espionnage, s'est imposée, alors qu'elle n'était pas adaptée face au terrorisme, dont les formes ont évolué rapidement[4] », juge Alain Bauer,

---

et la surveillance des mouvements radicaux armés, Assemblée nationale, 21 février 2013.

1. Entretien avec l'auteur, mars 2016.

2. Rapport de la Commission d'enquête sur le fonctionnement des services de renseignement français dans le suivi et la surveillance des mouvements radicaux armés, Christophe Cavard et Jean-Jacques Urvoas, 24 mai 2013.

3. François Heisbourg, *Secrètes histoires*, *op. cit.*, p. 113.

4. Entretien avec l'auteur, mars 2016.

qui fut pourtant l'un des inspirateurs de la réforme de 2008. Habituées à lutter contre le terrorisme d'État des années 1980 ou contre les grands réseaux de type Al-Qaïda, les équipes de l'ex-DST ont souvent mené leurs enquêtes à partir des renseignements fournis par des services alliés, qu'ils soient américains, algériens ou syriens. Faute de capteurs efficaces sur le territoire français, elles sont de plus en plus démunies face aux menaces de l'intérieur. Elles appréhendent mal les formes nouvelles du terrorisme, mêlant djihadisme domestique, réseaux Internet et islamo-délinquants rompus aux pratiques de dissimulation.

En 2008, la police de New York (NYPD) rédige un rapport détaillé sur les profils des djihadistes « *homegrown* » qui ont perpétré les attentats de New York et Washington en 2001, Madrid en 2004 et Londres en 2005 : de jeunes immigrés de deuxième ou troisième génération, en quête d'identité, connaissant mal l'islam, endoctrinés sur Internet, attirés par la rhétorique radicale et les zones de guerre, et qui passent à l'acte sans avoir été repérés par les services de renseignement. « Ces extrémistes agissent de manière autonome, peuvent se radicaliser rapidement et sont souvent des individus apparemment bien intégrés à la société[1] », écrivent les experts du NYPD. Ce rapport, arrivé sur les bureaux de la DCRI et des autorités politiques, notamment par l'intermédiaire d'Alain Bauer, qui a travaillé avec la police new-yorkaise, tombe dans les oubliettes. Cet aveuglement français explique, en partie, le fait que Mohammed Merah n'ait pu être détecté avant de commettre ses tueries, de même que les pseudo-« loups solitaires » qui suivront son exemple[2].

Contrairement aux vœux pieux de Bernard Squarcini, les radars de la DCRI ne sont plus complètement adaptés à ces nouveaux dangers. « La DCRI est un service très opérationnel qui travaille dans le court terme et ne filtre que très peu le renseignement. [...] Pour détecter les frémissements de la

1. Mitchell D. Silber et Arvin Bhatt, « Radicalization in the West : The Homegrown Threat », New York Police Department Intelligence Division, NYPD, 2008.

2. Voir le chapitre 9.

menace, [elle] aurait besoin d'une réelle capacité d'analyse[1] », déclare un expert devant les députés en 2013. Or, du fait de son statut administratif de simple direction au sein de la police nationale, la DCRI ne peut pas procéder à des recrutements massifs de personnels compétents en tant que « contractuels », qu'ils soient experts, universitaires, juristes, linguistes ou sociologues[2]. Elle est prisonnière de sa culture centralisée, organisée comme une forteresse, impuissante à s'ouvrir. Elle se méfie même de ses rares agents arabophones, les suspectant de jouer un double jeu. Plusieurs policiers seront ainsi victimes d'évictions jugées parfois arbitraires, privant la DCRI de relais dans le monde arabe.

De plus, son maillage territorial n'a pas fait l'objet d'une réflexion suffisante, ses antennes étant souvent mal considérées au siège. Avant la fusion, la DST avait déjà ouvert des bureaux régionaux pour concurrencer les RG, qui lui faisaient de l'ombre dans certaines enquêtes[3]. Tous les doublons n'ont pas été supprimés. La carte des implantations n'a pas été révisée de manière cohérente. Et la réforme imposée par Nicolas Sarkozy réserve à la DCRI l'exclusivité du renseignement sur le terrorisme islamiste. Résultat : cette dernière délaisse les renseignements classiques sur l'islam modéré et les banlieues, dont s'occupe officiellement ce qui reste des RG, transféré au

---

1. Rapport de la Commission d'enquête sur le fonctionnement des services de renseignement français dans le suivi et la surveillance des mouvements radicaux armés, *op. cit.*

2. Il faudra attendre la transformation, en mai 2014, de la DCRI en Direction générale de la sécurité intérieure (DGSI) pour que les recrutements externes soient enfin facilités. Et encore restent-ils limités : ils représentaient 10 % des effectifs en 2016, avec un objectif de 17 % en 2018. Voir « Les moyens consacrés au renseignement intérieur au sein des programmes "Police nationale" et "Gendarmerie nationale" », Philippe Dominati, Sénat, 6 octobre 2015 ; et l'audition de Patrick Calvar, le 24 mai 2016, dans le rapport de la Commission d'enquête parlementaire relative aux moyens mis en œuvre par l'État pour lutter contre le terrorisme depuis le 7 janvier 2015, *op. cit.*, t. 2, p. 815.

3. Voir Olivia Recasens, Jean-Michel Décugis et Christophe Labbé, *Place Beauvau*, *op. cit.*, p. 294-296.

sein de la Sous-direction de l'information générale. « L'islam de France a été rattaché à la SDIG et la radicalisation à la DCRI. C'était un non-sens de séparer les deux. Car une partie des jeunes radicalisés qui peuvent basculer dans le djihad de manière progressive risquent de passer entre les mailles du filet[1] », estime un officier de la DCRI basé dans le sud de la France. Cette rupture entre la collecte du renseignement « en milieu fermé » (c'est-à-dire au sein des réseaux terroristes, de façon clandestine), effectuée par la DCRI, et celle du renseignement « en milieu ouvert » (dans les mosquées et les quartiers), effectuée par la SDIG, crée surtout une énorme faille : la quasi-disparition du renseignement de terrain.

La mort du renseignement de terrain

« La fusion DST-RG était peut-être une bonne chose. Mais les agents des RG qui ne rejoignaient pas la DCRI se sont sentis abandonnés. On a sacrifié le renseignement de terrain. » Cette confidence d'un ancien ponte de la DST, pourtant très critique sur le passé sulfureux des RG, confirme une des conséquences désastreuses de la réforme de 2008[2].

Sur le moment, toutes les précautions semblent être prises pour assurer une forme de continuité. Plus de mille cinq cents agents des RG sont rassemblés au sein de la nouvelle Sous-direction de l'information générale, censée poursuivre les missions de collecte de renseignements généraux. Mais les transferts sont déséquilibrés. Un ancien responsable des RG se souvient : « La DCRI a pris les bonnes équipes, les meilleures voitures, le matériel. Elle a récupéré les fichiers qui l'intéressaient ; du coup, nos agents des RG qui les leur avaient transmis n'y avaient plus accès, faute d'habilitation. La plupart des autres archives des RG ont été détruites sur ordre. À partir de 2008, nous avons dû travailler avec des effectifs en baisse, sans moyens et sans

1. Entretien avec l'auteur, mars 2016.
2. Entretien avec l'auteur, mai 2016.

fichiers. Nous avons perdu la mémoire et les compétences. Nous sommes devenus des RG *low cost*[1]. »

La SDIG est officiellement rattachée à la Direction centrale de la sécurité publique (DCSP) de la police, qui s'occupe principalement de prévenir et d'encadrer les désordres sur la voie publique, notamment lors des manifestations. Les anciens des RG perdent leur autonomie. Dans chaque département, les agents de la SDIG doivent suivre, parfois dans des délais très courts, les consignes de leur direction départementale de la sécurité publique, que ce soit pour anticiper des débordements, recenser les étrangers en situation irrégulière, contrôler des squats ou effectuer des patrouilles de nuit dans des quartiers sensibles.

Leur temps, leurs véhicules, leurs moyens techniques sont mobilisés sur des missions qui n'ont plus grand-chose à voir avec celles qui leur étaient confiées auparavant. Leur travail de surveillance des dérives urbaines et des mouvements extrémistes ou violents en est même entravé. Selon une note de service de la DCSP, « les fonctionnaires de l'Information générale ne doivent recourir que de manière très exceptionnelle aux surveillances et aux filatures[2] ». Autrement dit : il leur est interdit de rechercher des renseignements par des méthodes professionnelles ! Leur quota d'écoutes téléphoniques est limité à une trentaine pour l'ensemble du territoire. Les agents sont parfois amenés à avancer de leur poche certains frais d'enquête. Ils n'ont aucun moyen de classement ni d'archivage de leurs dossiers. Seuls quelques rares ordinateurs dédiés, très vite saturés, leur permettent de consulter librement les blogs et les sites Internet.

Les sous-directions de l'Information générale sont donc rapidement déconsidérées. Dès l'origine, le Syndicat national des officiers de police (SNOP) s'est dit opposé à cette réforme. « Nous redoutions le démembrement des RG, et c'est ce qui est arrivé[3] », constate Jean-Marc Bailleul, le secrétaire général

1. Entretien avec l'auteur, février 2016.

2. Note de service de la Direction centrale de la sécurité publique (DCSP), 24 septembre 2009.

3. Entretien avec l'auteur, 12 janvier 2016.

de cette organisation, rebaptisée Syndicat des cadres de la sécurité intérieure (SCSI). Dans un document dressant le bilan de la SDIG quatre ans après sa création, ce syndicat pointera du doigt des dysfonctionnements multiples : manque de stratégie, absence de coordination, cloisonnement excessif par rapport à la DCRI, censure de certaines notes « sensibles » sur les dérives urbaines, insuffisance de moyens informatiques, carences de formation au renseignement des nouveaux personnels, pénurie de matériel... La SDIG de Marseille, par exemple, devra attendre septembre 2012 pour se voir équipée d'un appareil photo. Selon le SCSI, ces sous-directions étaient « perçues comme une force d'appoint pour les sûretés départementales », ses agents s'estimant traités comme des « harkis » de la sécurité publique, ce qui a conduit à une démotivation et à une hémorragie de personnels compétents. Avec des conséquences préjudiciables : « Ainsi, l'important travail de fond réalisé avant la réforme par les services des renseignements généraux dans les quartiers sensibles a été abandonné. Alors que les RG avaient développé de solides réseaux de contacts auprès de la population des cités afin de savoir ce qui s'y passait, ce qui s'y disait, [...] et surtout [d']anticiper les tensions, les services d'Information générale sont devenus ou ont été sciemment rendus totalement aveugles dans les quartiers[1]. »

Un constat cruel confirmé par une multitude de sources, à commencer par Bernard Squarcini lui-même : « La création des SDIG [a été] accueillie comme un chien dans un jeu de quilles, en l'absence totale de culture adaptée au niveau de la Direction centrale de la sécurité publique[2]. » Jean-François Clair, ex de la DST, a également critiqué le rattachement de la SDIG à la DCSP : « Cela aurait été une bonne idée si la SDIG avait reçu des missions précises et si la Sécurité publique s'était davantage impliquée. Au contraire, les personnels se sont sentis laissés

1. « L'avenir de l'Information générale au sein du renseignement français : constats, conséquences et propositions », SCSI, 2013.

2. Bernard Squarcini et Étienne Pellot, *Renseignement français : nouveaux enjeux*, *op. cit.*, p. 167.

pour compte[1]. » Un ancien des RG ajoute : « Nous étudiions les communautés musulmanes, nous connaissions tous les acteurs, observions de près l'évolution de l'islam, qu'il soit modéré ou plus radical. À partir de 2008, on nous a dit de nous concentrer sur les manifestations et sur l'économie souterraine[2]. » Interrogé en janvier 2010 par des parlementaires sur une « perte de compétences » concernant la « surveillance des quartiers sensibles » du fait de la réforme de 2008, Bernard Bajolet, alors coordonnateur national du renseignement, confirmera l'existence de « carences[3] ».

Ces difficultés vont perdurer pendant plusieurs années. Il faut attendre 2013 pour que les pouvoirs publics, alertés par l'affaire Merah et la montée en puissance de la menace terroriste, commencent à réagir. Dans leur rapport de mai 2013, les députés Christophe Cavard et Jean-Jacques Urvoas soulignent que la SDIG vit dans un « état de pauvreté et de précarité alarmant », citant, par exemple, son budget annuel de 30 000 euros pour le paiement de l'ensemble de ses sources humaines[4]. Ils recommandent sa transformation en un Service central de renseignement territorial (SCRT) doté de davantage de moyens, à commencer par des véhicules de surveillance et des caméras performantes. Sous l'impulsion de Manuel Valls, celui-ci verra le jour en 2014, avec pour objectif de reprendre au plus vite la surveillance des réseaux et de l'islam.

Malgré des moyens accrus, le SCRT reste toutefois sous la coupe de la Direction centrale de la sécurité publique et se voit attribuer des missions quasi impossibles : dans de nombreux départements, des équipes composées de moins de dix personnes sont chargées de surveiller des centaines de « radicalisés ». Un responsable du ministère de l'Intérieur le reconnaît : « Nous

1. Jean-François Clair, « La DGSI, un monde en mutation », art. cité.

2. Entretien avec l'auteur, février 2016.

3. Audition de Bernard Bajolet devant la Commission de la défense nationale et des forces armées, Assemblée nationale, 27 janvier 2010.

4. Rapport de la Commission d'enquête sur le fonctionnement des services de renseignement français dans le suivi et la surveillance des mouvements radicaux armés, *op. cit.*

avons loupé ce qui se passait vraiment dans nos banlieues entre 2008 et 2014. Le retard est difficile à rattraper[1]. » En imposant obstinément sa réforme et en plaçant ses hommes au pouvoir, Nicolas Sarkozy a accru la vulnérabilité du pays.

1. Entretien avec l'auteur, juin 2016.

Chapitre 9

Les failles de l'affaire Merah

« Un loup solitaire » : que de fois, après mars 2012, n'a-t-on pas entendu le ministre de l'Intérieur de l'époque, Claude Guéant, et le patron de la Direction centrale du renseignement intérieur (DCRI), Bernard Squarcini, employer cette expression pour décrire le profil de Mohammed Merah, un délinquant toulousain devenu djihadiste sanguinaire ? Pour eux, il aurait même incarné un cas d'école, une sorte de symbole d'un nouveau mode d'action. Après le terrorisme d'État des années 1980, puis les actions du réseau Al-Qaïda et de ses franchises, l'heure serait venue d'affronter une génération de convertis isolés, sans liens avec aucun réseau, se radicalisant tout seuls et déclarant soudainement la guerre à leur propre pays. Un phénomène si nouveau que Bernard Squarcini fera un exposé détaillé sur le « cas Merah » lors d'une réunion du Club de Berne, qui regroupe les responsables des services de renseignement de trente pays occidentaux[1].

Le problème est que cctte fable ne tient pas la route. « Elle a fait sourire dans tous les services de police, tant il était évident qu'elle ne servait qu'à masquer les bévues du renseignement dans l'affaire Merah[2] », raconte un ancien de la police judiciaire. De fait, en mars 2012, la campagne présidentielle bat son plein, et la théorie du « loup solitaire » a pour avantage

1. Rapporté dans Bernard Squarcini et Étienne Pellot, *Renseignement français : nouveaux enjeux*, *op. cit.*, p. 135 et suiv. Voir aussi Laurent Borredon et Jacques Follorou, « Bernard Squarcini : Nous ne pouvions pas aller plus vite », *Le Monde*, 23 mars 2012.

2. Entretien avec l'auteur, février 2016.

non négligeable d'exonérer la DCRI et les autres services de renseignement de toute responsabilité dans le chemin qui a conduit aux massacres de Montauban et de Toulouse. Le candidat Sarkozy ne peut se permettre une polémique sur d'éventuelles erreurs policières, ni prendre le risque que soient mis en lumière les dysfonctionnements dus à sa réforme du renseignement de 2008. « Lui et ses équipes étaient très mal à l'aise, car ils savaient pertinemment qu'ils avaient raté le coche et mal évalué Merah[1] », témoigne un responsable du ministère de l'Intérieur parfaitement au courant du déroulement de cette affaire. Mieux valait donc parler d'un gamin déjanté surgi de nulle part. Donc indétectable.

La fable du « loup solitaire » pour occulter des ratés en série

Le « cas Merah » mérite d'être analysé de près. Non seulement ce terroriste n'était pas isolé, mais les services de police le suivaient depuis longtemps et le connaissaient très bien. Ils étaient en contact régulier avec lui durant les mois qui ont précédé ces tragiques événements. Le jugeant « malin et ouvert », les policiers avaient même songé à en faire un informateur. Plus avisés que les autres, les agents locaux de la DCRI ont refusé de l'accréditer en février 2012, soit quelques jours seulement avant qu'il ne commette ses crimes.

En réalité, en dépit de la lucidité de quelques policiers que personne n'a voulu écouter, Mohammed Merah a facilement déjoué la plupart des obstacles dressés sur sa route. Il a appliqué à la lettre les recommandations formulées dès 2005 par Al-Souri, l'un des penseurs d'Al-Qaïda, dans son « Appel à la résistance islamique mondiale » : voyager en terres de combat, pratiquer la dissimulation et choisir des cibles symboliques. « L'affaire Merah marque de manière dramatique la fin de

1. Entretien avec l'auteur, juillet 2016.

seize ans d'illusions durant lesquels la France s'est crue immune au terrorisme djihadiste sur son sol[1] », écrira le sociologue Gilles Kepel.

Le jeune Toulousain a surtout tiré parti d'une accumulation de failles béantes dans le dispositif censé le surveiller, puis lors de sa traque. Merah « n'était pas un loup solitaire », affirmera Manuel Valls, nouveau ministre de l'Intérieur, le 14 septembre 2012, en fustigeant les erreurs commises par les services et ses prédécesseurs[2]. En mai 2013, dans un rapport parlementaire sur le dispositif antiterroriste mis en place après le drame, les députés Jean-Jacques Urvoas et Christophe Cavard souligneront que « l'affaire Merah ne procède pas des dysfonctionnements de la DCRI, elle les révèle[3] ». Un jugement partagé par l'expert du terrorisme François Heisbourg, selon lequel l'échec du mariage des RG et de la DST de 2008 est en cause : « Les dysfonctionnements qui ont caractérisé l'affaire Merah [...] sont liés à cette fusion ratée[4]. »

Tout commence en 2006. Cette année-là, le jeune Mohammed Merah, membre d'une fratrie franco-algérienne vivant dans le quartier toulousain des Izards, fait déjà parler de lui[5]. Jeune voyou fiché pour vols, violences et outrages, il gravite, avec son frère aîné Abdelkader, dans l'orbite de la mouvance salafiste, sans en faire directement partie. En octobre 2006, il est fiché « S », c'est-à-dire considéré comme devant être signalé au nom de la « sûreté de l'État ». « Ne pas attirer l'attention. Le surveiller », recommandent les experts de la Direction centrale des renseignements généraux (DCRG), qui mentionnent son nom

1. Gilles Kepel, *Terreur dans l'Hexagone*, *op. cit.*, p. 111.

2. « Valls déplore des fautes et des erreurs dans l'affaire Merah », *Le Monde*, 14 septembre 2012.

3. Rapport de la Commission d'enquête sur le fonctionnement des services de renseignement français dans le suivi et la surveillance des mouvements radicaux armés, *op. cit.*

4. François Heisbourg, *Secrètes histoires*, *op. cit.*, p. 113.

5. Sur la jeunesse de Mohammed Merah, voir Alex Jordanov, *Merah. L'itinéraire secret*, Nouveau Monde Éditions, 2015, p. 15-42.

dans une note où figurent aussi ceux de quelques membres de ce qu'on appellera la « filière d'Artigat[1] ».

Cette filière concentre en effet l'attention des autorités. Elle est constituée d'un ensemble de jeunes convertis proches d'Olivier Corel, *alias* l'Émir blanc, un homme reclus à Artigat, dans l'Ariège. Parmi ses « disciples » se trouvent notamment les frères Jean-Michel et Fabien Clain, originaires de Guadeloupe, le Toulousain Sabri Essid, qui est déjà parti faire le djihad en Syrie en 2006 avant d'être renvoyé en France, Imad Djebali, ami d'enfance de Mohammed, et Abdelkader Merah, son frère, qui aime se faire appeler Ben Laden dans le quartier[2]. Une partie d'entre eux cherchent à acheminer des combattants islamistes en Irak, alors déchiré par une guerre civile. Poursuivies par la justice, huit personnes à l'origine de cette filière sont condamnées entre 2007 et 2009. Emprisonné à Fleury-Mérogis, Sabri Essid reçoit la visite de son ami Mohammed Merah, avec qui il ne cessera de communiquer.

D'un tempérament violent, Mohammed Merah tombe bientôt dans les mailles du filet policier pour une sombre affaire de vol avec arme blanche. Entre la fin de 2007 et septembre 2009, il séjourne en prison. Il y reçoit des lettres de Fabien Clain, qui deviendra l'une des figures françaises de l'organisation État islamique – c'est sa voix qui revendique les attentats du 13 novembre 2015 dans un message envoyé depuis la Syrie. Le « loup solitaire » a donc déjà des contacts prometteurs. Mohammed Merah dira s'être converti à l'islam durant son emprisonnement, mais rien ne laisse encore entrevoir son cheminement de djihadiste forcené.

À la fin de 2009, lorsqu'il est libéré, le jeune Toulousain cherche à se rapprocher de filières structurées. Dans plusieurs notes qui datent de cette époque, les policiers de la Direction régionale du renseignement intérieur (DRRI) de Midi-Pyrénées

1. Note de la Direction centrale des renseignements généraux, 20 octobre 2006.

2. Rapporté notamment par son autre frère : voir Abdelghani Merah, avec Mohamed Sifaoui, *Mon frère, ce terroriste*, Calmann-Lévy, 2012.

commencent à sonner l'alarme. « Mohammed Merah s'est récemment rapproché des groupes Clain[1] », écrivent-ils alors. Ils constatent aussi que le délinquant est en contact avec son frère Abdelkader, parti se former dans les écoles coraniques du Caire, comme bon nombre de membres des réseaux salafistes toulousains. Son nom apparaît également dans la liste des contacts d'un membre d'une filière d'acheminement de djihadistes en Irak. Curieusement, ces informations n'empêchent pas la DCRI de désactiver sa fiche « S » en mars 2010.

La transformation discrète de Mohammed Merah s'opère par étapes. Il a séjourné en Algérie, mais ce pays l'a déçu. Il rêve de voyager, notamment au Moyen-Orient et en Afghanistan, afin de rallier des camps d'entraînement. À la mi-juillet 2010, il décolle seul pour Damas, sans attirer l'attention des services de renseignement. Aucune autorité ne lui pose de questions sur la façon dont il finance son voyage. Il affirmera s'être inscrit là-bas à des cours d'arabe. Au cours de ce périple, il effectue deux brefs séjours en Turquie, avant de passer au Liban, en Jordanie et même en Israël. Contrôlé par la police israélienne avec un couteau dans son sac, il s'en tire en plaidant la bonne foi. Le voilà ensuite hébergé dans une mosquée en Jordanie, puis il rejoint son frère au Caire pour quelques semaines. Entre les mosquées, l'école coranique, les visites des musées et des souks, Mohammed Merah joue au parfait touriste musulman.

Après cette tournée moyen-orientale dont nul ne comprend les vraies raisons, il repart le 29 octobre 2010 à destination de Douchanbé, la capitale du Tadjikistan. Il a payé son billet grâce à l'aide d'un salafiste toulousain *via* l'Émir blanc Olivier Corel. Après quelques jours d'errance, il obtient un visa pour l'Afghanistan. Arrivé à Kaboul le 13 novembre, il continue de faire le voyageur curieux, puis visite les villes de Kunduz et de Mazar-i-Sharif, avant de se rendre à Kandahar, où est installée l'une des principales bases militaires américaines du pays. « Je voulais me faire kidnapper par les talibans pour rejoindre

1. Notes de la Direction régionale du renseignement intérieur (DRRI), 27 novembre et 15 décembre 2009.

Al-Qaïda », confessera-t-il aux policiers pendant le siège de son appartement, après les tueries de mars 2012. Là-bas, la police afghane l'arrête le 22 novembre. Il est interrogé sur le motif de son voyage – « touristique », affirme-t-il. Il se présente incidemment comme un ancien candidat à la Légion étrangère en France, où il n'aurait pas été accepté, ce qui est exact. Conduit auprès des militaires américains de la base, il est auditionné par un certain capitaine Neal Dyson. Devant les policiers qui l'interrogeront en novembre 2011, Mohammed Merah se souviendra d'un contact « très chaleureux » avec cet officier américain, avec lequel il pose dans son véhicule pour une photo. Le capitaine, qui signale à ses supérieurs la présence incongrue de ce jeune nomade français venu faire des photos à Kandahar, lui recommande fermement de quitter la région, pour des raisons de sécurité. Il le raccompagne à l'aéroport, où le Toulousain est contraint de prendre un vol pour Kaboul. Mohammed Merah est aussitôt placé sur la liste des personnes interdites de séjour aux États-Unis, la « No Fly List ». Faute d'avoir trouvé les bons contacts sur place pour se faire enrôler par Al-Qaïda, il rentre en France le 5 décembre 2010.

Ce curieux voyage en Afghanistan, en pleine zone de combats, déclenche-t-il une enquête fouillée des services français ? Visiblement non. L'antenne de la DGSE à Kaboul informe le siège parisien de cette arrestation, mais sans s'y attarder. La Direction de la protection et de la sécurité de la défense (DPSD), chargée de surveiller le personnel des armées, dont les militaires français basés à Kandahar, est un peu plus vigilante. Son antenne locale demande à Paris s'il est possible d'identifier un dénommé Mohammed Merah, contrôlé par la police afghane. Par erreur, les services parisiens identifient une personne portant ce nom dans le nord de la France. Le quidam est convoqué pour vérification le 7 janvier 2011, mais il n'a pas voyagé en Afghanistan. Un coup de téléphone de la DPSD à la DRRI de Toulouse permet de trouver le bon. C'est grâce à ce hasard que les policiers toulousains apprennent que « leur » Mohammed Merah a été interpellé en Afghanistan. Cependant, ils n'obtiennent aucune précision sur ce séjour, ni de la DGSE, ni de la DPSD, ni des

Américains. En quelques mois, Mohammed Merah a donc pu franchir des dizaines de frontières sans être jamais réellement inquiété. Après ses crimes, les services dénombreront 1 863 communications téléphoniques passées entre septembre 2010 et février 2011, dont 186 vers une vingtaine de pays étrangers différents[1]. Le soi-disant « loup solitaire » a des contacts partout. Et personne, à son retour, ne lui pose de questions.

Les policiers toulousains qui connaissent déjà le jeune délinquant, eux, s'alarment sérieusement. Quelques semaines auparavant, alors qu'ils ignorent presque tout de ses voyages, ils ont rédigé un rapport sur la mouvance salafiste radicale dans la région, expliquant qu'elle « a renouvelé ses effectifs » avec l'apport de jeunes convertis, formés notamment par les frères Clain. « Après avoir été formatés idéologiquement, ils sont intégrés progressivement au sein du mouvement djihadiste transnational[2]. » Plusieurs noms sont cités, dont celui de Mohammed Merah, qui apprend l'arabe et est en contact avec son frère Abdelkader et sa sœur Souad, partis au Caire. Une autre note le présente comme un « jeune militant salafiste » s'apparentant aux « djihado-délinquants » de même profil[3]. Autrement dit : après des années en prison à la suite des condamnations de la filière d'Artigat, les leaders de cette mouvance sont en train de recruter à tour de bras pour reprendre le djihad. Et Mohammed Merah fait partie de ces plans.

Pourquoi un « comportement inquiétant » n'entraîne aucun suivi

Pour le moment, les policiers se contentent de garder un œil sur tout ce petit monde. Après avoir appris que le jeune Merah a séjourné en Afghanistan, même s'ils ne savent rien

1. Yves Bordenave, « Mohammed Merah, un loup pas si solitaire », *Le Monde*, 23 août 2012.
2. Notes de la DRRI du 15 novembre et du 16 décembre 2010.
3. Note de la DRRI du 16 décembre 2010.

de ce qu'il y a fait, ils se mobilisent. Une enquête fouillée sur cet « islamo-délinquant » est ordonnée au début de janvier. Par prudence, sa fiche « S » est réactivée. Il est clairement suspecté d'être impliqué dans une filière d'acheminement de combattants vers la zone afghano-pakistanaise. Quelques mois plus tôt, un jeune qu'il a rudoyé pour une histoire de dettes rapporte l'avoir vu se connecter sur des sites djihadistes et visionner des scènes de décapitation.

Les limiers de la DRRI ne veulent pas l'affoler. Discrètement, ils commencent une surveillance destinée à savoir ce qu'il mijote et qui il fréquente : filatures, analyse de ses appels téléphoniques, écoutes, caméras et planques devant son domicile, au 17, rue du Sergent-Vigné. « Pendant de nombreux mois, on l'a en veille, c'est-à-dire qu'il fait partie des trois ou quatre dossiers essentiels sur lesquels nous mobilisons nos moyens[1] », expliquera Christian Ballé-Andui, le directeur régional du renseignement intérieur, au juge d'instruction Christophe Teissier en charge de l'affaire Merah.

Entre janvier et juin 2011, un officier de renseignement de la DRRI prénommé « H. » consacre à ce dossier le plus clair de son temps. « J'avais sept dossiers de personnes susceptibles d'être désireuses de se rendre en zone de djihad, mais je n'avais qu'un seul dossier, Mohammed Merah, qui s'était rendu en Afghanistan. C'était un dossier important, j'y accordais plus de temps qu'aux autres[2] », dira-t-il au juge. Les filatures en voiture sont parfois difficiles, car le jeune homme roule à des vitesses extrêmes, comme s'il voulait semer d'éventuels poursuivants. Les enquêteurs rédigent des notes détaillées. Leur cible les inquiète de plus en plus. Ils ont reconstitué une partie de ses voyages de l'automne 2010, mettant à mal la version d'un prétendu déplacement en Algérie auprès d'un parent malade, avancée un temps par Merah devant ses proches.

1. Audition de Christian Ballé-Andui, directeur régional du renseignement intérieur (DRRI), par le juge Christophe Teissier, 22 octobre 2012.

2. Audition de « H. », officier de renseignement DRRI, par le juge Christophe Teissier, 23 octobre 2012.

Le 9 mars 2011, un rapport fait état du « comportement inquiétant » de Mohammed Merah. Depuis son retour, il vit « cloîtré dans son appartement », avec les « volets toujours fermés ». « La cible fait preuve d'une grande méfiance lors de ses rares sorties. » Il se sert d'au moins cinq numéros de téléphone, dont celui de sa mère, pour brouiller les pistes, expurge son compte Facebook des informations compromettantes. Surtout, les policiers notent qu'il « ne fréquente plus la mouvance salafiste toulousaine, qu'il côtoyait souvent par le passé[1] ». Autrement dit : Mohammed Merah craint d'être suivi et s'isole volontairement, comme s'il cherchait à détourner l'attention – une pratique courante chez les apprentis djihadistes. Bien que les écoutes téléphoniques ne permettent pas de déceler un quelconque projet, il se présente parfois comme un « élu d'Allah ». Il reste en contact avec son frère Abdelkader, revenu d'Égypte, qui est un peu son mentor, et continue de fréquenter Sabri Essid, devenu son demi-frère, puisque sa mère s'est remariée avec le père d'Essid. Sabri Essid parviendra à rejoindre les rangs de l'État islamique en Syrie en mars 2014.

Au terme de cinq mois d'enquête, les policiers de Toulouse ont le sentiment que le jeune homme cache quelque chose. Son extrême prudence et son isolement apparent ne les rassurent pas, au contraire. Comme il est d'usage, le directeur régional du renseignement intérieur, Christian Ballé-Andui, rédige, le 15 juin 2011, une note de synthèse demandant à sa direction centrale la possibilité d'étudier une « judiciarisation » du dossier Merah. Pour son subordonné « H. », celle-ci serait nécessaire au vu des éléments recueillis. L'ouverture d'une information judiciaire permettrait à la DCRI de travailler avec un juge et de procéder à des auditions, à des interpellations, à des perquisitions ou à toute action visant à établir un éventuel projet terroriste. « Lorsque la demande est faite, expliquera Christian Ballé-Andui, je dois préciser avec force que je ne sais absolument pas si les conditions sont réunies pour qu'il y ait judiciarisation. C'est d'ailleurs pour cela que cette note est envoyée à

1. Note de la DCRI du 9 mars 2011.

la DCRI pour évaluation, parce que c'est son rôle. Je n'ai pas eu de réponse[1]. »

Pas de réponse, malgré cinq mois d'enquêtes de terrain alarmantes, menées par des professionnels qui disposent de peu de moyens. Le dossier Merah se perd dans les méandres de la bureaucratie au siège de la DCRI, à Levallois-Perret. Les équipes de Bernard Squarcini ont la tête ailleurs. La sous-direction en charge du dossier semble débordée. « Le complexe de supériorité des services parisiens à l'égard des provinciaux, très lié à la culture hypercentralisée de la DST, était tel que ces alertes venues de Toulouse n'ont rien déclenché[2] », raconte un officier de la DGSI (ex-DCRI). Dans leur rapport parlementaire de 2013, les députés Jean-Jacques Urvoas et Christophe Cavard pointeront du doigt cette « apathie » de la direction centrale à la fin de 2011 et au début de 2012. En cause, selon eux, la réforme défaillante de 2008 imposée par l'Élysée, le manque de personnel pour suivre les radicaux islamistes et l'organisation trop hiérarchisée de la DCRI. Celle-ci est devenue une « forteresse » érigée pour lutter contre le « grand terrorisme organisé transnational » au détriment du renseignement de terrain et des services territoriaux, « ravalés au rang de pourvoyeurs d'informations dénués de toute capacité d'initiative ». Pour les parlementaires, la DCRI a « choisi d'asseoir son jugement sur une évaluation de la menace incarnée par une cible[3] », autrement dit un danger identifié. Or Mohammed Merah, dont le comportement ne correspondait pas aux habitudes des islamistes radicaux, a pris soin de n'évoquer aucune cible précise…

De juin à octobre 2011, les services toulousains n'ont donc aucun retour des services parisiens de Bernard Squarcini. Faute d'instructions, ils ne savent que faire. Ils ont levé le pied sur la

1. Audition de Christian Ballé-Andui, *op. cit.*

2. Entretien avec l'auteur, février 2016.

3. Rapport de la Commission d'enquête sur le fonctionnement des services de renseignement français dans le suivi et la surveillance des mouvements radicaux armés, *op. cit.*

surveillance rapprochée, mais continuent, au cas où, à donner des coups de sonde de temps en temps. Or, dès le mois d'août, ils constatent que Mohammed Merah a, de nouveau, disparu de leurs radars. Officiellement, il serait reparti en Algérie dans sa famille. Mais « H. », qui commence à bien le connaître, a de sérieux doutes sur cette version. En 2010, déjà, l'Algérie avait servi d'alibi pour dissimuler son périple en Afghanistan. Des relevés téléphoniques de sa famille font état de trois appels à l'ambassade du Pakistan. Pour « H. », Merah a bien filé vers cette zone de guerre.

Faute d'avoir judiciarisé le dossier à temps, les polices françaises l'ont laissé s'échapper. Plus grave, Mohammed Merah est en réalité parti le 19 août 2011 à destination de Lahore, au Pakistan, *via* Oman, à l'insu de tous les services, alors qu'il était à nouveau fiché « S », c'est-à-dire qu'il devait être signalé lors de tout passage aux frontières. La DGSE ne semble pas suivre sa trace. Sur place, il cherche des contacts lui permettant de rejoindre un camp d'entraînement d'Al-Qaïda. « J'ai rencontré quelqu'un dans une mosquée d'Islamabad qui m'a fait passer par les montagnes au Waziristan », confiera Merah lors du siège de son appartement en mars 2012, fier de rejoindre un groupe affilié à Al-Qaïda, dont il dira avoir « gagné la confiance ».

Parvenu au Waziristan, au cœur des zones tribales pakistanaises, il est pris en charge par une brigade d'une douzaine de combattants qui s'est baptisée Jund al-Khalifa (Armée du califat) et a prêté allégeance aux talibans et à Al-Qaïda. Composée essentiellement de Tadjiks, de Kazakhs et de quelques Arabes, cette cellule formée en 2011 prépare des attentats, principalement au Kazakhstan. Elle est pilotée par un dénommé Moez Garsallaoui, un djihadiste d'origine belgo-tunisienne. Ce dernier n'est pas inconnu de la DCRI : trois ans plus tôt, elle l'a déjà identifié comme mentor de djihadistes francophones susceptibles de commettre des attentats en Europe. Avec son épouse Malika el-Aroud – surnommée « la Veuve noire », car elle a été mariée en premières noces à l'un des assassins du commandant Massoud, tué le 9 septembre 2011 en Afghanistan –, Moez Garsallaoui a été condamné par les justices belge, française et suisse pour incitation à la violence sur Internet et recrutement de djihadistes pour la région pakistano-afghane. Sa présence dans les zones tribales du Pakistan a été signalée à la DGSE et aux services américains et britanniques. Il y accueille des djihadistes étrangers et est en lien avec le Mouvement islamique d'Ouzbékistan (MIO), un autre groupe affilié à Al-Qaïda[1].

Mohammed Merah ne s'inscrit pas dans les circuits traditionnels de ces filières, qui voient normalement les candidats passer un ou deux ans dans les camps avant de repartir pour mener leurs opérations, ce qui laisse le temps aux services occidentaux de les localiser. Surnommé « Youssouf » parmi les combattants, Merah ne reste que deux semaines dans la région de Miranshah, s'entraînant au maniement des armes de poing et de la kalachnikov sous la tutelle de Moez Garsallaoui. Celui-ci évoque avec lui plusieurs cibles possibles d'attentat, au Pakistan et ailleurs. « Il y a eu des projets d'attentat aux États-Unis. J'ai dit que je préférais faire en France », dira-t-il encore après les massacres. Ses mentors d'Al-Qaïda lui demandent de tuer l'ambassadeur d'Inde à Paris. Il refuse, arguant qu'il préfère frapper à Toulouse, la région qu'il connaît bien, et en priorité des soldats français, des Juifs et des policiers.

Moez Garsallaoui passe alors un pacte avec « Youssouf ». « Si Youssouf entreprenait des actions, Moez les prendrait à son compte, c'est-à-dire comme ayant été organisées et exécutées selon ses directives[2] », expliquera un certain Urinbaser Munatov, un jeune terroriste kazakh, ancien membre du Jund al-Khalifa, arrêté à la fin de 2012 au Pakistan et auditionné à la fin de 2013 au Kazakhstan en présence de policiers français.

1. Jacques Follorou, « Moez Garsallaoui, le contact des djihadistes français au Pakistan », *Le Monde*, 19 octobre 2012.

2. Audition d'Urinbaser Munatov par les autorités judiciaires kazakhes en présence de policiers de la DCRI dans le cadre d'une demande d'entraide judiciaire concernant l'affaire David Drugeon (un autre djihadiste français), 4 décembre 2013, Atyrau, Kazakhstan.

Lorsqu'il rentre en France au début de novembre 2011, Mohammed Merah est donc entraîné, déterminé et accrédité par un groupe d'Al-Qaïda. « Je travaille avec Al-Qaïda, j'ai des supérieurs, je ne suis pas tout seul », affirmera-t-il. Son premier coup de fil à son arrivée est pour son ami djihadiste Sabri Essid, avec qui il s'entretiendra des dizaines de fois jusqu'à la date des attentats.

Il lui reste à choisir ses cibles. Et à tromper une nouvelle fois les policiers. Il redouble de prudence. « En rentrant, me sachant surveillé, j'ai coupé tout contact, j'ai supprimé les liens, les adresses électroniques, pour qu'on ne puisse pas remonter [à mes mentors au Pakistan]. De temps en temps, je leur envoyais un message[1] », expliquera-t-il.

Un entretien surréaliste trois mois avant les tueries

Les dysfonctionnements au sein de la DCRI et l'aveuglement incroyable de certains de ses agents vont lui faciliter la tâche. Bernard Squarcini a pourtant clamé, quelque temps auparavant, que les apprentis djihadistes se rendant en Afghanistan et au Pakistan, capables de tromper leur monde à leur retour, étaient surveillés avec une vigilance particulière[2]. De

1. Propos tenus lors de ses échanges avec le policier « H. » lors du siège de son domicile, le 22 mars 2012, révélés dans « Conversation secrète entre Merah et la DCRI », *Libération*, 17 juillet 2012.

2. Interrogé en mars 2009, le patron de la DCRI a expliqué que son service cultivait une « vigilance permanente sur les filières de départ vers l'Afghanistan » : « Pour les djihadistes en cours de formation, c'est souvent le lieu des travaux pratiques. À leur retour, chacun d'eux représente un danger potentiel », disait-il. Et d'ajouter : « La destination la plus prisée aujourd'hui, c'est le Waziristan, la zone frontière entre le Pakistan et l'Afghanistan. À leur retour, les apprentis djihadistes sont difficiles à repérer : ils ont appris la clandestinité, détiennent de faux passeports, et inutile de dire qu'ils ne vont pas embrasser leur famille ! » « Comment on traque les terroristes », *Le Point*, 13 mars 2009.

fait, ayant appris qu'il était parti au Pakistan, la DCRI décide, en octobre 2011, de convoquer Mohammed Merah pour un « entretien administratif » – ce que les initiés appellent un « débriefing préventif ».

Alors que les services toulousains attendent depuis le mois de juin une réponse à leur demande de judiciarisation du dossier, la direction centrale opte pour cette formule légère et peu contraignante, puisque Merah n'est pas obligé de répondre à la convocation. Les agents toulousains de la DRRI ont bien du mal à comprendre ce choix qui entrave leur action, comme le rapportera Christian Ballé-Andui : « [...] dans les faits, nous ne pouvions plus rien faire, puisque, d'une part, nous avions adressé la convocation à Mohammed Merah et, d'autre part, Mohammed Merah n'était plus là. Nous n'avions aucun moyen d'investigation à ce sujet [...], tant sur le plan national qu'international[1]. »

Tandis qu'il se trouve encore au Pakistan, le jeune djihadiste apprend, lors d'une conversation téléphonique avec sa famille, qu'il doit se rendre à la DRRI de Toulouse à son retour pour s'expliquer. Il appelle « H. », le correspondant mentionné dans la lettre de convocation, pour savoir exactement ce qu'il en est. Rassuré d'entendre qu'il s'agit d'un simple entretien administratif, il rentre dans sa ville natale au début de novembre. Cependant, il tombe malade : lors de son séjour au Waziristan, il a contracté une hépatite. Aussi « H. » est-il contraint de l'appeler plusieurs fois et de passer le voir à son domicile pour le convaincre de venir à l'entretien, prévu le lundi 14 novembre 2011.

Cette entrevue surréaliste se déroule en fin de journée au siège de la DRRI, à Toulouse, en présence de deux officiers de la DCRI venus spécialement de Paris et de « H. », qui est prié de ne pas intervenir. « La centrale [parisienne] a exigé que ce soient ces deux fonctionnaires qui mènent l'intégralité de cet entretien, précisera ce dernier au juge. J'y ai assisté, mais seulement en tant que référent local et de façon purement passive[2]. »

1. Audition de Christian Ballé-Andui, *op. cit.*
2. Audition de « H. », *op. cit.*

Rapidement, Mohammed Merah se dit fatigué et demande à pouvoir s'allonger sur la table. La conversation va durer deux heures et demie. Les policiers parisiens écoutent le jeune homme leur raconter ses récents voyages, dont celui au Pakistan. Il leur sert une véritable fable que les agents semblent accréditer sans se poser beaucoup de questions. Selon leur compte rendu, Mohammed Merah est allé au Pakistan dans un « but touristique » et aussi pour... se marier afin de « donner un sens à [sa] vie[1] ». Il aurait contacté une amie pakistanaise de sa mère qui cherchait à marier ses filles dans la ville de Gujrat. Il aurait séjourné deux semaines dans cette famille avant de tomber malade, ce qui aurait « compromis la perspective d'un mariage », puis il se serait promené au Pakistan en touriste, visitant les villes de Lahore et d'Islamabad. « Sur son séjour au Pakistan, Mohammed Merah n'a apporté aucune précision concernant les personnes qui l'ont hébergé. Il explique cette difficulté par son état de santé », écrivent les agents de la DCRI.

Pour faire plus authentique, le globe-trotter montre à ses interlocuteurs des photos de ses voyages, mais seulement celles datant de 2010. Plus cocasse, il déclare avoir financé son séjour grâce à ses économies. Enfin, il se décrit comme « assez solitaire », sans rapport avec les « gens de la cité ». Il revendique une « pratique modérée de l'islam » et affirme ne pas partager les « idées extrémistes de djihadistes ». À l'évidence, Mohammed Merah maîtrise l'art de la dissimulation, la *taqiyya* prônée par les leaders d'Al-Qaïda. Plus c'est gros, mieux ça passe. « Il a volontairement adopté une attitude basée sur la ruse, sur la volonté de donner des gages à son propre entourage et au service lors de son entretien. Il a multiplié ainsi les stratagèmes afin de ne pas se faire détecter[2] », commentera Bernard Squarcini devant le juge.

1. Compte rendu de l'entretien administratif de Mohammed Merah avec deux agents de la DCRI en présence d'un agent de la DRRI, Toulouse, 14 novembre 2011. Le compte rendu est daté du 25 janvier 2012.

2. Audition de Bernard Squarcini, directeur de la DCRI, devant le juge Christophe Teissier, 25 septembre 2012.

Au terme de cette entrevue, les agents de Paris rentrent chez eux l'esprit tranquille. Ils ont cru à peu près tout ce que leur a dit Mohammed Merah. « Ses explications allaient dans le sens de nos observations, de nos analyses et des recueils de renseignements auprès de nos partenaires habituels[1] », résumera le patron de la DCRI. Merah ? Rien à signaler, pense-t-on à Levallois-Perret. Même la section antiterroriste du parquet de Paris ne semble pas pressée de se saisir du dossier Merah, alors qu'elle en est informée et a les moyens de le faire. Seul « H. » a des doutes, mais il n'a pas voix au chapitre. Il doit, de toute façon, attendre que les Parisiens établissent le compte rendu de cet entretien, ce qu'ils ne feront que plus de deux mois plus tard, le 25 janvier 2012. Et encore ce rapport n'est-il transmis aux policiers toulousains qui suivent le dossier Merah que le 25 février, soit deux semaines avant que le jeune djihadiste ne commence ses tueries.

Il s'est donc écoulé plus de trois mois entre l'entretien avec Merah à son retour du Pakistan et le moment où les policiers apprennent ce qu'a décidé la DCRI concernant ce jeune homme. Et que disent les experts parisiens en conclusion de leur rapport ? « Opinion : la rencontre n'a pas permis de faire de lien entre Mohammed Merah et un éventuel réseau djihadiste. Mohammed Merah est apparu comme quelqu'un d'assez malin et ouvert, qui pourrait présenter un intérêt pour notre thématique, en raison de son profil voyageur. Néanmoins, le comportement et la fiabilité de Mohammed Merah nécessitent d'abord une évaluation par le service départemental[2]. »

Non seulement Merah n'est pas jugé dangereux par la DCRI malgré son voyage au Pakistan, mais celle-ci envisage de le recruter comme source parce qu'il semble « assez malin et

1. *Ibid.* Bernard Squarcini précise : « Vingt-deux services étrangers ont été saisis de la problématique Merah. Dix-sept services n'ont pas répondu et cinq ont donné des réponses, mais n'ont fourni aucun renseignement sur son parcours en zone pakistano-afghane. »

2. Compte rendu de l'entretien administratif de Mohammed Merah du 14 novembre 2011, *op. cit.*

ouvert[1] » ! À charge pour les services de Toulouse de donner leur avis sur le sujet. En recevant ce rapport à la fin de février 2012, « H. » et son supérieur, Christian Ballé-Andui, n'en croient pas leurs yeux. Pas de lien avec un « éventuel réseau djihadiste » ? Les policiers toulousains ont pourtant toujours évoqué les contacts de Merah avec « la matrice originelle du salafisme local ». En réalité, cela fait des mois que le directeur régional du renseignement intérieur constate que Merah n'est pas un cas prioritaire pour la DCRI. Pis : faute de consignes venues d'en haut, il doit surseoir à toutes les surveillances. « Son niveau de dangerosité a été revu à la baisse par les spécialistes parisiens, qui le trouvent intéressant et pouvant présenter une utilité, expliquera-t-il au juge. J'ai donc maintenu des vecteurs d'observation à proximité directe avec Mohammed Merah, mais j'ai enlevé les surveillances, car au même moment sont arrivées un certain nombre d'autres personnes venant de zones sensibles et présentant des profils dangereux. Je vous rappelle que mon équipe de Toulouse était constituée de dix personnes. Aussi, après le 14 novembre, Mohammed Merah n'était suivi qu'indirectement par des personnes gravitant autour de lui[2]. »

À la réception du compte rendu de l'entretien administratif du 14 novembre, le directeur régional conclut qu'il doit lâcher prise. « Je ne me trouve plus dans l'urgence », dira-t-il. Mais il refuse de donner suite à la suggestion des services parisiens de faire de Merah une « source ». Son subordonné « H. » le justifiera ainsi : « Effectivement, nous avons estimé que le profil de Mohammed Merah était incompatible avec l'idée même d'un recrutement, en raison de son profil de délinquant et de radical. [...] la centrale fait des propositions, [...] nous avons la latitude d'accepter. De temps en temps, nous avons continué

1. Bernard Squarcini démentira que Mohammed Merah ait jamais été une source de la DCRI, ce qui est formellement exact. Mais il démentira aussi que l'hypothèse ait été évoquée, ce qui est sans doute exact à son niveau, mais pas dans le rapport de ses subordonnés. Voir Bernard Squarcini et Étienne Pellot, *Renseignement français : nouveaux enjeux*, *op. cit.*, p. 144.

2. Audition de Christian Ballé-Andui, *op. cit.*

les investigations. Mais il est vrai qu'au mois de février 2012, lorsque nous avons reçu le rapport de l'entretien, cela a cassé la dynamique qui prévalait à l'origine concernant Mohammed Merah[1]. »

Les policiers de terrain n'ont pas été écoutés. La « centrale » s'est trompée. Les réponses ont tardé. Aucune enquête n'a été menée sur le séjour de Merah au Pakistan. Aucune information fiable n'a été reçue d'autres services français ou étrangers. Toute surveillance a été levée, ce qui constitue une faute[2]. Et il s'en est fallu de peu que Merah ne soit recruté comme une source. « Imaginez la situation si le processus de recrutement avait vraiment été lancé. Nous aurions eu l'air malin lors des attentats. Heureusement que les hommes de Toulouse ont stoppé net cette idée farfelue de Paris[3] », témoigne un agent de la DCRI.

Tant de temps perdu après les premiers attentats

Les dysfonctionnements ne s'arrêtent pas là. Le 11 mars 2012, à 16 heures, Mohammed Merah donne rendez-vous près de la Cité de l'espace, à Toulouse, à un parachutiste français, Imad Ibn Ziaten, qui a passé une annonce pour vendre sa moto. Il l'exécute froidement. Les premiers témoins évoquent un tireur portant un casque intégral, reparti sur un deux-roues de grosse cylindrée. Le parquet de Toulouse saisit la police judiciaire, qui commence des recherches à partir des adresses IP ayant contacté la victime au sujet de sa petite annonce. Quatre jours plus tard, le 15 mars, vers 14 heures, un homme à scooter tire

1. Audition de « H. », *op. cit.*
2. Saisi par Albert Chennouf, le père d'Abel Chennouf, l'une des victimes de Merah, le tribunal administratif de Nîmes estimera, le 12 juillet 2016, que l'État a commis une faute en abandonnant tout suivi de Mohammed Merah après l'entretien de novembre 2011 : « L'absence de toutes mesures de surveillance a compromis les chances d'éviter le décès d'Abel Chennouf, survenu seulement quatre mois après l'entretien. »
3. Entretien avec l'auteur, mars 2016.

avec une arme de calibre 45 sur trois soldats d'un régiment de génie parachutiste devant un distributeur de billets, près de leur caserne, à Montauban. Deux d'entre eux, Abel Chennouf et Mohamed Legouad, sont tués, tandis que le troisième, Loïc Liber, est blessé. Le parquet de Montauban ouvre une enquête, confiée à la police judiciaire, qui s'oriente vers deux hypothèses : celle du terrorisme djihadiste et celle d'une attaque de militants d'extrême droite[1].

Malgré la requête de son responsable régional, la DCRI n'est pas co-saisie à ce moment-là, alors que le caractère terroriste des attentats semble établi. La guerre des services fait rage. À Levallois-Perret, Bernard Squarcini demande tout de même à son adjoint, Frédéric Veaux, de mener des investigations. Le premier penche pour la piste islamiste, le second pour la piste de l'extrême droite[2]. À Toulouse, Christian Ballé-Andui incline, lui aussi, vers l'hypothèse djihadiste, mais on lui rétorque qu'il se trompe sans doute. « Le 15 mars, j'ai des échanges avec la direction centrale quand ils ont appris que la Légion de Montauban revenait de rotations : ils pouvaient constituer une cible privilégiée, vu les objectifs des djihadistes, témoignera-t-il. La direction centrale m'a indiqué que cela ne pouvait pas être aussi simple que cela, d'abord en raison de la qualité des victimes, qui étaient maghrébines. [...] ensuite parce qu'il y avait des attentats en Europe avec l'ultra-droite. Ainsi, par la suite, je serai maintenu sur la piste de l'ultra-droite[3]. »

Le lendemain, le directeur régional rédige deux notes : la première contient plusieurs profils liés à l'ultra-droite, la seconde comporte six noms susceptibles de coller avec la piste salafiste, dont celui de Mohammed Merah. Mais, le 17 mars, on lui demande de « mettre en attente le document sur le salafisme » et

1. Sur le déroulement détaillé des attentats, voir notamment Éric Pelletier et Jean-Marie Pontaut, *Affaire Merah. L'enquête*, Michel Lafon, 2012 ; et Alex Jordanov, *Merah. L'itinéraire secret*, *op. cit.*

2. Rapporté dans Bernard Squarcini et Étienne Pellot, *Renseignement français : nouveaux enjeux*, *op. cit.*, p. 141.

3. Audition de Christian Ballé-Andui, *op. cit.*

de faire plutôt des vérifications sur l'ultra-droite, en transmettant la note correspondante à la police judiciaire.

Ce n'est que le lundi 19 mars – c'est-à-dire le jour où le tueur frappe, à 8 heures, l'école juive Ozar Hatorah de Toulouse, tuant un professeur, Jonathan Sandler, deux de ses enfants, Arié et Gabriel, et Myriam Monsonégo, une troisième élève – que Christian Ballé-Andui apprend qu'une adresse IP appartenant à l'ordinateur de la mère de Mohammed Merah, en lien avec l'annonce passée par la première victime, a été identifiée le 18 mars vers 20 heures. Si l'information avait été transmise plus tôt aux services régionaux, elle aurait sans doute alerté l'équipe de la DRRI.

Encore plus grave, les services du procureur de Montauban ont refusé que le directeur régional du renseignement intérieur assiste, le 15 mars, à une réunion technique au cours de laquelle ont été visionnées les images de vidéosurveillance de la fusillade. « Ces vidéos, je les aurais soumises à mes chefs opérationnels, tant pour l'ultra-droite que pour le salafisme ; cela aurait peut-être permis de dégager des éléments de contexte ou d'attitude[1] », commentera Christian Ballé-Andui. Lorsque son subordonné pourra les visionner, le 20 mars, il dira : « À 80 %, c'est Merah. » Cinq jours se sont écoulés, qui auraient peut-être permis d'identifier plus tôt le tueur au scooter.

Pendant toute cette phase, la coordination entre les parquets, entre la PJ et la DCRI, entre la DCRI et sa direction régionale, aura été calamiteuse, comme le reconnaîtra Bernard Squarcini : « Le manque de discernement et la lourdeur de la chaîne opérationnelle ont fait perdre un temps précieux. [...] le temps perdu aurait pu être mis à profit pour éviter, peut-être, l'assassinat de l'école juive[2]. » Dans un rapport de l'Inspection générale de la police nationale rédigé à la fin de 2012, deux éminents gradés des services, Jérôme Léonnet et Guy Desprats, se montrent très sévères sur les dysfonctionnements dans l'affaire Merah :

1. *Ibid.*

2. Rapporté dans Bernard Squarcini et Étienne Pellot, *Renseignement français : nouveaux enjeux*, *op. cit.*, p. 142.

« Plusieurs défaillances objectives ont été mises en lumière. » Elles tiennent, selon eux, « à la conjonction d'omissions et d'erreurs d'appréciation, à des problèmes de pilotage et d'organisation des services et à des cloisonnements encore très présents entre renseignement intérieur, police judiciaire et sécurité publique[1] ».

Merah nargue les policiers jusqu'au bout

Dernière bévue majeure : alors que les policiers ont bouclé le quartier autour de son domicile, au 17, rue du Sergent-Vigné, dans la journée du 20 mars 2012, le tueur au scooter a pu quitter son appartement en pleine nuit et rentrer quelques heures plus tard sans que personne remarque rien. Il est allé passer quelques coups de téléphone depuis des cabines publiques du centre de Toulouse, appelant notamment, passé minuit, une journaliste de France 24 pour revendiquer ses actions. Il aurait tout aussi bien pu commettre de nouveaux crimes.

Cette surveillance défaillante a des conséquences directes. Lorsque les équipes du RAID lancent l'assaut contre son appartement, le mercredi 21 mars, vers 3 heures du matin, le terroriste n'est pas endormi, comme ils le croient : il est rentré chez lui peu de temps auparavant et les attend les armes à la main. Plusieurs membres du RAID sont blessés. « Cette riposte immédiate et violente déstabilise le dispositif et rendra la suite de l'intervention particulièrement difficile[2] », noteront les inspecteurs généraux. Claude Guéant, le ministre de l'Intérieur, est sur place et tient Nicolas Sarkozy informé. « Il nous attendait, c'est bien lui, ce ne sera pas facile[3] », lui dit-il. En pleine campagne présidentielle, Nicolas Sarkozy veut montrer qu'il peut régler

1. « Affaire Merah, réflexions et propositions », Jérôme Léonnet et Guy Desprats, ministère de l'Intérieur, 19 octobre 2012.
2. *Ibid.*
3. Rapporté dans Éric Pelletier et Jean-Marie Pontaut, *Affaire Merah. L'enquête*, *op. cit.*, p. 92.

cette affaire avec diligence et fermeté. La présence du ministre de l'Intérieur accroît la pression qui pèse sur les policiers.

Le siège durera une trentaine d'heures, ponctuées par de longues conversations entre le forcené et « H. », le policier de la DRRI, qui tente de négocier sa reddition, sans succès. Mohammed Merah dit qu'il veut mourir « les armes à la main ». « Nous avions la consigne de le capturer vivant, se souvient un policier qui participait à l'opération. Nous avons donc parlementé. Mais, à un moment, Claude Guéant a décidé que les policiers mettraient des explosifs dans les persiennes pour donner l'assaut. La décision est sans doute prise de l'éliminer s'il sort. Or il sort. Il se condamne[1]. » Mohammed Merah est neutralisé par des tirs nourris le jeudi 22 mars 2012, à 11 h 32.

Pendant le siège, tout en reconnaissant les faits, il a révélé aux policiers le sérieux de ses plans et leur organisation millimétrée. Il avait d'autres cibles possibles : une maison juive, une synagogue, l'appartement d'un policier, le domicile du chef de la Brigade anti-criminalité de Toulouse, et même son correspondant à la DRRI, à qui il voulait donner rendez-vous pour lui « loger une balle dans la tête ». Par ailleurs, il a fourni les clés d'un box où l'on retrouvera son scooter TMax, un casque et un blouson. Il a indiqué l'emplacement d'une Mégane renfermant une partie de son arsenal : un Colt 357, un fusil à pompe, un pistolet mitrailleur de type Uzi, une mitraillette Sten, des chargeurs, des munitions. Dans des sacs de voyage entreposés chez l'un de ses contacts, les enquêteurs découvriront des vidéos de ses tueries, ainsi que des professions de foi du tueur. Ils récupéreront enfin une clé USB contenant une vidéo de vingt-quatre minutes titrée « Al-Qaïda attaque la France », envoyée à la chaîne de télévision qatarie Al-Jazeera. « J'ai vu la terreur dans le cœur des ennemis d'Allah », clame-t-il. Il se présente comme « combattant d'Al-Qaïda », rend hommage à Oussama Ben Laden et prête allégeance à Ayman al-Zawahiri, son successeur.

1. Entretien avec l'auteur, février 2016.

Dans un autre box, les policiers dénichent encore un pistolet semi-automatique Colt 45, 5 000 euros en liquide – les billets portant des empreintes de Mohammed Merah et d'un de ses amis – et des CD portant également des empreintes de son frère Abdelkader. Celui-ci se défendra de tout rôle dans les préparatifs, admettant simplement avoir procuré des livres religieux à son frère. Il sera cependant mis en examen, notamment pour association de malfaiteurs terroristes de nature criminelle, complicité d'assassinats et de tentatives d'assassinat, et renvoyé devant les assises, tout comme Fettah Malki, un complice présumé, soupçonné d'avoir fourni des armes, un gilet pare-balles et des munitions. Tous deux sont présumés innocents.

Les policiers suspectent Abdelkader d'avoir été à l'origine de la radicalisation de son frère cadet et de l'avoir aidé sur le plan logistique. L'été précédent, Abdelkader a notamment acheté une moto, un casque, un kit mains libres et un blouson noir dans un magasin spécialisé. Quelques jours avant la première attaque, il a été vu dans le même magasin avec Mohammed en train d'acquérir un blouson trop grand pour lui. Il aurait également téléchargé sur Internet des documents contenant des recommandations pour tromper les services de renseignement et apprendre à repérer des cibles à assassiner. Il est aussi suspecté d'avoir participé au vol du scooter TMax dont son frère s'est servi lors des tueries. Dans la vidéo du premier meurtre de Mohammed Merah, à Toulouse, on entend la victime, Imad Ibn Ziaten, demander, semble-t-il à propos d'une personne qui accompagne le tueur : « C'est un pote à toi ? – Oui, c'est mon frère », répond Mohammed Merah, avant de tirer en criant : « Je te tue parce que tu tues mes frères ! Allah Akbar ! » Le mystère demeure entier sur l'identité de ce deuxième homme.

Le 28 mars 2012, les Américains confirment aux services français que Mohammed Merah a été localisé à la fin de septembre 2011, grâce à deux connexions Internet, dans les camps du Waziristan. Une information qui arrive bien tardivement. Dans un communiqué publié le 31 mars, le groupe Jund al-Khalifa revendique les attaques de Mohammed Merah depuis le Pakistan. Cette annonce est rapidement authentifiée par les services de renseignement. Le terroriste avait lui-même évoqué ses liens avec ce groupe lors du siège de son domicile.

Cette connexion est prise très au sérieux. Suivant des consignes de représailles données au plus haut niveau de l'État français, le leader du groupe Jund al-Khalifa, Moez Garsallaoui, est ciblé par les forces armées alliées présentes dans la région. À la fin de mai 2012, il est visé par une attaque de drones américains. Blessé, il se soigne pendant quelques mois dans la région de Miranshah, avec l'aide des talibans. Une autre frappe de drone lui sera fatale, le 10 octobre 2012, dans la ville de Mir-Ali, au nord du Waziristan.

Contrairement à la thèse défendue par le « grand flic » de Nicolas Sarkozy, Mohammed Merah avait bien un réseau et des mentors. Et cette vengeance n'effacera pas les erreurs commises. Excès de bureaucratie lié à la réforme de 2008, misère des moyens de surveillance sur le terrain, alertes non entendues, manque de renseignements sur les voyages à l'étranger, carences de formation, absence de coordination, guerres des services, tensions entre Paris et la province, hésitations policières, courts-circuits judiciaires : rien ne manque dans ce qui restera dans les annales comme un concentré de négligences.

CHAPITRE 10

Guerre et chaos en Libye

La guerre déclenchée en Libye en mars 2011 était-elle justifiée par une urgence humanitaire absolue ? Fut-elle la conséquence de choix hasardeux du président Nicolas Sarkozy et du Premier Ministre britannique David Cameron, ou dictée par une vengeance toute personnelle du président français à l'encontre de l'incontrôlable leader libyen Mouammar Kadhafi ?

Cette opération, menée par une coalition internationale dirigée par la France et la Grande-Bretagne avec l'aval de l'ONU, apparaît avec le recul comme un exemple parfait d'opération militaire réussie qui tourne au désastre en aggravant le terrorisme, à l'instar de la guerre de George W. Bush en Irak huit ans plus tôt. « En 2003, nous avions résisté à la tentation guerrière en refusant de nous embarquer dans l'aventure américano-britannique, commente un ancien patron de la DGSE. L'argument de Jacques Chirac face à George Bush était que faire tomber un régime dictatorial détestable sans précautions conduit inéluctablement à un chaos bien pire que la situation précédente. Ces leçons de l'histoire n'ont visiblement servi à rien. Sarkozy et Cameron sont tombés dans le même piège en Libye en 2011[1]. »

1. Entretien avec l'auteur, mai 2016.

Précipitation au nom de l'« urgence humanitaire »

Après avoir longuement enquêté sur l'épisode irakien de 2003 et les fausses preuves qui avaient justifié la guerre – selon lesquelles Saddam Hussein possédait des armes de destruction massive –, le Parlement britannique s'est penché de manière similaire sur l'intervention en Libye de 2011. Rendu public en septembre 2016, le rapport de sa Commission des affaires étrangères critique vertement les dirigeants qui l'ont décidée, aux premiers rangs desquels Nicolas Sarkozy et David Cameron : « Cette [intervention] n'était pas fondée sur des renseignements exacts. En particulier, le gouvernement [britannique] n'a pas évalué le fait que les menaces contre les civils étaient surestimées et que les rebelles comprenaient un nombre significatif d'éléments islamistes. Durant l'été 2011, l'intervention limitée qui visait à protéger les civils s'est transformée de manière opportuniste en une campagne pour faire chuter le régime. Cette politique n'était pas basée sur une vraie stratégie permettant de préparer l'après-Kadhafi. Il en a résulté un effondrement économique et politique, des guerres entre tribus et entre milices, des crises humanitaires et migratoires, l'extension des violations des droits de l'homme, la propagation des armes du régime libyen dans toute la région et la croissance de l'État islamique en Afrique du Nord[1]. » Le syndrome de la guerre d'Irak de 2003 s'est bien répété en Libye en 2011.

Côté français, plusieurs parlementaires ont également procédé à des analyses rétrospectives de cette guerre. Dans un rapport publié en décembre 2015, trois députés en dressent un bilan plus nuancé : elle a, selon eux, « incontestablement » évité des massacres. Cependant, il s'agit d'un « cas d'école », en raison « de la mauvaise gestion du jour d'après et du défaut

1. « Libya : Examination of intervention and collapse and the UK's future policy options », House of Commons, Foreign Affairs Committee, Third Report of Session 2016-2017, 6 septembre 2016.

de pilotage politique de la transition libyenne[1] ». Le « processus n'était pas condamné à dérailler », mais « les effets potentiellement destructurants de cette opération ont indéniablement été sous-estimés ». Un rapport du Sénat sur les opérations militaires extérieures, daté de juillet 2016, résume quant à lui dans un style télégraphique les suites de l'opération Harmattan menée avec succès par les forces françaises en Libye en 2011 : « Pas de stratégie politique de règlement durable de la crise *ab initio*. Impossibilité de mettre en place un dispositif de stabilisation à l'issue de l'intervention militaire avec de multiples conséquences (situation intérieure de la Libye, implantation de groupes terroristes, effet déstabilisateur au Sahel, plus de contrôle des migrations)[2]. » Le fiasco politique est donc globalement confirmé par plusieurs sources officielles.

Nicolas Sarkozy a joué un rôle clé dans ce scénario. Le rapport des parlementaires britanniques le souligne : c'est le président français qui a pris le plus d'initiatives dans le lancement de la guerre. Dès le 17 février 2011, date du soulèvement à Benghazi, qui se propage bientôt aux provinces côtières jusqu'à Misrata, l'Élysée observe les événements de près. Accusé d'une trop grande proximité avec le régime tunisien de Ben Ali, qui vient de tomber, l'exécutif français entend, cette fois-ci, ne pas rater le train des « printemps arabes ». Alors qu'une première résolution du Conseil de sécurité de l'ONU, adoptée à l'unanimité le 26 février, condamne les crimes contre l'humanité commis par le régime de Kadhafi, la ligne de Nicolas Sarkozy est arrêtée : « Kadhafi doit partir[3]. » Il demande immédiatement à ses états-majors militaires de préparer des plans d'intervention. Un Conseil national de transition (CNT) est créé le 27 février sous la houlette de l'ancien ministre

1. Rapport d'information sur la Libye, cosigné par Nicole Ameline, Philippe Baumel et Jean Glavany, 25 novembre 2015, Assemblée nationale.

2. Rapport d'information sur le bilan des opérations extérieures, cosigné par Jacques Gautier, Daniel Reiner, Jean-Marie Bockel, Jeanny Lorgeoux, Cédric Perrin et Gilbert Roger, 13 juillet 2016, Sénat.

3. Rapporté notamment dans Natalie Nougayrède, « BHL, porte-étendard libyen », *Le Monde*, 8 novembre 2011.

de la Justice, Moustafa Abdel Jalil, qui a fait défection, et d'un porte-parole, l'avocat des droits de l'homme Abdel Hafiz Ghoga. Son conseil exécutif est présidé par l'ancien Premier ministre Mahmoud Jibril.

Au début du mois de mars, recevant à Benghazi le philosophe Bernard-Henri Lévy, les représentants du CNT réclament un soutien aérien rapide de la part des pays occidentaux. Le philosophe plaide leur cause dès son retour : « Sans ces interventions musclées qu'applaudiront, sans aucun doute, les foules immenses qui se relaient sur la corniche de Benghazi, la révolution libyenne vivra sous la menace d'un fou qui n'a plus rien à perdre et qui, tôt ou tard, fera tout pour engloutir la Libye avec lui[1]. » Décrochant son téléphone, il convainc Nicolas Sarkozy de recevoir des membres du CNT, qu'il qualifie de « Massoud libyens ». Ravis de cette quasi-reconnaissance, ceux-ci accourent à l'Élysée le 10 mars 2011. À l'issue de cette réunion informelle qui se tient à la veille d'un sommet européen à Bruxelles, le président français prend de vitesse ses alliés ainsi que ses propres conseillers, et même son ministre des Affaires étrangères, Alain Juppé : il présente le CNT comme le « représentant légitime du peuple libyen » et parle de « frappes ciblées » contre l'armée de Kadhafi.

De son côté, refusant tout dialogue, Kadhafi réprime les manifestations et reprend plusieurs villes. Il promet de traquer les insurgés « mètre par mètre, pièce par pièce, maison par maison, rue par rue ». Cette sémantique guerrière incite les habitants de Benghazi et la Ligue des États arabes à lancer un appel pour que la communauté internationale impose une zone d'exclusion aérienne et protège les civils. En quelques jours, le sauvetage de Benghazi devient l'impératif des grandes puissances. Les médias évoquent des milliers d'exécutions qui auraient eu lieu dans les villes reprises par les forces kadhafistes.

1. Bernard-Henri Lévy, « Dans la Libye libérée », *Le Journal du dimanche*, 6 mars 2011. Voir aussi son livre *La Guerre sans l'aimer*, Grasset, 2011. Et Saïd Mahrane, « BHL, l'autre ministre des Affaires étrangères », *Le Point*, 24 mars 2011.

En réalité, selon le témoignage d'un médecin de l'hôpital de Misrata recueilli par l'ONG Human Rights Watch, deux cent cinquante personnes ont été tuées et un millier ont été blessées, dont une trentaine de femmes et d'enfants, lors de la reconquête de Misrata[1]. « En dépit de la rhétorique, l'idée que Mouammar Kadhafi aurait pu ordonner des massacres de civils à Benghazi ne repose sur aucune preuve disponible[2] », estimeront les parlementaires britanniques, démentant l'idée alors répandue d'un inévitable bain de sang. De son côté, Amnesty International affirmera que les troupes de Kadhafi ont bien commis des exactions et des crimes de guerre, mais qu'il n'existe pas de preuves de tueries de masse de civils[3]. Il semble que les rebelles de Benghazi aient délibérément exagéré les menaces afin d'obtenir une aide occidentale.

Malgré des informations partiellement biaisées, Nicolas Sarkozy est persuadé qu'il faut agir vite pour des raisons humanitaires[4]. Son ancien conseiller diplomatique Jean-David Levitte se souvient de sa détermination : « Dès le début de la crise, il m'a demandé de lui écrire une note sur le massacre de Srebrenica, en ex-Yougoslavie, en 1995, qui avait causé la mort de huit mille musulmans faute d'intervention occidentale. Selon lui, cette fois-ci, nous risquions au moins quatre-vingt mille victimes à Benghazi si nous ne bougions pas. Il voulait absolument faire quelque chose[5]. » Après avoir convaincu David Cameron, le président français ordonne à Alain Juppé de présenter au nom de la France et du Royaume-Uni un projet de résolution

1. « Libya : Government Attacks in Misrata Kill Civilians », Human Rights Watch, 10 avril 2011.

2. « Libya : Examination of intervention and collapse and the UK's future policy options », *op. cit.*

3. « The battle for Libya, killings, disappearances and torture », Amnesty International, 13 septembre 2011.

4. Sur les motifs humanitaires de cette intervention et un plaidoyer en faveur des décisions prises, voir notamment Jean-Baptiste Jeangène Vilmer, « Ten Myths About the 2011 Intervention in Libya », *Washington Quarterly*, été 2016, p. 23-43.

5. Entretien avec l'auteur, novembre 2016.

en ce sens au Conseil de sécurité de l'ONU. « La situation sur le terrain est plus alarmante que jamais, marquée par la reconquête violente des villes. [...] Nous avons peu de temps devant nous, c'est peut-être une question d'heures », clame le ministre des Affaires étrangères à New York. Le 17 mars 2011, la résolution 1973 est adoptée dans l'urgence par dix voix pour et cinq abstentions. Elle interdit les vols libyens et autorise les membres de l'ONU à prendre « toutes mesures nécessaires » pour prévenir les attaques contre des civils.

D'abord très réticente à tout interventionnisme, l'administration Obama se rallie à cette position sous l'influence de la secrétaire d'État Hillary Clinton. Cependant, lorsque cette dernière arrive à l'Élysée le samedi 19 mars à midi pour un sommet des grandes puissances sur la Libye, elle est surprise d'entendre Nicolas Sarkozy annoncer que des chars du régime libyen font mouvement vers Benghazi. « Il faut les stopper aujourd'hui, sinon il sera trop tard », dit le président français à Hillary Clinton et David Cameron réunis pour un apéritif. Consultés sur-le-champ, les états-majors américains et britanniques estiment qu'ils ne peuvent déclencher des opérations militaires immédiates sans risques.

Un Conseil de défense s'étant tenu la veille à l'Élysée, Nicolas Sarkozy a décidé, lui, d'envoyer les avions de chasse français. Le samedi, à midi, les chasseurs décollent des bases de Nancy, Dijon et Saint-Dizier. Depuis déjà plusieurs jours, l'armée de l'air mène des missions de reconnaissance et constitue des dossiers d'objectifs. Nicolas Sarkozy explique ensuite aux autres chefs d'État réunis pour un déjeuner : « C'est une décision collective et je peux encore demander aux avions de rebrousser chemin. » Personne n'ose objecter. « Je ne veux pas être celle qui fait rappeler les avions et provoque un massacre à Benghazi[1] », confiera plus tard Hillary

1. Voir Joe Backer et Scott Shane, « Hillary Clinton, Smart Power and a Dictator Fall », *New York Times*, 27 février 2016. Voir aussi Jean-Christophe Notin, *La Vérité sur notre guerre en Libye*, Fayard, 2012, p. 164-165.

Clinton. En vérité, après avoir lancé un ultimatum à Kadhafi avec ses alliés, Nicolas Sarkozy veut démontrer qu'il est un chef de guerre.

Faire tomber Kadhafi à tout prix

Les premières frappes françaises donnent des résultats, tandis qu'une pluie de missiles américains et britanniques s'abat, quelques heures plus tard, sur d'autres fiefs du régime. L'avancée de l'armée de Kadhafi sur Benghazi, supposée imminente, est stoppée net. La population de la ville n'est plus menacée. « Si le premier objectif de l'intervention de la coalition était la nécessité urgente de protéger les civils de Benghazi, il a été atteint en moins de vingt-quatre heures[1] », notent les parlementaires britanniques dans leur rapport. Dès lors, la poursuite des bombardements ne s'impose pas. Les états-majors britanniques ont d'ailleurs prévu une pause pour étudier d'éventuelles alternatives aux options militaires. Mais pas leurs homologues français. La bataille va donc continuer, sous l'étendard de l'OTAN à partir de la fin de mars 2011.

En effet, Nicolas Sarkozy et David Cameron considèrent qu'il faut prolonger les frappes, principalement sur les centres de commandement de l'armée libyenne, afin d'éviter, conformément à la résolution 1973 de l'ONU, que d'autres populations civiles ne soient massacrées dans le reste de la Libye. L'engrenage de la guerre contre le dictateur est enclenché : en quelques semaines, Paris et Londres transforment une opération à but humanitaire en un combat acharné pour faire tomber le régime. Y compris en ciblant directement Mouammar Kadhafi et ses proches, qui ne montrent aucun signe d'ouverture. « Nous lui avons fait passer de multiples messages pour l'inciter à céder sa place pacifiquement, notamment en lui donnant une liste de pays dans lesquels il ne serait pas poursuivi, comme

1. « Libya : Examination of intervention and collapse and the UK's future policy options », *op. cit.*

la Guinée-Équatoriale. Mais il n'y a donné aucune suite[1] », se souvient Jean-David Levitte. Le ministre britannique de la Défense, Liam Fox, reconnaîtra devant les parlementaires que la résolution de l'ONU n'impliquait pas de viser des individus, mais avait bien pour objectif d'affaiblir les capacités de commandement. Or, la résidence de Kadhafi à Tripoli étant aussi un centre de contrôle, elle devenait une « cible légitime[2] ». Une frappe de l'OTAN détruit d'ailleurs l'une des résidences du dictateur dans la nuit du 30 avril au 1er mai 2011. Kadhafi en réchappe à quelques minutes près. Le raid tue l'un de ses fils, Saïf al-Arab, et trois de ses petits-enfants.

Le 20 octobre 2011, les bombes larguées par un Mirage français ciblent délibérément le convoi de soixante-quinze voitures dans lequel Kadhafi a pris place, tentant de fuir la ville de Syrte, où il s'est réfugié avec l'un de ses fils, Moatassem, et quelques fidèles. Probablement localisés la veille grâce au téléphone satellitaire qu'ils utilisent, l'ex-dictateur déchu et son fils sont surveillés par des drones américains et français survolant Syrte[3]. L'objectif de Washington et de Paris est bien de liquider Kadhafi et son clan. Un missile tiré depuis un drone américain, puis deux bombes françaises pulvérisent une partie de son convoi. Ayant miraculeusement survécu à cette frappe, Kadhafi et quelques-uns de ses derniers partisans sont pris sous le feu des rebelles de la *katiba*[4] Tiger de Misrata, qui les encerclent. Des commandos des forces spéciales françaises sont également présents pour encadrer cette *katiba* et traquer l'ex-dictateur[5]. Kadhafi est blessé dans les échanges de tirs,

---

1. Entretien avec l'auteur, novembre 2016.

2. Audition de Liam Fox, ancien secrétaire britannique à la Défense, 1er décembre 2015, citée dans « Libya : Examination of intervention and collapse and the UK's future policy options », *op. cit.*

3. Voir le récit dans Vincent Nouzille, *Les Tueurs de la République*, *op. cit.*, p. 299-303.

4. Le terme *katiba* désigne un bataillon de djihadistes.

5. Voir notamment Claude Angeli, « Kadhafi condamné à mort par Washington et Paris », *Le Canard enchaîné*, 26 octobre 2011 ; et Roger Faligot, Jean Guisnel et Rémi Kauffer, *Histoire politique des services*

avant d'être fait prisonnier et assassiné dans des conditions qui restent obscures, tout comme Moatassem. Près de soixante-dix de ses partisans sont également exécutés de façon sommaire par les rebelles[1]. Dans leur rapport parlementaire de la fin de 2015, les députés français affirmeront sans détour que les « enchaînements qui ont conduit au renversement et à la mort du colonel Kadhafi ont débordé le cadre de la résolution » de l'ONU[2].

Entre Sarkozy et Kadhafi, de lourds secrets

Le revirement brutal de Nicolas Sarkozy sur Kadhafi, qu'il recevait en grande pompe à Paris en décembre 2007, et son empressement soudain à le renverser peinent à s'expliquer par la seule volonté de protéger des civils. Quelques semaines avant le déclenchement de la guerre, plusieurs de ses proches étaient encore à Tripoli pour poursuivre des échanges jugés prometteurs avec l'entourage du raïs libyen. Les services secrets libyens coopéraient avec leurs homologues français dans la surveillance de filières terroristes, notamment au Sahel. Après les difficiles négociations de l'été 2007 pour obtenir la libération des infirmières bulgares accusées à tort d'avoir propagé le virus du sida en Libye, la perspective de contrats commerciaux attirait dans le pays de plus en plus d'entreprises françaises et d'intermédiaires. Pourtant, Nicolas Sarkozy opte rapidement pour la solution dure contre Kadhafi. « Je le connais, il est fou[3] », dit-il à ses proches. Des considérations politiques, dans cette dernière année de mandat, ont certainement pu entrer en ligne de compte : selon les sondages, deux tiers de l'opinion publique

secrets français. De la Seconde Guerre mondiale à nos jours, La Découverte, 2012, p. 645-649.

1. Voir le rapport « Death of a Dictator : Bloody Vengeance in Sirte », Human Rights Watch, 17 octobre 2012.

2. Rapport d'information sur la Libye, *op. cit.*

3. Rapporté dans Jean-Christophe Notin, *La Vérité sur notre guerre en Libye*, *op. cit.*, p. 357.

française soutiennent l'intervention en Libye. Mais Nicolas Sarkozy a peut-être aussi été tenté d'évincer Kadhafi parce que ce dernier était porteur de lourds secrets.

En effet, des soupçons vont bientôt se répandre sur un possible financement libyen de la campagne présidentielle de Nicolas Sarkozy en 2007. Plusieurs anciens dignitaires du régime, dont un ex-Premier ministre, un fils du dictateur, l'ex-interprète du raïs libyen ou encore l'ancienne cheffe des gardes du corps de Kadhafi, évoqueront des versements. Au printemps 2012, Médiapart publiera notamment un document citant un accord de principe pour un financement occulte de 50 millions d'euros, ce qui conduira Nicolas Sarkozy à déposer une plainte pour « usage de faux », qui n'aboutira pas. Un des intermédiaires présumés de cette affaire, Ziad Takieddine, parlera de plusieurs rencontres entre Claude Guéant, alors directeur de campagne de Nicolas Sarkozy, et Béchir Saleh, directeur de cabinet de Kadhafi, entraînant l'ouverture à Paris, en 2013, d'une information judiciaire qui est loin d'être close[1]. Nicolas Sarkozy redoutait-il que l'imprévisible Kadhafi ne brandisse un jour des documents embarrassants ? Le dictateur a ouvertement menacé de le faire dès le début du conflit. Beaucoup de proches de l'ex-président doutent que cette affaire soit fondée, mais force est de constater que ce volet des relations franco-libyennes demeure bien opaque.

D'autres motivations ont également pu jouer, si l'on en croit des documents américains confidentiels. Dans un mémorandum

1. Voir notamment Fabrice Arfi et Karl Laske, « Sarkozy-Kadhafi, la preuve du financement », Médiapart, 28 avril 2012. L'authenticité de ce document parlant d'un versement de 50 millions d'euros, signé de Moussa Koussa, patron des services secrets libyens, sera contestée en justice par Nicolas Sarkozy et ses proches. Mais, en novembre 2014, les experts judiciaires valideront l'authenticité de la signature, ce qui relancera l'enquête. De nouveaux documents mentionnant des versements, émanant de l'ancien ministre libyen du Pétrole, Choukri Ghanem, mort noyé à Vienne en 2012, seront révélés en septembre 2016. Voir Fabrice Arfi et Karl Laske, « Un carnet consignait en 2007 les millions libyens de Nicolas Sarkozy », Médiapart, 27 septembre 2016.

adressé à Hillary Clinton le 2 avril 2011, l'un de ses conseillers, Sidney Blumenthal, estime que Nicolas Sarkozy vise plusieurs objectifs dans sa guerre contre Kadhafi qui vient de débuter : « obtenir une plus grande part de la production de pétrole libyen ; accroître l'influence française en Afrique du Nord ; améliorer sa situation politique personnelle en France ; fournir aux militaires français une occasion de réaffirmer leurs positions dans le monde ; et répondre à l'inquiétude de ses conseillers sur les plans de Kadhafi visant à supplanter la France comme puissance dominante en Afrique francophone[1] ».

Dans ce mémo, Sidney Blumenthal évoque notamment l'existence d'un stock de cent quarante-trois tonnes d'or et autant d'argent, évalué à 7 milliards d'euros, détenu par le régime de Kadhafi, et qui aurait été destiné à créer à terme une monnaie rivale du franc CFA en Afrique. Il cite des rumeurs selon lesquelles ces réserves de métaux précieux auraient été secrètement transportées dans le Sud libyen peu avant le début de la rébellion, ce qui aurait alerté les services de renseignement français et contribué à déclencher les opérations militaires. Même s'il faut prendre ces informations avec prudence, cette note laisse entendre que d'autres raisons diplomatiques et économiques ont pu peser dans la décision française de mener la guerre en Libye.

Des alertes ignorées sur la montée des islamistes

Tout à sa précipitation, Nicolas Sarkozy fait preuve d'aveuglement sur la composition du CNT et l'activisme militaire des rebelles libyens dans les zones qu'ils occupent. Officiellement, ces derniers sont considérés comme de nouveaux alliés solides, garants d'une future Libye démocratique. Pourtant, dès

1. « France's client & Qaddafi's gold », mémo de Sidney Blumenthal à Hillary Clinton, 2 avril 2011, archives du département d'État, document déclassifié le 31 décembre 2015.

ses origines, le Conseil est constitué d'un attelage disparate d'anciens officiels kadhafistes, de personnalités de la société civile et d'islamistes beaucoup plus radicaux. Le 27 mars 2011, dans un mémo à Hillary Clinton, son conseiller Sidney Blumenthal évoque l'optimisme du CNT à la suite des premières frappes occidentales qui désorganisent l'armée libyenne : « Un des commandants rebelles admet que ses troupes continuent d'exécuter sommairement tous les mercenaires étrangers capturés durant les combats. » Autrement dit : les insurgés commettent des exactions – qui seront confirmées par plusieurs ONG – sans que cela freine l'appui des pays occidentaux[1]. Au contraire. L'embargo officiel sur les armes est allégrement contourné, les rebelles recevant des livraisons principalement des Émirats arabes unis et du Qatar. Le conseiller précise que les forces spéciales britanniques et françaises opèrent déjà le long de la frontière égypto-libyenne : « Ces troupes supervisent les transferts d'armes et de vivres aux rebelles. »

Rapportant les confidences d'une « source européenne sensible », le conseiller américain explique également que les états-majors français espèrent un effondrement imminent de l'armée libyenne et la chute rapide de Tripoli, sans fournir d'éléments plus précis à ce sujet : « La situation devient de plus en plus frustrante pour le président français Nicolas Sarkozy, qui, selon ces sources, fait tout pour que la France apparaisse comme le principal pays allié du futur nouveau gouvernement arrivant au pouvoir. [...] Sarkozy est aussi inquiet des rapports multiples indiquant que des groupes radicaux/terroristes comme les Groupes [islamiques] combattants libyens [GICL]

1. Plusieurs ONG, dont Amnesty International, rapporteront des exactions commises par les insurgés contre des soldats kadhafistes, des mercenaires ou d'autres membres de forces de sécurité. Voir Amnesty International, « The battle for Libya, killings, disappearances and torture », *op. cit.*, p. 70-79. En mai 2011, Amnesty International demandera des explications au CNT au sujet de ces exactions. Son président, Moustafa Abdel Jalil, assurera que des efforts – dont la nature ne sera pas précisée – seront faits pour prévenir ces pratiques, mais il admettra qu'il est difficile de les empêcher en période de guerre.

ou Al-Qaïda au Maghreb islamique [AQMI] infiltrent le CNT et son commandement militaire. » Selon Sidney Blumenthal, le président français a demandé à un sociologue fin connaisseur du Moyen-Orient de se renseigner sur cette influence. « Sarkozy a aussi demandé des rapports pour avoir une vision claire du rôle des Frères musulmans dans le pilotage de la rébellion[1] », précise l'Américain. D'après lui, cette inquiétude est partagée par plusieurs services européens, qui doutent des capacités de la France et de ses alliés à éviter que, après la chute de Kadhafi, AQMI et d'autres groupes installent de petits « califats » semi-autonomes dans les régions pétrolières du Sud libyen.

En clair, si l'on en croit ce document américain officieux, dès la fin du mois de mars 2011, les exécutions sommaires menées par les insurgés libyens sont connues et le rôle grandissant des éléments terroristes au sein du CNT alerte les chancelleries et l'Élysée. Pourtant, il ne semble urgent à personne d'en faire état publiquement, afin de ne pas ternir la façade démocratique de la rébellion. « Au début de l'insurrection, nous savions que des milices islamistes étaient présentes, mais nous pensions qu'elles jouaient un rôle mineur[2] », avoue un ancien diplomate du Quai d'Orsay.

Dans un autre courriel à Hillary Clinton, daté du 2 avril, le même Sidney Blumenthal évoque l'existence de factions qui commencent à diviser le CNT et le rôle du général Younès, l'un de ses chefs militaires : il apparaît alors comme le meilleur ami des Français, lesquels lui auraient fourni de l'argent et promis « des instructeurs militaires et des armes ». Les hauts responsables du CNT se montreraient même très impatients à ce sujet. « L'émissaire occasionnel de Sarkozy, l'intellectuel autopromu intermédiaire Bernard-Henri Lévy, est considéré par les membres du CNT qui ont négocié avec lui comme un

1. « Lots of New Intel ; Libyan army possible on verge of collapse », mémo de Sidney Blumenthal à Hillary Clinton, 27 mars 2011, archives du département d'État, document déclassifié le 31 décembre 2015.

2. Entretien avec l'auteur, octobre 2016.

personnage mi-utile, mi-plaisantin[1] », précise le conseiller américain. BHL n'est peut-être pas totalement pris au sérieux, mais il faut continuer de faire semblant.

L'assassinat mystérieux d'un homme qui en savait trop

Le 20 avril 2011, Moustafa Abdel Jalil, le président du CNT, est reçu à l'Élysée par Nicolas Sarkozy comme un quasi-chef d'État. Le président français promet une intensification des frappes et l'envoi d'« officiers de liaison ». En réalité, contrairement à la version officielle selon laquelle il n'y aura pas de soldats français au sol en Libye, des commandos des forces spéciales se rendent sur place pour mieux coordonner les offensives des rebelles avec les frappes aériennes de l'OTAN, tandis que des agents du Service Action de la DGSE assurent la protection de quelques leaders du CNT, dont son président, et livrent des armes aux insurgés.

La France soutient sans état d'âme la rébellion. Une semaine plus tôt, le 13 avril, le président français a aussi rencontré discrètement une autre délégation d'insurgés libyens, accompagné de Bernard-Henri Lévy. Parmi eux figuraient le général Abdelfattah Younès, le chef militaire de la rébellion, et Moustafa el-Sagezli, numéro deux de la Brigade du 17 Février, l'une des principales milices islamistes rebelles, dirigée par Abdelhakim Belhadj, un chef djihadiste réputé proche d'Al-Qaïda qui a naguère combattu en Afghanistan et en Irak. Les discussions ont notamment porté sur les livraisons d'armes *via* le Qatar – blindés, munitions, lance-roquettes, missiles antichars[2]. Comme le confie Jean-David Levitte, « Nicolas Sarkozy s'est ensuite ému auprès de l'émir du Qatar du soutien qu'il apportait à

1. « France's client & Qaddafi's gold », *op. cit.*
2. Voir notamment Roumania Ougartchinska et Rosario Priore, *Pour la peau de Kadhafi. Guerres, secrets, mensonges. L'autre histoire (1969-2011)*, Fayard, 2013, p. 270-271.

Abdelhakim Belhadj, que nous jugions peu fréquentable. L'émir lui a répondu qu'il finançait toutes les milices pour être sûr d'être dans le camp des vainqueurs. Malgré nos protestations, nous n'avons pu mettre fin à cette aide[1] ».

Le lendemain, 14 avril, deux hommes déposent discrètement à la permanence de l'Élysée une note très confidentielle sur la Libye, destinée au président de la République. Le tandem est composé d'un homme d'affaires influent dans la Françafrique, le baroudeur franc-maçon Robert Dulas, et d'un ancien parachutiste français du 3e RPIMa, Pierre Marziali. Ce dernier a fondé Secopex, une petite société de sécurité privée très active au Sahel. Il travaille secrètement pour le compte des Américains, notamment de la CIA et de la société de mercenaires Blackwater, dont les agissements violents en Irak ont naguère fait scandale. Pierre Marziali cherche depuis des mois à implanter Secopex en Libye[2]. Avec Robert Dulas, il s'est rendu plusieurs fois à Tripoli. Après le début de l'insurrection, en février 2011, Robert Dulas a été reçu dans la capitale libyenne par Abdallah Mansour, neveu de Kadhafi. Ce pilier du régime lui a dit que son oncle serait prêt à se démettre au profit de son fils Saïf al-Islam et qu'il ne comprenait pas la « trahison » de la France. « Ils nous ont demandé de la formation pour les militaires et du matériel, ce à quoi j'ai répondu qu'il m'était impossible d'agir contre mon pays[3] », confiera l'homme d'affaires. Robert Dulas revient en avril avec Pierre Marziali, et ils rencontrent le Premier ministre Baghdadi al-Mahmoudi. « Transmettez le message : le président Kadhafi est prêt à se retirer », répète ce dernier. Plusieurs autres intermédiaires recevront, les mois suivants, le même type de

1. Entretien avec l'auteur, novembre 2016.

2. Sur Secopex, son rôle en Afrique et ses liens avec les Américains, voir Robert Dulas, Marina Ladous et Jean-Philippe Leclaire, *Mort pour la Françafrique. Un espion au cœur des réseaux islamistes*, Stock, 2014 ; et l'enquête de Marina Ladous et Jean-Philippe Leclaire pour l'émission « Spécial Investigation » sur Canal +, « Pierre Marziali, une affaire d'État ? », 8 décembre 2014.

3. Voir Fabrice Arfi et Karl Laske, « Guerre en Libye : les vérités qui dérangent d'un homme de l'ombre », Médiapart, 14 novembre 2014.

confidences, sans que cela se traduise par des gestes concrets de la part du leader libyen.

Après plusieurs missions, Robert Dulas et Pierre Marziali rédigent, le 7 avril 2011, une note sur la situation en Libye qu'ils décident de déposer à l'Élysée une semaine plus tard, la jugeant importante. À l'encontre de la version officielle française, ils y reprennent les arguments des kadhafistes, indiquant qu'une transition pacifique est possible – ce qui relève, à ce stade, d'une chimère. Le document prône le remplacement de Mouammar Kadhafi par son fil Saïf al-Islam. Il affirme que « la nébuleuse terroriste (Hamas, AQMI) est bien à l'origine du mouvement révolutionnaire en Libye et renforce son action militaire par des combattants volontaires venant de l'étranger ». Ses auteurs évoquent l'existence d'un camp, dans la région du djebel Akhdar, où des migrants sont enrôlés et transformés en kamikazes. Ils mentionnent enfin que « mille deux cents ogives chimiques (neurotoxique et sarin) auraient été vendues à Benghazi par les rebelles[1] ». Ces armes de destruction massive auraient été pillées dans les stocks du régime et revendues à des groupes étrangers.

Si ces informations sont exactes, elles sont de nature à gêner au plus haut point les leaders du CNT et les pays alliés qui les soutiennent. Qui lit ce document alarmant à l'Élysée ? Les deux associés pensent qu'il a été transmis à Claude Guéant, secrétaire général, et au président lui-même, mais le premier affirmera n'avoir « aucun souvenir de ce courrier[2] ».

Pierre Marziali retourne en Libye quelques semaines plus tard, le 11 mai, pour offrir ses prestations de sécurité au CNT. Il a été précédé par plusieurs amis et employés de Secopex, arrivés à Benghazi le 18 avril. Sur place, les services de renseignement français sont parfaitement au courant de la présence de cette équipe. Dans la soirée du 11 mai, alors qu'ils sortent d'une pizzeria, Pierre Marziali et trois employés de Secopex

1. Rapporté dans Robert Dulas, Marina Ladous et Jean-Philippe Leclaire, *Mort pour la Françafrique*, *op. cit.*, p. 77.

2. Rapporté *ibid.*, p. 321.

sont arrêtés par des miliciens cagoulés qui surgissent de plusieurs véhicules. Ces derniers ordonnent aux Français de se coucher à terre. Un coup de feu retentit, qui touche Pierre Marziali dans le dos. Il décédera peu après d'une hémorragie. Les trois autres sont conduits dans une caserne tenue par la Brigade du 17 Février. Ils sont interrogés pendant plusieurs jours par les miliciens, dont Moustafa el-Sagezli, qui faisait partie des invités de Nicolas Sarkozy à l'Élysée quelques semaines auparavant. Les prisonniers sont finalement libérés après avoir été contraints par la force d'avouer qu'ils étaient des espions de Kadhafi.

Sollicité par le journaliste Stéphane Malterre pour M6, le porte-parole de la CNT, Abdel Hafiz Ghoga, affirmera que Pierre Marziali était « en contact avec le régime de Kadhafi[1] ». Selon la Brigade du 17 Février, le coup de feu ayant tué l'ancien parachutiste français était accidentel. Les proches de Pierre Marziali n'ont jamais cru à cette thèse. Pour Robert Dulas, la note remise à l'Élysée le 14 avril 2011 a peut-être, indirectement, provoqué l'assassinat de son ami, qui en savait sans doute trop sur les islamistes libyens. « Nous étions des empêcheurs de tourner en rond. On venait mettre de la complexité et indiquer que tout ça n'était pas blanc, mais plutôt gris, presque noir [...]. BHL chantait sur les toits que les gars du CNT étaient des anges, alors qu'il ne les connaissait que depuis deux jours[2]. » L'ancien directeur du renseignement de la DGSE Alain Juillet émettra, lui aussi, des doutes : « Dulas et Marziali avaient rédigé une note pour mettre en garde contre les islamistes. Moins d'un mois plus tard, Pierre Marziali est tué. Je suis trop vieux dans ce métier pour croire aux coïncidences[3]. » L'information judiciaire ouverte en septembre 2011 à Narbonne, à la suite de la

1. Interview dans le cadre de l'émission « Enquête exclusive », M6, 2011.

2. Fabrice Arfi et Karl Laske, « Guerre en Libye : les vérités qui dérangent d'un homme de l'ombre », art. cité.

3. Rapporté dans Robert Dulas, Marina Ladous et Jean-Philippe Leclaire, *Mort pour la Françafrique*, *op. cit.*, p. 234.

plainte déposée par Dominique Marziali, la veuve de l'ancien parachutiste, n'a pas pu éclairer davantage les mobiles de cet assassinat.

Guerres de milices et menaces sur l'Afrique

Les noirs présages des deux associés de Secopex se révèlent exacts. Les tensions sont vives entre les factions au sein du CNT. Le 23 juillet 2011, le général Younès est tué à Benghazi dans des conditions obscures. Selon ses proches, il voulait faire rentrer dans le rang les milices djihadistes récalcitrantes. La chute de Tripoli, le 23 août 2011, accélère la « révolution ». Armé et soutenu par quelques pays arabes, le chef de la Brigade du 17 Février, le djihadiste Abdelhakim Belhadj, prend du galon en devenant le gouverneur militaire de Tripoli. Après la mort de Kadhafi, le 20 octobre, le CNT annonce que le pays est totalement libéré. Un gouvernement de transition prépare des élections à un Congrès général national qui est instauré le 7 juillet 2012. La coalition « libérale » de l'Alliance des forces nationales de Mahmoud Jibril remporte le scrutin, devançant largement le mouvement islamiste du Parti Justice et Construction. Mais les différents blocs politiques s'appuient toujours sur de puissantes milices, qui s'affrontent militairement pour le contrôle de la capitale. Les *katibas* islamistes de Misrata prennent du poids et infiltrent le Congrès général national, auquel s'opposent bientôt d'autres groupes armés. Les nouveaux hommes forts de la Libye post-Kadhafi refusent toute aide militaire occidentale et toute assistance onusienne pour pacifier le pays. « Ce fut sans doute une de nos erreurs de les écouter[1] », admet Jean-David Levitte.

Dans leur rapport sur la Libye daté de la fin de 2015, les parlementaires français pointent du doigt les faux pas commis durant cette période : « Après les élections [de juillet 2012], ni la France ni la communauté internationale n'ont mesuré que

1. Entretien avec l'auteur, novembre 2016.

la Libye était toujours en situation de post-guerre civile, avec une forte polarisation des vainqueurs et des vaincus, ce que les experts dépêchés sur place, qui ne connaissaient pour la plupart pas ou mal la Libye, n'ont pas perçu. S'y ajoute une méconnaissance de l'état de fragmentation de la société libyenne et du vide institutionnel dans lequel vivait le pays. Les divers clivages et fractures de la société libyenne n'ont pas tardé à reparaître et ont pris rapidement un tour militaire, ce à quoi la communauté internationale n'a pas réagi assez fort et assez tôt[1]. »

Profitant de la confusion politique, qui s'aggrave en 2012, des groupes djihadistes puisent dans les stocks militaires de l'ancien régime pour s'équiper. De quatre à cinq mille combattants touaregs qui vivaient en Libye sous la protection de Kadhafi repartent vers le sud avec armes et bagages. Des experts du ministère français de la Défense notent : « [Les combattants touaregs] apportent avec eux des transports de troupes blindés, des 4×4, des lance-roquettes de type Katioucha, des missiles sol-air portables, des bulldozers, et même, selon certaines sources, des hélicoptères en pièces détachées. En quête d'un employeur ou d'une cause pour exercer leurs talents guerriers, ils sont accueillis à bras ouverts par leurs frères touaregs, qui, grâce à eux, reconstituent leur potentiel militaire, bientôt jugé supérieur à celui de leur propre pays. Une partie des armes libyennes tombe aux mains d'AQMI, qui complète sa dotation en missiles sol-air portables de type SA-7 et en canons antiaériens ZU 23 millimètres[2]. »

Ce renforcement militaire permet aux différentes *katibas* djihadistes et aux mouvances islamistes touarègues de prendre le contrôle total du Nord-Mali au début de 2012, en écartant rapidement les nationalistes touaregs du MNLA (Mouvement national de libération de l'Azawad). L'armée malienne subit échec sur échec. À Bamako, le 22 mars 2012, un putsch militaire

1. Rapport d'information sur la Libye, *op. cit.*

2. Mériadec Raffray, « Les rébellions touarègues au Sahel », *Cahiers Retex. Recherche*, janvier 2013, Centre de doctrine d'emploi des forces, ministère de la Défense.

conduit par le capitaine Amadou Haya Sanogo renverse le président Amadou Toumani Touré. La situation devient vite intenable. L'assaut coordonné des groupes djihadistes en direction de Bamako au début de 2013 pousse la France à déclencher l'opération Serval pour préserver l'intégrité du Mali.

L'intervention en Libye de 2011 aura bien eu des effets immédiats au Sahel, contraignant la France à déployer dans l'urgence plus de cinq mille soldats.

Un nouveau sanctuaire pour Belmokhtar et Daech

Les chefs djihadistes ont aussi tiré parti du désordre régnant en Libye pour transformer ce pays en base arrière afin de frapper l'Algérie. L'attaque du complexe gazier d'In Amenas, accompagnée de la prise en otages de centaines d'employés du site, le 16 janvier 2013, est menée par les combattants de la *katiba* des « Signataires par le sang », un groupe dissident d'AQMI dirigé par Mokhtar Belmokhtar, un vétéran du djihad algérien et sahélien.

L'un des assaillants, Abdelkader D., fait prisonnier par les autorités algériennes, sera entendu par le FBI et révélera que l'opération a été préparée en Libye pendant plusieurs mois. Son récit éclaire la situation qui a prévalu après la chute de Kadhafi, certains djihadistes trouvant des appuis auprès des milices libyennes : « Immédiatement après la mort de Kadhafi [en octobre 2011], nous avons voyagé du Mali en Libye avec un groupe de dix-neuf personnes. [...] trois d'entre nous, Mokhtar Belmokhtar, Abd al-Rahman al-Tuji et moi, sommes allés à Tripoli. [...] nous avons été introduits auprès d'un Libyen dénommé "Awf", marchand d'armes et commandant adjoint d'un groupe libyen implanté au Mali. Ensuite, nous sommes allés avec Awf dans la région de Derna, où nous avons rencontré le chef Khubaib, l'émir du groupe libyen. [...] Nous sommes restés à Derna environ quatre mois, durant lesquels des armes arrivaient en provenance de toute la Libye. Les armes étaient stockées dans notre résidence. Je dois dire que Mokhtar Belmokhtar et Abd al-Rahman al-Tuji et Khubaib se sont rendus plusieurs fois dans les villes de Syrte, Tripoli et Benghazi pour rencontrer les vendeurs d'armes et les leaders des groupes armés[1]. »

La Libye post-Kadhafi devient bien un gigantesque marché d'armes à ciel ouvert et un fief pour certains chefs djihadistes. Prudent, Belmokhtar a envoyé ses hommes attaquer le complexe d'In Amenas en se gardant bien de les accompagner. Selon les services de renseignement français, ce redoutable leader est resté caché en Libye pour éviter des frappes aériennes et y aurait reconstitué son groupe, rebaptisé Al-Mourabitoune, afin de préparer d'autres attentats.

S'il a pu le faire, c'est parce que le pays est toujours en proie au chaos. En mai 2014, le général Khalifa Haftar, soutenu par l'Égypte, les Émirats arabes unis et la France – de manière clandestine –, lance depuis Benghazi une offensive pour contrer des milices islamistes. En réaction, celles-ci se coalisent contre lui sous la bannière « Aube de la Libye » et prennent le contrôle de Tripoli. Parallèlement, les élections de juin 2014 divisent un peu plus le pays, deux gouvernements et deux parlements s'opposant : les premiers exilés à Tobrouk, les seconds siégeant à Tripoli sous la protection des djihadistes. La guerre civile s'étend, avec des fronts mouvants selon les alliances des tribus locales.

Des pourparlers s'instaurent cependant pour tenter d'éviter une scission complète du pays. Le 30 mars 2016, un nouveau Premier ministre, Fayez el-Sarraj, débarque à Tripoli à la tête d'un gouvernement d'union nationale qui bénéficie de l'appui des Nations unies et des pays occidentaux. Il peine à imposer son autorité à toutes les milices, dont celle du général Haftar, dans l'est du pays. Il est surtout en butte à l'organisation État

1. Audition d'Abdelkader D. par la 9e chambre du Conseil de justice d'Algérie, en présence de deux agents du FBI, 24 juin 2013 ; compte rendu transmis à la Direction centrale du renseignement intérieur (DCRI) le 8 novembre 2013.

islamique, qui a profité du désordre pour s'installer en Libye à partir de la fin de 2014, principalement dans la région côtière de Syrte. « Si nous échouons à stabiliser la Libye, attendons-nous à ce que Syrte succède à Raqqa comme capitale de l'État islamique[1] », alertent les parlementaires français à la fin de 2015.

Plusieurs milliers de combattants de Daech ont déjà rejoint la Libye : en 2016, on en dénombrait plus de six mille. Auditionné par la commission d'enquête parlementaire sur les attentats de 2015, le général Christophe Gomart, patron de la Direction du renseignement militaire (DRM), s'est montré peu rassurant. Selon lui, la stratégie de Daech en Libye consiste à « prendre les grandes villes et détruire les puits de pétrole pour empêcher le gouvernement national et l'armée régulière d'en tirer les bénéfices[2] ». Par ailleurs, l'organisation terroriste aurait mis la main sur des filières de migrants en Méditerranée, ce qui lui rapporterait beaucoup d'argent, et se livrerait à Benghazi et à Misrata à un vaste trafic maritime entre les ports turcs et la côte libyenne. Les états-majors français, la DRM et la DGSE surveillent avec inquiétude cette propagation. « Pour le moment, Daech n'est pas structuré, en Libye, de façon aussi solide qu'en Syrie et en Irak », a nuancé Bernard Bajolet, le directeur de la DGSE, devant la même commission d'enquête. « Une intervention intempestive ne pourrait que transformer la Libye en une terre de djihad plus attrayante. Quoi qu'il en soit, nous avons évidemment le souci d'éviter un transfert des combattants étrangers de la zone syro-irakienne vers la Libye[3]. »

Selon plusieurs sources concordantes, les forces spéciales françaises et le Service Action de la DGSE mènent, depuis 2015, des raids maritimes secrets visant à « neutraliser » des bateaux et des cargaisons avant qu'ils n'atteignent la Libye

1. Rapport d'information sur la Libye, *op. cit.*

2. Audition du général Christophe Gomart, directeur du renseignement militaire (DRM), 26 mai 2016, rapport de la Commission d'enquête parlementaire relative aux moyens mis en œuvre par l'État pour lutter contre le terrorisme depuis le 7 janvier 2015, *op. cit.*, t. 2, p. 899.

3. Audition de Bernard Bajolet, 25 mai 2016, *ibid.*, p. 862.

– en clair, des missions de sabotage et d'élimination. Celles-ci s'ajoutent aux opérations d'appui aux forces anti-Daech et aux frappes ciblées américaines contre des cadres de l'État islamique en Libye[1].

Après avoir commis l'erreur de renverser Kadhafi en 2011 sans penser au lendemain, la France et ses alliés se trouvent désormais face à la tâche titanesque d'endiguer ce fléau. Comme George Bush en Irak en 2003, Nicolas Sarkozy s'est laissé aveugler sur la Libye. Ses proches continuent de penser qu'il a eu raison d'agir, faute de quoi la Libye aurait peut-être connu une guerre civile aussi longue et dramatique que celle qui continue de ravager la Syrie. Néanmoins, cette intervention a contribué à précipiter le pays dans une autre forme de chaos qui a déstabilisé toute la région, avec des effets en chaîne sur le plan de la menace terroriste.

1. Trois agents du Service Action de la DGSE ont d'ailleurs été tués en Libye le 17 juillet 2016 alors qu'ils épaulaient les forces du général Haftar : leur hélicoptère a été abattu. Trois autres agents de la DGSE ont péri le 24 octobre 2016 dans le crash d'un avion de reconnaissance peu après son décollage de Malte ; ils étaient sans doute sur le point d'effectuer des missions de renseignement au-dessus de la Libye. Voir aussi Nathalie Guibert, « La guerre secrète de la France en Libye », *Le Monde*, 24 février 2016.

Chapitre 11

Comment enrichir des terroristes au Sahel

Combien vaut la vie d'un otage ?

Au moins 80 millions d'euros : c'est le montant estimé des sommes versées par les pays occidentaux, dont la France, au groupe terroriste Al-Qaïda au Maghreb islamique (AQMI) en une quinzaine d'années, entre 1998 et 2012. Et encore s'agit-il d'une fourchette basse, puisque d'autres groupes djihadistes ont bénéficié d'une manne complémentaire de ces mêmes pays. Cette estimation provient des services de renseignement français, qui ont compilé les données en leur possession[1]. La DGSE, en particulier, a contribué à ces versements, sur ordre des plus hautes instances de l'État, y compris après 2012.

Naturellement, ces « subventions » ne figurent sur aucune ligne budgétaire, dans aucun compte public. Et pour cause : cet argent noir, c'est celui des rançons versées discrètement pour obtenir la libération de plusieurs dizaines d'otages. Comment justifier de telles contributions quand, officiellement, on combat les groupes terroristes et que l'on participe même à des campagnes internationales de lutte contre le financement du terrorisme ?

1. Ce chiffre (qui correspond à 100 millions de dollars) est cité dans une revue officielle du ministère français de la Défense. Voir Mériadec Raffray, « Les rébellions touarègues au Sahel », art. cité. Pour sa part, le journaliste Serge Daniel cite le conseiller à la sécurité du président algérien, qui a parlé de 50 millions d'euros jusqu'en 2010, auxquels s'ajoutent 100 millions d'euros sous diverses formes. Serge Daniel, *AQMI. L'industrie de l'enlèvement*, Fayard, 2012, p. 110.

Le paradoxe est cruel : comme d'autres pays occidentaux, la France a enrichi ses adversaires, lesquels se sont servis de ces fonds pour l'attaquer. Comme leurs homologues et leurs prédécesseurs, Nicolas Sarkozy et François Hollande l'ont fait pour des raisons compréhensibles : soumis au chantage des ravisseurs, qui menaçaient la vie des otages, voire en exécutaient certains, ils ont plus souvent cédé à leurs exigences que choisi l'option du coup de force militaire. La fermeté a parfois laissé place à des tractations plus ou moins discrètes. Les groupes terroristes en ont profité, multipliant les enlèvements et les surenchères. Jugeant ces pratiques contre-productives, François Hollande a affirmé, au début de 2013, vouloir y mettre fin. « La France ne paie pas de rançons, ce sont des consignes strictes du président de la République », a répété au cours des mois suivants Laurent Fabius, le ministre des Affaires étrangères. En réalité, des négociations se sont poursuivies pour libérer certains otages, avec le recours à des fonds secrets, des entreprises privées ou des pays alliés.

Les tractations portent désormais sur des montants de plus en plus élevés : en dix ans, le « prix » moyen d'un otage a été multiplié par plus de vingt, passant de 350 000 euros à environ 7,5 millions d'euros. Ces sommes provoquent des jalousies et des coups bas parmi les divers réseaux affairistes attirés par les commissions de « médiateurs ». Des tensions qui se propagent jusqu'au sommet de l'État, entre l'Élysée, la DGSE et les ministères impliqués dans ces affaires sensibles. Faute d'une ligne claire et d'un pilotage centralisé, certaines libérations ont sans doute été retardées, comme c'est déjà arrivé par le passé.

Pour les groupes terroristes, eux aussi divisés, les enlèvements sont en tout cas devenus un business stratégique, avec des retombées pour leurs complices locaux et les divers intermédiaires. La préservation de la vie des otages exige des pourparlers. Mais, en versant des rançons, nos présidents ont mécaniquement accru la puissance de nos ennemis. Sans cette manne, des mouvements djihadistes tels qu'AQMI, Ansar Dine et MUJAO (Mouvement pour l'unicité et le jihad en Afrique de l'Ouest) n'auraient sans doute pas survécu jusqu'à la guerre en Libye, dont ils ont aussi tiré parti pour se renforcer. Leur emprise sur le Mali et dans la région sahélienne a poussé la France à déclencher de coûteuses opérations militaires – Serval en 2013, Barkhane en 2014.

Abderrazak el-Para est le premier chef terroriste à s'engouffrer dans cette brèche au Sahel. Au début des années 2000, cet ancien parachutiste de l'armée algérienne est l'un des leaders du Groupe salafiste pour la prédication et le combat (GSPC), né en 1998 d'une scission du Groupe islamique armé (GIA) algérien. Affaibli dans son pays, le GSPC est partisan d'une extension du djihad à toute la région du Sahara, où certains de ses membres se replient. Sous la houlette de l'émir suprême du groupe, Abdelmalek Droukdel, qui se terre dans son fief de Kabylie, El-Para multiplie les attaques en Mauritanie, au Niger et au Mali. Surtout, il se lance dans les rapts d'Occidentaux, susceptibles de rapporter gros.

Entre février et mars 2003, dans le sud-est de l'Algérie, des commandos sous les ordres d'Abderrazak el-Para enlèvent trente-deux touristes européens : seize Allemands, dix Autrichiens, quatre Suisses, un Néerlandais et un Suédois. Les militaires algériens, qui n'apprécient guère ces troubles dans leur zone frontalière, pourchassent les ravisseurs. Le 13 mai 2003, les forces spéciales algériennes attaquent un camp du GSPC au Mali et libèrent dix-sept otages. Les recherches se poursuivent pour localiser les quinze autres Européens aux mains d'El-Para, lequel est secondé par deux autres leaders du GSPC, Mokhtar Belmokhtar et Abdelhamid Abou Zeid. De hauts responsables des services français, dont Jean-François Clair, numéro deux de la DST, le général Philippe Rondot, conseiller pour le renseignement et les opérations spéciales au cabinet de la ministre de la Défense, et le diplomate Pierre Brochand, directeur de la DGSE, se rendent à Alger pour proposer leur aide. La DGSE envoie discrètement aux Algériens des lunettes de vision nocturne et des radars afin qu'ils puissent tenter de tracer la piste des otages.

Parallèlement, des négociations secrètes s'engagent entre le groupe d'El-Para et les gouvernements allemand, suisse, autrichien, néerlandais et suédois. Les rebelles demandent 3 millions d'euros par otage, avant de revoir leurs exigences à la baisse[1]. L'un des intermédiaires dans les tractations s'appelle Iyad Ag Ghali, un chef touareg malien formé en Arabie Saoudite, futur chef du groupe djihadiste Ansar Dine. Les pays occidentaux concernés versent une rançon de 5 millions d'euros et offrent même à Ghali une voiture neuve[2]. Les services secrets allemands (BND) règlent cette somme en la faisant passer pour une aide à la coopération au Mali. Le général Philippe Rondot, habitué de ce genre de dossiers délicats, puisqu'il a naguère joué un rôle dans les négociations sur les otages français au Liban, suit toute cette affaire de près, en lien avec les services secrets algériens, et est tenu informé par le BND[3]. Les derniers otages sont finalement libérés le 18 août 2003, mais une Autrichienne est décédée de maladie durant sa captivité.

Belmokhtar / Abou Zeid : la guerre des katibas

Sur le marché des otages, la « cote » d'un Européen commence à grimper. Les 5 millions d'euros versés par l'Allemagne permettent au GSPC de se financer. Ils lui assurent aussi une notoriété médiatique nouvelle. Les pays européens ont cédé facilement, et cela incite tous les djihadistes qui sillonnent le Sahel à suivre l'exemple d'Abderrazak el-Para[4].

1. Lemine Ould Mohamed Salem, *Le Ben Laden du Sahara. Sur les traces du jihadiste Mokhtar Belmokhtar*, La Martinière, 2014, p. 61.

2. Serge Daniel, *Les Mafias du Mali. Trafics et terrorisme au Sahel*, Descartes & Cie, 2014, p. 306.

3. Note du général Philippe Rondot à la suite d'un entretien avec Philippe Marland, directeur de cabinet de la ministre de la Défense, 21 août 2003, carnets du général Rondot.

4. El-Para sera, quant à lui, capturé par les Tchadiens et extradé vers l'Algérie en 2004. Selon certains auteurs, il aurait en réalité toujours gardé

Le trafic de carburant, de denrées alimentaires, de cigarettes et d'armes alimente déjà les caisses de certains groupes, tout comme les cargaisons de cocaïne venues d'Amérique latine et le contrôle de filières d'immigration clandestine vers l'Europe. À ces gains s'ajoutent des dons de quelques mécènes arabes et des dîmes prélevées sur la plupart des marchandises qui transitent par leurs territoires. Mais les rançons deviennent les butins les plus prisés et l'une des principales sources de revenus. Leur montant serait même codifié selon le profil des otages – présentés comme des « prisonniers de guerre » dans le droit islamique – et indexé notamment sur les primes d'assurance des compagnies américaines[1]. Les filières s'organisent, avec des logisticiens et des sous-traitants, pour repérer, enlever, revendre et négocier des otages. Le rapt est érigé en « mode d'action privilégié du terrorisme sahélien », comme le souligneront des parlementaires français dans un rapport sur la sécurité dans la région[2].

Supervisées par Abdelmalek Droukdel, deux principales *katibas* montent en puissance en se partageant ces nouveaux « marchés ». La première, appelée Al-Moulathamoun ou « brigade des Enturbannés », est commandée par Mokhtar Belmokhtar, *alias* Khaled Abou al-Abbas. Né en 1972 à Ghardaïa, fils d'un commerçant algérien, ce combattant issu du GIA est connu sous son sobriquet, « le Borgne », parce qu'il a perdu un œil dans des combats en Afghanistan. Circulant entre l'Algérie et le nord du Mali, où il a épousé une femme de la tribu locale des Brabiches, Belmokhtar propage le djihad promu par Oussama

des liens avec les services algériens. La stratégie d'Alger aurait consisté, par son biais, à contenir le GSPC en Kabylie et à lui ouvrir une porte de sortie vers le Mali, qui se serait aussitôt refermée. Voir notamment Djallil Lounnas, « Al-Qaïda au Maghreb islamique et la crise malienne », *Sécurité globale*, été 2012, p. 42-56.

1. Voir Groupe Orion, « AQMI : un problème régional », Fondation Jean-Jaurès, janvier 2011, p. 6.

2. Henri Plagnol et François Loncle, rapport d'information sur « La situation sécuritaire dans les pays de la zone sahélienne », Assemblée nationale, 6 mars 2012.

Ben Laden dans l'« émirat du Sahara » et devient un as de la contrebande, au point d'être aussi surnommé, de manière un peu surfaite, « Mister Marlboro ». Son compagnon de route et concurrent algérien, Abdelhamid Abou Zeid, né en 1965, est un homme de petite taille réputé pour son radicalisme religieux et sa cruauté. Il dirige la *katiba* Tarik Ibn Ziyad.

Les deux groupes, composés de deux à quatre cents combattants, se répartissent des zones d'influence – plutôt l'Ouest sahélien pour Belmokhtar, l'Est pour Abou Zeid – tout en se faisant concurrence. « Entre Belmokhtar l'homme d'affaires et Abou Zeid l'idéologue chef de guerre, la haine était féroce. Ils étaient prêts à tout pour surenchérir dans la violence et se saborder mutuellement[1] », explique un ancien de la DGSE qui a suivi leur ascension parallèle. Venues de Mauritanie, de Libye, de Tunisie, du Maroc, du Mali et du Niger, leurs recrues sont formées dans des camps d'entraînement. « Les stagiaires sont insérés dans des *katibas* et initiés [au maniement des] kalachnikovs et des explosifs artisanaux[2] », notent, à la fin de 2006, les services de renseignement français, qui jugent la situation dans le nord du Mali « potentiellement explosive ».

Les *katibas* de l'ex-GSPC franchissent une étape le 11 septembre 2006 en ralliant la mouvance d'Al-Qaïda. Elles adoptent quelques mois plus tard leur nouvelle enseigne d'Al-Qaïda au Maghreb islamique (AQMI). Armés de fusils mitrailleurs et de lance-roquettes, dotés de téléphones satellitaires Thuraya, leurs membres sillonnent le Sahara à bord de pick-up pour fondre sur leurs proies, avant de se replier dans des massifs rocheux inaccessibles, comme l'Adrar des Ifoghas, au nord du Mali, où ils cachent armes, otages et réserves logistiques. Cette région devient un sanctuaire pour AQMI, qui passe des accords avec les tribus touarègues locales en rébellion contre les pouvoirs centraux.

1. Entretien avec l'auteur, août 2016.

2. Gérard Davet et Piotr Smolar, « Les maquis algériens inquiètent la France », *Le Monde*, 14 novembre 2006.

Le business des otages explose dans les dernières années de la décennie 2000. À la fin de 2008, sous l'influence d'Abou Zeid, qui tente d'affaiblir son rival, AQMI proscrit les activités de contrebande. Résultat : Mokhtar Belmokhtar se reconvertit dans le kidnapping. Les fidèles du « Borgne » ont déjà démontré leur radicalité en attaquant une caserne mauritanienne en 2005 et en assassinant quatre touristes français en décembre 2007 en Mauritanie. En octobre 2007, le braquage d'un véhicule des douanes mauritaniennes leur a permis de récupérer 125 000 euros. Mais ce n'est rien à côté de ce que peuvent rapporter les enlèvements. Mokhtar Belmokhtar commandite le rapt en Mauritanie, à la fin de novembre 2009, d'un couple d'Italiens et de trois Espagnols bénévoles d'une ONG. Négociée notamment par Moustapha Limam Chafi, un émissaire mauritanien du président burkinabé Blaise Compaoré, leur libération au compte-gouttes, quelques mois plus tard, ajoute à son trésor de guerre au moins 12 millions d'euros, dont 8 millions versés par Madrid. Cette somme lui sert en particulier à acheter des armes et des explosifs.

En décembre 2009, l'un de ses lieutenants, Omar Ould Hamaha, surnommé « Barbe rouge », qui est aussi l'un de ses oncles par alliance, fait kidnapper au Niger deux diplomates canadiens, Robert Fowler et Louis Guay, après avoir obtenu des renseignements sur leur itinéraire par des complices. En échange de leur libération, effective en avril 2010, par l'entremise de Moustapha Limam Chafi et d'un autre négociateur, Baba Ould Cheikh, proche du président malien Amadou Toumani Touré, il reçoit entre 3 et 5 millions d'euros[1]. Selon des documents retrouvés en 2013 par l'agence Associated Press à Tombouctou, le grand chef d'AQMI, l'Algérien Abdelmalek Droukdel, aurait ensuite reproché à Belmokhtar de n'avoir

1. Sur le rôle de Moustapha Limam Chafi, voir Vincent Hugeux, « Sahel, secrets d'un sauveur d'otages », *L'Express*, 6 mars 2013. Quatre rebelles d'AQMI emprisonnés ont été libérés en même temps que les otages canadiens étaient relâchés. Voir Serge Daniel, *AQMI. L'industrie de l'enlèvement*, *op. cit.*, p. 108-109.

obtenu que 700 000 euros pour les deux Canadiens. En réalité, le « Borgne » aurait gardé l'essentiel du butin pour lui[1]. Les services de renseignement français le décriront d'ailleurs ainsi : « Installé dans le nord du Mali, Mokhtar Belmokhtar y cultive un esprit d'indépendance très affirmé qui soulève à plusieurs reprises le mécontentement de ses supérieurs. C'est ce qui provoquera son éviction à l'automne 2012 par l'émir suprême d'AQMI Abdelmalek Droukdel[2]. »

Au début de 2011, le chef de la « brigade des Enturbannés » récidive en commanditant l'enlèvement de Français à Niamey. Dans la soirée du 7 janvier, alors qu'ils dînent au restaurant Le Toulousain, Antoine de Léocour et Vincent Delory, deux jeunes expatriés, sont kidnappés par huit djihadistes qui les embarquent dans un 4×4. Ils roulent de nuit pour atteindre au plus vite la frontière avec le Mali. « On voulait les emmener dans nos camps, puis négocier leur libération contre une rançon, comme on fait d'habitude[3] », expliquera l'un des lieutenants de Belmokhtar à un journaliste mauritanien. Le scénario ne se déroule pas comme prévu. Nicolas Sarkozy ordonne un assaut immédiat des forces spéciales françaises. L'opération, déclenchée dans la matinée du 8 janvier, se solde par la mort des deux otages. « Beaucoup des tentatives [de Belmokhtar] ont mal tourné, ce qui lui a valu une mauvaise image au sein d'AQMI[4] », note un expert français des mouvances djihadistes. De fait, l'échec de ce rapt n'a pas permis à Mokhtar Belmokhtar de gagner de l'argent, mais il a montré qu'il pouvait enlever qui il voulait, où il le voulait, y compris en pleine ville.

1. Document d'AQMI du 3 octobre 2012. Voir « Robert Fowler, ex-otage d'AQMI : "J'ai cru plusieurs fois que j'allais être tué" », *Jeune Afrique*, 11 septembre 2013.

2. « Renseignements sur Mokhtar Belmokhtar », note de la Direction centrale du renseignement intérieur (DCRI), 18 janvier 2013.

3. Al-Hassan Ould al-Khalil, *alias* Jouleibib, porte-parole de Belmokhtar, en octobre 2012, cité par Lemine Ould Mohamed Salem, *Le Ben Laden du Sahara*, *op. cit.*, p. 135.

4. Entretien avec l'auteur, juin 2016.

Le groupe d'Abou Zeid, frère ennemi de Belmokhtar, est tout aussi entreprenant. Dès février 2008, en Tunisie, il prend en otages deux touristes autrichiens dont la libération lui rapporte au moins 2 millions d'euros[1]. En janvier 2009, il enlève un couple suisse, une Allemande et un Britannique près de Tombouctou, au Mali. Les deux femmes sont relâchées en avril, mais Abou Zeid réclame 10 millions d'euros pour le Suisse Werner Greiner et le Britannique Edwin Dyer. Le Premier Ministre travailliste Gordon Brown fait partie des rares leaders européens à refuser tout chantage trop visible. Après avoir essuyé plusieurs refus britanniques, Abou Zeid finit par faire exécuter sauvagement Edwin Dyer en mai 2009. Le chef djihadiste entend prouver, y compris au sein d'AQMI, qu'il ne recule devant aucune violence en cas d'absence de rançon. Werner Greiner, lui, est libéré en juillet 2009. Les autorités fédérales suisses ont mis au total au moins 2,3 millions d'euros sur la table en échange de la vie du couple Greiner. La somme est présentée officiellement au Parlement fédéral suisse comme un crédit destiné à faire face à des « dépenses de protection diplomatique et consulaire » liées aux négociations[2].

Le redoutable Abou Zeid s'en prend ensuite à des Français, qui lui paraissent constituer des cibles idéales. La France est considérée depuis des années comme un « ennemi de l'islam » et elle a la réputation de payer pour libérer ses otages. Le 26 novembre 2009, Pierre Camatte, professeur de gymnastique retraité, bénévole dans une ONG qui lutte contre le paludisme, est enlevé dans un hôtel de Ménaka, au nord du Mali. Gardé jour et nuit, parfois maltraité, il rencontre plusieurs fois Abou Zeid, qui lui pose des questions précises sur ses activités. Les conditions de captivité sont éprouvantes : « On est isolé, on ne doit pas bouger, il y a la chaleur du Sahara, les conditions

1. Voir Serge Daniel, *Les Mafias du Mali*, *op. cit.*, p. 306.

2. « Rapport du Conseil fédéral relatif à l'engagement d'un crédit supplémentaire avec avance ordinaire destiné à la protection diplomatique et consulaire », Délégation des finances des Chambres fédérales, Berne, 20 novembre 2009.

d'hygiène épouvantables, une alimentation et une eau absolument dégoûtantes. [...] Le plus difficile, c'est la solitude[1] », racontera-t-il après sa libération, intervenue au Mali le 23 février 2010. Officiellement, l'Élysée et le gouvernement de François Fillon démentent tout versement d'argent, mais il y aurait bien eu une rançon, et quatre djihadistes d'AQMI ont été libérés des prisons maliennes au même moment.

En revanche, lorsque l'ingénieur Michel Germaneau, âgé de soixante-dix-huit ans, est enlevé par une bande criminelle le 19 avril 2010 dans le nord du Mali et remis aux hommes d'Abou Zeid, le climat se tend. Le leader d'AQMI semble plus intransigeant, réclamant notamment la libération d'autres membres de *katibas* emprisonnés. Nicolas Sarkozy hésite sur la conduite à tenir. Le 10 juillet, AQMI menace de tuer l'otage dans les quinze jours si la France ne se soumet pas à ses exigences, qui demeurent floues aux yeux des services français. Lors de son interview télévisée du 14 juillet, alors que l'ultimatum se rapproche, le président de la République exprime son « inquiétude brûlante » quant au sort de Michel Germaneau, qu'il sait malade du cœur. Faute de contacts avec Abou Zeid, le président décide une opération paramilitaire pour tenter de sauver l'otage. Accompagnés de militaires mauritaniens, des commandos clandestins du Service Action de la DGSE mènent, dans la nuit du 22 au 23 juillet, un assaut audacieux contre un campement d'Abou Zeid dans le nord du Mali. Sept combattants d'AQMI ainsi qu'une sentinelle sont tués lors du raid. Trois autres rebelles périront de soif dans le désert. Mais Michel Germaneau n'est pas sur place. D'après plusieurs témoins, il sera exécuté en représailles par ses geôliers quelques jours plus tard[2]. « Je condamne cet acte barbare, cet acte odieux », commentera Nicolas Sarkozy en apprenant cet assassinat.

1. Conférence de presse de Pierre Camatte, Bamako, 25 février 2010.
2. Serge Daniel, *AQMI. L'industrie de l'enlèvement*, *op. cit.*, p. 28-33.

Prise d'otages spectaculaire à Arlit

Furieux d'avoir perdu sept fidèles, Abou Zeid se venge deux mois plus tard. Il veut frapper la France de manière spectaculaire et symbolique en prenant sept otages. Dans la nuit du 15 au 16 septembre 2010, à la tête d'un commando de sa *katiba*, il réussit à enlever sept employés – cinq Français, un Togolais et un Malgache – sur le site de la mine d'uranium d'Areva à Arlit, au Niger. Les ravisseurs ont bénéficié de nombreuses complicités locales. Plusieurs alertes avaient déjà été lancées sur la sécurité de ce site. En mai 2008, quatre géologues avaient été kidnappés par des bandits locaux avant d'être relâchés. En octobre 2009, trois autres géologues avaient subi le même sort, sans dommages. « Jamais deux sans trois : à quand le prochain[1] ? » s'étaient alors inquiétés les dirigeants d'Épée, consultants en sécurité pour le site d'Areva, dans une note réclamant une meilleure coordination avec les autorités nigériennes. Le sujet avait même été abordé par le président de cette société, le colonel Jacques Hogard, un ancien des forces spéciales, avec le général Benoît Puga, futur chef d'état-major particulier du président Sarkozy, lors d'un entretien le 2 décembre 2009. Aucune suite n'avait été donnée. Durant l'été 2010, la tension s'était accrue autour du site d'Arlit à cause de la présence d'AQMI et des diverses prises d'otages dans la région.

Dans un message audio de revendication diffusé sur la chaîne Al-Jazeera le 21 septembre 2010, un porte-parole d'AQMI annonce fièrement : « Un groupe de moudjahidines héroïques a réussi mercredi dernier, sous la conduite du cheikh Abou Zeid, à pénétrer sur le site minier français d'Arlit au Niger [...]. En dépit des strictes mesures militaires et des multiples barrages de sécurité, les lions de l'islam ont réussi à déjouer tous les dispositifs de surveillance et à enlever cinq experts français du nucléaire. »

1. Note de la société Épée datée du 15 novembre 2009, transmise à Areva et à l'Élysée. Ce document a été versé à la procédure judiciaire concernant les otages d'Arlit.

Nicolas Sarkozy confie à la DGSE le soin de gérer cette affaire. Le préfet Érard Corbin de Mangoux, qui la dirige, est l'un de ses fidèles : il a été directeur général des services dans le département des Hauts-de-Seine et conseiller « sécurité » à l'Élysée, avant sa nomination, à la fin de 2008, boulevard Mortier, en remplacement de Pierre Brochand. Ce dernier, en poste depuis 2002, a réussi à imposer que son service ait une compétence exclusive sur les dossiers d'otages, par opposition aux époques où plusieurs réseaux d'émissaires officieux se mêlaient des négociations de manière désordonnée, comme avec les otages du Liban entre 1985 et 1988 ou avec les moines de Tibhirine en Algérie en 1996[1]. En orchestrant la collecte des renseignements et les opérations, la DGSE a obtenu – non sans avoir à écarter des intermédiaires gênants – la libération des journalistes Christian Chesnot et Georges Malbrunot en 2004, puis celle de la reporter Florence Aubenas en 2005, tous otages en Irak. Chaque fois, malgré des démentis officiels, des rançons ont été versées aux ravisseurs. En 2010, la DGSE est aussi en train de négocier la libération de deux journalistes, Hervé Ghesquière et Stéphane Taponier, otages en Afghanistan – ils ne seront relâchés qu'en juin 2011.

Érard Corbin de Mangoux prend donc en main le dossier d'Arlit, allant jusqu'à se rendre discrètement à Bamako en novembre 2010. Pour approcher le groupe d'Abou Zeid, le patron de la DGSE décide de s'appuyer sur un ancien de son service très bien introduit en Afrique : le colonel Jean-Marc Gadoullet. Vétéran du SA, ce dernier a conduit les opérations clandestines les plus variées, du Kosovo au Congo-RDC. Il a longtemps œuvré au Tchad aux côtés du président Idriss Deby, qu'il a notamment épaulé dans son palais lors d'une rébellion armée qui a avorté en février 2008. Nicolas Sarkozy lui a décerné personnellement la Légion d'honneur pour ses faits d'armes, comme l'avait déjà fait son prédécesseur Jacques Chirac. Réputé courageux et grande gueule, Jean-Marc Gadoullet a quitté la DGSE en 2008 pour se reconvertir dans la sécurité

1. Voir les chapitres 4 et 6.

privée. Recruté comme conseiller pour la sécurité par Satom, filiale du groupe Vinci, l'ancien du SA se voit donc chargé des négociations pour la libération des otages par Vinci et Areva. Il est adoubé par Nicolas Sarkozy et par la DGSE, à qui il rend compte de manière régulière.

Grâce à ses contacts parmi les tribus touarègues, Jean-Marc Gadoullet obtient rapidement un rendez-vous en direct avec Abou Zeid dans le massif des Ifoghas. L'émissaire français est terrorisé à l'idée que l'émir d'AQMI, toujours armé d'un fusil mitrailleur, puisse le retenir prisonnier ou l'exécuter sur-le-champ, et les deux hommes se jaugent longuement avant d'entamer des pourparlers. Abou Zeid commence par demander la libération d'un prisonnier à Bamako, qui lui est accordée.

Caché dans son antre d'Abbottabad, au Pakistan, Oussama Ben Laden se mêle également des discussions. Il fait passer des messages sur Al-Jazeera, notamment le 19 janvier 2011, exigeant la libération de certains membres de son organisation et le retrait des soldats français d'Afghanistan. Selon des documents confidentiels saisis par les Américains lors de leur raid pour tuer le chef d'Al-Qaïda, le 2 mai 2011, celui-ci aurait même donné des indications précises à ses lieutenants pour gérer l'affaire d'Arlit, qu'il juge importante. Il conseille notamment de diffuser régulièrement des vidéos des otages pour faire monter la pression. « Il faut dire à ceux qui négocient entre nos Frères et les Français que nous ne relâcherons un otage que s'ils nous donnent 5 millions d'euros, mais sans nommer l'otage ni leur donner le droit de le choisir, ceci devant rester entre les mains des Frères. Quand ils recevront l'argent, ils devront relâcher seulement la femme », écrit Ben Laden à son bras droit. En cas de refus de Nicolas Sarkozy de céder aux revendications, il suggère à AQMI de garder les quatre otages français et d'en exécuter un la semaine précédant l'élection présidentielle française de 2012. Par ailleurs, il exhorte ses troupes au Sahel à frapper surtout la France – considérée comme la « tête de l'Europe » – en ciblant des ambassades, des diplomates ou des intérêts commerciaux, et en commençant par les pays d'Afrique non musulmans[1].

Les différentes *katibas* d'AQMI, qui ont toutes leur mot à dire sur le sort des otages, sont divisées. Mais Abou Zeid impose son point de vue. Face à Jean-Marc Gadoullet, il fait monter les enchères. Il exige ainsi 27 millions d'euros pour libérer trois otages, dont une Française. « Impossible. Notre président Nicolas Sarkozy ne fait pas dans la dentelle. Il ne veut pas négocier avec vous et ne veut pas vous donner le moindre centime[2] », rétorque l'intermédiaire, mentant pour obtenir un accord. Les deux hommes finissent par passer un *deal* à environ 12 millions d'euros pour trois otages – la Française Françoise Larribe, le Malgache Jean-Claude Rakotoarilalao et le Togolais Alex Kodjo Ahonado –, qui sont libérés en février 2011.

Dans cette affaire, un autre homme très influent a également tenté de jouer les médiateurs, de même que d'autres intermédiaires africains[3]. Il s'agit de Guy Delbrel, conseiller Afrique de Jean-Cyril Spinetta, le patron d'Air France et président du conseil de surveillance d'Areva. Il a notamment rendu visite au président malien Amadou Toumani Touré pour, semble-t-il, le dissuader d'accréditer la démarche de Jean-Marc Gadoullet et de laisser atterrir un avion de Vinci à Bamako. En réalité, dès septembre 2010, Guy Delbrel et Jean-Cyril Spinetta ont été discrètement encouragés dans cette voie par Claude Guéant, le secrétaire général de l'Élysée. « Delbrel avait bien avancé sur une négociation globale pour la libération de tous les otages en un seul bloc, mais la DGSE a mis Gadoullet en piste, ce qui a provoqué des tensions[4] », confie un ami du cadre d'Air France qui a suivi toutes les négociations.

1. Lettre d'Oussama Ben Laden à son numéro deux, chef des opérations d'Al-Qaïda, le Libyen Atiyah Abd al-Rahman, 3 décembre 2010, *Ben Laden's Bookshelf 2*, Office of Director of National Intelligence, mars 2016.

2. Voir Jean-Marc Gadoullet, avec Matthieu Pelloli, *Agent secret*, Robert Laffont, 2016, p. 226-241.

3. Sur le rôle des émissaires africains, voir Serge Daniel, *AQMI. L'industrie de l'enlèvement*, *op. cit.*, p. 55-70.

4. Entretien avec l'auteur, mai 2016.

Alors que la DGSE était censée avoir le contrôle des négociations, plusieurs équipes se télescopent de manière désordonnée. La France renoue ainsi avec ses vieux démons, qui ont naguère tant nui à ses otages. Les interférences entre Gadoullet et le tandem Delbrel-Spinetta auraient retardé les premières libérations de quelques semaines. Mais la rançon de 12 millions d'euros est bien payée par Vinci et Areva, avec l'aval de la DGSE et de l'Élysée. Jean-Marc Gadoullet perçoit une somme complémentaire d'un million d'euros, et son associé touareg, Ahmada Ag Bibi, 500 000 euros de « commissions » – devenues une pratique courante pour tous les médiateurs. Jean-Marc Gadoullet s'estimera dénigré par les rumeurs qui lui attribuent la responsabilité de la flambée des rançons et le détournement d'une partie des 12 millions d'euros, alors que la DGSE aurait intercepté un message d'Abou Zeid au grand émir d'AQMI, Abdelmalek Droukdel, assurant que cette somme a bien été reçue[1].

Quoi qu'il en soit, Abou Zeid et son allié touareg Iyad Ag Ghali, leader d'Ansar Dine, ont gagné la première manche. Ils se partagent l'essentiel de la rançon, ce qui va leur permettre d'acheter des armes supplémentaires. Les sommes versées aiguisent les appétits. Et il reste quatre otages à libérer : Daniel Larribe, Thierry Dol, Pierre Legrand et Marc Féret.

Interférences et blocages avant l'élection présidentielle

Toujours en lien avec l'émir Abou Zeid et toujours mandaté en haut lieu, Jean-Marc Gadoullet continue de s'activer sur le dossier durant toute l'année 2011. Mais les choses se compliquent. Le 23 novembre, alors qu'il se trouve à Gao, au Mali, la voiture de l'ex-agent secret essuie un mystérieux mitraillage.

1. Jean-Marc Gadoullet, avec Matthieu Pelloli, *Agent secret*, *op. cit.*, p. 252. Voir aussi Jean-Philippe Rémy, « Otages du Mali, les secrets d'une négociation », *Le Monde*, 24 mars 2013.

Blessé à l'épaule, Gadoullet doit être rapatrié d'urgence pour être soigné à l'hôpital Percy. « Après avoir été l'objet d'une cabale médiatique destinée à m'évincer, on a voulu attenter à ma vie parce que j'étais sur le point de boucler la négociation et que cela dérangeait certains intermédiaires parasites[1] », assure-t-il. Alité, il reçoit la visite de Jean-Cyril Spinetta, avec lequel les relations s'enveniment. De son côté, Guy Delbrel, qui s'estime menacé, dépose plainte pour dénonciation calomnieuse. Le directeur de la DGSE s'efforce de calmer le jeu en essayant de convaincre Jean-Marc Gadoullet de ne pas porter plainte pour tentative d'assassinat. Sur place, d'autres électrons libres tentent depuis plusieurs mois de trouver des arrangements avec des proches d'Abou Zeid. Le Mauritanien Moustapha Limam Chafi, qui est déjà intervenu dans d'autres affaires d'otages, et le Touareg nigérien Mohamed Akotey, ancien ministre et homme de confiance du président Mahamadou Issoufou, sont très actifs. Les deux émissaires se sont notamment rendus à Tombouctou en mars 2012 afin d'évoquer le dossier avec des chefs d'AQMI[2].

À sa sortie de l'hôpital, Jean-Marc Gadoullet reprend ses missions, toujours appuyé par Areva, Vinci, la DGSE et l'Élysée. Ses nouveaux contacts avec Abou Zeid lui permettent d'espérer obtenir la libération d'un autre otage d'Arlit, Marc Féret, en avril 2012, juste avant celle des trois derniers captifs. Les préparatifs s'organisent avec l'aval tacite de l'Élysée. Des équipes sont envoyées sur place, les avions sont prêts à décoller, les otages sont regroupés par leurs ravisseurs. Mais le chef d'état-major particulier du président Sarkozy, le général Benoît Puga, est réservé sur cette opération. Ancien légionnaire ayant sauté en 1978 sur Kolwezi et très actif sur les dossiers africains, ce catholique fervent, fils d'un ancien officier rallié à l'OAS, n'est pas un adepte des compromis. Arrivé à l'Élysée au début de 2010, il a notamment dirigé le commandement des opérations spéciales et la Direction du renseignement

1. Entretien avec l'auteur, septembre 2016.
2. Voir Serge Daniel, *Les Mafias du Mali*, *op. cit.*, p. 178-179.

militaire (DRM), avant de devenir l'un des conseillers les plus influents de Nicolas Sarkozy. Le 3 mai 2012, à quelques jours du second tour de l'élection présidentielle, le directeur de la protection d'Areva, le général Jean-Michel Chéreau, ancien numéro deux de la DRM, reçoit un feu rouge de l'Élysée : il n'est plus question d'accepter le *deal*. « En l'absence de soutien de l'État, l'opération pour laquelle vous aviez été pré-positionné à Niamey le 28 avril dernier est annulée[1] », écrit Chéreau à Gadoullet.

Le général Benoît Puga a-t-il bloqué *in extremis* le processus ? Si c'est le cas, l'a-t-il fait sans en avertir Nicolas Sarkozy, afin que François Hollande, futur vainqueur probable de l'élection, puisse tirer les bénéfices de cette libération et lui en sache gré ? Plusieurs articles de presse évoquent cette hypothèse, sans éléments probants[2]. Certains proches du général avancent que la libération d'un seul otage risquait d'entraîner de nouvelles surenchères sur les autres prisonniers. L'Élysée préférait une solution globale, incluant, outre les quatre otages d'Arlit, Serge Lazarevic et Philippe Verdon, enlevés le 24 novembre 2011 à Hombori, au Mali, et que leurs ravisseurs avaient revendus à une autre *katiba* d'AQMI, Al-Ansar, dirigée par le Malien Abdelkrim al-Targui[3]. La situation politique française et des consignes soudaines de fermeté ont également pu jouer. Mais d'autres acteurs, dont Jean-Marc Gadoullet, y

1. Jean-Marc Gadoullet, avec Matthieu Pelloli, *Agent secret*, *op. cit.*, p. 282.

2. Voir Michel Despratx et Geoffrey Livolsi, « L'étonnante obstruction du général Puga », *L'Express*, 1er juin 2016.

3. Selon des sources non confirmées, l'Élysée aurait donné son accord, au début de mai 2012, sur le principe d'une libération globale des six otages français pour un montant de 50 à 60 millions d'euros. Voir Jean-Paul Mari, « Otages du Mali : les secrets d'une négociation », *Le Nouvel Observateur*, 20 mars 2013. Finalement, Philippe Verdon mourra en captivité, assassiné d'une balle dans la tête en mars 2013 ; Serge Lazarevic sera libéré le 9 décembre 2014 après plus de trois ans de détention. Voir Serge Lazarevic, avec Renaud Blondel, *D'un désert à l'autre. Otage au Mali, oublié en France*, Presses de la Cité, 2015.

voient une manipulation des intermédiaires de la Françafrique dans le but de torpiller ses négociations pour reprendre le dossier et gagner de l'argent[1].

Marc Féret, l'otage qui aurait dû être relâché en avril 2012, le sera finalement en même temps que ses compagnons de captivité, le 29 octobre 2013. Estimant que sa libération a été sciemment retardée, il portera plainte contre X en janvier 2016 pour « complicité de séquestration en relation avec une entreprise terroriste et non-assistance à personne en danger ». Pour sa part, le général Puga, qui n'a pas commenté cette affaire, deviendra le chef d'état-major particulier du président Hollande, jusqu'à son départ à la retraite à la mi-2016.

« La France ne paiera plus »...

L'histoire ne s'arrête pas là. Jean-Marc Gadoullet, surpris par le blocage élyséen de mai 2012, est néanmoins prêt à poursuivre les négociations. Jusqu'à la fin de 2012, il reste dans le jeu, en lien avec la DGSE. Abou Zeid en profite pour faire de nouveau monter les enchères : en juin 2012, il réclame 76 millions d'euros pour les quatre derniers otages. Son exigence est jugée totalement disproportionnée à Paris.

La donne change à partir du 11 janvier 2013 avec le déclenchement de l'opération Serval au Mali. Dans l'urgence, François Hollande décide ce déploiement de plus de cinq mille soldats français afin de contenir l'avancée des groupes djihadistes au Mali et de les pourchasser jusque dans leur fief montagneux de l'Adrar des Ifoghas. Les agents de la DGSE présents dans la région pour tenter de localiser les otages d'Arlit doivent poursuivre leur mission, mais le contexte militaire et diplomatique leur complique singulièrement la tâche.

L'heure n'est plus aux négociations, et encore moins au paiement de rançons. Influencé par son chef d'état-major particulier, François Hollande a décidé depuis quelques mois de cesser ces

1. Entretien de Jean-Marc Gadoullet avec l'auteur, septembre 2016.

versements qui nourrissent les groupes terroristes. C'est pour lui une question de principe tout autant qu'une manière de rompre avec les pratiques de son prédécesseur, jugées dangereuses. « Si l'on paie, on a d'autres otages et on entretient les terroristes. Conclusion, on ne cède pas[1] », déclare-t-il aux journalistes Gérard Davet et Fabrice Lhomme, tout en précisant que des entreprises peuvent éventuellement payer sans que la France soit en première ligne. Le président entend imposer une ligne ferme, à l'inverse de sa réputation de mollesse. Le 13 janvier 2013, il l'annonce aux familles des otages du Sahel, qu'il reçoit à l'Élysée. « Il nous a dit qu'il était impensable que l'on donne de l'argent à des organisations contre lesquelles nous sommes en guerre[2] », confiera Françoise Larribe. Les familles réagiront en juin 2013 par un communiqué où elles se dresseront « contre les dogmes et contre les hommes qui se drapent de principes qu'ils n'accepteraient pas de voir appliqués à leurs proches ». La position française est soutenue par Washington, le département d'État recommandant une « tolérance zéro » sur les rançons, qui constituent la « source principale de financement » de groupes comme AQMI[3].

L'opération Serval est engagée. Le 22 février 2013, grâce à des interceptions téléphoniques, les forces françaises localisent un convoi d'AQMI dans les montagnes du Tigharghar, près de Tessalit, dans le nord du Mali, où se trouve probablement Abou Zeid. Un raid aérien est lancé. L'émir, responsable de nombreux enlèvements et assassinats d'Occidentaux, disparaît

1. Propos tenus en février 2013, cités dans Gérard Davet et Fabrice Lhomme, *« Un président ne devrait pas dire ça... »*, *op. cit.*, p. 483.

2. Jacques Follorou, « Otages : la France ne veut plus payer », *Le Monde*, 18 mars 2013.

3. Cette déclaration du département d'État, le 8 février 2013, fait suite aux propos de l'ancienne ambassadrice américaine au Mali, Vicki Huddleston, qui a évoqué le même jour sur iTélé une rumeur selon laquelle la France aurait déjà payé « peut-être jusqu'à 17 millions de dollars » pour la libération des premiers otages d'Arlit. L'ancien ministre de l'Intérieur Claude Guéant a aussitôt démenti cette information. Le montant mentionné est pourtant assez proche de la réalité.

sous les bombes avec plusieurs dizaines de membres de sa *katiba* Tarik Ibn Ziyad. Pourtant, son groupe détient toujours les quatre derniers otages d'Arlit, qui sont constamment déplacés et demeurent introuvables dans le désert malien.

François Hollande reste droit dans ses bottes. En avril 2013, il nomme Bernard Bajolet, qui vient de quitter son poste d'ambassadeur de France en Afghanistan, à la tête de la DGSE, en remplacement d'Érard Corbin de Mangoux. Diplomate aguerri, Bernard Bajolet connaît bien François Hollande, qu'il a rencontré en 1978, quand ce dernier effectuait un stage d'énarque à l'ambassade de France à Alger, dont lui-même était premier secrétaire. Il a déjà été confronté à plusieurs affaires d'otages dans les pays où il a été ambassadeur, comme l'Irak et l'Afghanistan. Prenant les commandes de la DGSE en pleine crise sahélienne, il est déterminé à appliquer à la lettre les consignes strictes de François Hollande concernant les rançons et le pilotage de ces dossiers. « Soyez bien conscients que la France ne paiera plus[1] », a-t-il déjà annoncé à des responsables d'organisations humanitaires françaises. L'une d'entre elles, Acted, a dû se débrouiller par ses propres moyens pour négocier la libération de son directeur financier, Charles Ballard, enlevé en Afghanistan en janvier 2013. Elle a fait appel à une société de sécurité privée, Amarante, dirigée notamment par deux anciens de la DGSE, Alexandre Hollander et Pierre-Antoine Lorenzi. Ce sont eux qui se sont occupés des négociations et du versement de la rançon, laquelle a été puisée dans les réserves de l'ONG. Charles Ballard a été relâché par ses ravisseurs le 8 avril 2013, après une détention passée inaperçue dans les médias[2].

1. Jacques Follorou, « En dépit de ses déclarations, M. Hollande ne parvient pas à faire respecter sa nouvelle doctrine en matière d'otages », *Le Monde*, 24 novembre 2013.

2. Un autre Français, le photographe Pierre Borghi, également otage en Afghanistan, réussit à s'échapper de son lieu de détention et retrouve la liberté le 8 avril 2013.

... sauf en Afrique

Si les consignes du président s'appliquent avec rigueur en Afghanistan, elles font immédiatement l'objet d'accommodements en Afrique. Les sept membres de la famille Moulin-Fournier, pris en otage en février 2013 dans le nord du Cameroun par des trafiquants ou par la secte islamiste Boko Haram, sont rapidement libérés moyennant le versement d'une rançon dont se chargent les autorités camerounaises et nigérianes.

Parallèlement, les négociations sur la libération des otages d'Arlit reprennent avec les successeurs d'Abou Zeid. Cette fois-ci, Jean-Marc Gadoullet perd la main. À son grand dam, il est évincé au début de 2013 au profit de Pierre-Antoine Lorenzi, l'un des patrons d'Amarante. En apparence, ce changement d'équipe n'a rien de problématique. Mais l'argent des futures commissions attise sans doute les convoitises. Lorenzi, qui aurait proposé ses services dès le début de cette crise, a été mis en piste avec l'aval de François Hollande, sur la recommandation du ministre de la Défense, Jean-Yves Le Drian, et de son influent directeur de cabinet, Cédric Lewandowski, ami de longue date de Lorenzi. « Comme ils pensaient que les négociations n'avançaient pas sur les otages d'Arlit avec Gadoullet, Lewandowski a activé son réseau dans le dos de la DGSE[1] », raconte un initié qui a suivi cette affaire de près.

Jean-Marc Gadoullet et Bernard Bajolet sont furieux. Le premier estime que Pierre-Antoine Lorenzi lui a soufflé la place en profitant de ses contacts. Le second fustige le ministère de la Défense, qui s'active sans le prévenir alors qu'il est censé piloter les affaires d'otages. Entre l'hôtel de Brienne et le boulevard Mortier, les relations deviennent électriques. Rancunier, Bernard Bajolet qualifiera publiquement l'intervention de Pierre-Antoine Lorenzi de « contre-productive » et « parasitaire[2] ». Ce à quoi le cofondateur d'Amarante rétorquera : « J'ai réglé un problème

1. Entretien avec l'auteur, juillet 2015.
2. Ariane Chemin, « La bête noire de la DGSE », *Le Monde*, 25 novembre 2013.

que personne n'arrivait à régler, je n'ai pas gagné un rond pour cela[1]. » Quant à Jean-Marc Gadoullet, il poursuivra son combat pour obtenir réparation du préjudice financier qu'il estime avoir subi, réclamant 2 millions d'euros aux sociétés Satom et Areva. En septembre 2016, il déposera également une plainte pour la tentative d'assassinat dont il aurait été l'objet à la fin de 2011. « Les engagements pris doivent être tenus, dit-il. Et ceux qui ont tout fait pour m'écarter et qui ont retardé les libérations d'otages auront à faire face à leurs responsabilités[2]. » Entre les différents protagonistes de cette affaire, les règlements de compte sont loin d'être finis.

Pour obtenir la libération des otages, Pierre-Antoine Lorenzi aurait simplement, selon la DGSE, remis en activité certains intermédiaires, notamment celui qui tente depuis plusieurs mois de jouer les négociateurs sur le terrain, Mohamed Akotey. « François Hollande a avalisé la mission d'Akotey lors de contacts directs avec le président Issoufou. Il savait très bien qu'il faudrait verser une certaine somme d'argent pour sortir les quatre otages d'Arlit[3] », raconte un des témoins de cette histoire. Jean-Yves Le Drian se rend plusieurs fois à Niamey pour discuter du sujet avec Issoufou. En septembre 2013, Jean-Marc Gadoullet, qui a gardé ses contacts sur le terrain, conseille à ses émissaires touaregs de *dealer* avec Mohamed Akotey. L'émissaire nigérien trouve finalement un terrain d'entente avec des proches de l'Algérien Djamel Okacha, l'émir d'AQMI au Sahara et successeur d'Abou Zeid, ainsi que des lieutenants d'Iyad Ag Ghali, le chef d'Ansar Dine. Les ravisseurs ont visiblement besoin d'argent rapidement.

Les quatre otages français sont relâchés le 29 octobre 2013, après plus de trois années de captivité éprouvante. La rançon,

1. Vincent Lamigeon, « Pourquoi ce Français est la bête noire de la DGSE », *Challenges*, 4 février 2014.

2. Entretien avec l'auteur, septembre 2016. Voir aussi Jean-Michel Thénard, « Barbouzes, chasseurs d'otages et de primes se font la guerre dans les dunes », *Le Canard enchaîné*, 7 septembre 2016.

3. Entretien avec l'auteur, septembre 2016.

bien que son versement soit officiellement démenti, est estimée à 30 millions d'euros, un montant proche de celui négocié avec Abou Zeid avant sa mort[1]. Contrairement aux positions de principe de François Hollande, la somme aurait été puisée dans les fonds secrets de la DGSE, non sans provoquer des tiraillements au sein de l'équipe de Bernard Bajolet, forcée d'obtempérer. Une partie de l'argent se serait ensuite envolée vers des intermédiaires et des destinations inconnues, dont peut-être la France. Une vingtaine de millions auraient été répartis entre plusieurs intervenants d'AQMI, ce qui, selon un expert du renseignement proche de la DGSE, a sans doute eu des conséquences : « Certains ont été écartés du partage, ce qui a peut-être provoqué l'enlèvement et la mort des deux journalistes de RFI, Ghislaine Dupont et Claude Verlon, à Kidal, au début de novembre 2013, attribués à des proches d'Abdelkrim al-Targui (“le Touareg”), chef de la *katiba* Al-Ansar, qui a œuvré aux côtés d'Iyad Ag Ghali et d'Abou Zeid[2]. »

Iyad Ag Ghali fait partie des djihadistes qui auraient été bien servis. Inscrit par l'Élysée et les états-majors militaires sur la liste des chefs terroristes à « neutraliser », le chef d'Ansar Dine a échappé à plusieurs raids français durant l'opération Serval, dont celle qui a frappé le convoi d'Abou Zeid, le 22 février 2013. Certains de ses lieutenants ont été tués lors des combats ou à la suite d'autres bombardements. Iyad Ag Ghali a confié au journaliste Serge Daniel en janvier 2014 : « Je n'ai

1. *Le Monde* a cité une source du renseignement français parlant de « plus d'une vingtaine de millions d'euros ». Voir Jacques Follorou, « Otages d'Arlit : les dessous d'une libération », *Le Monde*, 30 octobre 2013. Un proche d'un intermédiaire a avancé devant le journaliste de l'AFP Serge Daniel le chiffre de 30 millions, dont 20 pour AQMI. Voir Serge Daniel, *Les Mafias du Mali*, *op. cit.*, p. 182. Plusieurs sources françaises nous ont confirmé cette somme de 30 millions, certaines évoquant aussi de possibles rétrocommissions revenues en France, sans plus de précisions. Entretiens avec l'auteur, juin et juillet 2016.

2. Entretien avec l'auteur, juin 2016. Sur l'assassinat de Ghislaine Dupont et Claude Verlon, voir Serge Daniel, *Les Mafias du Mali*, *op. cit.*, p. 153-168.

besoin de rien, je n'ai peur que de Dieu[1]. » À la mi-2014, il est revenu dans son fief touareg de Kidal, où il a gardé ses habitudes. Selon des sources maliennes, il aurait bénéficié d'une partie de la rançon versée pour les otages d'Arlit et d'un accord tacite d'immunité pour certains de ses hommes de la part des Français[2]. D'après plusieurs sources militaires françaises, Iyad Ag Ghali figurait toujours, à la mi-2016, parmi les « cibles de haute valeur » que la France continue de traquer au Sahel[3]. Et, malgré leurs dénégations, Nicolas Sarkozy et François Hollande ont bien fait partie de ses généreux banquiers.

---

1. Serge Daniel, *Les Mafias du Mali*, *op. cit.*, p. 290.
2. Aliou Hasseyr, « Iyad Ag Ghaly est de retour à Kidal : le "brave" terroriste de la France dans son fief », Maliactu.net, 25 juin 2014.
3. Entretiens avec l'auteur, juin 2016.

CHAPITRE 12

Dérapages et flingages en Afrique

Ce sont des victimes oubliées. Dans le langage policé des militaires et des diplomates, on parle de « dommages collatéraux ». Les officiels français affirment qu'ils prennent soin d'éviter tout dérapage malencontreux. Il n'est pas question de suivre les contre-exemples russes ou américains. « En Syrie, les Russes n'ont pas ce genre de scrupules. Pas plus que les forces d'Assad. Ils bombardent à tout-va de manière volontaire, ce qui explique la fuite des habitants des quartiers ciblés[1] », explique un haut gradé français. Selon le Bureau of Investigative Journalism, les Américains auraient, quant à eux, tué deux cents enfants avec leurs drones au Pakistan entre 2004 et 2016[2]. L'une des bavures les plus connues fut celle qui, au Pakistan, cibla un mariage, pris par les renseignements américains pour une réunion de terroristes. Les drones armés, de type Predator ou Reaper, feraient dix fois plus de victimes civiles que les bombardements classiques du fait de leur plus grande imprécision, si l'on en croit des études du chercheur américain Larry Lewis[3]. En août 2009, pour éliminer le chef de guerre pakistanais Baitullah Mehsud, les Américains s'y sont

1. Entretien avec l'auteur, avril 2016.

2. Au 21 mai 2016, le nombre de civils tués par des drones américains au Pakistan était compris entre 424 et 966, dont de 172 à 207 enfants. « Drone wars », Bureau of Investigative Journalism. Voir aussi les documents confidentiels sur les assassinats ciblés par les États-Unis : Jeremy Scahill, « The Drone Papers », The Intercept, 15 octobre 2015.

3. Étude de Larry Lewis, chercheur au Centre d'analyses navales, sur les frappes aériennes en Afghanistan en 2010-2011, citée dans Spencer

pris à sept reprises, provoquant la mort de cent soixante-quatre personnes.

Côté français, les règles d'engagement proscrivent aux soldats sur le terrain ou aux pilotes de chasse toute ouverture de feu pouvant provoquer des victimes civiles. Au sein des états-majors, les responsables répètent que beaucoup d'opérations ou de raids aériens, notamment en Irak et en Syrie, sont justement annulés pour éviter ce genre d'incidents. En octobre 2015, au lendemain d'un bombardement français sur la ville de Raqqa, en Syrie, qui visait un camp d'entraînement de combattants étrangers recrutés par Daech, le ministre de la Défense, Jean-Yves Le Drian, expliquait les difficultés du ciblage, liées au tissu urbain et à l'utilisation de civils comme boucliers humains : « Daech s'est organisé de telle sorte que des enfants, des femmes, des civils soient en première ligne. Les responsables se cachent dans des écoles, des mosquées, des hôpitaux, ce qui rend l'action de la coalition difficile, parce que nous ne souhaitons pas faire de victimes collatérales. Donc nous sommes très exigeants sur les cibles que nous avons l'intention de viser[1]. » Pour sa part, au début de novembre 2015, le chef d'état-major des armées, le général Pierre de Villiers, insistait publiquement sur le respect des règles éthiques et légales dans les opérations militaires : « L'action des armées françaises en opération s'inscrit dans une stricte conformité au droit ; sans cette conformité au droit, pas de légitimité ni de succès possible. Une frappe aveugle ne fera jamais une victoire[2]. »

Ackerman, « US drone strikes more deadly to Afghan civilians than manned aircraft », *The Guardian*, 2 juillet 2013.

1. Interview de Jean-Yves Le Drian, Europe 1, 9 octobre 2015.
2. Intervention du général Pierre de Villiers, chef d'état-major des armées, lors du colloque « Droit et Opex », ministère de la Défense, 2 novembre 2015.

Dommages collatéraux au Niger

Cette ligne de conduite, mise en œuvre dans des conditions souvent difficiles par des soldats qui prennent des risques importants, est globalement respectée. Mais, contrairement à ce que prétendent les ministres, les militaires et les conseillers du président, il existe des cas limites, des histoires de dégâts collatéraux ou d'opérations dont la légalité demeure sujette à caution. Dans sa lutte contre le terrorisme, la France sort parfois des clous. La militarisation croissante de cette « guerre » dissipe les frontières du droit. Le président de la République assume ces dérapages, puisque c'est lui, en tant que chef des armées, qui donne les ordres.

L'un des incidents les plus visibles s'est déroulé le 8 janvier 2011, au Niger, lors de la tentative de libération des deux jeunes Français, Antoine de Léocour et Vincent Delory, enlevés la veille dans un restaurant de Niamey. Les ravisseurs, membres de la *katiba* du chef djihadiste Mokhtar Belmokhtar, conduisent leurs deux otages à toute allure vers la zone frontalière avec le Mali. Ils sont immédiatement pris en chasse par des véhicules de l'armée et de la gendarmerie nigériennes, à qui ils tendent une embuscade. L'un des officiers nigériens est tué au cours de la fusillade. Cinq autres gendarmes sont forcés de suivre le convoi des djihadistes. Parallèlement, un avion français de surveillance filme celui-ci à haute altitude et transmet sa localisation à l'état-major des armées à Paris. Des commandos des forces spéciales sont envoyés sur place pour préparer un raid rapide avant que les ravisseurs ne soient épaulés par d'autres djihadistes mieux équipés. Les militaires français ont notamment intercepté un message des kidnappeurs, rédigé dans un style télégraphique, selon lequel un « groupe armé chef tribal "Moktar" lourdement armé » doit les rejoindre pour les protéger.

À l'Élysée, le général Benoît Puga, chef d'état-major particulier du président Nicolas Sarkozy, appelle ce dernier, en déplacement aux Antilles. En concertation avec le ministre de la Défense, Alain Juppé, il décide de lancer l'opération, baptisée « Archange foudroyant ». Elle débute dans la matinée du 8 janvier. Objectif : stopper les véhicules à tout prix par des tirs dans les moteurs, « neutraliser » les kidnappeurs d'AQMI si nécessaire et sauver les otages. Trois hélicoptères Cougar emportant les commandos français s'approchent des trois véhicules qui stationnent sur la piste, à cinq kilomètres d'Akabar. Les militaires français ne savent pas exactement dans quel véhicule se trouvent les deux otages. Ils ne sont pas au courant de la présence de gendarmes nigériens dans le convoi. Les échanges de tirs sont nourris. Le pilote d'un Cougar est blessé, ainsi qu'un autre soldat français. Les *snipers* visent les véhicules et des cibles humaines. Deux ravisseurs sont « neutralisés ».

Une vingtaine de parachutistes sont déposés au sol pour poursuivre l'assaut, avec une visibilité réduite en raison du vent de sable et de la poussière soulevée par les hélicoptères. Deux véhicules prennent feu. Antoine de Léocour est assassiné par l'un de ses gardes à l'écart des 4×4. Vincent Delory meurt dans un 4×4 en feu, qui a probablement été touché par des tirs français. D'autres victimes collatérales s'ajoutent à ce bilan : trois gendarmes nigériens sont tués, et deux blessés[1].

La situation d'urgence et les conditions très périlleuses dans lesquelles s'est déroulée l'opération ont abouti à ce résultat tragique. Dans son rapport au chef d'état-major des armées, le général Frédéric Beth, patron du Commandement des opérations spéciales (COS), parlera de « conclusion malheureuse pour nos deux compatriotes et pour certains de nos camarades nigériens », tout en défendant l'opération. « À aucun moment, précisera-t-il lors de son audition par la police judiciaire, les militaires français n'ont pu soupçonner la présence de gendarmes nigériens dans le convoi. En effet, les tirs hostiles provenaient des trois véhicules[2]. »

1. Les gendarmes décédés sont le capitaine Amankay Aboubacar, Aboubacar Abdallah et Abdou Alfari Siddo. Les deux blessés sont Abdourahamane Hassane et Abdoul Aziz Hamadou. Voir Serge Daniel, *AQMI. L'industrie de l'enlèvement*, *op. cit.*, p. 24-25.

2. Compte rendu de l'opération Archange foudroyant par le général de division Frédéric Beth à l'amiral Édouard Guillaud, 4 février 2011, déclassifié par le ministère de la Défense. Audition du général Beth par la Sous-direction antiterroriste de la police judiciaire, 14 février 2014.

Les proches des otages décédés déposeront plainte pour faire la lumière sur ce raid des forces spéciales qui a mal tourné. Ils suspectent l'armée française d'avoir provoqué, directement ou indirectement, la mort d'Antoine de Léocour et Vincent Delory. Les autorités nigériennes sont également mécontentes de n'avoir pas été averties du déclenchement du raid et d'avoir subi des pertes collatérales. Embarrassé, le gouvernement français laisse d'abord entendre que les gendarmes nigériens visés par les tirs français étaient peut-être des complices des ravisseurs. Puis, devant les protestations nigériennes, il se ravise. Le 20 janvier 2011, Alain Juppé reçoit à Paris avec tous les honneurs Ousmane Cissé, le ministre nigérien de l'Intérieur. Il salue publiquement « le courage des unités des forces de sécurité [nigériennes] engagées dans la poursuite des terroristes » et rend « un hommage appuyé au personnel blessé et décédé dans cette opération ». La France proposera d'aider les blessés et de soutenir les familles des gendarmes nigériens tués.

Raid en Somalie : « Nous devons prendre le risque »

D'autres offensives françaises plus secrètes ont provoqué des dommages collatéraux. Ce fut le cas d'un raid décidé par François Hollande en Somalie en janvier 2013 pour tenter de sauver un agent de la DGSE, otage depuis plus de trois ans des Shebab, un groupe d'islamistes radicaux somaliens affilié à Al-Qaïda.

Le 14 juillet 2009, deux agents de la DGSE sont enlevés à Mogadiscio, la capitale somalienne. Leur rapt est probablement une réponse aux opérations menées les mois précédents par l'armée française contre des pirates somaliens qui avaient attaqué des bateaux français. Le premier otage de la DGSE, qui se fait appeler Marc Aubrière, est détenu par le groupe djihadiste Hizbul Islam. Il réussit à échapper à ses geôliers un mois plus tard, sans doute en neutralisant plusieurs d'entre eux. Le second, l'adjudant-chef Denis Allex – une identité fictive –, reste captif d'un autre groupe plus radical, les Shebab, dans des conditions épouvantables. Formé comme nageur de combat à Quélern, dans le Finistère, ce quadragénaire sportif, habitué des missions difficiles, officiait au sein du Centre parachutiste d'instruction spécialisée (CPIS) de Perpignan, l'un des centres du Service Action (SA) de la DGSE. Au CPIS, au siège de la DGSE à Paris, comme au fort de Noisy, à Romainville, QG du SA, la détention de Denis Allex est vécue comme un drame. « Nous étions bouleversés. Denis était un homme discret, courageux, formidable, témoigne un de ses anciens collègues. Nous voulions absolument faire quelque chose pour le sauver. C'était une question de principe[1]. » Des initiatives diplomatiques et clandestines sont entreprises. Les ravisseurs exigent la libération de certains Shebab emprisonnés en France après une attaque maritime menée en 2008, ainsi que le versement d'une rançon[2]. Mais les pourparlers s'enlisent.

Les services extérieurs français déploient un important dispositif, notamment basé sur des interceptions et des missions d'infiltration sur place, pour localiser leur agent prisonnier. À la mi-2012, celui-ci est finalement repéré dans le village de Bulo Marer, à une centaine de kilomètres au sud de Mogadiscio, près du port de Merka. Dans le plus grand secret, la DGSE prépare minutieusement une opération de « vive force » pour le sortir de là. L'assaut est répété des dizaines de fois dans une fausse prison reconstituée sur le modèle de celle où Denis Allex est enfermé[3]. Durant l'automne, le ministre de la Défense, Jean-Yves Le Drian, évoque ce projet avec François Hollande, qui tient à obtenir l'aval explicite de l'épouse de l'otage. En décembre 2012, le président donne son feu vert de principe à l'opération, qui doit être menée avec le soutien technique des

1. Entretien avec l'auteur, septembre 2016.

2. Voir Roland Marchal, « The rise of a Jihadi movement in a country at war. Harakat Al-Shabaab Al Mujaheddin, in Somalia », Sciences-Po/Ceri, mars 2011, p. 68-69.

3. Voir Patrick Forestier, « Opération Denis Allex », *Paris Match*, 11-17 juillet 2013.

Américains, négocié au plus haut niveau à la Maison-Blanche. Ce raid de la dernière chance, considéré comme très audacieux, est programmé au début de janvier 2013, car la santé de l'otage est en train de se détériorer.

« Maintenant, nous devons prendre le risque[1] », explique François Hollande le 11 janvier 2013, lors d'un Conseil de défense qui avalise parallèlement le déclenchement de l'opération Serval au Mali. Une cinquantaine d'hommes du CPIS sont envoyés au large de la Somalie à bord du navire militaire français *Mistral*. Ils sont tous volontaires pour exfiltrer leur collègue prisonnier. Dans la nuit du 11 au 12 janvier, ils embarquent à bord de cinq hélicoptères Caracal qui foncent vers la côte, accompagnés par des hélicoptères de combat Tigre.

L'opération est suivie en direct par l'état-major de la DGSE dans une salle de commandement, boulevard Mortier. Selon les plans établis de longue date, les commandos sont déposés à une dizaine de kilomètres du village de Bulo Marer afin d'éviter que le bruit des rotors n'alerte les Shebab. À charge pour eux de rejoindre à pied le lieu de détention de Denis Allex de la manière la plus furtive possible. Les soldats sont équipés de lunettes de vision nocturne, d'armes de poing et de fusils mitrailleurs munis de silencieux. Ils sont surentraînés, motivés et conscients du caractère périlleux de leur attaque. « Il m'avait été dit qu'il y avait des risques et que cette opération ne pouvait marcher que si l'effet de surprise était total[2] », confiera François Hollande.

Selon la version officielle qui sera relayée après le raid avorté, ce trajet d'une dizaine de kilomètres se déroule sans encombre. Certains journalistes parleront de « quelques rares Shebab en armes » éliminés sur le parcours[3]. *Paris Match* écrira

1. Rapporté dans David Revault d'Allonnes, *Les Guerres du président*, *op. cit.*, p. 165.

2. Gérard Davet et Fabrice Lhomme, *« Un président ne devrait pas dire ça... »*, *op. cit.*, p. 475.

3. Frédéric Helbert, « Denis Allex. Opération dernière chance DGSE contre les Shebab. L'échec d'un rien. Révélations », blog de Frédéric Helbert, 14 juillet 2013.

que les commandos sont arrivés « sans anicroche » à la maison de l'otage, « même si des autochtones affirmeront que plusieurs civils ont été tués[1] ».

En réalité, dès leur atterrissage, les soldats français sont confrontés à des difficultés. Devant traverser des zones marécageuses et des terres irriguées, leur progression est lente. « De plus, ils n'avaient pas prévu que des villageois seraient debout à cette heure de la nuit, que certains se rendaient à la prière », rapporte une source proche du SA au courant du déroulement de cette mission. « Les commandos ont croisé plusieurs personnes sur leur chemin. Ils ont dû les éliminer afin d'éviter qu'elles ne préviennent les Shebab. C'était une question de sécurité[2]. » Combien de victimes sont touchées lors de cette approche nocturne ? Selon des sources concordantes, le bilan dépasserait la dizaine de civils, sans qu'il soit possible d'établir un chiffre plus précis. « Il s'agissait de villageois, dont certains portaient des armes, comme c'est souvent le cas là-bas. Nos camarades ne pouvaient prendre aucun risque[3] », confie un ancien du SA.

Les soldats de la DGSE poursuivent leur avancée jusqu'à Bulo Marer. Ils comptent sur l'effet de surprise pour prendre d'assaut la maison en pisé où Denis Allex est retenu et pensent pouvoir repartir avec lui en quelques minutes. Malheureusement, juste avant de pénétrer dans la petite cour de la maison, l'un des membres du commando heurte un Shebab qui se trouvait dehors. Celui-ci a le temps de crier avant d'être neutralisé. Aussitôt, les échanges de coups de feu commencent. Les Shebab sont près d'une vingtaine sur les lieux, beaucoup plus nombreux et mieux armés que prévu. À l'arrière de la maison, Denis Allex est exécuté par ses geôliers. Deux soldats du SA sont touchés : le premier est blessé par un tir qui traverse le mur en pisé, le second tué par une rafale de kalachnikov.

1. Patrick Forestier, « Opération Denis Allex », art. cité.

2. Entretiens avec l'auteur, mai et octobre 2014. Cette version nous a été confirmée par trois autres sources proches du SA.

3. Entretien avec l'auteur, septembre 2014.

L'assaut tourne à la bataille rangée. Des dizaines de miliciens Shebab alertés arrivent sur les lieux en un temps très court, tandis que les commandos essaient de sortir du piège au milieu des zébus lâchés par les ravisseurs pour accroître la confusion. Les combats acharnés durent près d'une heure. Les Français parviennent à s'extraire avec l'aide des hélicoptères Tigre et Caracal venus à la rescousse, et grâce à l'appui d'un *gunship* américain, un avion C-130 équipé de canons qui procède à des tirs de diversion. Les hommes de la DGSE quittent la zone en emportant leur blessé, qui décédera peu après. La dépouille du soldat tué ne pourra pas être récupérée, pas plus que celle de Denis Allex.

Le bilan du raid est terrible pour la DGSE : l'otage est mort, ainsi que deux des hommes venus le secourir. Boulevard Mortier et dans la forteresse du CPIS à Perpignan, c'est la consternation. Toutefois, personne ne regrette cet assaut, qui a prouvé que la DGSE n'abandonnait pas ses agents et a démontré aux Shebab que les Français pouvaient frapper à n'importe quel moment. François Hollande, qui a suivi l'opération heure par heure, n'accablera personne : « Vous ne pouvez pas mettre en cause les hommes qui risquent leur vie[1]. » Au même moment, au Mali, un soldat des forces spéciales françaises meurt au cours d'accrochages dans le cadre de l'opération Serval. « Cette nuit-là, François Hollande a touché du doigt avec gravité la responsabilité du président qui envoie des soldats au feu, avec la mort au rendez-vous[2] », confie l'un de ses conseillers. D'après le ministère de la Défense, dix-sept Shebab auraient été abattus durant l'opération en Somalie. Jean-Yves Le Drian reconnaîtra que les soldats français ont « sous-estimé » la force des rebelles somaliens. Des fuites en provenance de sources somaliennes ont peut-être permis aux Shebab d'avoir connaissance de l'assaut français et de préparer leur défense. Mais personne n'évoque les victimes civiles.

1. Gérard Davet et Fabrice Lhomme, *« Un président ne devrait pas dire ça... », op. cit.*, p. 476.
2. Entretien avec l'auteur, octobre 2015.

En réalité, plus de soixante-dix miliciens rebelles ont été tués au cours de l'assaut, principalement par les tirs des hélicoptères et des canons du C-130. Et les échanges de coups de feu ont fait d'autres victimes civiles, allongeant la liste des dégâts collatéraux. Une dépêche de l'AFP datée du 14 janvier 2013 en témoigne de manière indirecte. Le bureau somalien de l'agence donne la version des faits recueillie auprès de plusieurs habitants : « Des témoins somaliens ont dit qu'au moins huit civils ont été tués dans l'opération française désastreuse visant à sauver un agent secret retenu en otage, mais le ministère français de la Défense a défendu la décision de lancer ce raid. » La dépêche cite ensuite des résidents de Bulo Marer. L'un d'eux, Adan Derow, explique ainsi que quatre personnes, dont trois d'une même famille, ont fait partie des victimes lorsque les hélicoptères français ont atterri à l'extérieur de Bulo Marer. « Nous ne savons pas pourquoi ces civils ont été tués », ajoute un autre villageois, Ali Moalim Hassan, qui précise que quatre autres personnes, dont une femme et son enfant, ont été tuées lors des échanges de tirs entre les commandos français et les Shebab. Un troisième habitant, Moalim Ahmed Nur, indique que les commandos « ont tué des innocents civils et sont partis sans rien faire ». Un employé d'une organisation humanitaire confirme cette version des faits[1]. Une dépêche de l'agence Associated Press cite, quant à elle, deux témoins, dont un dénommé Hussein Yasein, qui affirme que des villageois ont été tués alors qu'ils regardaient les projecteurs des hélicoptères en train de se poser[2]. Selon la dépêche, des habitants auraient eu le temps d'alerter les miliciens de l'arrivée des commandos français.

Ces deux articles, pourtant publiés par des agences de presse internationales et étayés par plusieurs témoins, ne seront guère repris dans les médias français. Aucune enquête ne sera

1. « France defends failed Somali raid to rescue hostages as toll mounts », Agence France Presse, 14 janvier 2013.

2. Abdi Guled et Lori Hinnant, « Witnesses describe mayhem of rescue try », Associated Press, 14 janvier 2013.

diligentée pour tenter d'en savoir plus sur ces bavures présumées. « Les témoins sous-estimaient sans doute le nombre de victimes civiles[1] », précise une source française proche de la DGSE.

En coulisse, pourtant, certains militaires critiquent les ratés de ce raid, qui marquera les esprits à la DGSE. Ils s'interrogent sur les choix tactiques – notamment l'atterrissage des hélicoptères si loin de l'objectif – et sur le bien-fondé de l'emploi du SA plutôt que des forces spéciales, censées être mieux entraînées pour ce type de missions militaires. Au sein des états-majors, ces réflexions trouvent quelques échos : depuis plusieurs années, des experts plaident pour la fusion du SA et des forces spéciales. Un rapport sénatorial publié en mai 2014 prônera de nouveau ce rapprochement[2]. L'échec de la Somalie ravive ce débat, même si la DGSE a des arguments pour défendre la spécificité de ses commandos clandestins.

Au lendemain de l'opération, cependant, il n'est pas possible de poser ces questions dérangeantes, d'autant que la DGSE compte trois victimes dans ses rangs. François Hollande, présent à Perpignan pour rendre hommage aux agents morts en Somalie, continue d'assumer ce raid avorté. « Cette opération, je l'ai décidée il y a plusieurs semaines », déclare-t-il lors de ses vœux à la presse, quelques jours plus tard. « Elle était prévue ce jour-là, ou plus exactement cette nuit-là. Elle aurait pu réussir, elle devait réussir. Mais, en même temps – aussi lourdes que soient les conséquences, puisqu'il y a eu la mort, l'assassinat de l'otage et deux soldats qui sont tués –, je revendique cette opération, pleinement. Car c'est aussi un message que nous envoyons. La France ne peut pas accepter que ses ressortissants soient détenus[3]. »

1. Entretien avec l'auteur, septembre 2014.

2. « Le renforcement des forces spéciales, avenir de la guerre ou conséquence de la crise », rapport des sénateurs Daniel Reiner, Jacques Gautier et Gérard Larcher, 13 mai 2014.

3. Vœux à la presse du président François Hollande, palais de l'Élysée, 16 janvier 2013.

Des exécutions extra-judiciaires décidées par le président

Depuis son élection en mai 2012, François Hollande entend incarner une politique plus martiale que ses prédécesseurs, quitte à en payer le prix et à sortir du strict cadre de la légalité. Ainsi, il a décidé de répliquer de manière systématique aux prises d'otages et aux attentats qui touchent des Français dans le monde. Face aux journalistes Gérard Davet et Fabrice Lhomme, il a admis avoir ordonné ce type de vengeances : « L'armée, la DGSE ont une liste de gens dont on peut penser qu'ils ont été responsables de prises d'otages ou d'actes contre nos intérêts. On m'a interrogé. J'ai dit : "Si vous les appréhendez, bien sûr[1]..." » Ces propos confirment ce que nous écrivions au début de 2015, à savoir que la France dresse des listes nominatives de personnes à éliminer, soumises à l'aval du président[2].

Entouré de conseillers militaires plutôt enclins à l'action, dont son chef d'état-major particulier, le général Benoît Puga[3], et les membres du cabinet de Jean-Yves Le Drian, François Hollande a donc donné des consignes claires aux états-majors militaires et à la DGSE sur le sujet : ils ont son feu vert pour tuer à l'étranger, y compris clandestinement, des « chefs terroristes » et d'autres ennemis présumés de la France. Les militaires les appellent des *High Value Targets* (HVT) ou des *High Value Individuals* (HVI) – en somme, des cibles de haute valeur. Gérard Davet et Fabrice Lhomme ont pu consulter une liste, datée du 7 mars 2014, de dix-sept « objectifs » : des individus à « neutraliser », avec des informations sur leur profil et leur

1. Voir Gérard Davet et Fabrice Lhomme, *« Un président ne devrait pas dire ça... »*, *op. cit.*, p. 486.

2. Voir Vincent Nouzille, *Les Tueurs de la République*, *op. cit.*, p. 7-18.

3. Ancien patron du Commandement des opérations spéciales, le général Benoît Puga a occupé la fonction de chef d'état-major particulier à l'Élysée de mars 2010 à juillet 2016. Il a été remplacé par l'amiral Bernard Rogel, ancien chef d'état-major de la Marine nationale.

localisation possible[1]. « Ces listes de HVT, nourries de renseignements précis, de cartes et de photos, sont préparées par les services, nous indiquait un conseiller de Jean-Yves Le Drian au début de 2015. Elles étaient prêtes lors du déclenchement de l'opération Serval en janvier 2013, puis ont été actualisées avec l'opération Barkhane, qui a pris le relais à la mi-2014. François Hollande les valide régulièrement, ainsi que le cabinet du ministre de la Défense[2]. »

Le président a confié à Gérard Davet et Fabrice Lhomme avoir décidé au moins quatre assassinats ciblés durant son mandat. Un chiffre minimaliste, en vérité. Selon nos sources, au moins une quarantaine de HVT ont été exécutées à l'étranger entre 2013 et 2016, soit par les armées, soit par la DGSE, soit encore, plus indirectement, par des pays alliés sur la base de renseignements fournis par la France[3]. Cela représente environ une opération par mois – un rythme jamais vu depuis la fin des années 1950, à l'époque de la guerre d'Algérie. De ce point de vue, François Hollande marque une vraie rupture dans l'usage de la force, alors que Nicolas Sarkozy et surtout Jacques Chirac étaient plus prudents sur ces sujets régaliens.

Officiellement, les états-majors récusent le terme d'exécutions ciblées. Les militaires préfèrent parler, de manière plus générale, de « neutralisation » de « cibles ennemies » et d'« objectifs stratégiques ». Ils démentent toute identification préalable des personnes visées. Ces dénégations traduisent un certain embarras, lié à une réserve éthique et au flou juridique relatif à ce type d'opérations antiterroristes. En effet, en cas de conflit militaire déclaré, avalisé par le Parlement et par des instances internationales comme l'ONU, les opérations spéciales peuvent être assimilées à des actes de guerre et les cibles à des combattants ennemis, ce qui ne pose pas trop de problèmes légaux *a priori*.

---

1. Voir Gérard Davet et Fabrice Lhomme, *« Un président ne devrait pas dire ça... »*, *op. cit.*, p. 487.
2. Entretien avec l'auteur, mars 2015.
3. Sources militaires et proches de la DGSE, entretiens avec l'auteur, 2015-2016.

En revanche, lorsque les forces spéciales ou les agents du SA de la DGSE interviennent dans des « zones grises » ou en marge d'une opération militaire classique, le cadre juridique est plus incertain : ils pourraient être exposés à des poursuites dans les pays concernés[1]. Le risque demeure théorique, mais il doit être pris en compte, les missions de ce type s'étant multipliées ces dernières années. Entre 2008 et 2013, les forces spéciales françaises et la DGSE ont, par exemple, capturé ou tué près d'une centaine de djihadistes dans certains pays du Sahel (Mauritanie, Mali, Niger) sans qu'aucune opération militaire ait été légalement déclenchée. Sans oublier les raids menés en Libye en 2011 dans la plus grande discrétion, ou celui de la DGSE en Somalie en janvier 2013, en pleine « zone grise ».

En réalité, la France applique la loi du talion et va même bien au-delà. Ce « permis de tuer » s'apparente parfois à de froides représailles et à des exécutions extra-judiciaires, y compris sous forme préventive. Les frappes militaires n'ont pas grand-chose à voir avec les procédures judiciaires. La légitimité de ces actions peut être admise lorsqu'il s'agit de répliquer à une agression. Mais leur légalité pose souvent question, tout comme leur efficacité réelle dans la lutte contre le terrorisme, puisqu'elles n'empêchent pas les groupes rebelles de se reconstituer et qu'elles accroissent les risques de surenchère. « La France est en guerre, elle tue les chefs ennemis, rien de plus normal[2] », plaide pour sa part un vétéran de la DGSE, partisan de ces opérations Homo (pour homicides).

« Trouver, traquer, terminer »

Selon les responsables des services de renseignement, la traque des cibles humaines est minutieusement préparée. En septembre 2015, évoquant ces opérations de manière exceptionnelle,

1. Voir Bertrand Warusfel, « Le cadre juridique incertain des opérations spéciales », *Hestia*, 9 mars 2016.
2. Entretien avec l'auteur, juin 2016.

le général Christophe Gomart, patron de la Direction du renseignement militaire (DRM), en a détaillé le processus devant un public d'initiés lors de l'université d'été de la Défense : « Les cibles d'intérêt, les leaders des groupes armés terroristes, sont très difficiles à intercepter en raison de leur mobilité et des mesures de discrétion qu'elles mettent en œuvre. Le processus vise à réduire progressivement les mailles du filet pour parvenir à identifier puis à localiser la cible avant de lancer l'opération. Ce travail est conduit en partenariat avec d'autres services de la communauté nationale du renseignement, selon le principe que nous appelons "*Find, Fix, Finish, Exploit*". » Le ciblage est affiné à partir de renseignements électroniques, des interrogatoires de prisonniers et des études d'imagerie, qui permettent ensuite l'identification formelle de la cible et son suivi « jusqu'au moment le plus favorable au déclenchement de l'opération ».

Lors de la même conférence, Bernard Bajolet, directeur de la DGSE, a expliqué que son service « a joué et joue un rôle tout à fait important pour le ciblage de haute valeur » au Sahel, ajoutant : « Le général Gomart a mentionné les trois F américains "*Find, Fix, Finish*", que je traduirais par les trois T français "Trouver, Traquer, Terminer". Au Sahel, la DGSE effectue les deux premiers T, [...] le troisième T étant réalisé par les forces armées et souvent par les forces spéciales [...][1]. » Bernard Bajolet s'est dit peu satisfait de la répartition actuelle des rôles : dans les zones de guerre, la DGSE est encline à transférer la phase tactique de la traque à la DRM, mais elle veut absolument conserver le recueil de renseignement en amont, que lui disputent de plus en plus les experts du renseignement militaire.

Le patron de la DGSE a livré d'autres confidences sur le sujet. Questionné à huis clos, en mai 2016, par la commission d'enquête parlementaire sur les attentats de 2015, il a indiqué que soixante-neuf opérations d'« entrave de la menace terroriste » avaient été conduites par son service depuis le début de

1. Intervention du général Christophe Gomart et de Bernard Bajolet lors de la table ronde « Le renseignement en soutien des opérations militaires », Université d'été de la Défense, Strasbourg, 15 septembre 2015.

2013. Cinquante et une ont concerné des arrestations, des projets déjoués ou la mise « hors d'état de nuire » de terroristes dans les zones suivantes, par ordre d'importance : Afrique subsaharienne, zone afghano-pakistanaise, corne de l'Afrique, Syrie, Europe, Libye et Égypte. La DGSE aurait contribué directement à la mise en œuvre de quarante opérations de ce type sur cette période, dont une partie étaient des exécutions – leur nombre n'étant pas précisé. Interrogé pour savoir si l'expression « mettre des terroristes hors d'état de nuire » signifiait bien « éliminer physiquement », Bernard Bajolet n'a pas démenti, tout en rappelant : « Pour nous, mettre hors d'état de nuire signifie neutraliser par des arrestations ou *d'autres moyens*. Nous intervenons en appui des forces armées françaises et de nos partenaires de la coalition. Nous fournissons des renseignements à la coalition, notamment ce que nous appelons des points d'intérêt. Nous avons fourni, aussi bien pour l'Irak que pour la Syrie, de très nombreux points d'intérêt, qui sont ensuite exploités et complétés par la Direction du renseignement militaire. Nous avons accru le rythme et l'intensité de nos opérations, notamment celles du Service Action. Il est utilisé au plein de ses capacités sur ces différents théâtres[1]. »

Dans certaines contrées, la DGSE prépare le « travail » et peut solliciter des pays alliés afin qu'ils procèdent aux représailles en son nom. Après l'échec de la libération de Denis Allex en janvier 2013, François Hollande enjoint à la DGSE de traquer les commanditaires de son enlèvement afin de les éliminer. Interrogé par des députés en février 2013 sur une possible « vengeance » française, le directeur de la DGSE, Érard Corbin de Mangoux, récuse alors l'expression, tout en assurant qu'il y aura bien des suites. « La France ne se venge pas, affirme-t-il. Elle mènera, dans la corne de l'Afrique, le combat antiterroriste à son terme pour défendre ses intérêts[2]. »

1. Audition de Bernard Bajolet devant la Commission d'enquête parlementaire relative aux moyens mis en œuvre par l'État pour lutter contre le terrorisme depuis le 7 janvier 2015, 24 mai 2016, rapport, t. 2, p. 860.
2. Audition d'Érard Corbin de Mangoux devant la Commission de la défense et des forces armées, Assemblée nationale, 20 février 2013.

À partir de cette date, l'un des principaux chefs des Shebab somaliens, Abu Zubeyr – de son vrai nom Ahmed Godane –, est dans le collimateur des Français, avec son entourage[1]. Ce trentenaire a été formé au Pakistan et en Afghanistan avant de s'imposer comme émir des Shebab en 2008, après la mort de leur précédent chef, Aden Hashi Farah Ayro, tué par une frappe aérienne américaine. Outre la prise d'otages des agents de la DGSE, il est notamment considéré comme l'organisateur de l'attaque du centre commercial Westgate Mall, à Nairobi, au Kenya, qui a tué soixante-huit personnes, dont deux Français, en septembre 2013. Dans un rapport du ministère français de la Défense daté de la fin de 2013, Godane est présenté comme « très radical » et partisan d'un « djihad global, ce qui crée des dissensions à l'intérieur de son mouvement[2] ». Le Pentagone, lui, offre une récompense de 7 millions de dollars pour tout renseignement pouvant faciliter sa capture. Le bras droit de Godane, Ahmed Mohamed Amey, est tué par un missile américain en janvier 2014. De leur côté, trois expertes en interceptions de la direction technique de la DGSE traquent durant dix-huit mois les rares communications de Godane et de ses proches. « Elles ne l'ont pas lâché, comme dans le film *Zero Dark Thirty*. Elles l'ont perdu plusieurs fois, elles l'ont retrouvé[3] », expliquera leur supérieure hiérarchique, confirmant la contribution française à son élimination.

Grâce à ces antennes et à des sources humaines, la DGSE parvient, durant l'été 2014, à localiser Godane sur une route somalienne, au sud de Mogadiscio. Le 1er septembre, suivant un accord passé entre les services français et américains, des frappes de missiles Hellfire tirés depuis des drones et des

1. Vincent Nouzille, *Les Tueurs de la République*, *op. cit.*, p. 14 ; et Jean Guisnel, « François Hollande a ordonné l'exécution du chef djihadiste somalien Ahmed Godane », *Le Point*, 12 septembre 2014.

2. Adeline Dechaume, « La prolifération des groupes islamistes en Somalie : obstacle à la stabilisation régionale », *Cahiers du Retex-Recherche*, octobre 2013, Centre de doctrine d'emploi des forces, ministère de la Défense.

3. Voir Dalila Kerchouche, *Espionnes. Doubles vies sous haute tension*, Flammarion, 2016, p. 251.

bombes larguées depuis des chasseurs américains pulvérisent un véhicule et un campement où se trouvaient le chef des Shebab et plusieurs autres miliciens. Au moins six personnes sont présumées mortes. « C'est une perte symbolique et opérationnelle majeure pour les Shebab », explique alors le porte-parole du Pentagone, l'amiral John Kirby, qui souligne que des « renseignements utilisables » fournis par certains pays alliés ont permis cette opération[1]. L'aide de la DGSE doit rester confidentielle.

Parallèlement, la DRM et la DGSE poursuivent la traque des HVT au Sahel. Quelques-unes sont capturées et interrogées pour obtenir des renseignements sur les filières – par exemple, en 2015, deux geôliers présumés des otages d'Arlit, arrêtés durant un raid aérien nocturne de commandos du 1er régiment parachutiste d'infanterie de marine, l'un des principaux viviers du Commandement des opérations spéciales (COS). Sur ordre des états-majors, la plupart des autres cibles sont éliminées, souvent à la suite de combats ou de frappes aériennes.

La liste des victimes s'allonge au fil des mois. La France mène des opérations préventives sans scrupules et règle ses comptes, notamment avec certains chefs djihadistes qui ont retenu ou assassiné des otages, et à qui elle a parfois versé des rançons. À Abou Zeid, éliminé par les Français le 22 février 2013 dans le nord du Mali, succèdent une quinzaine d'autres chefs rebelles tués durant les mois qui suivent, selon des sources militaires concordantes. Certains ont été localisés grâce aux communications qu'ils passaient sur des téléphones satellitaires Thuraya, après que deux appareils de ce modèle appartenant à des djihadistes ont été récupérés et décryptés par les soldats français[2].

Cette guerre spéciale se prolonge dans le cadre de l'opération Barkhane, qui mobilise à partir de la mi-2014 plus de trois mille cinq cents soldats français, dont quelques centaines

---

1. Amiral John Kirby, porte-parole du Pentagone, réunion de presse, 2 septembre 2014.

2. Voir notamment Serge Daniel, *Les Mafias du Mali*, *op. cit.*, p. 144-145.

de membres des forces spéciales. Tous les moyens sont mobilisés pour combattre les djihadistes sur un territoire aussi grand que l'Europe : patrouilles franco-africaines, images de drones américains Reaper, interceptions téléphoniques, recueil de renseignements mêlant les équipes de la DGSE et les militaires, raids de chasseurs bombardiers, missions éclair de soldats au sol, largage nocturne de chuteurs-parachutistes[1]... En mars 2015, par exemple, le ministre de la Défense évoque devant des députés la neutralisation d'un des proches lieutenants d'Iyad Ag Ghali, le chef d'Ansar Dine : « Cette opération des forces spéciales était appuyée sur des renseignements provenant de plusieurs services, mêlant moyens humains et techniques, en particulier des drones. Elle a permis la mise hors de combat de dix terroristes et l'arrestation de trois autres, ainsi que la destruction d'un nombre important d'armes et de munitions à la fin du mois de janvier. » Jean-Yves Le Drian ajoute qu'une opération du même type est encore en cours dans le Tigharghar, durant laquelle la force Barkhane a déjà pu « neutraliser neuf autres djihadistes et s'emparer d'une quantité importante d'armements[2] ». En un an, selon des sources militaires, cent soixante-quinze djihadistes ont été tués dans la région, dont au moins une dizaine de chefs.

En mai 2015, grâce à des renseignements recueillis par la DGSE, des drones et des hommes au sol, un campement du Nord-Mali est visé par des commandos des forces spéciales, soutenus par dix avions de chasse et des hélicoptères. Après une course-poursuite et des échanges de tirs qui durent quatre heures, deux leaders importants sont tués : Abdelkrim al-Targui, ou « le Touareg », chef de la *katiba* Al-Ansar, affiliée à AQMI, et Ibrahim Ag Inawalen, *alias* Bana, un dirigeant d'Ansar Dine. « Nous les recherchions depuis très longtemps, c'est dire la

1. Non sans quelques risques : le 13 octobre 2015, trois soldats d'élite ont été grièvement blessés par une mine lors d'une mission dans le nord du Mali. En avril 2016, trois soldats sont décédés à la suite de l'explosion d'une mine dans la même région.

2. Audition de Jean-Yves Le Drian devant la Commission de la défense nationale et des forces armées, Assemblée nationale, 3 mars 2015.

permanence de la menace[1] », confie alors Jean-Yves Le Drian, confirmant une fois de plus l'existence des traques nominatives.

Proche d'Abou Zeid et d'Iyad Ag Ghali, Abdelkrim al-Targui aurait été impliqué dans de nombreuses attaques contre des Français, dont l'assassinat de Michel Germaneau – qui lui est même directement imputé –, celui de l'otage Philippe Verdon en 2013, les prises d'otages d'Arlit, et le rapt puis la mort des deux journalistes de RFI, Ghislaine Dupont et Claude Verlon, à Kidal, au Mali, en novembre 2013. Il y avait donc bien des motifs à ce qu'il figure parmi les cibles principales des HVT à « trouver, traquer, terminer », selon la terminologie des services.

Le 7 juillet 2015, c'est au tour de Mohamed Ali Ag Wadoussène, un responsable d'AQMI, d'être « neutralisé » par les forces spéciales lors d'une opération au Mali, durant laquelle deux soldats français sont blessés. Wadoussène avait été relâché des prisons maliennes en décembre 2014 en échange de la libération de l'otage français Serge Lazarevic, dont il avait sans doute commandité l'enlèvement à la mi-2013, avec celui de Philippe Verdon.

Ces exécutions ciblées provoquent parfois des dégâts collatéraux. Au début d'octobre 2015, Almoustapha Ag Warakoul, dit le commandant Ess, autre pilier du groupe Ansar Dine, est tué par la force Barkhane. Lieutenant d'Iyad Ag Ghali, il figurait en bonne place sur la liste des chefs terroristes les plus recherchés. Sa filature a mobilisé d'importants moyens d'interception, des images et des sources humaines, notamment parmi les combattants touaregs. Selon des sources maliennes et des proches du commandant Ess, son fils de dix ans a été une victime collatérale de la frappe[2].

1. Audition de Jean-Yves Le Drian devant la Commission de la défense nationale et des forces armées, Assemblée nationale, 20 mai 2015. Voir aussi, sur cette traque, Alain Barluet, « Le Sabre des forces spéciales », *Le Figaro*, 11 juin 2015.

2. Massiré Diop, « Nouvelle opération antiterroriste au nord du Mali : l'un des fidèles lieutenants de Iyad Ag Ghali abattu par Barkhane », *Mali Presses*, 15 octobre 2015.

Des juges en colère

Naturellement, sur instruction de l'Élysée, les états-majors mènent généralement ces opérations spéciales dans la plus grande discrétion. Elles sont classées « confidentiel Défense » et ne donnent lieu qu'exceptionnellement à des communiqués militaires. Le président de la République, le ministre de la Défense et le chef d'état-major des armées souhaitent cependant montrer régulièrement que la France réplique désormais à toute attaque contre ses intérêts et traque sans relâche les commanditaires afin de les éliminer. Au risque de se heurter aux magistrats chargés d'enquêter sur les actes terroristes et désireux de pouvoir renvoyer un jour leurs auteurs devant les tribunaux, comme c'est le cas notamment dans les affaires des otages d'Arlit, de la mort de Philippe Verdon ou de celle des deux journalistes de RFI. Car les juges, ainsi que les parties civiles, n'apprécient guère les exécutions extra-judiciaires décidées en haut lieu, qui s'apparentent, selon certains d'entre eux, à la réinstauration d'une peine de mort sans autre forme de procès. Aux yeux de l'Élysée et des états-majors, à l'inverse, la guerre contre des ennemis lointains et fanatiques justifie la primauté des opérations militaires sur le recours incertain à la justice hexagonale.

L'affaire d'In Amenas illustre bien cette tension. Le 16 janvier 2013, une trentaine de terroristes de la *katiba* Al-Mouaguiine Biddam (les Signataires par le sang), des dissidents d'AQMI dirigés par Mokhtar Belmokhtar, attaquent un gigantesque complexe gazier situé à Tigantourine, à une soixantaine de kilomètres d'In Amenas, dans le sud de l'Algérie. Des centaines d'employés et d'expatriés sont pris en otages. L'armée algérienne lance un raid qui se solde par un terrible bilan : en plus de la trentaine d'assaillants tués, trente-huit civils trouvent la mort durant les combats, dont un Français, Yann Desjeux. Cet ancien soldat des forces spéciales devenu le chef adjoint de la sécurité du site a réussi à sauver plusieurs otages avant d'être exécuté. Certains des pays dont sont originaires des victimes, notamment le Royaume-Uni, les États-Unis, la Norvège et la

France, lancent des procédures judiciaires. À Paris, l'enquête préliminaire est menée par la DCRI. Une information judiciaire, ouverte en janvier 2014, est ensuite confiée au juge Laurence Le Vert, l'un des piliers de la galerie Saint-Éloi, qui regroupe les juges antiterroristes au Palais de justice. La famille de Yann Desjeux, ainsi qu'une infirmière française, Murielle Ravey, rescapée de l'attaque, et trois autres employés français qui ont été séquestrés, se constituent partie civile[1]. Ils soupçonnent notamment les autorités algériennes de ne pas vouloir tout dire sur ce qui s'est vraiment passé à In Amenas, où les dysfonctionnements de sécurité étaient nombreux.

L'identification des commanditaires de l'attaque est relativement aisée, puisque le groupe de Mokhtar Belmokhtar l'a revendiquée dans une vidéo, la présentant comme une action en représailles contre l'opération militaire française Serval déclenchée au Mali quelques jours plus tôt et soutenue par les Algériens. Belmokhtar est l'un des chefs terroristes les plus recherchés au Sahel – aux yeux des Français, l'une des principales HVT à éliminer. Il écume la région depuis des années, enchaînant les prises d'otages et les attentats, associés à la contrebande. Affilié un temps à AQMI, il a déjà échappé à plusieurs raids français et américains. À la mi-2013, il créera un nouveau groupe baptisé Al-Mourabitoune, rassemblant les Signataires par le sang et les rebelles du MUJAO. « On va vous combattre au sein même de vos foyers et dans vos propres pays », a d'ailleurs menacé l'Algérien dans une vidéo quelques jours avant l'attaque d'In Amenas. Son porte-parole, dénommé Jouleibib, expliquera peu après à un journaliste mauritanien : « J'espère que la France se rend compte qu'il va y avoir des dizaines de Mohammed Merah et de Khaled Kelkal[2]. »

Mais un juge ne peut se contenter de ces bribes d'informations pour faire avancer son instruction. Laurence Le Vert doit

1. Voir Murielle Ravey et Walid Berrissoul, *25:00. In Amenas. Histoire d'un piège*, La Martinière, 2014.

2. Lemine Ould Mohamed Salem, *Le Ben Laden du Sahara*, *op. cit.*, p. 169.

retracer le déroulement précis des faits, authentifier les causes réelles de la mort de Yann Desjeux, évaluer les éventuelles responsabilités algériennes, identifier tous les membres du commando, poursuivre les assaillants qui ont survécu et les chefs. Plusieurs terroristes ont été faits prisonniers. Auditionnés par les Algériens et le FBI, trois d'entre eux livrent de précieux renseignements sur l'organisation de l'attaque et ses participants, transmis à la justice française ainsi qu'à d'autres pays concernés. Il y est notamment question des préparatifs effectués en Libye et des différents chefs qui ont supervisé l'opération, dont l'Algérien Mohammed Lamine Ben Cheneb, un diplômé en mathématiques mort durant le raid, et Mokhtar Belmokhtar, qui reste introuvable[1].

De son côté, le général Pierre de Villiers, chef d'état-major des armées, interrogé en octobre 2014, évoque huit responsables identifiés et déjà efficacement traqués : « [...] nous avons neutralisé sept d'entre eux. Il n'en reste plus qu'un et nous l'aurons[2]. » Il s'agit évidemment de Mokhtar Belmokhtar, à qui sont imputées d'autres attaques – les attentats-suicides à Arlit et Agadez au Niger, en mai 2013, et celui commis contre une unité de l'armée française près de Gao, au Mali, le 14 juillet 2014, ayant tué un légionnaire et blessé six soldats.

Le général de Villiers ne parle pas à la légère. Depuis des mois, plusieurs proches du « Borgne » ont effectivement été éliminés sur ordre de l'Élysée : Abou Moghren al-Tounsi, à la fin de septembre 2013 ; Faycal Boussemane et le Mauritanien Al-Hassan Ould al-Khalil, *alias* Jouleibib, gendre et porte-parole de Belmokhtar, en novembre 2013 ; Omar Ould Hamaha, dit « Barbe rouge », bras droit de Belmokhtar, en mars 2014 ; Abou Bakr al-Nasr, dit « l'Égyptien », spécialiste des armes, très actif du côté de Benghazi en Libye, tué en avril 2014. Un autre lieutenant du « Borgne », Ahmed al-Tilemsi, trouvera la mort

1. Document du FBI daté du 16 octobre 2013, contenant dix-neuf dépositions de témoins et auditions de trois terroristes interpellés par les forces algériennes, transmis à la DCRI le 8 novembre 2013.

2. Interview du général Pierre de Villiers, Europe 1, 24 octobre 2014.

en décembre 2014 ; il était suspecté d'être l'un des principaux responsables de l'enlèvement de Vincent Delory et Antoine de Léocour à Niamey en janvier 2011.

Les déclarations du général de Villiers provoquent de vives réactions au Palais de justice de Paris. « Nous avons appris, un peu furieux, par les médias que des individus susceptibles d'être impliqués dans des affaires de terrorisme avaient été capturés et neutralisés par l'armée française, déplorera Juliette Le Borgne, ancienne procureur au parquet antiterroriste. Notre objectif judiciaire, c'est de conserver ces personnes en vie pour les traduire en justice. Or ce n'est pas l'objectif de l'armée française. Nous voulons juste savoir la vérité, pour les familles[1]. » Tout aussi courroucée de voir les militaires mener leur justice expéditive, la juge Laurence Le Vert a aussitôt convoqué le général Pierre de Villiers pour une audition.

Les deux logiques, militaire et judiciaire, s'affrontent, et il ne paraît pas possible de les faire coïncider. À l'Élysée, François Hollande approuve visiblement les opérations militaires classées « confidentiel Défense » visant à éradiquer les chefs des groupes terroristes, sans s'embarrasser des lourdeurs judiciaires. Que ce soit au Sahel ou, désormais, en Syrie ou en Libye, il s'est engagé dans l'engrenage de la guerre. La justice passe au second plan.

1. Intervention de Juliette Le Borgne lors du colloque « Droit et Opex », ministère de la Défense, 2 novembre 2015.

CHAPITRE 13

Les folles dérives du Big Brother

Lorsqu'un système échoue à l'étranger, on voit souvent les responsables politiques français s'empresser de... l'adopter. Ce comportement étrange s'est répété en juin 2015 avec le vote d'une loi sur le renseignement donnant plus de pouvoirs aux services spécialisés et élargissant, à une échelle inédite en France, la surveillance massive des citoyens, sans contrôle du pouvoir judiciaire. Cette loi autorise en effet l'espionnage à grande échelle de toutes les « informations et données » de nos communications : téléphone, sms, mails, connexions Internet. Après un débat en urgence, elle a été adoptée par le Parlement à une large majorité grâce aux voix du PS, des Républicains (LR) et des centristes de l'UDI.

Cette loi était défendue par le Premier ministre Manuel Valls en personne. « Il n'y aura que des mesures ciblées sur des personnes représentant une menace réelle pour notre sécurité, pas de surveillance généralisée des citoyens », a-t-il assuré devant l'Assemblée nationale. « C'est un texte équilibré. Il donne des garanties de légalité et respecte les libertés publiques[1] », plaidait Philippe Bas, président LR de la Commission des lois du Sénat. « En encadrant les techniques de renseignement et en organisant leur contrôle, nous construisons l'État de droit et proscrivons l'arbitraire[2] », renchérissait

1. Entretien avec l'auteur, juin 2015. Cet entretien, comme la plupart de ceux cités dans ce chapitre, ont eu lieu dans le cadre d'une enquête : « Comment vous allez être espionnés », *Le Figaro Magazine*, 3 juillet 2015.

2. Entretien avec l'auteur, juin 2015. En janvier 2016, Jean-Jacques Urvoas a été nommé garde des Sceaux du gouvernement de Manuel Valls.

son homologue à l'Assemblée nationale, le député socialiste Jean-Jacques Urvoas.

Plus de quatre-vingts parlementaires récalcitrants ont décidé de saisir le Conseil constitutionnel, incitant le président Hollande à faire de même de son côté. « Il y a un risque de dérive vers une police politique. Si la droite avait fait voter ce texte, on nous aurait traités de fascistes[1] », estimait la députée LR Laure de La Raudière, en pointe dans ce combat du fait de sa formation d'ingénieur télécom. Mais, à la fin de juillet 2015, les Sages ont validé l'essentiel du dispositif législatif, à l'exception de la surveillance des communications internationales, qui a fait l'objet d'un projet amendé, soumis au vote et adopté le 30 novembre 2015.

Braves citoyens, dormez en paix, Big Brother vous surveille ! Le débat sur ce nouveau dispositif d'espionnage aurait mérité d'être approfondi, au lieu d'être ainsi expédié dans l'urgence. Car ce dispositif a montré ses limites outre-Atlantique. Depuis le vote du *Patriot Act*, au lendemain des attentats du 11 septembre 2001, la toute-puissante National Security Agency (NSA), l'agence américaine de renseignement technique, a développé des programmes particulièrement intrusifs à coups de milliards de dollars. Elle n'a reculé devant aucun moyen pour, officiellement, surveiller les « terroristes » – un motif qui masque difficilement d'autres objectifs plus mercantiles : interception directe des télécommunications sur les réseaux mondiaux ; géolocalisation de tous les portables ; écoutes téléphoniques à l'échelle de pays entiers ; accès aux bases de données des grands fournisseurs d'accès et multinationales d'Internet, tels Apple, Facebook, Google, Microsoft et Yahoo ! ; piratage d'applications mobiles et vol de clés de cryptage. Tous ces coûteux systèmes se sont révélés incapables d'empêcher le double attentat perpétré par les frères Tsarnaïev contre le marathon de Boston, le 15 avril 2013, qui a tué trois personnes et en a blessé près de deux cents, la tuerie de San Bernardino en décembre 2015, tout comme celle d'Orlando en juillet 2016.

1. Entretien avec l'auteur, juin 2015.

En juin 2013, l'ancien consultant de la NSA Edward Snowden, qui a fui les États-Unis pour se réfugier en Russie, a révélé, en rendant publics des milliers de documents internes, l'ampleur de ces programmes de surveillance, qui se sont développés sans réel contrôle, au mépris du respect de la vie privée, que ce soit aux États-Unis ou à partir des pays alliés membres des « Five Eyes », comme le Royaume-Uni[1]. Une cour fédérale a finalement jugé « illégale » la collecte de données que la NSA pratiquait sans vergogne sur les Américains. En juin 2015, après des mois de discussions, le Congrès américain a adopté une nouvelle loi, le *USA Freedom Act*, qui a contraint la NSA à interrompre une partie de ses programmes : désormais, ce sont les opérateurs téléphoniques qui conservent les métadonnées de connexion, et l'agence ne peut y accéder qu'après l'accord d'un juge spécial, sur la base de soupçons précis.

Malgré les protestations, tous les dispositifs du *Patriot Act* n'ont pas disparu, loin de là : dans un rapport de 2015, Amnesty International relevait que « d'autres facettes de la surveillance exercée par les États-Unis restent peu encadrées et non contrôlées, notamment la surveillance de masse de millions de personnes hors du pays[2] ». Et l'ONG déplorait que des pays comme le Pakistan, les Pays-Bas, le Royaume-Uni, la Suisse… et la France aient adopté ou préparent des lois autorisant ce type de programmes intrusifs.

---

1. Le groupe des Five Eyes regroupe les agences de renseignement de cinq pays ayant décidé, dès 1947, de partager leurs données techniques. Il repose principalement sur des échanges entre la National Security Agency (NSA, États-Unis), le Government Communications Headquarters (GCHQ, Royaume-Uni), le Centre de la sécurité des télécommunications Canada (CSTC, Canada), l'Australian Signals Directorate (ASD, Australie) et le Government Communications Security Bureau (GCSB, Nouvelle-Zélande).

2. « Deux ans après Snowden, protéger les droits humains à l'ère de la surveillance de masse », Amnesty International, 5 juin 2015.

Une foi aveugle dans la technique

Au lendemain des attentats de janvier 2015 contre *Charlie Hebdo* et l'Hyper Cacher de la Porte de Vincennes, le gouvernement de Manuel Valls veut à tout prix démontrer à l'opinion publique qu'il consacre de grands moyens à la détection des terroristes potentiels. Pourtant, les failles sont béantes dans ce domaine. Les frères Kouachi et Amedy Coulibaly, responsables des tueries, ont échappé aux radars des services de renseignement, qu'il s'agisse de la surveillance Internet ou des écoutes. Sans s'interroger davantage sur les raisons de ces ratés, le ministre de l'Intérieur, Bernard Cazeneuve, et celui de la Défense, Jean-Yves Le Drian, plaident pour un renforcement massif de la surveillance électronique, une forme de *Patriot Act* à la française.

À l'heure où de deux à trois mille jeunes Français sont embrigadés dans des filières djihadistes et où les effectifs policiers ne permettent pas de tous les suivre physiquement, la surveillance de leurs communications s'apparente à un mirage. Car la plupart des terroristes potentiels contournent aisément les dispositifs : ils utilisent des moyens de communication cryptés, en disent le moins possible au téléphone, jonglent avec des dizaines d'appareils et de numéros différents, voire se réfugient tout simplement dans le « silence radio », qui rend les écoutes totalement inutiles. Les interceptions opérées de manière ponctuelle au début de 2011 sur Mohammed Merah n'avaient pas alerté les services, faute d'indices d'un quelconque passage à l'acte, pas plus que celles menées à partir de 2011 sur les frères Kouachi.

Ces défaillances auraient pu inciter les autorités à déployer d'autres moyens de surveillance ciblée ou à modifier les critères de détection. Mais les responsables politiques ont préféré croire, de manière simpliste, dans l'efficacité présumée de Big Brother. Ils n'ont guère tenu compte des critiques formulées à maintes reprises par divers organismes de la société civile, du Syndicat de la magistrature au Syndicat des avocats de France, d'Amnesty International à la Ligue des droits de l'homme, de l'Association française des victimes du terrorisme à la Commission nationale informatique et libertés (CNIL). Plus étonnant : le Conseil national du numérique, officiellement chargé d'inspirer le gouvernement sur ces questions, et la Commission numérique de l'Assemblée nationale ont vainement exprimé leurs inquiétudes. Le prestigieux Institut national de la recherche en informatique et en automatique (INRIA), traditionnellement discret, est aussi sorti de sa réserve. « C'est notre responsabilité de dire que ce texte pose des problèmes techniques et soulève des questions éthiques[1] », nous a confié son PDG, Antoine Petit. Il n'a été ni consulté ni entendu.

Pourtant, cette loi n'a pas été improvisée. Elle était même en gestation depuis plusieurs années. Ses initiateurs voulaient, de longue date, promouvoir un texte qui définisse enfin l'ensemble des missions des différents services de renseignement. « La France était l'un des rares pays à ne pas disposer d'un cadre légal cohérent pour ses services. Il était temps de rattraper ce retard[2] », explique Bertrand Warusfel, professeur de droit à l'université de Lille-2. Cet expert reconnu du droit du renseignement plaidait depuis des années pour une modernisation juridique globale. Selon lui, il fallait dépoussiérer la loi de 1991 sur le contrôle des écoutes téléphoniques, conçue après le scandale des écoutes de l'Élysée sous François Mitterrand, et de surcroît à une époque où le téléphone portable et Internet n'existaient pas. En janvier 2006, une autre loi avait autorisé, après avis d'une « personnalité qualifiée » – en l'occurrence, un inspecteur général de la police –, la collecte auprès des opérateurs et fournisseurs d'accès à Internet des « données de connexion », autrement dit de toutes les informations techniques concernant les communications téléphoniques, sms ou mails, des personnes suspectées de terrorisme. Enfin, depuis le 1er janvier 2015, un

1. Entretien avec l'auteur, juin 2015. Voir aussi INRIA, « Éléments d'analyse technique du projet de loi relatif au renseignement », 30 avril 2015.

2. Entretiens avec l'auteur, janvier et juin 2015.

texte permettait la géolocalisation en temps réel des portables. Mais cela restait limité et très embryonnaire.

À défaut d'avoir été entendu par Nicolas Sarkozy en 2007, Bertrand Warusfel a repris son bâton de pèlerin[1]. Avant l'élection présidentielle de 2012, il a fait partie d'un petit groupe d'experts – avec notamment Jean-Jacques Urvoas, l'universitaire Floran Vadillo, les anciens patrons de la DGSE Claude Silberzahn et Jean-Claude Cousseran, les ex-directeurs de la DST Jean-Jacques Pascal et Jacques Fournet, l'ancien patron de la Direction du renseignement militaire le général Jean Heinrich – qui a commencé à rédiger un nouveau texte dans le cadre d'une réflexion plus générale sur l'organisation des services de renseignement[2].

Les principes de base étaient simples : définir les objectifs du renseignement ; autoriser les intrusions dans les correspondances dans un cadre précis ; créer une autorité indépendante chargée du contrôle, sur le modèle de la Commission nationale de contrôle des interceptions de sécurité (CNCIS), qui, en émettant des avis adressés au Premier ministre sur les quelque six mille demandes d'écoutes qui lui parviennent chaque année, chacune devant être motivée, donne plutôt satisfaction depuis 1991 ; enfin, autoriser de manière très encadrée des recours en cas d'irrégularités par le biais du Conseil d'État. L'un des participants à ce groupe de travail, le magistrat Michel Debacq, ancien chef de la section antiterroriste du parquet de Paris, a eu beau protester contre l'absence de l'autorité judiciaire dans ce schéma, estimant que les services de renseignement prenaient trop de place et que la possibilité d'un contrôle de régularité *a posteriori* n'offrait pas de vraie garantie, il n'a pas été écouté. L'architecture initiale sera, grosso modo, reprise par les parlementaires socialistes initiateurs de la loi de 2015, Patrice Verchère et Jean-Jacques Urvoas, coauteurs de plusieurs

1. Voir notamment Bertrand Warusfel, « Renseignement et État de droit », *Cahiers de la sécurité*, n° 13, juillet-septembre 2010, p. 114-121.

2. Jean-Jacques Urvoas et Floran Vadillo, *Réformer les services de renseignement français*, Fondation Jean-Jaurès, avril 2011.

rapports parlementaires, dont un sur l'encadrement juridique du renseignement[1].

La maturation est lente. Les principaux services, DGSI et DGSE en tête, traînent les pieds avant de se rallier à ce texte, qui légalise certaines pratiques anciennes – comme les interceptions à partir de capteurs mobiles – tout en étendant grandement leur champ d'action. Ils comprennent même rapidement l'intérêt d'influer sur sa rédaction afin de préserver leurs marges de manœuvre, par exemple pour judiciariser les dossiers quand ils l'estimeront utile ou pour stocker le plus longtemps possible les métadonnées de connexion des internautes afin de pouvoir les exploiter au maximum. Plutôt réticent, dans un premier temps, à l'idée d'une loi sur le renseignement, François Hollande se laisse finalement convaincre. Il souhaite que l'initiative revienne plutôt aux députés qu'au gouvernement.

À la mi-2014, à l'occasion d'un Conseil national du renseignement, le président donne son accord à une future proposition parlementaire. Jean-Jacques Urvoas, président de la Commission des lois, bien vu par les services comme par l'exécutif du fait de son profil de juriste sécuritaire, est chargé de pousser le projet. À Matignon, Manuel Valls, sentant que le sujet est porteur, prend la balle au bond. Avec l'aide de son conseiller Yves Colmou, il retravaille le texte. À la fin de 2014, au terme de divers arbitrages interministériels, Matignon valide le projet de loi dans ses grandes lignes. Les principaux leaders parlementaires de l'opposition sont consultés en amont afin de s'assurer par la suite un soutien transpartisan.

Les attaques terroristes de janvier 2015 accélèrent le processus. Elles facilitent l'adoption du texte en urgence, y compris certaines de ses dispositions les plus controversées.

1. Rapport de la Mission d'information sur l'évaluation du cadre juridique applicable aux services de renseignement, présidée par Jean-Jacques Urvoas et Patrick Verchère, Assemblée nationale, 14 mai 2013.

Pleins pouvoirs à Matignon

Dans ce texte imposé par le tandem Hollande-Valls, aucun détail n'est anodin. Sont ainsi énumérées les missions dévolues aux services de renseignement, qui les autorisent à pratiquer la surveillance hors du cadre judiciaire. Certaines ne surprennent guère : la sécurité nationale, la prévention du terrorisme, du crime organisé ou de la reconstitution de groupements dissous. En revanche, la défense des « intérêts économiques et scientifiques du pays » ou celle des « intérêts essentiels de la politique étrangère française » constituent des notions assez floues, forcément sujettes à interprétation. Pour la Quadrature du Net, un collectif de défense des droits sur Internet, cette extension du domaine du renseignement est excessive, comme l'explique son cofondateur, Philippe Aigrain : « Imaginez un blogueur en train d'enquêter sur des pots-de-vin versés par un groupe français à l'étranger : à ce stade, il pourra être espionné au nom des intérêts économiques et scientifiques du pays, ou des intérêts essentiels de sa politique étrangère[1]. » Par ailleurs, la loi autorise les services à prévenir les « atteintes à la forme républicaine des institutions », ainsi que les « violences collectives de nature à porter gravement atteinte à la paix publique ». Manuel Valls se veut rassurant : il ne s'agit pas de limiter la liberté de manifester ni de cibler les mouvements sociaux ou politiques, qui peuvent parfois donner lieu à des débordements. Plusieurs syndicats et organisations civiles peinent pourtant à le croire, tels Droit au logement (DAL) ou la Manif pour tous, qui craignent que leurs activités ne soient de plus en plus contrôlées. Le gouvernement ne changera rien sur ce point clé.

Autre sujet d'inquiétude : les pleins pouvoirs confiés au Premier ministre sur les interceptions, comme il les avait déjà sur les écoutes téléphoniques et certaines données de connexion Internet. Certes, il est désormais conseillé par une Commission nationale de contrôle des techniques de renseignement

1. Entretien avec l'auteur, juin 2015.

(CNCTR), qui remplace la CNCIS. Mais cette nouvelle instance, composée de neuf membres et saisie de toute demande des services de renseignement, n'émet qu'un avis consultatif : c'est le Premier ministre qui décide en dernier ressort. « L'expérience de la CNCIS montre que Matignon suit presque systématiquement les avis qui lui sont soumis. De plus, en cas de désaccord, la Commission pourra déposer un recours au Conseil d'État, ce qui constitue une garantie. Elle peut même recommander d'interrompre une interception si elle la juge irrégulière[1] », explique Bertrand Warusfel.

Les compétences dévolues aux membres de la CNCTR, qui ont théoriquement un libre accès permanent aux données interceptées, n'ont pas rassuré les détracteurs du texte. Matignon garde la main sur le dispositif, qui dépend concrètement d'un organisme sous sa tutelle, le Groupement interministériel de contrôle (GIC), installé sous l'hôtel des Invalides, à Paris. En cas d'urgence, par exemple pour géolocaliser en temps réel un suspect, le Premier ministre peut même se dispenser de l'avis préalable de la CNCTR. Cette possibilité de court-circuit a provoqué une vive réaction de l'ancien président de la CNCIS, Jean-Marie Delarue, dont les équipes savaient pourtant réagir rapidement. Il s'est aussi ému, pendant les ultimes discussions, d'un amendement glissé discrètement dans le texte à la demande de la DGSE et qui soustrayait au contrôle de la CNCTR la surveillance des étrangers de passage en France. Le gouvernement l'a retiré *in extremis*. Jugé trop pointilleux, Jean-Marie Delarue a été écarté de la liste des possibles dirigeants de la CNCTR. Les services de renseignement, tout comme l'Élysée et Matignon, ont préféré que ce gêneur quitte les lieux. Pour sa part, il avait estimé que la nouvelle commission ne présentait pas les garanties d'un contrôle suffisant.

En octobre 2015, François Hollande a choisi Francis Delon, un homme du sérail, pour piloter cette nouvelle structure. Connu pour sa loyauté républicaine et sa proximité avec les services de renseignement, ce conseiller d'État a dirigé de 2004 à 2014 le Secrétariat général de la défense et de la sécurité nationale

1. Entretien avec l'auteur, janvier 2015.

(SGDSN), instance de coordination qui dépend de Matignon. Auditionné par les parlementaires avant sa nomination, Francis Delon a revendiqué son indépendance d'esprit, que personne, officiellement, n'a mise en doute. Ses premiers mois à la tête de la CNCTR lui ont permis de montrer qu'il savait répondre promptement aux demandes d'interception des services. Mais, au début de 2016, il a failli être débordé par les requêtes « groupées » que souhaitaient Matignon et la DGSI, visant à collecter en temps réel les données de connexion de onze mille sept cents personnes fichées « S », considérées comme potentiellement dangereuses. Francis Delon a alors défendu l'idée, chère aux juristes, que la CNCTR ne pouvait tout de même pas donner un blanc-seing « groupé » pour espionner tous les fichés « S » sans justifications précises. Matignon a dû revoir sa copie[1].

Espionnage à tous les étages

Les techniques mêmes d'espionnage nouvellement autorisées par la loi Hollande-Valls soulèvent de graves questions. Certaines étaient déjà utilisées par la police judiciaire dans le cadre d'enquêtes sur le terrorisme ou la criminalité organisée, comme la pose de balises sur les voitures, la sonorisation d'appartements ou l'enregistrement vidéo. Désormais, les services de renseignement peuvent y recourir de manière préventive, en temps réel, hors de tout contrôle judiciaire. Autrement dit : les juges chargés des enquêtes antiterroristes sont tenus à l'écart de ce qui se passe dans ce domaine. Les services ont un feu vert de principe pour installer des logiciels espions sur des ordinateurs au domicile de suspects et surveiller leur « entourage », sans que cette notion soit clairement définie – elle peut aller de la famille aux commerçants fréquentés. Défenseur de la loi, Jean-Jacques Urvoas a expliqué que plus ces techniques étaient intrusives, plus elles étaient encadrées. Cependant, Jean-Marie Delarue

1. Jacques Follorou, « Tensions autour du contrôle du renseignement », *Le Monde*, 5 mars 2016.

s'est inquiété du nombre possible de cibles visées, dont le plafond sera fixé de manière discrétionnaire par le gouvernement. « Une société où il y a deux cents appartements sonorisés, on peut penser que c'est pour les criminels et les terroristes. Une société où il y en a deux cent mille, c'est *La Vie des autres* », a-t-il affirmé le 5 mai 2015 au micro de RTL, en référence au film sur les pratiques de la Stasi à l'époque de la RDA.

Il n'était pas le seul à s'alarmer. Plusieurs magistrats ont exprimé leur inquiétude quant au poids trop important des services, qui pourront gérer leurs enquêtes de manière autonome, en choisissant le moment où ils basculeront dans une éventuelle procédure judiciaire. Interrogé par des étudiants en journalisme à la même période, le juge antiterroriste Marc Trévidic n'a pas mâché ses mots concernant ces nouveaux dispositifs : selon lui, ils confèrent un pouvoir « exorbitant » à l'exécutif et mettent totalement hors jeu le système judiciaire, ce qui sera contre-productif[1]. Un avis que ne partage pas son prédécesseur, Jean-Louis Bruguière, réputé plus proche des services et favorable à cette loi : « Le renseignement sert en amont des enquêtes judiciaires. Ce sont des approches complémentaires, pas antinomiques[2]. »

Une autre technique est sujette à caution : l'usage d'antennes relais espions, baptisées IMSI-catchers, capables de capter toutes les communications téléphoniques dans un rayon d'un kilomètre. En réalité, les services de renseignement les utilisaient déjà largement de manière officieuse, mais leur légalisation n'était pas du goût de tout le monde. « Supposez qu'un instrument de cette nature soit placé à la gare du Nord, où ont transité cent quatre-vingt-dix millions de personnes en 2008. Même en tenant compte du fait qu'il y a des voyageurs réguliers, cette surveillance concernerait un grand nombre de gens[3] », a

1. Intervention de Marc Trévidic devant les étudiants de l'École de journalisme de Sciences Po, 21 mai 2015.

2. Entretien avec l'auteur, juin 2015.

3. Audition de Jean-Marie Delarue sur le projet de loi relatif au renseignement devant la Commission de la défense et des forces armées, Assemblée nationale, 24 mars 2015.

déploré Jean-Marie Delarue devant les élus. Le gouvernement a assuré qu'il s'agissait seulement de cibler d'éventuels suspects. Et le Sénat a limité les accès légaux des IMSI-catchers aux numéros des cartes SIM des portables, pour des périodes de quarante-huit heures renouvelables, et non à leurs données de communication. « Mais ils peuvent très bien écouter discrètement toutes les conversations, et ausculter les métadonnées, puisque ces machines le permettent[1] », précise un expert des télécoms.

Les premiers pas de cette nouvelle loi ne sont guère rassurants, puisque François Hollande et Manuel Valls contournent d'emblée les principes qu'ils viennent de graver dans le marbre. Le texte devait principalement limiter l'usage de ces nouvelles techniques aux six services du « premier cercle » de la communauté du renseignement[2]. Or les décrets d'application, publiés le 11 décembre 2015, autorisent leur utilisation par vingt-huit services, allant de la Direction du renseignement de la Préfecture de police de Paris au Service central du renseignement territorial, en passant par la gendarmerie et le Service central des courses et jeux. Même l'Unité de coordination de la lutte antiterroriste (UCLAT), qui n'a pourtant aucun rôle opérationnel, a le droit d'y recourir. « Dans des cas extrêmes, quelques fois par an[3] », précise-t-on au sein de cet organisme.

Cette extension inopinée a provoqué des grincements de dents parmi les membres de la Délégation parlementaire au renseignement (DPR), qui ont eu le sentiment d'être bernés par le gouvernement et l'Élysée. Selon les termes, très polis, de leur rapport annuel 2015, cette conception « très large » des services autorisés à utiliser des techniques intrusives « pose plusieurs difficultés ». Elle complique les contrôles prévus et peut affecter la « crédibilité » des services de renseignement, qui est conditionnée « par le nombre limité de services effectuant des tâches de renseignement et par leur professionnalisme ».

1. Entretien avec l'auteur, juin 2015.
2. Voir le chapitre 8.
3. Entretien avec l'auteur, juin 2016.

Et la DPR de pointer du doigt les risques d'« erreurs » de la part de services « ne disposant pas toujours des compétences techniques requises », voire de « contournement des procédures[1] ». Mais personne n'a écouté ces parlementaires.

Des mouchards pour surveiller des milliers d'innocents

Le point le plus controversé de la nouvelle loi concerne la surveillance d'Internet. Elle prévoit en effet la mise en place de « boîtes noires » chez les opérateurs de télécom et fournisseurs d'accès. Cette nouveauté, ajoutée au projet au tout dernier moment, au début de 2015, a été présentée par le gouvernement comme permettant de repérer des « connexions susceptibles de révéler une menace terroriste ». « Il ne s'agit pas d'une surveillance de masse, et les métadonnées ciblées resteront anonymes. Elles ne seront identifiées qu'en cas de suspicion sérieuse », a plaidé Bernard Cazeneuve. Néanmoins, selon de nombreux experts, ces « boîtes noires » n'ont rien d'anodin. Ce sont des mouchards qui, installés directement par les services chez les opérateurs, filtrent tout le trafic, censément pour détecter d'éventuels comportements terroristes. « C'est bien du filtrage de masse, et cette recherche non ciblée pourrait dériver[2] », estime Bertrand Warusfel, qui, en tant qu'expert juridique, s'est opposé, en vain, à ce dispositif.

Pour la Commission nationale informatique et libertés (CNIL), cet outil peut avoir des « conséquences graves pour la protection de la vie privée » des citoyens. Or les données de connexion – le fait de savoir qui se connecte à qui – révèlent autant d'informations que le contenu des échanges. De plus, l'anonymat des données de connexion promis par le gouvernement est un leurre. « Dans l'état actuel de nos connaissances,

1. Rapport 2015 de la Délégation parlementaire au renseignement, 25 février 2016.

2. Entretiens avec l'auteur, janvier et juin 2015.

aucun anonymat ne peut être garanti, car il est toujours possible d'identifier un individu par déduction logique[1] », explique Antoine Petit, PDG de l'INRIA. Autrement dit : nous sommes tous identifiables par le biais des fameuses boîtes noires.

Ce scénario, digne du film de science-fiction *Minority Report*, de Steven Spielberg, inquiète de nombreux internautes, et même les entreprises du secteur. Syntec Numérique, qui regroupe mille cinq cents entreprises, s'est mobilisé dès l'origine contre le texte, de même qu'un collectif de start-up qui s'est baptisé #NiPigeonsNiEspions. Plusieurs gros hébergeurs français ont menacé, un temps, de délocaliser leurs activités si la disposition était adoptée. Et les quatre principaux opérateurs de téléphonie de l'Hexagone (Orange, SFR, Bouygues et Free) ont fait savoir au gouvernement et aux parlementaires que ces « boîtes noires » risquaient de détériorer leurs réseaux. Mais le ministère de l'Intérieur leur a fait comprendre qu'ils devaient se plier aux exigences de la lutte antiterroriste. Les mouchards ont donc été validés par la loi adoptée le 24 juin 2015 et ont commencé à être mis en place. « De toute façon, les terroristes risquent de contourner cette surveillance massive en utilisant des techniques de cryptage très faciles d'accès[2] », avance Antoine Petit. Les « boîtes noires » risquent donc d'être tout aussi intrusives pour les citoyens qu'inopérantes pour repérer les vrais suspects.

Le gouvernement a aussi prévu l'utilisation d'algorithmes capables de repérer, dans la masse du trafic Internet filtrée par les mouchards, des « signaux faibles » de comportements terroristes potentiels, comme la fréquentation répétée de certains sites djihadistes. Les pouvoirs publics n'ont, semble-t-il, consulté aucun collège d'experts avant d'évoquer ces fameux algorithmes. Et pour cause : les critères de détection sont classés « secret Défense », et seule la CNCTR pourra y mettre son nez, sous réserve que ses équipes en comprennent toute la complexité.

1. Entretien avec l'auteur, juin 2015.
2. Entretien avec l'auteur, juin 2015.

Cette initiative a surtout surpris nombre de scientifiques. La plupart demeurent sceptiques quant à l'efficacité des algorithmes, tant le passage à l'acte des terroristes est difficilement modélisable. « Surveiller les internautes et en déduire un score de dangerosité sur des bases scientifiques, on ne sait pas faire[1] », explique Véronique Cortier, directrice de recherche au CNRS, spécialiste de cryptographie au Laboratoire lorrain de recherche en informatique et ses applications. Sans compter le risque de cibler des innocents, que les scientifiques appellent les « faux positifs ». « Si un algorithme était capable de donner 99 % de bons résultats, il serait exceptionnel. Mais 1 % d'erreur, cela peut représenter six cent mille Français visés à tort. C'est énorme[2] ! » note Antoine Petit. « Les faux positifs constituent un problème scientifique connu. Je ne sais pas comment le gouvernement peut le traiter[3] », confirme David Monniaux, directeur de recherche au CNRS qui enseigne les mathématiques et l'informatique à l'École polytechnique.

Selon le site spécialisé The Intercept, la NSA a commencé en 2007 à élaborer un algorithme de ce type. Baptisé SKYNET, il serait capable d'identifier les éventuels terroristes parmi les métadonnées collectées sur cinquante-cinq millions de Pakistanais[4]. Pour y parvenir, l'agence américaine aurait comparé le comportement numérique d'un échantillon de cent mille habitants de ce pays avec celui de sept terroristes connus selon quatre-vingts critères. Le taux de « faux positifs » ne serait que de 0,18 % – particulièrement faible. Cependant, il représente tout de même une population de 99 000 Pakistanais, qui pourraient ainsi être suspectés à tort et ciblés par des frappes de drones américains ! Malgré des milliards de dollars de budget, de puissants calculateurs et des bases de données colossales,

1. Entretien avec l'auteur, juin 2015.
2. Entretien avec l'auteur, juin 2015.
3. Entretien avec l'auteur, juin 2015.
4. « SKYNET : Applying Advanced Cloud-Based Behavior Analytics », The Intercept, 15 mai 2015. Voir aussi « The NSA's SKYNET program may be killing thousands of innocent people », *Ars Technica UK*, 16 février 2016.

la NSA n'a pas résolu cette équation impossible : parvenir à attraper seulement les terroristes dans ses filets numériques.

Le gouvernement s'est pourtant accroché à cette idée. Sans aucune garantie de résultat.

Le trou noir des communications internationales

Enfin, le texte de cette loi n'évoque que succinctement un sujet fondamental : la surveillance internationale, qui reste autorisée de manière discrétionnaire, avec peu de garde-fous. Or l'essentiel de nos connexions Internet, notamment toutes les requêtes Google, ainsi que les échanges sur Facebook ou Twitter, transitent par des serveurs situés hors de France. En plusieurs décennies, la DGSE s'est créé secrètement d'énormes capacités de surveillance de ces communications internationales, qu'il s'agisse du téléphone, d'Internet ou des métadonnées, en espionnant les ondes, les satellites et les câbles sous-marins. Elle s'est ainsi constitué une base de données gigantesque à laquelle les autres services adressent des requêtes afin d'obtenir des historiques de données de connexion ou de métadonnées téléphoniques[1]. La puissante direction technique de la DGSE, pilotée de 2006 à 2013 par l'ingénieur Bernard Barbier, s'est positionnée en véritable maître d'œuvre du système, baptisé, de manière absconse, Pôle national de cryptanalyse et de décryptement (PNCD). Sur instruction de Nicolas Sarkozy, le PNCD a été conforté dans son architecture en 2008. « À la suite des préconisations du Livre blanc de 2008, nous avons pu développer un important dispositif d'interception des flux Internet[2] », a confirmé devant des députés Érard Corbin de Mangoux alors qu'il était directeur de la DGSE. François Hollande a poursuivi ces efforts.

1. Voir notamment Jacques Follorou et Franck Johannès, « Révélations sur le Big Brother français », *Le Monde*, 4 juillet 2013 ; et Jacques Follorou, « Comment l'État a étendu le renseignement au mépris de la loi », *Le Monde*, 11 septembre 2015.

2. Audition d'Érard Corbin de Mangoux devant la Commission de la défense nationale et des forces armées, Assemblée nationale, 20 février 2013.

Curieusement, ces dernières années, ce Big Brother ultra-secret a fonctionné hors de tout encadrement juridique strict. Officiellement, il ne s'agissait que de surveiller des citoyens étrangers, en aucun cas des Français, ce qui aurait nécessité l'aval préalable de la CNCIS. Cependant, la frontière est devenue poreuse entre les communications internationales et domestiques. De plus, la définition des données de connexion est restée relativement floue. Jusqu'en 2012, le système a même accepté des requêtes de services de renseignement concernant explicitement – « en premier rang », dit-on dans le langage maison – des Français. Autrement dit : la DGSE a pu surveiller en toute impunité les données de connexion de citoyens français, ce qui était officiellement interdit. C'est peut-être ce qui est arrivé à Thierry Solère, candidat dissident de droite aux élections législatives de juin 2012 dans les Hauts-de-Seine face au ministre de l'Intérieur de l'époque, Claude Guéant, comme l'a révélé *Le Monde* en avril 2016[1]. Plusieurs autres surveillances sollicitées, semble-t-il, par la direction du renseignement de la DGSE – notamment celle visant un cadre du Commissariat à l'énergie atomique (CEA) – ont été découvertes fortuitement par la direction technique, ce qui a provoqué de vives tensions au sein de l'agence et l'interruption de ces pratiques, jugées inopportunes. Le directeur de la DGSE aurait alors formellement proscrit les requêtes concernant « en premier rang » des données de connexion ou téléphoniques de citoyens français.

Le véritable trou noir que représente le PNCD, avec ses capacités de stockage énormes, n'a été abordé que de manière elliptique lors du débat ayant précédé l'adoption de la loi. Le gouvernement a prévu que, si « une personne vivant en France » était détectée par hasard dans une communication « émise ou reçue à l'étranger », la DGSE devait détruire instantanément ces données, à moins que Matignon ne donne son feu vert à cette surveillance pour des raisons motivées et dans des conditions

1. Jacques Follorou, « Comment la DGSE a surveillé Thierry Solère », *Le Monde*, 12 avril 2016. La DGSE a démenti avoir une quelconque trace de ces surveillances. Une enquête judiciaire a été classée sans suite.

précises. Officiellement, donc, selon ce texte adopté à la fin de novembre 2015, les mesures de surveillance internationale « ne peuvent avoir pour objet d'assurer la surveillance individuelle des communications de personnes utilisant des numéros d'abonnement ou des identifiants techniques rattachables au territoire national », autrement dit des personnes vivant en France. Mais, comme l'a révélé le coordonnateur national du renseignement, Didier Le Bret, en mai 2016 devant des députés, l'objectif du gouvernement est bien de se servir des ordinateurs de la DGSE afin de passer au crible, principalement pour le compte de la DGSI, l'« environnement », c'est-à-dire tous les contacts, d'une partie des quinze mille personnes fichées pour radicalisation[1], ce qui représente potentiellement des centaines de milliers de citoyens français[2]. Une cellule mutualisée des services de renseignement, surnommée l'« Entrepôt » et localisée à la DGSE, réunit des moyens matériels et humains pour ces opérations de tri de métadonnées[3]. De plus, personne n'a évoqué la surveillance possible des millions de Français vivant

1. Le Fichier des signalés pour la prévention et la radicalisation à caractère terroriste (FSPRT) comporte environ quinze mille noms. Créé par décret en mars 2015, il est alimenté par les préfectures et géré par l'Unité de coordination de la lutte antiterroriste. Il ne doit pas être confondu avec le fichier des personnes signalées « S » (pour « sécurité d'État »), géré par la Direction générale de la sécurité intérieure (DGSI). Celui-ci contient les noms de quelque vingt mille personnes suspectées de pouvoir porter atteinte à la sécurité de l'État, qu'il s'agisse de membres présumés de la mouvance djihadiste (douze mille noms environ) ou d'autres mouvements jugés dangereux et que les services peuvent surveiller.

2. « Il s'agit de s'assurer que les moyens de la DGSE sont à la disposition de la DGSI, afin de pouvoir soumettre à un travail de discrimination l'environnement sinon des quatorze mille signalés, du moins d'une partie d'entre eux, de manière à ce que nous nous concentrions ensuite sur le segment qui nous intéresse », a déclaré Didier Le Bret devant la Commission d'enquête parlementaire relative aux moyens mis en œuvre par l'État pour lutter contre le terrorisme depuis le 7 janvier 2015, 18 mai 2016, rapport, t. 2, *op. cit.*, p. 737.

3. Jacques Follorou, « Renseignement : histoire d'une révolution avortée », *Le Monde*, 4 février 2016.

à l'étranger, laquelle reste totalement hors du champ de la loi. Et rien ne garantit, à ce stade, que toutes les interceptions de numéros de personnes « vivant en France » indûment collectées, qui peuvent représenter des milliers de cas dans les ordinateurs de la DGSE, seront bien « instantanément détruites », comme le préconise la loi. Ce sera à la CNCTR, aux moyens limités, de vérifier qu'elles ont effectivement été effacées des disques durs.

D'autres brèches sont restées ouvertes jusqu'à ces derniers mois. Ainsi, curieusement, la surveillance par la DGSE des communications par voie hertzienne – essentiellement entre les portables et les relais, ou les réseaux wifi – échappait en partie aux règles édictées et à tout contrôle préalable au nom de la « défense des intérêts nationaux », une notion aux contours vagues. Cette disposition, véritable zone grise qui existait déjà dans l'article 20 de la loi de 1991 sur les écoutes téléphoniques, a été intégrée en 2012 dans le code de sécurité intérieure, avant d'être reprise sans changement dans le nouveau texte de 2015, continuant de laisser aux services une liberté d'action sans pareille, y compris sur le sol français. Sollicité par plusieurs associations de défense des droits de l'homme, le Conseil constitutionnel a fini, le 21 octobre 2016, par juger inconstitutionnel l'article en question de la loi de 2015, estimant que la surveillance sans contrôle des communications hertziennes constituait une « atteinte manifestement disproportionnée au droit au respect de la vie privée et au secret des correspondances ». Le gouvernement devra proposer d'ici à la fin de 2017 un nouveau dispositif procurant davantage de garanties.

Enfin, la DGSE a des accords d'échanges de données avec des services étrangers, en particulier la NSA américaine, le GCHQ britannique et le BND allemand. Ces liens demeurent totalement confidentiels. Rien n'interdit à ces services de s'arranger entre eux : puisqu'ils ne peuvent théoriquement pas surveiller librement leurs propres citoyens, il leur suffit de demander à des services alliés de le faire pour eux et d'échanger ensuite leurs données. En d'autres termes, la NSA, qui a la capacité d'espionner la plupart des téléphones portables en France, peut sans doute transmettre certains de ses renseignements à la DGSE ou à la DGSI dans des conditions qui restent secrètes et hors de tout contrôle.

Même les conseillers ministériels et les parlementaires les plus avertis avouent, *mezzo voce*, leur ignorance sur ces pans cachés du Big Brother à la française. En apprenti sorcier, François Hollande a misé aveuglément sur une machine dont le fonctionnement lui échappe en partie.

CHAPITRE 14

Attentats de 2015 : des trous dans la raquette

« Le risque zéro n'existe pas. » La voix posée, le visage grave, Bernard Cazeneuve répète cette phrase passe-partout au micro de France Info, le 17 novembre 2015. Selon le ministre de l'Intérieur, les attentats qui ont fait cent trente morts et plus de quatre cents blessés à Paris et à Saint-Denis quatre jours plus tôt étaient imprévisibles. La France n'a pas reçu d'alertes des polices étrangères, notamment belge, sur d'éventuels préparatifs. Les auteurs présumés de cette tuerie de masse n'étaient pas connus des services de sécurité pour des faits de terrorisme. Il n'y a eu aucune faille dans le renseignement. Au contraire, dit le ministre, six attentats ont été déjoués pendant l'été : « Depuis maintenant des mois, nous arrêtons ceux qui reviennent de Syrie, nous procédons à la neutralisation de ceux qui veulent commettre des attentats. »

Voilà la thèse que défend le gouvernement de Manuel Valls au lendemain du 13 novembre 2015, vendredi noir. Le refrain a déjà servi au mois de janvier précédent, après les tueries de *Charlie Hebdo* et de l'Hyper Cacher. Et l'antienne reviendra après l'attentat de Nice, le 14 juillet 2016. Cette ligne est censée étouffer les questions embarrassantes et tenir à distance les critiques. Mais il s'agit d'une pure langue de bois. Elle masque des mensonges aussi énormes que la légende selon laquelle le nuage de l'accident nucléaire de Tchernobyl se serait arrêté à nos frontières en 1986. Un seul exemple : d'après la commission d'enquête sur les attentats de 2015, « tous les Français ayant frappé le territoire national en 2015 étaient connus, à un titre ou un autre, des services judiciaires, pénitentiaires ou de renseignement. Ils avaient tous été fichés, contrôlés, écoutés ou incarcérés, à un moment de leurs parcours de la délinquance à la radicalisation violente[1] ». Un démenti cinglant des propos du ministre. Quant aux terroristes étrangers, essentiellement venus de Belgique, la plupart étaient également répertoriés par les services de leur pays ainsi que par la DGSE.

En un mot, la vérité est aussi cruelle que dérangeante : les failles ont été nombreuses avant les attentats de novembre 2015. Des alertes ont été ignorées, des enquêtes mal menées, des pistes perdues, en France comme à l'étranger, sans que le pouvoir réagisse à temps.

Abaaoud les nargue tous

Les premiers signaux apparaissent quelques jours après les attentats parisiens de janvier 2015. Le 15 janvier, les policiers d'élite belges interviennent simultanément dans plusieurs appartements de Verviers, une commune située non loin de la frontière allemande. Les djihadistes assiégés ouvrent le feu contre les forces de l'ordre. Deux d'entre eux sont tués, un troisième blessé. Treize personnes sont interpellées en Belgique, dont neuf à Molenbeek-Saint-Jean, une banlieue bruxelloise, et deux autres le sont en France. Elles sont soupçonnées d'appartenir à un commando téléguidé par l'organisation État islamique depuis la Syrie.

À Verviers, les enquêteurs belges découvrent un équipement impressionnant : des kalachnikovs AK 47, des explosifs de type TATP destinés à des ceintures pour attentats-suicides, une caméra, des radios, des téléphones, de faux papiers et de grosses sommes d'argent en liquide. Un véritable arsenal, sans doute pour commettre des attaques en Belgique. La présence d'uniformes de policier dans l'un des appartements perquisitionnés

1. Commission d'enquête parlementaire relative aux moyens mis en œuvre par l'État pour lutter contre le terrorisme depuis le 7 janvier 2015, rapport, *op. cit.*, t. 1, p. 147.

laisse penser qu'une opération contre un poste de police ou un site sensible était programmée. En réalité, il s'agissait vraisemblablement d'un prélude à des attentats de masse comme ceux qui allaient frapper Paris en novembre 2015, puis Bruxelles en mars 2016. À cette date, la plupart des protagonistes de ces futures tragédies s'activent déjà. Mais l'enquête sur ce qu'on appellera la cellule de Verviers ne permet pas aux services belges et français de remonter les pistes pour les neutraliser.

Cette impuissance est d'autant plus surprenante que c'est la DGSE qui a alerté les autorités belges sur les préparatifs en cours à Verviers. Boulevard Mortier, un analyste de la direction du renseignement s'est en effet intéressé de près aux communications de quelques figures du djihadisme belge liées à Daech en Syrie. La direction technique de la DGSE a confirmé l'identité des suspects. Dans la journée du 15 janvier, les experts soupçonnent une équipe réunie à Verviers de vouloir passer à l'acte de façon imminente. Dans un premier temps, leurs supérieurs hiérarchiques doutent de la probabilité de ce scénario, mais l'accumulation d'indices troublants les conduit finalement à accréditer cette hypothèse. « Ils ont prévenu les services belges dans l'urgence. À quelques heures près, les terroristes risquaient de commettre leurs crimes[1] », révèle une source proche de la DGSE.

Les enquêteurs se penchent sur les membres de la cellule de Verviers. Les deux djihadistes tués lors de l'assaut étaient en liaison téléphonique avec un dénommé Abdelhamid Abaaoud. Né en avril 1987, ce délinquant belgo-marocain issu de Molenbeek a rejoint la Syrie en 2013. L'un de ses mentors belges, Khalid Zerkani, surnommé « Papa Noël », est un recruteur hors pair : il embrigadera plusieurs kamikazes des attentats de Paris et de Bruxelles. Le jeune Abdelhamid Abaaoud est déjà actif depuis 2014. En janvier de cette année-là, il a eu une longue conversation téléphonique avec Mehdi Nemmouche, djihadiste français avec qui il a combattu en Syrie. Nemmouche est l'auteur présumé de l'attentat contre le Musée juif de Bruxelles, le

1. Entretien avec l'auteur, mai 2016.

24 mai 2014, qui a fait quatre morts. Il sera arrêté à Marseille quelques jours plus tard.

Abdelhamid Abaaoud, *alias* Abou Omar al-Soussi, filmé en février 2014 en Syrie en train de traîner des cadavres derrière un pick-up, monte rapidement en grade au sein de Daech. Il est activement recherché par les autorités belges, qui émettent un mandat d'arrêt international à son encontre en août 2014. L'État islamique, né officiellement en juin 2014, le charge notamment de recruter des terroristes et d'organiser des opérations en Europe. Depuis un appartement de la banlieue d'Athènes, où il s'est rendu clandestinement au début de 2015, le jeune homme pilote la cellule de Verviers grâce à des communications codées. Il est alors surveillé. Mais il est prévenu de l'opération de Verviers le 15 janvier. Faute de coordination de la police belge avec les autorités grecques, il a le temps de s'enfuir quelques minutes avant son interpellation, se débarrassant au passage de son téléphone portable. Un raté de plus.

La filière de Verviers constitue une branche d'un réseau homogène de djihadistes recrutés par Daech. En Syrie, ils sont principalement regroupés au sein d'une brigade composée majoritairement de combattants francophones, dont fait notamment partie Fabien Clain, un vétéran du djihadisme toulousain. Encadrés, entre autres, par Abdelilah Himich, dit Abou Souleymane al-Faransi, un Marocain de vingt-six ans ayant séjourné à Lunel et servi dans la Légion étrangère en Afghanistan[1], ils sont sous les ordres d'Abou Mohammed al-Adnani, l'un des chefs de

1. L'identité d'Abdelilah Himich ne sera formellement établie qu'après les attentats de novembre 2015 à Paris et de mars 2016 à Bruxelles, notamment *via* des sources humaines, des sources techniques et des confirmations américaines à l'automne 2016. Voir son portrait dans Anne Giudicelli et Luc Brahy, *13/11. Reconstitution d'un attentat*, Delcourt, 2016. Voir aussi Sebastian Rotella, « U.S. Identifies Key Player in ISIS Attacks on Europe », ProPublica, 19 octobre 2016 ; Jean-Charles Brisard et Kevin Jackson, « The Islamic State's External Operation and the French-Belgian Nexus », Combating Terrorism Center-*Sentinel*, West Point, 10 novembre 2016 ; et Soren Seelow, « Comment les terroristes de Paris et de Bruxelles se sont infiltrés en Europe », *Le Monde*, 12 novembre 2016.

l'Emni, le service de sécurité extérieure de l'État islamique, surnommé le « ministère des attentats ». Dans un discours diffusé le 22 septembre 2014, Al-Adnani, porte-parole de Daech, a menacé publiquement l'Occident. Son mot d'ordre : « tuer des infidèles ».

La traque du « réseau Abaaoud », composé d'anciens délinquants organisés de manière méticuleuse, capables de tirer les leçons de leurs tentatives manquées et susceptibles de repasser à l'action n'importe quand de manière autonome[1], devrait donc mobiliser toutes les polices et tous les services. Pourtant, Patrick Calvar, directeur de la DGSI, expliquera qu'au printemps 2015 le jeune Belgo-Marocain n'était pas encore une priorité de son service, parce qu'il n'avait pas connaissance de projets terroristes visant la France[2]. La DGSE est davantage mobilisée : « Nous avions compris que les administrations belges étaient dépassées, avoue un cadre de la maison. Nous avons considéré qu'il fallait que nous nous occupions directement de ces dossiers[3]. » La Belgique, dit-on alors à Paris, doit être protégée par un « bouclier français ». Le directeur de la DGSE, Bernard Bajolet, l'exposera plus tard devant la commission d'enquête : « Nous suivions en particulier, depuis le mois de janvier, le réseau Abaaoud, en liaison avec un projet d'attentat du groupe de Verviers. Nous avons aidé nos homologues belges à déjouer cet attentat. [...] Nous connaissions parfaitement la dangerosité du personnage et savions qu'il nourrissait ce type de projets. Tous les moyens ont été mis en œuvre : moyens humains, techniques, et coopération avec les partenaires. Cette coopération ne nous a jamais fait défaut, y compris s'agissant des Belges. [...] Nous savions donc qu'Abaaoud était retourné

1. Voir notamment Rukmini Callimachi, Katrin Bennhold et Laure Fourquet, « How the Paris Attackers Honed Their Assault Trough Trial and Error », *The New York Times*, 30 novembre 2015.

2. Audition de Patrick Calvar devant la Commission d'enquête parlementaire relative aux moyens mis en œuvre par l'État pour lutter contre le terrorisme depuis le 7 janvier 2015, 24 mai 2016, rapport, t. 2, *op. cit.*, p. 826.

3. Entretien avec l'auteur, avril 2016.

en Syrie, mais nous ne l'avons pas vu ressortir[1]. » Des propos qui confirment les confidences d'un conseiller de l'Élysée, recueillies après les attentats de novembre 2015 : « Abaaoud était dans notre viseur depuis longtemps, à cause de la vidéo des cadavres, de ses condamnations en Belgique, de la cellule de Verviers[2]. »

Toutefois, cette mobilisation reste vaine. L'absence d'échanges entre les différentes polices en Belgique crée des blocages. Le manque de personnel empêche les policiers d'analyser les écoutes menées sur plusieurs membres de ce réseau. Des requêtes judiciaires espagnoles sur l'un des frères Abdeslam ne sont pas traitées par les autorités belges. Des informations sur les projets d'Abdelhamid Abaaoud ne sont pas exploitées par le parquet fédéral[3]. En réalité, les services de renseignement belges sont dépassés : quelque quatre cents jeunes radicalisés sont partis faire le djihad en Syrie, et deux tiers sont revenus[4]. De plus, la DGSE ne bénéficie pas d'une bonne implantation historique en Belgique, ni dans les autres pays européens. Ses agents ont du mal à infiltrer les réseaux.

Le pilotage des enquêtes et du renseignement est également chaotique en France. Les cloisonnements paralysent les services, qui disposent chacun de leurs propres fichiers, sans vraies passerelles ni échanges massifs. Il existe pourtant une cellule antiterroriste commune DGSI-DGSE, installée depuis mars 2014 dans les locaux de la DGSI, à Levallois-Perret. À partir de juin 2015, huit services créent parallèlement une autre petite cellule baptisée Allat, chargée de traquer les filières djihadistes. Chacun

1. Audition de Bernard Bajolet devant la Commission d'enquête parlementaire relative aux moyens mis en œuvre par l'État pour lutter contre le terrorisme depuis le 7 janvier 2015, 25 mai 2016, rapport, t. 2, *op. cit.*, p. 852.

2. Entretien avec l'auteur, avril 2016.

3. La police des polices belge révélera ces carences multiples dans la traque des auteurs des attentats de Paris et de Bruxelles dans un rapport d'inspection rendu public par le quotidien flamand *De Tidj*, 8 octobre 2016.

4. « Belgium Confronts the Jihadist Danger Within », *The New York Times*, 24 janvier 2015.

de ses membres a accès aux fichiers de son propre service et peut apporter en temps réel des renseignements aux autres. Mais ces structures en sont à leurs balbutiements et leur efficacité reste limitée. Au lendemain des attentats de janvier 2015, plusieurs services ont découvert les noms de certains complices présumés des frères Kouachi en lisant la presse ou grâce aux services américains. Les enquêteurs de la police judiciaire, eux, n'apprendront qu'après le 13 novembre l'existence d'Abaaoud et des dossiers le concernant, pourtant amassés depuis des mois par les services de renseignement ! De leur côté, les juges antiterroristes croulent sous les affaires, faute de moyens suffisants, malgré des recrutements en cours. Le suivi des condamnés par les juges d'application des peines et par le système pénitentiaire est défaillant. Et l'Europe est devenue une véritable passoire où les apprentis terroristes circulent librement, notamment en passant par l'Europe centrale. Un projet de fichier européen des passagers aériens dort dans les cartons depuis plusieurs années, victime de blocages politiques et juridiques.

Les djihadistes tirent parti de toutes ces failles. Ils prennent soin de changer souvent de téléphone, de voiture et de papiers afin de tromper les surveillances. L'un des membres du commando du Bataclan du 13 novembre, Samy Amimour, qui était placé sous contrôle judiciaire et devait donc pointer toutes les semaines dans un commissariat, a pu se faire refaire des papiers en 2013 sans qu'on lui pose de questions et filer en Syrie avec un de ses futurs comparses, Ismaël Omar Mostefaï, fiché « S ». Devant la commission d'enquête parlementaire sur les attentats, le directeur de la DGSI, Patrick Calvar, reconnaîtra l'existence d'un « angle mort » dans le dispositif français : la surveillance par les services de renseignement de personnes mises en examen, condamnées ou placées sous contrôle judiciaire est juridiquement impossible, car elle attenterait aux droits de la défense[1]. Didier Le Bret, coordonnateur national du renseignement à l'Élysée, admettra lui aussi que « la liberté de circulation sans entrave dont ont joui ceux qui faisaient

1. Audition de Patrick Calvar, 24 mai 2016, *op. cit.*, p. 820.

l'objet d'une fiche "S" » était une des failles mises au jour par les attentats du 13 novembre[1]. Dans le numéro de février 2015 de *Dabiq*, un magazine de propagande de Daech, Abdelhamid Abaaoud ironise sur le fait qu'il a réussi à passer entre les mailles du filet et à revenir en Syrie après l'affaire de Verviers, malgré les mandats d'arrêt internationaux lancés contre lui[2]. Autrement dit, alors qu'il est parfaitement identifié comme l'un des chefs d'orchestre de ce réseau, tous les moyens déployés échouent à le pister.

Les services de sécurité intérieure des États-Unis comprennent l'importance de l'affaire de Verviers, qu'ils analysent en détail dans un rapport d'alerte daté de mai 2015. Ils considèrent que le complot déjoué en Belgique, planifié de manière centralisée, mené par des équipes de combattants revenus de Syrie, annonce de nouvelles attaques massives dans les pays occidentaux, principalement en Europe, mais également aux États-Unis : « C'est le premier exemple d'un vaste réseau de terroristes opérant sous les ordres de l'État islamique qui a été découvert. Il semble indiquer que ce groupe a la capacité de lancer des opérations plus complexes en Occident[3]. » Après les attaques isolées, les terroristes de Daech s'apprêtent bien à frapper plus fort. Faute de retour d'expérience, de vision d'ensemble et de coordination efficace, à l'intérieur comme à l'extérieur, la France paraît incapable d'enrayer ce qui se trame.

Ayant raté son coup avec la cellule de Verviers, le jeune émir Abaaoud va solliciter d'autres combattants. Il recrute

1. Selon lui, elle démontre que « quelque chose ne va pas dans l'espace intra-Schengen ». Parmi les autres failles, il citera « la possibilité d'acquérir des armes aussi facilement sur certains grands marchés européens » et « l'inégalité du niveau d'investissement et d'appréhension de la menace en France et dans certains pays ». Audition de Didier Le Bret, Commission de la défense nationale et des forces armées, Assemblée nationale, 8 décembre 2015.

2. *Dabiq*, 12 février 2015.

3. *Future ISIL Operations in the West Could Resemble Disrupted Belgian Plot*, Intelligence Assessment, Office of Intelligence and Analysis, Homeland Security, 13 mai 2015.

d'abord l'Algérien Sid Ahmed Ghlam. Ce dernier rencontre le dénommé « Abou Omar » et plusieurs membres de l'État islamique à Gaziantep, en Turquie, en février 2015. Le jeune Ghlam, fiché « S », s'est déjà rendu en Turquie en octobre 2014 sans éveiller les soupçons des services français. Il dira avoir « reçu des ordres[1] » sur place. Avec l'aide de quelques complices en région parisienne, il doit attaquer la gare RER de Villepinte, en Seine-Saint-Denis. Ce projet sera abandonné, car, selon Ghlam, il n'y a là « que des Arabes ». Ses commanditaires évoquent alors « une bonne église avec du monde » d'où il soit possible de repartir « rapidement et facilement », et même une deuxième opération dans un train pour tuer « au moins cent cinquante mécréants[2] ». Une église de Villejuif, dans le Val-de-Marne, est choisie comme cible. Mais le djihadiste est arrêté en région parisienne dans la matinée du 19 avril 2015, après s'être tiré maladroitement une balle dans le pied alors qu'il venait, selon les enquêteurs, de tuer une passante, Aurélie Châtelain, à Villejuif.

Faute de résultats avec Ghlam, Abaaoud commence à mobiliser d'autres équipes plus aguerries depuis son fief de Molenbeek, dont les frères Abdeslam, qui passeront à l'action à Paris.

Chaque semaine, de nouvelles lézardes apparaissent au grand jour dans la lutte antiterroriste. Le 26 juin 2015, Hervé Cornara, responsable d'une usine de Saint-Quentin-Fallavier, dans l'Isère, est décapité par un de ses chauffeurs-livreurs, Yassin Salhi. Le djihadiste de trente-cinq ans est arrêté alors qu'il s'apprête à tenter de faire sauter un entrepôt. Il a reçu des consignes de commanditaires à Raqqa, en Syrie, qu'il conserve sur une clé USB. Il a expédié des photos de l'assassinat

1. Audition de Sid Ahmed Ghlam devant le juge Christophe Teissier, vice-président chargé de l'instruction au tribunal de grande instance de Paris, 7 août 2015.

2. Instructions trouvées dans l'ordinateur de Sid Ahmed Ghlam par les enquêteurs, citées dans un « Rapport de transmission » sur l'affaire Ghlam de la brigade criminelle de la police judiciaire de Paris au procureur de la République de Paris, 24 avril 2015.

d'Hervé Cornara *via* l'application de messagerie instantanée WhatsApp à l'un de ses amis, combattant français parti en Syrie en novembre 2014.

Yassin Salhi n'est pas, lui non plus, un inconnu des services de renseignement. Entre 2004 et 2008, il a été identifié pour ses liens avec la mouvance islamiste parce qu'il fréquentait un dénommé F.-J. S., *alias* le Grand Ali, un ancien trafiquant de drogue radicalisé en prison, influent dans la région de Pontarlier, dans le Doubs. Fiché « S » jusqu'en 2008, Yassin Salhi a de nouveau été repéré en 2013 et 2014 par le service de renseignement territorial du Doubs, lequel a ensuite signalé qu'il avait déménagé dans l'Isère. « Nous avons fait des notes et transmis le dossier à la DGSI pour qu'elle le piste. Celle-ci n'y a pas prêté beaucoup d'attention[1] », explique-t-on au sein du Service central du renseignement territorial (SCRT). Constitué en 2014 après la quasi-disparition des RG due aux réformes ratées de Nicolas Sarkozy en 2008, le SCRT est chargé notamment de surveiller l'islam sur le plan institutionnel. Au moindre soupçon de radicalisation ou de projet terroriste, il doit transmettre ses dossiers à la DGSI. En l'occurrence, l'alerte du Doubs n'a pas été suffisamment prise en compte à Levallois-Perret. Un dysfonctionnement lié à un manque de communication, à l'accumulation des dossiers et, sans doute, à la culture hypercentralisée et compartimentée de la DGSI, qui avait déjà fait des dégâts lors de l'affaire Merah en 2012, et n'a pas été corrigée depuis.

Place Beauvau, Bernard Cazeneuve est furieux d'apprendre que la surveillance du djihadiste de Saint-Quentin-Fallavier n'a pas été poursuivie. Les carences de la coordination antiterroriste sautent aux yeux. Au début de juillet 2015, il crée une nouvelle instance, l'État-major opérationnel de prévention du terrorisme (EMOPT), afin de mieux suivre les dossiers des personnes radicalisées. Mais elle marche sur les plates-bandes de l'Unité de coordination de la lutte antiterroriste (UCLAT), déjà officiellement chargée de cette mission. L'ambiance devient polaire au

1. Entretien avec l'auteur, juin 2016.

sein du ministère de l'Intérieur, où les structures s'empilent et où chacun défend son pré carré.

Des alertes dès le mois d'août

Durant l'été et le début de l'automne 2015, les autorités commencent à paniquer. Plusieurs attentats sont déjoués, notamment grâce à l'arrestation, le 6 juillet, à Fontenay-sous-Bois, de deux djihadistes qui voulaient cibler, semble-t-il, des militaires, des policiers ou des Juifs, puis à celle, le 13 juillet, de trois candidats au départ en Syrie qui projetaient une attaque contre la base militaire de Port-Vendres. Le Premier ministre, Manuel Valls, redoute une escalade terroriste. « La question n'est pas de savoir s'il y aura un attentat, mais quand », dit-il au lendemain de l'affaire de Saint-Quentin-Fallavier.

Le 15 août 2015, le juge antiterroriste Marc Trévidic obtient la confirmation que se prépare un scénario plus noir encore. Ce jour-là, il auditionne Reda Hame, un jeune technicien informatique français interpellé quatre jours plus tôt à son retour d'un camp d'entraînement en Syrie, où il a été blessé. Celui-ci révèle au magistrat avoir, dès son arrivée à Raqqa, reçu de la part de deux Tunisiens et d'Abdelhamid Abaaoud, *alias* Abou Omar, la consigne de commettre un attentat en France. Abaaoud a parlé d'une « cible facile, un concert par exemple, là où il y a du monde », pour « faire un maximum de victimes[1] ». Il lui aurait recommandé de rentrer en France *via* Prague. « Tout ce que je peux vous dire, c'est que cela va arriver très bientôt, explique Reda Hame. Là-bas, c'était une vraie usine et ils cherchent vraiment à frapper la France et l'Europe. » Il donne quelques précisions sur la façon dont sont choisis les kamikazes envoyés en Belgique et en France pour commettre des attentats :

1. Propos rapportés par Camille Hennetier, chef du pôle antiterroriste du parquet de Paris, audition devant la Commission d'enquête parlementaire relative aux moyens mis en œuvre par l'État pour lutter contre le terrorisme depuis le 7 janvier 2015, rapport, t. 1, *op. cit.*, p. 142.

« Ils regardent si tu n'es pas cramé dans ton pays, si tu es de confiance. Chaque espion touche 50 000 euros par l'Emni [le service de sécurité de Daech] pour faire une attaque en Europe. C'est Abou Omar qui a un regard sur les dossiers, mais ce sont les deux Tunisiens qui décident d'envoyer ou pas[1]. » Reda Hame a reçu une clé USB contenant le logiciel de cryptage TrueCrypt et devait recevoir d'autres consignes. Revenu en France, il a préféré abandonner sa mission.

Sentinelle : la ligne Maginot

Cette alerte corrobore les informations déjà réunies sur le rôle central d'Abdelhamid Abaaoud et de deux Tunisiens dans des préparatifs d'attentats, rôle qu'un autre djihadiste français, Nicolas Moreau, arrêté à la fin de juin en Turquie, a également détaillé[2]. En dépit de leurs efforts, les experts des services de renseignement français ne parviennent pas à localiser précisément Abaaoud et ses comparses. Ils ont tendance à les croire en Syrie.

Le témoignage de Reda Hame atteste aussi l'imminence d'une attaque possible contre un concert de rock. L'information remonte à la Chancellerie et au sein des services de renseignement, et même jusqu'à François Hollande. Mais aucune suite sérieuse n'est donnée. Dépité, Marc Trévidic expliquera à la fin de septembre, juste avant de quitter son poste au Palais de

1. Cité notamment dans Stéphane Sellami, « Quand un ex-jihadiste annonçait un attentat à venir en France », *Le Parisien*, 17 novembre 2015. Voir aussi Soren Seelow, « Qui est Abdelhamid Abaaoud, visé par l'assaut de Saint-Denis ? », *Le Monde*, 19 novembre 2015 ; et Rukmini Callimachi, « How ISIS Built the Machinery of Terror Under Europe's Gaze », *The New York Times*, 26 mars 2016.

2. Parti en Syrie à la fin de 2013, Nicolas Moreau, trente et un ans, a été arrêté le 27 juin 2015 par les autorités turques et renvoyé en France, où il a été mis en examen. Il est le frère aîné de Flavien Moreau, parti combattre en Irak et en Syrie, condamné en novembre 2014 à sept ans de prison en France.

justice de Paris, que la France est la « cible principale d'une armée terroriste aux moyens illimités », qu'il faut s'attendre à une attaque de grande envergure et que le dispositif de lutte antiterroriste est « devenu perméable, faillible[1] ».

Aucune consigne particulière de protection des salles de concert de rock – notamment le Bataclan, qui avait déjà fait l'objet de menaces en 2009 – n'est donnée aux militaires de l'opération Sentinelle, mise en place depuis les attentats de janvier. De toute façon, les dix mille soldats déployés sur le territoire, effectuant des gardes essentiellement statiques, ne semblent pas servir à grand-chose d'autre qu'à rassurer l'opinion. Quels que soient leur énergie et leur dévouement, leur mission relève de la gageure. Avec un peu de retard, le général Jean-Pierre Bosser, chef d'état-major de l'armée de terre, reconnaîtra que le dispositif Sentinelle, « jeté dans l'urgence », constituait bien une « ligne Maginot », autrement dit une défense totalement inefficace, aisément contournable par... la Belgique, comme l'Histoire l'avait déjà démontré et comme ce serait à nouveau le cas en novembre. « À la ligne Maginot de l'après-7 janvier, qui fut d'ailleurs soigneusement contournée, il faut substituer une approche dynamique dans le temps et dans l'espace[2] », écrira-t-il au début de 2016 en prônant un dispositif plus mobile. Un aveu d'échec qui contraste avec le discours des chefs militaires vantant, quelques mois auparavant, l'exemplarité de l'opération Sentinelle.

À la rentrée de 2015, la plupart des experts parlent d'ailleurs, *mezzo voce*, d'un risque possible d'attentat de masse en France. L'attaque avortée du Thalys, le 21 août, constitue

1. « Le pire est devant nous », interview de Marc Trévidic, *Paris Match*, 30 septembre 2015.

2. Général Jean-Pierre Bosser, « L'armée de terre, le territoire national et l'année 2015 », *Revue de Défense nationale*, janvier 2016, n° 786, p. 11-16. La commission d'enquête sur les attentats s'interrogera aussi sur la réelle capacité d'intervention des soldats de Sentinelle en cas d'attentat : lorsque huit soldats du dispositif sont arrivés, le 13 novembre 2015, à 21 h 51, près du Bataclan, ils ont été empêchés, sur ordre, d'intervenir aux côtés des policiers déjà présents sur place, pourtant trop faiblement armés.

une alerte grandeur nature. Le carnage est évité de justesse grâce au sang-froid de plusieurs voyageurs, dont trois militaires américains en permission, qui ont maîtrisé le tireur, Ayoub el-Khazzani. Ce Marocain, radicalisé en Espagne, fiché « S » en France et passé par la Turquie, était en contact avec des réseaux bruxellois affiliés à Daech. Les enquêteurs découvriront plus tard qu'il est revenu de Syrie avec un groupe de migrants en passant par la Hongrie le 1er août 2015, en compagnie d'Abdelhamid Abaaoud[1]. Le directeur de la DGSI, Patrick Calvar, est de plus en plus fébrile. Le dossier Abaaoud est soudain devenu urgent. « C'est la DGSI qui a signalé la dangerosité d'Abaaoud dès l'été 2015, en indiquant que cet individu était impliqué dans de nombreux projets avortés, plaidera-t-il *a posteriori*. C'était après l'attaque du Thalys. Nous savions pertinemment qu'Abaaoud avait joué un rôle dans plusieurs affaires, et nous l'avons donc signalé. Ensuite, le problème est simple : Abaaoud est en Syrie ; nous savons qu'il veut agir, mais comment faire pour le bloquer[2] ? »

Ces interrogations sont révélatrices d'une impuissance plus globale. Un proche collaborateur de Patrick Calvar décrit l'ambiance qui règne alors à la DGSI : « Nous étions totalement submergés par le nombre de dossiers à suivre. Nous croulions sous un afflux d'informations disparates, sans avoir le temps de les analyser ni de les partager. Nous avions évoqué des scénarios d'attaques que nous qualifiions de “diagonales”, c'est-à-dire des commandos de djihadistes venant de Belgique ou de Suisse, mais sans avoir d'informations précises ni de plan d'action pour les surveiller ou les empêcher d'agir[3]. » En

1. Voir Jean-Charles Brisard et Kevin Jackson, « The Islamic State's External Operation and the French-Belgian Nexus », art cité ; et Soren Seelow, « Comment les terroristes de Paris et de Bruxelles se sont infiltrés en Europe », art. cité.

2. Audition de Patrick Calvar devant la Commission d'enquête parlementaire relative aux moyens mis en œuvre par l'État pour lutter contre le terrorisme depuis le 7 janvier 2015, 24 mai 2016, rapport, t. 2, *op. cit.*, p. 821.

3. Entretien avec l'auteur, mars 2016.

résumé, il y a trop de trous dans la raquette et trop de balles qui arrivent dessus.

« Les attentats de 2015 représentent un échec global du renseignement », finira par avouer Patrick Calvar devant la commission d'enquête parlementaire. Bernard Bajolet, directeur de la DGSE, dira la même chose[1]. Mais ces déclarations ne susciteront aucune remise en cause majeure et n'entraîneront pas davantage l'éviction des responsables en question. Patrick Calvar, tout en mettant en avant les quinze attentats déjoués et les trois cent cinquante personnes arrêtées « depuis le début de la crise syrienne », admettra que des questions légitimes se posent, mais dénoncera « les attaques infondées, non documentées et mal intentionnées » dont sont victimes les services[2]. Bernard Bajolet, lui, affirmera que, après un examen rétrospectif interne, aucune faille n'a été relevée : « Nous n'avons pas découvert *a posteriori* d'éléments permettant de penser que nous aurions pu éviter ces attentats[3]. » Circulez, il n'y a rien à dire.

À l'Élysée, durant l'automne 2015, François Hollande semble presque résigné. Au début de septembre, il a ordonné des frappes aériennes contre Daech en Syrie, tout en reconnaissant que des dangers terroristes pouvaient venir de là. Dans la nuit du 8 au 9 octobre 2015, deux Rafale frappent un camp où s'entraînent une centaine de djihadistes étrangers à Raqqa. D'après des sources concordantes, les noms de plusieurs « gros poissons » francophones circulaient à l'Élysée et au ministère de la Défense juste avant ce raid. Jean-Yves Le Drian en a cité plusieurs, *off the record*, à quelques proches. Comme l'a révélé *Le Monde*, Salim Benghalem comptait parmi les cibles. Cet ancien dealer

1. Auditions de Patrick Calvar et de Bernard Bajolet devant la Commission d'enquête parlementaire relative aux moyens mis en œuvre par l'État pour lutter contre le terrorisme depuis le 7 janvier 2015, rapport, t. 1, *op. cit.*, p. 137.

2. Audition de Patrick Calvar devant la Commission d'enquête parlementaire relative aux moyens mis en œuvre par l'État pour lutter contre le terrorisme depuis le 7 janvier 2015, 24 mai 2016, rapport, t. 2, *op. cit.*, p. 816 et 837.

3. Audition de Bernard Bajolet, *ibid.*, p. 859.

de Cachan a rejoint les rangs de Daech en Syrie, où il aurait servi de geôlier pour certains otages occidentaux avant de s'occuper de l'encadrement de djihadistes francophones[1]. Depuis un an, Salim Benghalem figurait sur la liste des « combattants terroristes étrangers » à pourchasser établie par les Américains. « Ce Français faisait effectivement partie de ceux que nous visions, avec Fabien Clain et Abdelhamid Abaaoud[2] », confirme un haut responsable du ministère de la Défense. Fabien Clain, trente-sept ans, ancienne figure tutélaire du djihadisme toulousain, ami des frères Merah, a rejoint la Syrie en 2014. Alors qu'il est censé être surveillé, il a tout de même mystérieusement réussi à repasser par Toulouse et par la région parisienne au début de 2015 sans être interpellé ni inquiété.

Mais la frappe du 8 octobre 2015 loupe ses cibles. Abdelhamid Abaaoud continue de semer les services de tous les pays. En réalité, il a déjà pris *incognito* la route pour l'Europe, avec plusieurs membres de ses commandos, en vue de participer aux attentats du 13 novembre à Paris, qui seront bientôt revendiqués dans un message audio par Fabien Clain. Pour sa part, quelques heures après le raid, Salim Benghalem communique, *via* Skype, avec ses proches, avant d'envoyer un message à un journaliste : « La mort est le but que nous recherchons[3]. »

Après ces bombardements ratés, les conseillers de François Hollande soulignent les dangers d'une propagation rapide des menaces. « Nous sommes face à un terrorisme "ubérisé", avec des djihadistes qui peuvent désormais surgir de partout[4] », constate alors un proche du président en citant l'attentat de Saint-Quentin-Fallavier et l'attaque avortée du Thalys.

1. Jacques Follorou, « Salim Benghalem, la cible des frappes françaises à Rakka », *Le Monde*, 17 octobre 2015.

2. Entretien avec l'auteur, octobre 2015.

3. « Visé par la France en Syrie, le djihadiste Salim Benghalem serait toujours en vie », *L'Express*, 18 octobre 2015. À la mi-2016, Salim Benghalem se trouvait toujours en Syrie, à en croire des sources de renseignement françaises.

4. Entretien avec l'auteur, octobre 2015.

Faute de stratégie adéquate, le président semble aussi inquiet qu'impuissant.

Concernant Abdelhamid Abaaoud, les services de renseignement resteront dans le brouillard jusqu'au dernier moment. Certes, dès la nuit du 13 novembre, la DGSE et la DGSI affirment qu'il est impliqué dans les attentats. Mais elles ne savent pas dire où il se trouve exactement. Elles le croient toujours loin de France, alors qu'il fait partie des commandos qui viennent de passer à l'action dans la capitale. « Les services de renseignement, après le 13 novembre, nous ont assuré qu'Abaaoud était toujours en Syrie et qu'il ne pouvait pas être en France[1] », se souvient un responsable de la Direction centrale de la police judiciaire. C'est une proche d'une cousine du coordinateur des attentats qui révélera aux enquêteurs que celui-ci se cache en région parisienne. Ces confidences conduiront, après plusieurs jours de planque, à la « neutralisation » du Belgo-Marocain, le 18 novembre, dans un appartement de Saint-Denis. Sur place, le ministre de l'Intérieur s'interrogera encore devant sa dépouille méconnaissable : « Vous êtes sûrs que c'est bien lui[2] ? »

Entre janvier et novembre 2015, Abdelhamid Abaaoud, connu de nombreux services, a incarné à lui seul l'échec complet de la lutte antiterroriste française ou européenne. Pourtant, ni Bernard Cazeneuve, ni Manuel Valls, ni François Hollande ne semblent vouloir admettre l'existence de ces énormes failles.

1. Entretien avec l'auteur, septembre 2016.

2. Propos rapportés par deux policiers présents sur place, entretien avec l'auteur, juin 2016.

Chapitre 15

« La Syrie était dans un angle mort »

« L'objectif est clair : il faut détruire Daech. Et rendre coup pour coup. » En ce matin du 14 novembre 2015, dans le salon vert qui jouxte son bureau à l'Élysée, François Hollande a les traits figés d'un homme sous tension. Après la nuit d'horreur qui a ensanglanté Paris, le président, qui n'a dormi que deux heures, a réuni un Conseil de défense, après deux Conseils des ministres tenus en moins de douze heures pour décréter l'état d'urgence. Les participants de ce petit comité ne sont pas surpris par la fermeté de François Hollande. « Nous avons subi des actes de guerre et nous allons répliquer immédiatement », martèle-t-il. Et d'ordonner que des frappes soient lancées dès le lendemain contre des postes de commandement et des camps d'entraînement de l'État islamique en Syrie.

Autour de la table ovale, les initiés approuvent. Sont présents, au premier rang, le Premier ministre Manuel Valls, le ministre de la Défense Jean-Yves Le Drian, le ministre de l'Intérieur Bernard Cazeneuve, le directeur général de la DGSE Bernard Bajolet et le directeur général de la DGSI Patrick Calvar. Ces derniers confirment au président que les attentats de la veille sont bien l'œuvre de commandos kamikazes de Daech et que les ordres venaient de Raqqa, en Syrie. À leurs côtés, le chef d'état-major des armées, le général Pierre de Villiers, et le chef d'état-major particulier du président, le général Benoît Puga, écoutent avec attention les consignes de François Hollande. Déjà, lors d'un précédent Conseil de défense, le 5 novembre, le président a décidé d'envoyer le porte-avions *Charles-de-Gaulle* dans la région afin de tripler le nombre de chasseurs capables de viser des fiefs de Daech en Syrie. Les plans de route initiaux du *Charles-de-Gaulle* sont modifiés dès le 13 novembre au soir afin qu'il soit plus rapidement à pied d'œuvre pour frapper depuis les eaux méditerranéennes. L'heure est au pilonnage immédiat et massif, dans le cadre de la coalition menée depuis septembre 2014 par les États-Unis. En pleine nuit, François Hollande s'est entretenu au téléphone avec Barack Obama, qui lui a demandé ce qu'il pouvait faire pour aider la France après les attentats. « Je dois frapper à Raqqa, en Syrie », a dit le président français. « Nous allons vous fournir tout ce dont vous avez besoin pour cela », a répondu Obama.

Raqqa : depuis quelques semaines, François Hollande est obsédé par cette ville de Syrie, considérée comme un des fiefs inexpugnables de Daech, à l'instar de Mossoul, en Irak. Peuplée de trois cent mille habitants, elle serait tenue par trois à cinq mille combattants de l'organisation terroriste, avec des camps où s'entraîneraient de nombreux djihadistes étrangers, dont beaucoup de francophones. Une zone grise dangereuse devenue l'épicentre des menaces – « la plus grande fabrique de terroristes que le monde ait connue », dira François Hollande devant le Congrès le 16 novembre – et à laquelle la France n'a pas été suffisamment attentive jusqu'à présent. Au lendemain des attentats du 13 novembre, la réaction sécuritaire de François Hollande et des « faucons » qui l'entourent est approuvée par l'opinion publique et ne suscite guère de débat. Mais les questions sont nombreuses sur l'attitude de la France en Syrie. Car, dans cette affaire, François Hollande a temporisé. En plus de toutes les erreurs commises sur le plan de la sécurité intérieure, il a accumulé les fautes diplomatiques et militaires qui ont contribué à une forme d'aveuglement, jusqu'au réveil douloureux du 13 novembre.

Pourquoi l'Élysée a sous-estimé la menace Daech

Tout commence en septembre 2014. Voilà trois mois que les clans sunnites irakiens radicaux ont pris le contrôle de Mossoul, ville pétrolière d'Irak, et décrété la naissance de leur califat, baptisé État islamique, ou Daech en arabe. Celui-ci s'étend rapidement à la Syrie en guerre. Cette offensive éclair des djihadistes face à une armée irakienne en déroute a pris de court tous les experts. « Personne ne les a vus venir. Ce fut une vraie surprise stratégique pour nos services de renseignement, DGSE en tête[1] », se souvient un membre de la Commission de la défense nationale et des forces armées de l'Assemblée nationale. Le directeur de la DGSE, Bernard Bajolet, qui connaît pourtant bien l'Irak pour y avoir été ambassadeur entre 2003 et 2006, n'a pas anticipé la prise de Mossoul, malgré des indications parcellaires en ce sens parvenues à ses services.

Pour parer au plus pressé, les États-Unis lancent « Inherent Resolve » (Détermination absolue), une opération limitée, dans le cadre d'une coalition arabo-occidentale, qui mêle des raids aériens et une assistance à l'armée irakienne afin de contenir l'avancée de Daech. Sur le plan militaire, Barack Obama n'a pas envie d'aller plus loin que cet engagement minimaliste. Il a retiré l'essentiel des troupes américaines d'Irak depuis 2011, après huit années passées dans un bourbier sanglant. Rappeler des GI's sur le terrain n'est pas à l'ordre du jour. De toute manière, le Congrès américain s'y opposerait. « Or les opérations aériennes ne sont efficaces que si elles sont combinées avec des forces au sol. Du coup, les effets des quelque sept mille frappes de la coalition durant les douze premiers mois étaient forcément mitigés. À ce rythme, on n'aurait pas vaincu l'État islamique avant un siècle[2] », explique le colonel Michel Goya,

1. Entretien avec l'auteur, octobre 2015. Ce chapitre reprend quelques éléments d'une enquête menée par l'auteur : « Terrorisme islamique : les lenteurs de Hollande », *Le Figaro Magazine*, 4 décembre 2015.

2. Entretien avec l'auteur, octobre 2015. Voir son blog « La voix de l'épée ».

ancien officier des troupes de marine et expert des opérations militaires.

François Hollande décide de participer à cette coalition, mais de manière encore plus restreinte que Barack Obama. L'opération Chammal, à partir du 19 septembre 2014, ne mobilise que sept cents soldats et douze chasseurs. Il est vrai que la France est déjà en première ligne contre le terrorisme djihadiste sur d'autres fronts. Avec plus de trois mille soldats engagés dans l'opération Barkhane au Sahel, qui a pris la suite de l'opération Serval lancée en 2013 pour reconquérir le Mali, les armées françaises sont sous pression. Ces succès militaires ont sans doute donné un excès d'assurance à François Hollande, qui a revêtu avec gravité les habits de chef de guerre. « Concentré sur Barkhane, où la France est leader, il ne s'est pas tellement intéressé au trou noir syro-irakien de l'État islamique, qu'il considérait comme une affaire plutôt américaine[1] », admet une source militaire. Un proche conseiller du ministre de la Défense ajoute cette précision importante sur la répartition des rôles : « Barack Obama avait dit à François Hollande qu'il pouvait garder la main sur les opérations au Sahel et qu'il y aurait une coordination au Levant, mais, en réalité, les Américains ne fournissaient aucun renseignement et ne laissaient rien voir de ce qui se passait en Syrie et en Irak[2]. »

Durant les premiers mois de l'opération Chammal, les forces françaises demeurent des acteurs de second plan, avec moins de 4 % des frappes totales de la coalition. Depuis leurs bases aériennes d'Abou Dhabi et de Jordanie, les six Rafale et les six Mirage 2000 bombardent ponctuellement des cibles en Irak. Seulement en Irak : François Hollande ne veut pas intervenir en Syrie. Dès la mise en place de la coalition, il a voulu jouer sa propre partition. L'opération Chammal vise uniquement à fournir un appui aérien aux forces irakiennes pour les aider à reconquérir des territoires perdus. N'écoutant pas les arguments des états-majors militaires et de Jean-Yves Le Drian, lequel a

1. Entretien avec l'auteur, novembre 2015.
2. Entretien avec l'auteur, février 2015.

plaidé dès l'origine pour une cohérence dans les frappes contre Daech, dont les fiefs sont répartis en Irak et en Syrie, François Hollande a refusé de mettre un pied en Syrie. Cette erreur stratégique aura de fâcheuses conséquences.

Défendue également par Laurent Fabius au Quai d'Orsay, la ligne française se veut morale : il ne faut pas donner l'impression de renforcer le régime du président Bachar el-Assad, considéré, à Paris et dans d'autres capitales, comme le principal responsable du chaos syrien. Assad : voilà l'ennemi principal de la France, surtout depuis août 2013, lorsqu'il a été soupçonné d'employer des armes chimiques contre sa population. François Hollande voulait alors faire tomber la foudre sur Damas, avec l'appui américain. Les préparatifs militaires français étaient achevés : les cibles, notamment des usines chimiques, avaient été désignées, les avions étaient prêts à décoller et des commandos des forces spéciales devaient intervenir sur le terrain. Barack Obama a reculé au dernier moment. À l'Élysée comme au Quai d'Orsay, cette opération avortée a laissé de mauvais souvenirs. La DGSE a été priée de soutenir clandestinement les rebelles syriens qui harcèlent les forces du régime d'Assad. La France ne se montre pas trop regardante sur le profil de ces combattants, certains étant proches d'Al-Qaïda. Pour François Hollande, la lutte contre Daech n'est pas prioritaire. Une curieuse cécité sur la montée en puissance de cette organisation prévaut à Paris.

Pourtant, dès le 22 septembre 2014, un porte-parole de l'État islamique, Abou Mohammed al-Adnani, a désigné la France comme l'une des cibles principales : « Si vous pouvez tuer un incroyant américain ou européen, en particulier les sales et méchants Français, ou un Australien ou un Canadien ou tout citoyen [des pays] qui sont entrés dans une coalition contre l'État islamique, alors comptez sur Allah et tuez-le de n'importe quelle manière. » L'appel, diffusé *via* Twitter sous forme audio, avec de courtes traductions en anglais, en français et en hébreu, recommande d'utiliser tous les moyens possibles pour « tuer le mécréant, qu'il soit civil ou militaire » : « Frappez sa tête avec une pierre, égorgez-le avec un couteau, écrasez-le avec votre voiture, jetez-le d'un lieu en hauteur, étranglez-le ou empoisonnez-le. » Et al-Adnani d'ajouter : « Si vous n'êtes pas en mesure de procéder ainsi, alors brûlez sa maison, sa voiture ou son commerce[1]. »

Ces consignes se propagent très rapidement, tout comme la propagande offensive de Daech sur Internet. Le jour même de la diffusion de ce message, le guide de haute montagne Hervé Gourdel est enlevé, avec cinq autres randonneurs, dans le massif du Djurdjura, en Algérie. Alors que ses compagnons musulmans sont rapidement libérés, le Français reste entre les mains de ses ravisseurs, qui se font appeler les « Soldats du Califat en Algérie », un groupe dissident d'Al-Qaïda qui vient de prêter allégeance à Daech. Ils menacent ouvertement de le tuer si la France ne met pas fin immédiatement à l'opération Chammal. Les autorités françaises laissent expirer l'ultimatum. Le 24 septembre 2014, les ravisseurs annoncent que l'otage a été décapité et diffusent une vidéo de son assassinat sur Youtube, une première pour un citoyen français. Son corps ne sera retrouvé qu'en janvier 2015 par l'armée algérienne. Le message est clair : Daech peut frapper la France par l'intermédiaire de groupes récemment ralliés à sa cause.

Les alertes sur la capacité de nuisance de l'État islamique hors du territoire syro-irakien vont se multiplier au cours des mois suivants, sans que cela modifie la stratégie élyséenne au Levant. « Nous pensions que Daech allait d'abord se concentrer sur la consolidation de son emprise territoriale, avant de passer à l'exportation de son djihad. En réalité, ils ont commencé cette phase internationale plus tôt que prévu[2] », explique une source policière française qui était chargée d'analyser les menaces. La piste syrienne était pourtant déjà tangible derrière la cellule de Cannes-Torcy, démantelée entre septembre 2012 et février 2014 : celle-ci était composée d'une vingtaine de djihadistes, dont deux revenus de cette zone de combat avec

1. Mohammed al-Adnani sera tué à la fin d'août 2016 par une frappe américaine dans la région d'Alep, en Syrie.

2. Entretien avec l'auteur, septembre 2016.

la consigne de commettre des attentats de masse. Le rôle de Daech a aussi été mis au jour dans le dossier de Mehdi Nemmouche, le tueur présumé du Musée juif de Bruxelles en mai 2014, qui était passé par la Syrie et avait été en contact avec Abdelhamid Abaaoud. En octobre 2014, un djihadiste originaire de Nîmes présent en Syrie diffuse sur Internet une vidéo où, à visage découvert, il menace les Français, se référant à l'appel d'al-Adnani : « Autant de bombes que vous avez lâchées en Irak et au Sham [le Levant], vous aurez autant de meurtres, autant de tueries. » Dans une autre vidéo, trois de ses frères d'armes ciblent explicitement le président François Hollande pour sa « guerre contre l'islam ». Le mois suivant, trois combattants français de Daech originaires de Toulouse et de Montpellier réitèrent sur Internet les appels aux attentats contre la France, en suggérant plusieurs techniques : attaques armées, empoisonnement de l'eau, renversement de piétons par des voitures.

Le 20 décembre 2014, un homme se présente devant un commissariat de police de Joué-lès-Tours, en Indre-et-Loire. Aux cris de « Allah Akbar ! », il blesse au couteau trois policiers qui tentent de l'interpeller, avant d'être abattu. Le ministère de l'Intérieur évoque d'abord un agresseur au passé de délinquant. Puis il admet qu'il s'agit bien d'un acte terroriste, puisque l'homme avait fait allégeance, sur Facebook, à l'État islamique, qui le qualifiera d'ailleurs d'« exemple » dans sa revue de propagande. La veille de cet attentat, l'organisation avait appelé dans des vidéos à « faire exploser la France ».

Si les frères Kouachi, auteurs de la tuerie de *Charlie Hebdo* le 7 janvier 2015, semblent se revendiquer de la nébuleuse d'Al-Qaïda, Amedy Coulibaly, le tueur de l'Hyper Cacher de la Porte de Vincennes, affirme, quant à lui, agir au nom de l'État islamique. Et la commandite syrienne de Daech apparaît également dans le projet d'attentat déjoué par la police belge à Verviers le 15 janvier 2015, ainsi que dans celui de l'attaque manquée à Villejuif de l'Algérien Sid Ahmed Ghlam au mois d'avril suivant.

La source tarie des renseignements syriens

Dans les premiers mois de 2015, les services de renseignement – essentiellement la DGSI et la DGSE – tentent de suivre de près les quelque mille cinq cents jeunes Français impliqués dans des filières djihadistes vers la Syrie et l'Irak. Le décompte très précis des Français présents « sur zone » – trois cent quatre-vingt-dix au début de 2015 – est transmis chaque semaine par la DGSI à François Hollande. Mais, en réalité, les renseignements demeurent parcellaires. Très liés aux services syriens à partir du milieu des années 1980, les responsables de la DST, devenue DCRI, puis DGSI, ont longtemps œuvré de concert avec eux dans la lutte antiterroriste, y compris concernant des menaces d'attentat en France. Bachar el-Assad a été convié par Nicolas Sarkozy aux festivités du 14 juillet 2008 à Paris, et le patron de la DCRI de l'époque, Bernard Squarcini, a noué une relation personnelle forte avec Ali Mamlouk, l'homme clé des services de renseignement syriens, au point de lui envoyer une équipe spécialisée pour former sa sécurité rapprochée. À Damas, la DCRI a eu accès à de nombreux dossiers sur les filières de djihadistes. « Quand ils arrêtaient des réseaux chez eux, ils nous transmettaient des informations sur leurs complices en France. Cela nous permettait de les suivre[1] », expliquera Bernard Squarcini. De son côté, la DGSE a fait livrer aux Syriens des logiciels de traitement des données tirées des écoutes téléphoniques.

Ces relations sont brusquement suspendues après le déclenchement de la guerre civile, en 2011. Aux yeux de Paris, le régime syrien est devenu infréquentable. En mars 2012, à l'issue d'un sommet européen, Nicolas Sarkozy dénonce le « scandale » de la répression menée par Bachar el-Assad et impose la fermeture de l'ambassade de France à Damas. Les services français perdent ainsi leurs sources sécuritaires sur place. Leurs anciens responsables, au premier rang desquels

1. Voir Christian Chesnot et Georges Malbrunot, *Les Chemins de Damas. Le dossier noir de la relation franco-syrienne*, Robert Laffont, 2014, p. 175.

Bernard Squarcini, évincé de son poste de patron de la DCRI par le nouveau pouvoir socialiste, ont beau clamer qu'il faut vite retisser des fils, même discrètement, pour éviter des pertes d'informations, ils ne sont pas en odeur de sainteté dans les palais de la République, d'autant que certains sont mis en cause dans plusieurs affaires judiciaires. Même la DGSE semble réticente à renouer avec Damas, sa direction pariant sur une chute rapide du régime syrien, en dépit de notes plus nuancées de certains de ses agents[1]. Les experts du renseignement qui connaissent le mieux le pouvoir syrien, comme le général Philippe Rondot, ancien de la DST, ou Alain Chouet, ancien directeur du renseignement de sécurité à la DGSE, ne sont plus écoutés à Paris. Dans une interview au *Figaro* publiée au début de septembre 2013, alors que la Syrie est menacée de frappes militaires occidentales, Bachar el-Assad estime que son pays ne peut avoir « une collaboration sécuritaire avec n'importe quel État quand les intérêts politiques sont en contradiction[2] ». Les ponts sont coupés.

Quelques semaines plus tard, deux délégations de la DGSE et de la DGSI se rendent malgré tout à Damas pour sonder leurs homologues syriens. Dans ce contexte diplomatique tendu, leur mission confine à l'impossible. Ali Mamlouk leur fait miroiter des informations concrètes sur les réseaux de Daech et les combattants étrangers en échange d'une réouverture de l'ambassade de France dans la capitale syrienne et du rétablissement des relations diplomatiques. Le Quai d'Orsay et l'Élysée refusent, ce qui bloque toute possibilité d'une reprise de la coopération. Un autre émissaire français, ancien officier de réserve qui a obtenu le feu vert de la DGSI et de la DGSE, rencontre à nouveau Ali Mamlouk au début de 2015, sans suites tangibles.

Dès 2012, les services français sont donc empêchés, pour des raisons diplomatiques, de collecter des renseignements à Damas, comme ils l'ont fait durant plusieurs décennies en dépit du caractère dictatorial du régime. Sans autres moyens que l'aide

1. *Ibid.*, p. 291-298.

2. Georges Malbrunot, « Assad menace la France », *Le Figaro*, 2 septembre 2013.

de services alliés, quelques sources humaines et la surveillance des proches des djihadistes français, ils ont bien du mal à identifier et localiser les filières qui constituent pourtant des menaces grandissantes tout au long de l'année 2015. Interrogé sur le sujet en mai 2016 par la commission d'enquête sur les attentats, Bernard Bajolet émettra des doutes sur l'importance et la qualité réelles des renseignements qui auraient pu provenir du régime syrien, sans convaincre les experts de ce pays[1].

Pour le moment, rien ne vient dessiller les yeux des autorités françaises. Assad demeure la seule bête noire de l'Élysée et du Quai d'Orsay. Daech n'est toujours pas considéré en haut lieu comme l'ennemi principal en Syrie. Or les milliers de frappes aériennes de la coalition ne paraissent pas affaiblir l'organisation. Au contraire, elle étend son emprise en Syrie, y installant notamment des camps d'entraînement pour les combattants étrangers. De plus, les avions militaires français sont toujours interdits de survol de la Syrie pour des missions de reconnaissance, tandis que les Américains ne partagent pas leurs propres renseignements. Résultat : les experts français, convaincus que des attentats contre l'Europe s'organisent depuis la Syrie, manquent cruellement d'informations étayées sur ce qui se passe dans cette zone. « Pour nous, la Syrie était pratiquement un angle mort[2] », confie un haut responsable des états-majors français.

Des frappes tardives qui ciblent des Français

Le danger se précise brutalement au début de l'été 2015, sans que les experts occidentaux prennent immédiatement la mesure de ce tournant. Selon la lettre spécialisée *Intelligence*

1. Audition de Bernard Bajolet devant la Commission d'enquête parlementaire relative aux moyens mis en œuvre par l'État pour lutter contre le terrorisme depuis le 7 janvier 2015, 25 mai 2016, rapport, t. 2, *op. cit.*, p. 863-864.
2. Entretien avec l'auteur, novembre 2015.

Online, qui révélera cette information quelques mois plus tard, des services de pays arabes apprennent que les principaux chefs de Daech ont décidé, lors d'une réunion secrète tenue à Mossoul à la fin de juin, d'exporter le terrorisme de manière plus spectaculaire. L'Emni, le service de sécurité de l'organisation terroriste, veut cibler plusieurs capitales étrangères, dont Beyrouth, Le Caire, Riyad, Moscou, Londres et Paris[1]. Son projet : des attentats en série menés par des commandos kamikazes très organisés, envoyés ou recrutés sur place. Ces sources confirment qu'Abdelhamid Abaaoud a été chargé de s'occuper de la France, de l'Espagne et de l'Italie, après avoir sans doute été l'un des coordonnateurs de l'attentat contre le Musée juif de Bruxelles et des projets de Verviers et Villejuif. À lui de reprendre contact avec ses anciens amis de Molenbeek, la banlieue bruxelloise, pour préparer de futures attaques. Des filières de passage pour faire venir les kamikazes de Syrie ont été repérées, *via* la Hongrie et l'Allemagne. Des complices à Bruxelles ont déjà commencé à louer des voitures, à fabriquer de faux papiers et à s'entraîner pour mener les assauts.

L'attentat raté du Thalys, le 21 août 2015, achève de convaincre François Hollande qu'il faut changer de politique en Syrie. Voilà déjà plusieurs mois que son ministre de la Défense, Jean-Yves Le Drian, lui répète que l'opération Chammal doit être étendue en Syrie afin de rattraper le temps perdu et de repérer les centres d'entraînement des djihadistes francophones qui préparent des attentats en Europe. « Notre ennemi, c'est Daech, pas Assad[2] », affirme inlassablement ce Breton têtu, connu pour son pragmatisme. Après avoir tergiversé durant tout l'été, écouté Manuel Valls et Bernard Bajolet, François Hollande décide d'intervenir en Syrie. De retour de quelques jours de repos

1. *Intelligence Online*, 18 novembre 2015.

2. Pour le ministre de la Défense, « c'est bien Daech qui nous a déclaré la guerre, en nous désignant comme son ennemi, en paroles et en actes ». Discours devant les Assises nationales de la recherche stratégique, 1er décembre 2015. Voir aussi Jean-Yves Le Drian, *Qui est l'ennemi ?*, Éditions du Cerf, 2016.

dans le Var, il l'annonce en Conseil des ministres le 19 août, à la surprise de certains participants. Confortée par l'attentat du Thalys, la décision est entérinée lors d'un Conseil de défense convoqué dans la matinée du vendredi 4 septembre. Cependant, curieusement, aucune mesure exceptionnelle n'est prise dans l'Hexagone pour parer d'éventuelles attaques de Daech dans des lieux publics. Et, à l'heure où la crise des migrants mobilise les gouvernements européens, il n'est pas question d'annoncer un renforcement des contrôles aux frontières.

Lors de sa conférence de presse du 7 septembre, François Hollande annonce des vols de reconnaissance pour « permettre des frappes contre Daech en Syrie » : « C'est depuis la Syrie, nous en avons la preuve, que sont organisées des attaques contre notre pays. » Le président et son ministre de la Défense ont désormais bien conscience de la nature du danger. « La donne a changé, nous ne pouvons plus nous permettre de laisser la Syrie, principal repaire de Daech, demeurer un angle mort de notre action au Levant », commente Jean-Yves Le Drian le 14 septembre devant un cénacle d'experts réunis à Strasbourg pour l'université d'été de la Défense. Il confirme ainsi explicitement l'énorme bévue commise en Syrie depuis septembre 2014. Un réveil bien tardif, après des mois d'inertie.

Les états-majors militaires ont pourtant prévenu l'Élysée : hormis de discrètes incursions des forces spéciales, il n'est pas question d'envoyer des troupes au sol. Et personne ne s'illusionne, dans les sphères du pouvoir, sur les chances d'éradiquer Daech par des raids aériens. En réalité, comme le laisse désormais entendre François Hollande, ce changement d'attitude répond à un seul objectif : contrer en amont les risques terroristes provenant de djihadistes francophones entraînés en Syrie et déterminés à mener des actions sur le territoire français. Plus que l'organisation Daech elle-même, il faut viser directement ceux qui menacent la sécurité de la France. « C'est notre priorité numéro un[1] », confirme-t-on alors, à demi-mot, à l'Élysée.

1. Entretien avec l'auteur, octobre 2015.

Pour rattraper son retard, François Hollande est prêt à employer tous les moyens. Quitte à « éliminer » des djihadistes français jugés dangereux, considérés comme des « combattants ennemis ». Cette consigne officieuse représente un véritable tournant : depuis la fin de la guerre d'Algérie, les militaires et la DGSE ont toujours eu pour ordre de ne pas tuer de Français dans le cadre de leurs opérations, sauf cas de force majeure. Hollande brise ce tabou, suivant en cela quelques pays alliés.

Depuis plusieurs semaines, en effet, divers États ont décidé de viser en Syrie des chefs de nébuleuses djihadistes sans distinction de nationalité. Le 5 juillet 2015, les États-Unis ont ainsi éliminé des cibles près d'Alep, parmi lesquelles figurait le Français David Drugeon, un jeune homme originaire de Vannes parti faire le djihad au Pakistan, puis en Syrie, et devenu expert en explosifs au sein du groupe djihadiste Khorasan, affilié à Al-Qaïda. Le Pentagone a pris soin d'en informer les autorités françaises, qui ont donné leur aval à cette exécution. Le 21 août, des chasseurs de la Royal Air Force ont « neutralisé » un convoi près de Raqqa, tuant notamment deux djihadistes britanniques et un Belge. Le gouvernement de David Cameron a mis en avant la « légitime défense individuelle » prévue par les règles de l'ONU, fournissant des éléments précis sur l'imminence de la menace que constituent ces combattants.

Officiellement, la ligne française est différente : « Nous ne revendiquons pas des frappes individuelles, surtout dans le cadre d'une opération militaire officielle, affirmera le coordonnateur national du renseignement Didier Le Bret. Le fondement juridique est la légitime défense, qui justifie l'action de nos forces armées. Mais nous nous refusons à agir comme les Britanniques, en ciblant précisément des individus[1]. » Pourtant, il s'agit là de pure rhétorique. Car François Hollande autorise déjà depuis des mois la DGSE à pratiquer ces opérations « Homo » (pour homicide) de manière clandestine sur le théâtre syro-irakien,

1. Audition de Didier Le Bret devant la Commission d'enquête parlementaire relative aux moyens mis en œuvre par l'État pour lutter contre le terrorisme depuis le 7 janvier 2015, 18 mai 2016, rapport, t. 2, *op. cit.*, p. 739.

y compris contre des djihadistes français. La légalité de ces opérations est d'ailleurs sujette à caution lorsque les Français visés, présentés comme des « combattants ennemis », peuvent aussi faire l'objet de poursuites pénales en France comme « criminels terroristes ».

Qu'a-t-on fait face à la menace jugée « exceptionnelle » ?

Après avoir donné son feu vert à des éliminations ciblées menées par la DGSE, le président adopte la même position en ce qui concerne les frappes militaires, mais sans l'avouer ouvertement. En effet, pour justifier ses futurs raids en Syrie, la France se contente d'invoquer la « légitime défense collective » définie par l'article 51 de la charte des Nations unies, traditionnellement utilisée en cas d'agression armée d'un État contre un autre. « C'était très bancal juridiquement, car Daech n'est pas un vrai État et ne nous avait pas encore attaqués ; du coup, les frappes se révélaient surtout préventives[1] », admet un député de droite, pourtant favorable à ces opérations. François Hollande et ses faucons jonglent avec les règles du droit international, sans s'embarrasser des détails. « Vous voulez quoi ? s'exclame, à la mi-septembre 2015, un parlementaire socialiste en phase avec l'exécutif. Qu'on finasse juridiquement ? Qu'on attende que les djihadistes commettent des attentats quand ils seront revenus en France ? Si on peut les neutraliser en Syrie, tant mieux[2] ! » À la fin de 2014, les états-majors des armées ont bien créé, avec les principaux services de renseignement, une cellule spéciale baptisée Hermès, chargée de localiser des objectifs djihadistes à frapper au Levant. Seul problème, comme l'expliquent les militaires au président au début de septembre : à défaut d'avoir pu survoler la zone jusqu'à présent, ils disposent de très peu de « dossiers d'objectifs » prêts. Le manque de

1. Entretien avec l'auteur, octobre 2015.
2. Entretien avec l'auteur, septembre 2015.

renseignements se fait cruellement sentir. Il va falloir attendre encore plusieurs semaines. Autant de temps perdu, alors qu'il y a visiblement urgence.

Car un détail méconnu a son importance : dans sa lettre au secrétaire général de l'ONU, Ban Ki-Moon, datée du 8 septembre 2015, visant à justifier le recours à la légitime défense collective, le gouvernement français évoque une « menace directe et exceptionnelle pour la sécurité de la France ». Une expression formelle, mais qui tend à prouver que des risques précis étaient clairement identifiés dès cette date-là, tant à l'extérieur qu'à l'intérieur. Ces menaces auraient pu entraîner, de la part de l'exécutif, des mesures de précaution « exceptionnelles » sur le territoire français. Il n'en a rien été.

Lors d'un colloque tenu à Paris le 2 novembre 2015, soit onze jours avant les attentats, la directrice des affaires juridiques du ministère de la Défense, Claire Nadais, ajoutera cette précision étonnante : « Il ne peut être exclu que des informations suffisamment précises permettent de considérer que le territoire fait bien l'objet d'une agression armée ou en tout cas d'une agression armée imminente et d'un seuil de gravité tel de la part de Daech que cela justifierait également l'invocation complémentaire de la légitime défense individuelle. Mais cette invocation complémentaire n'est pas utile ou justifiée à ce stade[1]. » Dans les cercles du pouvoir, on évoque donc bien, entre septembre et le début de novembre 2015, une possible « agression armée imminente ». Mais il ne semble pas nécessaire d'alarmer la population en sécurisant davantage les frontières et les principaux lieux publics.

1. Intervention de Claire Nadais au colloque « Droit et Opex », ministère de la Défense, 2 novembre 2015. En plus de la légitime défense collective invoquée le 8 septembre 2015 par la France, le gouvernement ajoutera, après les attentats du 13 novembre 2015, la légitime défense individuelle, la France ayant « subi une agression fomentée et organisée par Daech », selon les mots du secrétaire d'État à la Défense chargé des Anciens Combattants lors du débat au Sénat sur la prolongation de l'intervention en Syrie, le 25 novembre 2015.

Après des vols de reconnaissance pour collecter des images, le premier bombardement aérien français en Syrie survient le 27 septembre 2015, de manière quelque peu précipitée, en coordination avec le QG des opérations aériennes de la coalition, installé sur la base d'Al-Udeïd, au Qatar. Le raid, qui vise un camp d'entraînement dans l'est de la Syrie, fait une trentaine de morts, dont des enfants soldats et des combattants étrangers. Il intervient juste avant que François Hollande ne prononce son discours à l'Assemblée générale de l'ONU, à New York. La date choisie montre symboliquement que la France n'est plus inactive, au moment où la Russie de Poutine se mobilise pour soutenir militairement le régime d'Assad en Syrie. « Nous voulions frapper au plus vite pour prouver qu'on y allait franco nous aussi[1] », explique une source à l'Élysée. Durant tout le mois de septembre, la présidence a mis la pression sur les états-majors pour qu'ils identifient des objectifs.

La deuxième attaque, dans la nuit du 8 au 9 octobre 2015, est plus ciblée. Sept bombes de deux cent cinquante kilos sont larguées sur un camp où s'entraînent une centaine de djihadistes étrangers, à cinq kilomètres au sud-ouest de Raqqa. « Je ne commente jamais les résultats des frappes que nous effectuons, mais je peux vous dire que l'objectif a été atteint », déclare Jean-Yves Le Drian sur Europe 1 dans la matinée du 9 octobre. La communication gouvernementale connaît pourtant un couac. L'entourage du Premier ministre, confirmant des fuites parues dans la presse, évoque publiquement la mort « probable » de six djihadistes français dans le camp détruit[2], ce que n'apprécient pas les états-majors militaires et le ministère de la Défense : ils craignent qu'on ne leur reproche d'avoir voulu éliminer nominativement des citoyens français, ou de rétablir incidemment la peine de mort, eux-mêmes démentant officiellement toute exécution ciblée. Mal à l'aise, le gouvernement rétropédale, refusant finalement de donner des détails sur ce raid qui, en réalité, a

1. Entretien avec l'auteur, octobre 2015.

2. François Clemenceau, « En Syrie, la frappe de la France visait des djihadistes français », *Le Journal du dimanche*, 11 octobre 2015.

raté ses cibles. Retardées à cause du délai de transmission des renseignements américains, les frappes n'ont pas atteint les djihadistes francophones visés, notamment Abdelhamid Abaaoud, Salim Benghalem et Fabien Clain[1].

Néanmoins, le 12 octobre, Manuel Valls, en visite sur la base jordanienne d'où décollent les Mirage 2000, entend faire passer un message de fermeté : « Notre responsabilité, c'est de frapper Daech, et nous continuerons quelles que soient les nationalités. Les terroristes, de ce point de vue-là, n'ont pas de passeport. [...] Tous ceux qui rejoignent ces camps, tous ceux qui rejoignent Daech, doivent savoir qu'ils peuvent demain être frappés. »

En octobre 2015, tous les voyants sont au rouge

Le semi-échec du 8 octobre rend les militaires plus circonspects. Les informations collectées ne sont pas assez fiables. Il faut attendre pour déclencher de nouveaux raids. Au risque de subir des rétorsions, car Daech ne va pas rester sans réagir.

Après le 13 novembre, John Brennan, le patron de la CIA, reconnaîtra avoir reçu quelques signaux avant-coureurs : « Nous savions que les voyants étaient au rouge. Nous étions au courant, quelques jours auparavant, que Daech préparait quelque chose[2]. » Des noms viennent grossir les listes d'objectifs des états-majors occidentaux. Trois djihadistes français ayant rejoint la Syrie – Maxime Hauchard, Peter Chérif et Émilie Konig – figurent depuis le 29 septembre sur la liste américaine des terroristes à traquer. L'Élysée a été tenu informé de ces inscriptions nominatives. De plus en plus de noms de ressortissants belges apparaissent également dans les radars, qui semblent attester l'intense activité de ces filières. Participant le 27 octobre 2015 à un colloque à Washington aux côtés de responsables de la CIA,

1. Voir le chapitre 14.
2. Déclaration de John Brennan, directeur de la CIA, sur CBS, 14 février 2016.

le directeur de la DGSE, Bernard Bajolet, reconnaît qu'il s'inquiète notamment des « cinq cents jeunes Français présents en Syrie qui pourraient représenter une menace pour notre pays ». Selon lui, le système n'est pas hermétique : « Depuis ces derniers mois, nous avons empêché un certain nombre d'attaques sur notre territoire national par nos propres moyens ou grâce à une coopération avec la CIA, la NSA, et cela marche. Mais cela ne veut pas dire que nous serons capables d'empêcher tout le temps de telles attaques, parce que nous avons différents types de menaces qui sont très difficiles à détecter, spécialement quand elles viennent de votre propre territoire[1]. »

Dans l'après-midi du 5 novembre, lors de l'inauguration du « Balardgone », le nouveau bâtiment ultra-moderne du XVe arrondissement de Paris dans lequel est installé le ministère de la Défense, François Hollande accentue la pression sur les armées. Après avoir décidé de faire appareiller le *Charles-de-Gaulle*, il répète qu'il faut au plus vite recueillir des renseignements et frapper les camps d'entraînement de Daech en Syrie, ainsi que « tous les lieux à partir desquels des terroristes pourraient frapper notre territoire ». Il semble impatient de rattraper le temps perdu, comme s'il se doutait que quelque chose de grave allait se produire. L'explosion d'un avion russe au-dessus du Sinaï le 31 octobre et les attentats de Beyrouth le 12 novembre confirment les sombres desseins de Daech.

Le lendemain, Paris est frappé. L'angle mort de la Syrie a coûté cher en vies humaines.

1. Intervention de Bernard Bajolet lors de la conférence « Ethos and Profession of Intelligence », George Washington University, Washington DC, 27 octobre 2015.

CONCLUSION

Risques de guerre

« Nous n'avons encore rien vu. Nous risquons de franchir de nouvelles étapes dans l'horreur[1]. » Cette confidence d'un expert du renseignement fait froid dans le dos. Attablé à la terrasse d'un café parisien encore inondée de soleil en ce début d'automne 2016, notre interlocuteur dévisage tous les badauds qui se pressent sur les trottoirs, comme s'il les soupçonnait d'être des terroristes potentiels, comme s'il redoutait la répétition des attaques qui ont ensanglanté la capitale le 13 novembre 2015.

Habitué à traiter les affaires de terrorisme, ce quinquagénaire bon chic bon genre qui travaille pour un grand service français ne cache pas son pessimisme, comme la plupart de ses collègues de terrain. Je l'ai rencontré plusieurs fois ces dernières années. Cette fois-ci, il est vraiment inquiet. Il évoque un scénario noir, qui dépasserait largement les attentats de janvier et novembre 2015 à Paris, du 14 juillet 2016 à Nice, et les autres attaques meurtrières de l'été 2016. « Bien sûr, nous nous attendons à des attentats individuels commis par des personnes plus ou moins détraquées. Mais nous redoutons surtout de nouvelles attaques de masse, par exemple une voiture piégée "à l'irakienne" devant une école ou un lieu public, avec, éventuellement, une deuxième bombe dans la foulée. Ce serait catastrophique dans le climat de peur actuel et en pleine campagne présidentielle. L'opinion pourrait se radicaliser, des milices apparaître, avec des risques de ratonnades, une flambée des banlieues et des affrontements violents difficiles à contrôler. »

1. Entretien avec l'auteur, septembre 2016.

Dans le secret des antichambres du pouvoir, des états-majors, des services de sécurité et de secours, tout le monde craint qu'une telle spirale ne conduise le pays au bord de la guerre civile. Notre expert est presque désespéré : « Le pire, c'est que tout le monde s'attend à cela sans avoir pris les mesures qui s'imposaient. Alors que la France a connu, ces derniers mois, un plus grand nombre de morts dus au terrorisme que durant les soixante dernières années, aucune réforme d'envergure n'a été menée sur le terrain de la lutte antiterroriste et du renseignement. Comme si nous n'avions pas identifié de problèmes. Or les services sont divisés, démoralisés, fatigués. Il n'y a pas de leadership. Alors que les menaces évoluent, nous ne bougeons pas. »

Notre interlocuteur parle sans langue de bois. Les grands patrons des services de renseignement ne sont pas loin d'afficher le même alarmisme, y compris publiquement. Devant la commission d'enquête parlementaire sur les attentats de 2015, Patrick Calvar, directeur de la DGSI, a évoqué un avenir fait de voitures piégées, d'engins explosifs de forte puissance, voire de bombes sales que les terroristes islamistes, jugés très professionnels, ne manqueront pas d'utiliser s'ils en ont la possibilité. « Nous savons très bien qu'ils vont recourir à ces modes opératoires. » Puis il a donné son avis : « Je pense que nous gagnerons contre le terrorisme ; je suis, en revanche, beaucoup plus inquiet de la radicalisation de la société et du mouvement de fond qui l'entraîne. [...] Vous aurez une confrontation entre l'ultra-droite et le monde musulman – pas les islamistes, mais bien le monde musulman[1]. » Même si ces sombres augures comportent une part de calcul, les services préférant désormais sonner dix fois le tocsin plutôt que d'être accusés de n'avoir rien vu venir, le consensus des experts sur le sujet est effrayant. Peut-être se trompent-ils tous. Mais qui est prêt à prendre le risque de ne pas tenir compte de leur avis ?

1. Audition de Patrick Calvar devant la Commission d'enquête parlementaire relative aux moyens mis en œuvre par l'État pour lutter contre le terrorisme depuis le 7 janvier 2015, 24 mai 2016, rapport, t. 2, *op. cit.*, p. 828 et 833.

Des terrorismes qui s'additionnent

Nous avons sans doute trop longtemps, comme nos présidents, péché par déni et aveuglement. Au cours des dernières décennies, le terrorisme islamiste a muté plusieurs fois : d'abord arme de quelques États voyous, il est devenu le fait de groupes armés locaux, puis de réseaux internationaux, avant de se transformer en une menace « ubérisée » de plus en plus hybride. Mais, contrairement à une idée reçue, aucune de ces formes n'a totalement disparu pour laisser la place aux autres. Toutes se superposent et additionnent leurs effets. Aujourd'hui, les risques proviennent autant des Shebab somaliens que des franchisés d'Al-Qaïda, des affidés de Daech que d'individus autoradicalisés agitant le drapeau noir ou même de fanatisés sans étiquette. Personne ne peut garantir que le terrorisme d'État, naguère utilisé à grande échelle par la Syrie, l'Iran, l'Irak ou la Libye, ne reviendra pas sur le devant de la scène. Le régime de Bachar el-Assad n'emploie-t-il pas la terreur pour éradiquer ses adversaires et effrayer sa propre population ? Certains pays du Moyen-Orient ne financent-ils pas des groupes djihadistes opérant en Syrie, au Yémen, en Libye ou au Sahel ? D'autres États pourraient, demain, instrumentaliser cette violence pour parvenir à leurs fins. À moins d'une soudaine pacification mondiale – que l'élection de Donald Trump, le 8 novembre 2016, à la présidence des États-Unis rend encore plus improbable –, on voit mal comment tous ces ferments de haine pourraient disparaître à brève échéance. Du Sahel à l'Asie et jusqu'au cœur de l'Europe, les métastases gagnent du terrain. La multiplication des fronts et la propagation des menaces constituent des données stratégiques durables auxquelles il va falloir nous adapter.

Réaffilié – après en avoir été exclu – à Al-Qaïda au Maghreb islamique (AQMI) depuis la fin de 2015, le groupe Al-Mourabitoune, du vétéran algérien Mokhtar Belmokhtar, orchestre des attentats en Afrique visant notamment des expatriés. Pourtant, le « Borgne » n'est pas réapparu publiquement depuis une frappe américaine de drones en Libye le 14 juin

2015. Certains services le donnent pour mort. D'autres pensent qu'il se cache. Tous les pays le traquent. S'il commet le moindre impair, il sera éliminé. En attendant, son groupe a organisé des attaques à Bamako, au Mali, dans un restaurant en mars 2015 et à l'hôtel Radisson en novembre 2015. Il a perpétré des attentats à Ouagadougou, au Burkina Faso, dans un café et un hôtel, le 15 janvier 2016, et sur la plage de Grand Bassam, en Côte d'Ivoire, le 13 mars 2016. « Il cherche à frapper d'autres pays africains, comme le Sénégal, et des cibles françaises. C'est le plus malin, le plus aguerri et le plus redoutable. Le boss, c'est lui[1] ! » estimait, en septembre 2016, une source judiciaire française. Après l'annonce, à la fin de novembre 2016, de nouvelles frappes l'ayant visé, le sort de Belmokhtar demeurait toujours incertain.

De leur côté, des propagandistes de Daech très actifs sur Internet incitent de jeunes Français à passer à l'action violente. C'est le cas du djihadiste roannais Rachid Kassim, âgé de vingt-neuf ans et caché en Syrie, qui aurait inspiré l'assassinat d'un couple de policiers à Magnanville, dans les Yvelines, le 14 juin 2016, le meurtre d'un prêtre à Saint-Étienne-du-Rouvray le 26 juillet, ou encore l'attentat aux bonbonnes de gaz déjoué à Paris, à deux pas de Notre-Dame, au début de septembre. « Même si Rachid Kassim est localisé et tué par une frappe militaire, il y a des dizaines d'autres gourous comme lui sur Internet[2] », soupire un policier de la DGSI. Présenté un peu rapidement comme un solitaire radicalisé de dernière minute, Mohamed Lahouaiej Bouhlel, le chauffeur du camion fou qui a décimé les spectateurs du feu d'artifice du 14 juillet 2016 sur la Promenade des Anglais, à Nice, semblait lui aussi avoir des liens avec des djihadistes en Syrie, comme en témoignent certains de ses sms. De plus, un an avant son opération kamikaze, il avait été contrôlé en voiture à la frontière italienne en compagnie de trois islamistes radicaux, dont un membre présumé d'une filière d'acheminement de combattants vers la Syrie.

1. Entretien avec l'auteur, juillet 2016.
2. Entretien avec l'auteur, septembre 2016.

Nombre d'experts prédisent la fin prochaine du califat de l'État islamique en Irak et en Syrie, sous les coups de boutoir de la coalition internationale, qui appuie l'avancée des forces irakiennes et kurdes sur le terrain. Ils redoutent par conséquent le retour massif de ses vingt-cinq à trente mille combattants étrangers dans leurs pays d'origine, ou leur réorganisation dans des groupes disséminés en Afrique, en Europe, au Moyen-Orient et en Asie. Plus d'un millier d'entre eux se seraient déjà réimplantés en Europe. « Nous avons enduré Daech ; nous allons souffrir avec ses soldats perdus[1] », pronostique notre agent du renseignement. Les djihadistes français qui combattent encore en Syrie et en Irak seront capables de mener des attentats d'ampleur. « Ils sont au nombre de quatre ou cinq cents, a précisé Patrick Calvar devant la commission d'enquête. Néanmoins, nous ne devons plus raisonner en termes de Français ou de personnes résidant en France, mais de francophones. Des milliers de Tunisiens, des milliers de Marocains et d'Algériens peuvent être projetés sur notre territoire[2]. »

Une drôle de guerre

Face à ces défis, la lutte antiterroriste, qui est longtemps restée en France le fait d'une poignée de magistrats et de policiers spécialisés, a pris des allures de guerre. Elle mobilise désormais des dizaines de milliers de soldats, de policiers, de gendarmes, d'agents du renseignement, dévoués, sous tension permanente et désireux d'empêcher le pire de se produire. Les moyens humains et matériels déployés sont colossaux, pour un coût que personne n'ose chiffrer tant il paraîtrait politiquement incorrect de le mettre en balance avec la sécurité des Français et les vies brisées des victimes.

1. Entretien avec l'auteur, septembre 2016.
2. Audition de Patrick Calvar devant la Commission d'enquête parlementaire relative aux moyens mis en œuvre par l'État pour lutter contre le terrorisme depuis le 7 janvier 2015, 24 mai 2016, rapport, t. 2, *op. cit.*, p. 827.

Cette guerre est pourtant une « drôle de guerre ». Une guerre sans front, sans adversaire unique désigné. Une guerre intermittente, avec des périodes de calme apparent et des alertes soudaines. Une guerre asymétrique, avec des ennemis souvent invisibles, qu'ils se cachent dans le désert saharien, les ruelles de Raqqa, les immeubles de Molenbeek ou derrière le voile de jeunes femmes de cité.

Après les attentats de 2015 et 2016, le gouvernement et le président Hollande ont joué la carte sécuritaire, avec des dispositions phares, comme l'opération Sentinelle, la proclamation de l'état d'urgence et l'annonce de recrutements massifs dans le renseignement, la police et l'armée. Ces mesures visibles, d'ordre surtout quantitatif, bien que sans doute nécessaires, n'ont pas forcément l'efficacité escomptée. Elles freinent peut-être certains projets terroristes, mais ne permettent pas, à elles seules, une détection plus précoce ni une prévention plus pertinente. Par ailleurs, François Hollande a, depuis son élection, multiplié les opérations militaires antiterroristes à l'extérieur de nos frontières et donné des consignes d'exécution ciblée de chefs djihadistes à l'étranger. Cela n'empêche pas l'hydre terroriste de se reformer en permanence. « Nous sommes plutôt bons sur le volet militaire des opérations, mais, comme nous avons peu de poids politique ou diplomatique pour changer la donne au Sahel et au Levant, notre interventionnisme guerrier ne sert pas à grand-chose[1] », déplore un expert militaire. Résultat : ces opérations, au lieu de nous protéger, nous exposent de plus en plus. Et la situation se dégrade de nouveau au Mali et dans la région. « Dans le Sahel, c'est actuellement encore pire qu'en 2012, avec des États faillis, une corruption galopante, des armées locales inefficaces, des pays minés par les divisions[2] », explique un diplomate du Quai d'Orsay spécialiste de la zone.

1. Entretien avec l'auteur, juin 2016.
2. Entretien avec l'auteur, septembre 2016.

À l'attention du prochain locataire de l'Élysée

La complexité du phénomène ne peut servir d'excuse à l'inaction. Plusieurs rapports récents ont mis le doigt sur des erreurs et des dysfonctionnements spécifiquement français, hérités de décennies de cécité et d'indécision. Comme nous l'avons vu, nos présidents portent une lourde responsabilité dans certains échecs de la lutte antiterroriste, qu'il s'agisse d'erreurs diplomatiques, militaires, politiques, sociales, organisationnelles ou administratives. Une partie de la solution réside dans la correction de quelques défauts récurrents, et elle doit être impulsée au plus haut sommet de l'État.

Depuis le début des années 1980, la nécessité impérieuse d'une coordination du renseignement et d'un pilotage de la lutte antiterroriste est apparue de façon dramatique à de nombreuses reprises, lors de chaque vague d'attentats, sans qu'aucun président ait pris les mesures qui s'imposaient. On ne compte plus les rapports d'experts appelant à des réformes profondes dans ce sens, dont, pour les plus récents, ceux de la commission d'enquête parlementaire sur les attentats de 2015 ou de l'Institut Montaigne[1]. Si les bases d'une coordination ont été posées sous l'ère Sarkozy, puis légèrement renforcées sous Hollande, tout reste à faire, ou presque. Les propositions abondent : création d'un vrai poste de directeur national du renseignement, d'un Conseil de sécurité nationale et d'une Agence nationale de lutte antiterroriste pilotant tous les services, sur le modèle de ce qui existe aux États-Unis ou au Royaume-Uni ; renforcement interministériel du rôle de l'Unité de coordination de la lutte antiterroriste, aujourd'hui rattachée à la direction de la police nationale ; instauration d'un parquet national antiterroriste… Les ressources humaines existent déjà, les compétences également. La volonté politique, elle, a clairement manqué jusque-là. Sans qu'il s'agisse forcément d'annoncer un « grand soir » du renseignement, un débat est urgent, tant les carences sont criantes.

1. Institut Montaigne, « Refonder la sécurité nationale », septembre 2016.

Le chantier de la simplification doit aussi s'ouvrir. Faut-il conserver la vingtaine de services de renseignement qui existent en France ? Est-il souhaitable que les enquêtes judiciaires antiterroristes puissent relever, comme c'est le cas actuellement, de trois services différents en région parisienne : la DGSI, la Sous-direction antiterroriste de la PJ et le service antiterroriste de la brigade criminelle de la PJ parisienne ? Comment faciliter les passerelles entre certains fichiers administratifs pour éviter les doublons et les angles morts ? Pourquoi la mutualisation des équipes et des moyens est-elle si lente ? Là encore, sur tous ces sujets, on attend les propositions des candidats à l'élection présidentielle de 2017.

Quant au phénomène de dérive de certains jeunes vers l'extrémisme islamiste, il mérite mieux que des déclarations à l'emporte-pièce oscillant entre la stigmatisation outrancière et l'excuse facile. Jusqu'à présent, peu de responsables politiques ont engagé de manière efficace une réflexion globale sur les questions complexes de prévention. D'autres volets de la lutte antiterroriste restent également à défricher, comme le traitement judiciaire des personnes de retour des zones de combat, la surveillance des réseaux sociaux ou la déradicalisation des jeunes embrigadés.

Surtout, le débat politique devrait éviter les caricatures sur la notion d'État de droit, qui détermine les fondements de notre démocratie. Contrairement à ce qu'affirme François Hollande, qui prétend s'en faire le défenseur absolu, l'État de droit a subi bien des entailles durant son mandat. Jean-Claude Marin, le procureur général près la Cour de cassation – la plus haute juridiction du pays –, s'en est publiquement inquiété en janvier 2016, notamment au sujet de la proclamation de l'état d'urgence : « La petite musique de notre justice judiciaire, si essentielle à l'existence même de notre État de droit, apparaît parfois bien peu audible quand résonnent les coups donnés à la démocratie[1]. » Le président de la République a lui-même frôlé la ligne jaune

1. Discours de Jean-Claude Marin, procureur général, lors de l'audience solennelle de rentrée de la Cour de cassation, 14 janvier 2016.

en écartant progressivement les juges, en décidant de mesures d'exception, en faisant adopter une loi sur le renseignement qui permet la surveillance de toutes nos communications Internet, en donnant son feu vert à des exécutions ciblées à l'étranger, y compris de citoyens français.

De leur côté, certains membres de l'opposition, comme Nicolas Sarkozy ou Jean-François Copé pendant la campagne de la primaire de la droite et du centre, en novembre 2016, avancent que l'État de droit doit s'adapter aux circonstances exceptionnelles actuelles, quitte à autoriser, par exemple, la rétention administrative des fichés « S » ou de toute personne figurant dans le fichier des personnes radicalisées jugées dangereuses. Tout en jurant qu'il ne s'agit pas de créer des « Guantanamo français », les tenants de telles solutions se rapprochent fâcheusement de cette logique ultra-sécuritaire, dont les effets désastreux sont connus. D'autres rivalisent de surenchères martiales, réclamant qu'on envoie des troupes au sol au Moyen-Orient, comme si trois mille soldats français pouvaient mettre fin aux guerres au Levant !

Ces postures politiques manquent souvent de fondement. Elles négligent les subtilités du droit, la cartographie mouvante des groupes extrémistes djihadistes, l'impératif des logiques géopolitiques et la complexité du processus psycho-social de radicalisation. « La dérive sécuritaire et militaire aggrave en fait le terrorisme[1] », estime Anne Giudicelli, ancienne analyste du Quai d'Orsay et fondatrice du cabinet Terro-Risc. La seule question des contrôles aux frontières de l'espace Schengen, par exemple, revêt de multiples facettes : comment détecter les terroristes qui se glissent dans les flux de migrants ? Comment contrôler les passagers des transports routiers ou ferroviaires ? Comment démanteler les filières de faux papiers ? Il n'existe aucune mesure miracle, à moins de vouloir, de manière irréaliste, supprimer toute liberté de circulation pour les citoyens européens ou poster des policiers tous les dix mètres le long de frontières fermées à double tour.

1. Entretien avec l'auteur, mars 2016.

Alors que la campagne pour l'élection présidentielle est ouverte et que Nicolas Sarkozy et François Hollande sont désormais hors jeu, on attend des candidats qu'ils expliquent clairement les mesures concrètes qu'ils envisagent de prendre pour prévenir et endiguer ces menaces. Quel futur président aura la lucidité nécessaire pour éviter le piège des amalgames et les erreurs de ses prédécesseurs ?

INDEX

A

B

N

O

P

TABLE DES MATIÈRES

Cet ouvrage a été imprimé en France
par CPI
en décembre 2016

Composition et mise en pages
Nord Compo à Villeneuve-d'Ascq

PAPIER À BASE DE
FIBRES CERTIFIÉES

Fayard s'engage pour
l'environnement en réduisant
l'empreinte carbone de ses livres.
Celle de cet exemplaire est de :
0,900 kg éq. CO_2
Rendez-vous sur
www.fayard-durable.fr

19-5670-6/01

N° d'impression : 138708